W0380799

LES CATHOLIQUES

DU MÊME AUTEUR

PETIT LAROUSSE DES RELIGIONS (dir.), Larousse, 2007.

CES PAPES QUI ONT FAIT L'HISTOIRE, Stock, 2006.

JEAN-PAUL II (1920-2005). *L'homme, le Saint-Père, le stratège,* Le Monde-Librio, 2005.

LAROUSSE DES RELIGIONS (dir.), Larousse, 2005.

DIEU EN FRANCE. *Mort et résurrection du catholicisme,* Calmann-Lévy, 2003.

LES GÉNIES DU CHRISTIANISME. *2 000 ans d'histoires de pécheurs et de saints,* Plon, 1999.

LES MÉDIAS ET L'EGLISE. *Evangélisation et information,* avec Gérard Defois, CFPJ, 1997.

DÉFIS AU PAPE DU TROISIÈME MILLÉNAIRE. *Le pontificat de Jean-Paul II,* Les dossiers du successeur, Lattès, 1997.

LE CATHOLICISME, Le Monde-Marabout, 1996.

L'ÉTOILE ET LA CROIX. *Jean-Paul II-Israël, l'explication,* Lattès, 1993.

L'ÉGLISE POUR LA DÉMOCRATIE, avec Jean-Yves Calvez, Bayard Éditions-Centurion, 1988.

DANS L'ENFER DE RIKERS ISLAND. *Un prêtre français dans la plus grande prison des États-Unis,* avec Pierre Raphaël, Bayard Éditions-Centurion, 1988.

HENRI TINCQ

LES CATHOLIQUES

Qui sont-ils ? Comment sont-ils gouvernés ?
Quelle est leur histoire ? À quoi croient-ils ?
Pourquoi leur morale est-elle contestée ? À quels rites obéissent-ils ?
Quelle est leur place dans le monde ?
De la confirmation ou de la rectification de quelques idées reçues

LE GRAND LIVRE DU MOIS

Tous droits de traduction, de reproduction et d'adaptation
réservés pour tous pays.

© *Éditions Grasset & Fasquelle, 2008.*

A Anne-Sophie,
A Céline et Vincent, Cyril, Matthieu,
A Thomas et Anne-Catherine,
Juliette et Sébastien, Pauline, Frère Benoît,
Et à tous ceux qui m'ont élevé dans la foi catholique.

Avant-propos

Ils sont un peu plus d'un milliard d'hommes et de femmes répartis sur les cinq continents, liés, à des degrés divers, par la même foi en Dieu et en Jésus-Christ, la même doctrine, la même obéissance, la même morale, les mêmes rites. En ce début de XXIe siècle, les catholiques intriguent. Ils parlent et agissent, séduisent ou agacent. Ils sont écoutés ou détestés.

On les dit sur le déclin, promis à une fin plus ou moins lente, submergés par les nouvelles religions de l'individu, de la consommation, du divertissement, de la technique et de la communication mondialisées, du scepticisme, du relativisme, de la liberté illimitée.

On les dit arc-boutés sur des croyances archaïques, dépassés par l'émergence d'une humanité sans Dieu, sans dogme, sans morale imposée, sans idéologie, sûre de sa marche vers le progrès. Ou en perte de vitesse face à la montée de l'islam, d'un protestantisme évangélique prosélyte et agressif, de traditions de sagesse toutes-puissantes en Orient et émigrant en Occident.

Paradoxalement, les catholiques inspirent le respect, sinon la crainte. On loue leur capacité de conviction et de mobilisation. Mais on leur prête parfois des intentions de reconquête morale et politique des sociétés modernes. On en fait une sorte de pouvoir au-dessus de tous les pouvoirs, forteresse d'obscurantisme, institution puissante et bien huilée, forte de son poids d'expérience, de sa contribution à l'histoire du meilleur comme du pire de l'humanité, de ses réseaux et de ses mouvements, toujours mourants, toujours renaissants, de son influence dans le monde de la morale et des idées, de la politique et de la science.

Dans un passé qui n'est pas si lointain et presque déjà oublié, là où, comme en Pologne, ils disposaient d'un mince filet de liberté, les catholiques ont été actifs dans la déstabilisation du bloc communiste et le retour aux libertés. En Asie, en Amérique centrale et latine, en Afrique, en dépit de certaines compromissions, ils incarnent encore, pour partie, les espoirs de populations opprimées, hier par des dictatures civiles ou militaires, aujourd'hui par l'écrasante pauvreté, les féroces inégalités, les catastrophes humanitaires engendrées par les économies ultralibérales, les conflits civils et ethniques, les épidémies comme le sida, les régimes populistes, les effets pervers d'une mondialisation devenue folle.

Dans les pays développés, les catholiques se battent sur les fronts où se joue, selon eux, le sort de l'humanité : la montée d'une permissivité morale et d'une mentalité de rejet de Dieu, des risques de banalisation de l'avortement, de l'euthanasie et de la désintégration de la famille, les progrès vertigineux de la médecine cellulaire, de la course aux armements, des migrations des populations qui provoquent des réflexes et replis communautaires.

Les catholiques s'affirment davantage dans le débat public. Comme s'ils voulaient rompre avec l'effacement d'hier quand, sur fond d'érosion numérique, leur engagement, puisé aux inspirations du concile Vatican II (1962-1965), se confondait avec une volonté d'« enfouissement » dans la société, voire un alignement sur des forces progressistes qui a conduit à beaucoup d'impasses. Aujourd'hui, ils militent à découvert pour instaurer un ordre politique ou éthique plus proche des valeurs qu'ils préconisent. Par un surcroît de cohésion, de discipline et de mobilisation internes, ils réaffirment une identité jugée menacée, ce qui, dans certains milieux, est confondu à tort avec de nouvelles formes d'intégrisme catholique.

Il est temps de sortir des caricatures autant que des images pieuses, des schémas tout faits, modelés par une époque post-conciliaire aujourd'hui dépassée, ou par des grilles d'analyse appliquées aux catholiques, comme à tout militant religieux, sans discernement, ni recul, ni perspective.

Par qui et comment sont gouvernés les catholiques ? Un quart de siècle de règne du pape Jean-Paul II (1978-2005) a modifié en profondeur l'image de la papauté. Les conditions modernes de l'exercice du pouvoir pontifical, le charisme propre à un pape devenu curé du monde, l'omniprésence des agences d'information, des télévisions ont court-circuité les médiations traditionnelles dans l'Eglise. Malgré un style plus sobre, une volonté réelle de progrès œcuménique – le rapprochement souhaité avec les chrétiens protestants ou orthodoxes –, son successeur Benoît XVI ne semble pas en mesure de renverser cette évolution vers un exercice du pouvoir romain toujours plus personnalisé et centralisé.

Quelle est leur histoire ? Jusqu'au schisme qui a séparé en 1054 les chrétientés d'Orient (Constantinople) et d'Occident (Rome), jusqu'aux Réformes anglicane et protestantes du XVIe siècle, l'histoire des catholiques se confond avec celle de tous les chrétiens. Elle compte des pages de lumière : la foi des martyrs et des saints ; les fondements de la civilisation européenne ; la contribution à l'art, à la musique, à l'architecture, à la peinture ; la part prise à l'éducation, à la santé, à la charité. Mais aussi des pages d'ombre : le poids de l'antijudaïsme des origines chrétiennes ; la confusion avec les pouvoirs politiques ; les croisades, les Inquisitions, les guerres de religion. Le travail de « repentance » auquel les a conviés le pape Jean-Paul II au tournant de l'an 2000 ne fait pas l'unanimité chez ses fidèles. Les catholiques sont passés de la bonne conscience, voire de l'arrogance d'autrefois, à une conscience de leur mémoire et de leur identité plus claire, sinon toujours plus juste.

A quoi croient-ils ? La foi ou l'acte moral se fondent moins qu'autrefois sur des dogmes ou des normes imposées d'en haut. La sécularisation touche tous les catholiques, à des degrés divers, dans les pays développés ou pauvres, d'ancienne ou de nouvelle « chrétienté », de tradition libérale ou autoritaire. Tout un système d'identification de l'existence et des conduites personnelles à la foi vacille. Mais ce changement d'univers ne se traduit pas par une élimination de la croyance, comme on l'avait cru dans les années 1960, quand dominaient le discours sur la « mort de Dieu » et la « privatisation » de la foi. Au contraire, des formes de renouveau se manifestent dans le catholicisme comme dans les autres confessions. La crise des idéologies séculières a rendu plus évident le besoin de repères et plus audible, sinon plus convaincant, le message des Eglises.

Comment pratiquent-ils ? Dans les pays de tradition chrétienne, les obligations rituelles d'autrefois s'érodent, sauf les jours de grandes fêtes religieuses ou lors des événements qui rythment l'existence (naissance, mariage, maladie, deuil, etc.). Elles restent vaillantes dans les pays de jeune chrétienté où les communautés sont des lieux de rencontre, de formation, de conversion, de compassion et d'engagements. Un peu partout, alors que les catholiques irriguent encore des réseaux de formation scolaire et universitaire, de santé, de charité, de communication, de nouvelles formes d'expression religieuse et de rassemblement apparaissent ou renaissent. Des fidèles éloignés de l'Eglise renouent avec le rite. Des pratiques de dévotion populaire, comme les pèlerinages ou des séjours dans les monastères, se maintiennent, renaissent et cohabitent avec un souci plus développé qu'hier d'intelligence de la foi, à travers la lecture, la retraite ou la direction spirituelle.

Où déclinent-ils ? Où progressent-ils ? La carte du monde catholique dont le pape Benoît XVI a hérité le jour de son élection ne ressemble pas à celle dont son prédécesseur avait pu rêver. La « sortie » du communisme, par exemple, n'a pas fait place à l'Europe « néo-chrétienne » que certains avaient imaginée. Elle a même plutôt joué contre des Eglises déjà affaiblies par des décennies de censures et de privations. Mais, sorti de son « européocentrisme », en moins de trente ans, l'Eglise catholique a presque changé de couleur. Les vocations religieuses les plus nombreuses fleurissent aujourd'hui en Asie, en Afrique, en Amérique. Les fidèles les plus nombreux vivent dans les continents du Sud les plus peuplés – y compris chez les nouveaux géants comme l'Inde ou la Chine –, alors que dans les pays d'Orient, berceau du christianisme, chassés par les conflits et les extrémismes, ils fuient et, dans les pays d'Europe dits de « vieille chrétienté », ils décroissent.

Quelles sont les diverses « familles » catholiques ? L'universalité qui les définit – « catholique » vient du grec *katho-*

licos, « universel » – englobe une infinité d'individus regroupés en communautés de foi et d'appartenance. Mais l'Eglise qui porte ce nom n'est pas un moule uniforme, encore moins un ordre militaire, une ONU des croyants dont le centre serait à Rome. Elle n'est pas la résultante d'une somme d'individus et de communautés, mais l'expression d'une pluralité vivante et organisée. Les sensibilités des catholiques, leurs modes d'appartenance et d'engagement, leurs expressions et convictions sont aussi divers que leurs cultures d'origine, leurs choix et itinéraires personnels. Nous tenterons de dégager au moins sept familles de catholiques.

Cet ouvrage tente de répondre aux multiples questions que suscite aujourd'hui, dans la population croyante et non croyante, l'adhésion d'un milliard d'hommes à la foi catholique. Il est inspiré par un certain embarras devant la persistance des idées reçues et des stéréotypes, parfois sommaires et grossiers, qui courent à leur sujet, dont sont responsables la paresse intellectuelle, la méconnaissance plus que la mauvaise foi, voire un parti pris d'hostilité. Mais ce livre n'est pas un manuel d'apologétique, pas plus qu'il n'est une encyclopédie au ton distancé et à la vocation d'exhaustivité. Son approche se veut narrative, explicative, pédagogique, ce qui ne veut pas dire qu'elle exclut tout engagement quand il s'agit de mesurer les échecs et les progrès, de faire la part des débats internes, des avancées et des reculs, enfin de pointer les enjeux pour demain.

CHAPITRE I

VILLE

Prince d'en haut et prince d'en bas

1 – Place Saint-Pierre, centre du monde

2 – La « titulature » du pape

3 – Évêque de Rome et « pasteur universel »

4 – « Là où est Pierre, là est l'Église... »

5 – La réforme de la papauté

C'est à Rome que tout commence. A Rome où règne le pape, le premier des catholiques. Expression sujette à caution, tant elle accrédite l'image d'une Eglise pyramidale qui, depuis Vatican II, sauf mauvaise foi ou ignorance, n'est plus tout à fait de saison. Mais la hiérarchie médiatique, celle des magazines et des écrans, a des lois qui ne prêtent guère à la nuance – celle de l'outrancière personnalisation des hommes qui détiennent une parcelle de pouvoir, réel ou imaginaire – et mettent l'homme à la soutane blanche sur le même plan que les grands de ce monde, le président des Etats-Unis, la reine d'Angleterre ou le secrétaire général des Nations unies. A moins que ce ne soient les stars du cinéma, du rock, de la mode ou du football, autres religions universelles, mais à la gloire combien plus éphémère.

Connu le pape ? Célèbre ? Célébrissime même, mais l'est-il pour ce qu'il est vraiment ? Pour les uns, la plus archaïque survivance d'un gouvernement obscurantiste des âmes, complice de quelques-uns des plus grands crimes de l'histoire, d'une longue oppression des consciences, des libertés et des droits de l'homme, d'un système théocratique que le monde éclairé aurait dû depuis longtemps effacer. Mais, pour les catholiques, il est le dépositaire de l'héritage de Jésus-Christ, le gardien d'un message évangélique transmis, répété à travers les âges et plus de vingt siècles, le garant d'une tradition universelle, le souverain hérité d'une lignée de grands administrateurs ou de saints, le « pasteur universel » de l'Eglise, le prince désarmé, la dernière grande voix morale d'un monde qui se repaît de mal, de terreur, de guerre et d'anxiété.

1 – Place Saint-Pierre, centre du monde

C'est à Rome que tout commence et que tout converge. Rome et ses foules d'hommes et de femmes de tous âges et de tous pays, multiples et colorées, recueillies ou bruyantes, dévotes ou tapageuses, parlant toutes les langues de la terre. Foules de pèlerins qui, chaque dimanche à l'heure de l'*Angelus,* chaque jour de fête, comme Pâques ou Noël, chaque mercredi pour l'« audience générale » avec le pape, battent le pavé de la place Saint-Pierre, puis roulent en flots continus vers les portes monumentales de la basilique rosie par le soleil. La double colonnade, édifiée par le Bernin au XVIIe siècle, ressemble à deux grands bras de pierre patinés par le temps. Deux bras sculptés et arrondis comme une haie d'honneur qui enlace les visiteurs, une haie de piliers, d'apôtres et de saints taillés dans une matière qui défie le temps, décrit la splendeur passée, écrase le visiteur de sa hauteur et de sa puissance.

Deux bras comme deux artères qui attirent les pèlerins ou les simples touristes montant, en battements ininterrompus, vers cette basilique qui est le cœur de la catholicité et les refluent vers la Ville. Deux artères fluides ou congestionnées selon le jour, dans lesquelles défilent les images de l'ordinaire romain : les litanies de prêtres en costume noir et petite croix de métal sur le revers du veston ; les processions de fidèles rangés sous les drapeaux de leurs pays, les bannières de leurs paroisses, de leurs diocèses d'origine ou les oriflammes à Marie ; les cortèges d'étudiants et séminaristes romains, les rondes de religieuses en habit gris, bleu ou blanc, en station debout, parfois à genoux sur le pavé, dévidant un chapelet dont les grains glissent sans fin entre les doigts. Puis les touristes en calèche, les *carabinieri* statiques et débonnaires, les marchands de bondieuseries, les taxis jaunes qui embarquent aussi vite qu'ils déversent.

Cette scène de théâtre est l'une des plus grandioses au monde. Le 11 octobre 1962, la place Saint-Pierre bascule dans le monde moderne. Pour la première fois, la télévision transporte ses caméras au sommet du Janicule, ourlé par ses bouquets de cyprès, longilignes, élancés comme des flammes. Elle y retransmet la procession d'ouverture de la première session du concile Vatican II avec ses 2 427 évêques et cardinaux arrivés des cinq continents, des observateurs protestants, orthodoxes, anglicans, soit un microcosme de l'Eglise universelle. Les « pères » du concile précèdent le pape Jean XXIII, né Angelo Roncalli, 80 ans, qui, le premier, avait souhaité cette assemblée pour déchiffrer les « signes du temps » et « ouvrir les fenêtres » de l'Eglise en vue d'un *aggiornamento.* Blême devant sa propre audace, engoncé sous sa mitre blanche et dans sa chape dorée, le vieux pape est calé au fond de sa *sedia gestatoria,* portée par des officiers droits comme des chandeliers. A cet instant précis, se bousculent les souvenirs de l'Eglise autoritaire et hiératique d'autrefois, les promesses d'une simplicité et d'une proximité plus grande avec les hommes d'aujourd'hui.

Avec Jean XXIII, surgit sur la place et les écrans l'image d'une Eglise qui hésite encore entre, d'un côté, un respect de rites et de règles que beaucoup estiment surannés et, de l'autre, l'aventure, le bond en avant dans le monde moderne. Trois ans plus tard, le choix est fait. On est en 1965, un 8 décembre, fête de l'Immaculée-Conception. Moins jovial que son prédécesseur, profil acéré, intelligence fine, mais anxieuse, le pape Paul VI, né Giovanni Battista Montini, 68 ans, clôture Vatican II en multipliant les messages de sympathie au monde. L'Eglise de Rome se hisse enfin à la hauteur des enjeux de son temps, choisit d'épouser son siècle, se réforme, cesse de condamner tout ce qui n'est pas elle, renonce au monopole absolu de la « vérité » catholique, tend la main aux autres religions chrétiennes et non chrétiennes, perd son latin, ses soutanes et quelques fidèles, mais au profit, le sait-elle, d'une place renouvelée et combien plus estimée dans l'histoire.

Témoin muet, mais privilégié de ce tournant, la place Saint-Pierre – 340 mètres de long et 240 mètres de large – est la boussole, la référence, le centre de gravité du milliard de catholiques répandus sur les cinq continents. Tous les grands événements de la vie de l'Eglise passent par elle. Le 12 août 1978, elle est aux premières loges des obsèques poignantes de ce même Paul VI, dont le cercueil nu est posé à même le sol détrempé par l'averse et battu par le vent. Image de dépouillement extrême pour une fonction et une institution qui, dans ce lieu, a compté plus de pompes dorées que de manifestations de simplicité et de charité.

Cérémonie funèbre renouvelée, un mois et demi plus tard, pour l'enterrement de Jean-Paul Ier, né Albino Luciani, ce pape au règne aussi éphémère – trente-trois jours – que son sourire radieux, voilé par le mystère. Mystère d'un pape, ex-patriarche de Venise qui ignorait presque tout des rouages du gouvernement central de l'Eglise, ancien curé de campagne hissé au sommet de la hiérarchie, qui se savait malade mais n'avait osé, à personne, le confier. Il est mort écrasé par les honneurs et une tâche démesurée – certains ont tenu la thèse d'un empoisonnement! –, devenu l'icône d'une institution moins arrogante, plus faillible et fragile que ne dit la légende.

Les cardinaux ne se trompent pourtant pas quand, le 16 octobre suivant – on est toujours en 1978 –, ils choisissent Jean-Paul II, né Karol Wojtyla, un pape jeune cette fois, 58 ans, insolent de santé, non plus l'héritier, comme le voulait la tradition, de grandes familles patriciennes de Rome ou de Milan, comme l'avaient été Pie IX (1846-1878), Pie XI (1922-1939), Pie XII (1939-1958), Paul VI (1963-1978). Des régions lombardes ou vénitiennes, comme Pie X (1903-1914), Jean XXIII (1958-1963), Jean-Paul Ier (1978). Mais d'un pays slave, à la fois proche et lointain du cœur de tous les catholiques, cette Pologne éternelle et fidèle à Jésus et Marie. D'une Eglise symbole, depuis dix siècles, de la continuité de la foi et de la culture dans une nation divisée, écartelée par les empires rivaux – Autriche, Prusse, Russie –, avant d'être réduite à l'impuissance, envahie, occupée, asservie par le joug nazi, puis communiste.

Le 22 octobre 1978, les mots de Jean-Paul II puisés dans l'évangile de saint Jean, prononcés d'une voix de stentor sur une place Saint-Pierre encore une fois noire de monde, résonnent comme un défi. Ce n'est pas le signal d'une reconquête, comme cela a été parfois dit, mais un appel à tous les catholiques pour qu'ils retrouvent leur fierté et leur audace évangélisatrice, ainsi qu'à tous les « hommes de bonne volonté » : « N'ayez pas peur! Ouvrez, ouvrez toutes grandes les portes au Christ, clame l'ancien numéro deux en Pologne [1] devenu premier à

1. Avant d'être élu pape, le cardinal Karol Wojtyla était archevêque de Cracovie, deuxième siège de la Pologne après l'archidiocèse de Varsovie, détenu par le primat de Pologne, qui était alors le prestigieux cardinal Stefan Wyszynski (1901-1981), héros de la lutte anticommuniste. La petite histoire raconte que lorsque des cardinaux évoquèrent devant lui la possible élection d'un Polonais – sans citer le nom de Wojtyla –, le primat Wyszynski s'offusqua : « Non, je suis trop vieux ! »

Rome. Ouvrez les frontières des Etats, les systèmes économiques et politiques, les immenses domaines de la culture, de la civilisation, du développement. N'ayez pas peur. Permettez au Christ de parler à l'homme. Lui seul a les paroles de la vie éternelle. »

Deux ans et demi plus tard, le 13 mai 1981, jour anniversaire des apparitions de la Vierge à Fatima (Portugal), la place Saint-Pierre est encore le témoin d'un événement inouï à l'époque moderne. On a voulu tuer le pape... Ali Agça, un extrémiste turc, manipulé ou non par les services bulgares et soviétiques, tire sur Jean-Paul II dans le soleil romain d'une fin d'après-midi. Le sang coule sur la « papamobile » qui sillonnait les rangs des fidèles et profane la soutane immaculée. Rescapé, la victime attribuera à la Vierge de Fatima, qui a « détourné la balle », cet improbable miracle.

Après vingt-six ans et demi de règne, le 8 avril 2005, le monde se donne à nouveau rendez-vous place Saint-Pierre. Cent cinquante souverains, présidents, chefs d'Etat et de gouvernement, les chefs de toutes les confessions religieuses du monde, deux millions de fidèles massés dans les rues de Rome jusqu'à la plus petite venelle, d'autres millions groupés derrière leurs écrans rendent hommage à ce même pape, mort après un pontificat hors du commun, délivré d'une agonie longue et offerte au monde, un homme que les commentaires du jour surnomment le « dernier géant » du XXe siècle.

Le pape polonais avait non seulement redonné de la vigueur à l'identité et à la foi catholiques, mais il avait été aussi l'un des libérateurs de l'Europe de l'Est communiste, un porte-parole des « sans-voix » déshérités d'Afrique, d'Asie ou d'Amérique, des populations écrasées par la dictature et la misère. Il avait appelé ses fidèles à battre leur coulpe pour les fautes commises autrefois par leur Eglise. Il fut le premier pape à franchir le seuil de la synagogue de Rome, à sortir plus de cent fois d'Italie, renouant avec la plus authentique tradition missionnaire du christianisme, à se recueillir devant le mur du Temple de Jérusalem, à entrer dans la mosquée des Omeyyades à Damas, rencontrer à Casablanca, à Assise, en Inde, en Corée, en Afrique, en Asie tous les chefs religieux juifs, musulmans, sikhs, bouddhistes, jaïns, taoïstes de la terre. Enfin à mendier la paix, prêcher en vain le silence des armes et l'entente au Liban, dans les Balkans, au Proche-Orient, en Irak.

Trois semaines après les obsèques de Jean-Paul II, les mêmes rues de Rome et la place Saint-Pierre s'enfièvrent à nouveau sous les assauts d'une foule accourue aux premières volutes d'une fumée qui, à son début, n'est ni blanche, ni noire. Seuls les carillons de la basilique, sonnant à toute volée, annoncent la fin du vote. Les cent quinze cardinaux de cinquante-deux pays réunis en conclave dans la chapelle Sixtine ont élu un pape. Un choix sans grand risque pour une Eglise encore sous le choc de la disparition du grand pape polonais. Le choix d'un homme de fidélité, Joseph Ratzinger, le préfet allemand de la doctrine, le gardien de l'orthodoxie, longtemps tapi dans l'ombre de Jean-Paul II, dont personne n'ignorait pourtant qu'il fut son complice intellectuel et inspira nombre de ses décisions. Il y a des siècles qu'un pape allemand n'était monté sur le trône de Pierre [1]. Il se fait appeler Benoît XVI, par référence à la fois à saint Benoît, le fondateur du monachisme en Occident, et à Benoît XV, le pape pacifiste de la Grande Guerre (1914-1922).

Le conclave des 18-19 avril 2005 avait élu le pape jugé le plus apte à sauvegarder l'héritage et répondre aux défis

1. Il est difficile de comptabiliser les papes d'origine germanique. Selon l'historien Philippe Levillain, le seul pape d'origine allemande certifiée, dont Joseph Ratzinger pourrait revendiquer la lointaine paternité, est Clément II (1046-1047).

que rencontrent les catholiques en ce début du troisième millénaire : l'indifférence croissante pour Dieu dans la vieille Europe ; le fossé qui se creuse entre les pays nantis, les nations émergentes et les pays pauvres ; la menace de la terreur islamiste ; la marginalisation toujours plus grande de l'Afrique ; l'attrait des sectes évangéliques ou des sagesses orientales. Un programme dément pour un nouveau pontificat et pour le catholicisme du XXIe siècle.

2 – La « titulature » du pape

Ouvrez la première page de l'*Annuario pontificio,* la petite « Bible » rouge de l'Eglise, et vous y trouverez ce qu'en termes pompeux, on appelle encore la « titulature » du pape, autrement dit la liste de tous ses titres.

Le pape est « évêque de Rome ;
Vicaire de Jésus-Christ ;
Successeur du chef des apôtres ;
Souverain pontife de l'Eglise universelle ;
Primat d'Italie ;
Archevêque métropolite de la province de Rome ;
Souverain de l'Etat de la Cité du Vatican(...) ».

Ce n'est pas fini. La dernière mention est la plus belle : le pape est « serviteur des serviteurs de Dieu ». Mention qui remonte à très loin dans le temps, à deux des plus grands saints de l'histoire, Augustin (354-430) et Benoît (480-547). Grégoire Ier, dit Grégoire le Grand (590-604), avait été le premier pape à se l'attribuer. « Serviteur des serviteurs de Dieu » : après des siècles d'hégémonie et d'arrogance, l'exercice contemporain du pouvoir pontifical a évolué dans le sens d'une plus grande modestie, mais l'apparat et les privilèges ne l'ont guère rapproché de cette dernière définition.

Huit titres, et pas moins. Il faudrait y ajouter tous ceux que l'histoire de Rome, qui n'est pas avare de boursouflures, a légués au pape, mais que l'usage a fait peu à peu disparaître : le « Législateur suprême », le « Prince des apôtres », le « Gardien de la foi », le « Docteur de la loi », etc. *Sa Sainteté* est restée... C'était le titre donné à l'origine à tous les évêques, puis peu à peu réservé aux patriarches et, à partir du XIVe siècle, au seul pape.

Mais cherchez bien, le mot de *pape* – venant du grec *pappas,* ou du latin *papa,* père – ne figure pas dans l'Annuaire pontifical. Pas plus qu'il ne se trouve dans le code de droit canon qui ne connaît que le *Romanus pontifex,* autrement dit le « pontife romain ». Le titre de « pape » est un privilège exclusif, mais tardif. Il a longtemps désigné tous les évêques, en témoignage d'affectueuse vénération de la part des fidèles. Il s'est maintenu en Orient et le patriarche de l'Eglise copte d'Egypte, le « pape » Chenouda III, le revendique encore. En Occident, c'est à partir du VIe siècle que l'usage l'a réservé au seul évêque de Rome. C'est bien plus tard que le pape Grégoire VII (1073-1085) l'a définitivement imposé au successeur de Pierre. Et pourquoi, lui demandait-on ? *« Quod hoc unicum est in mundi. »* Parce que le pape est unique au monde.

Son premier titre – donc le plus ancien – est celui d'« évêque de Rome ». C'est le plus important et le seul qui vaille vraiment. Les chrétiens de l'orthodoxie et du protestantisme ne veulent connaître que celui-là. Il désigne la fonction première du pape, qui était à l'origine l'évêque élu par le clergé romain. Il l'est encore, mais au prix d'une fiction : chaque électeur du pape, le jour de sa « création » comme cardinal, reçoit une affectation dans l'une des églises de Rome ou des environs, dont il devient le « titulaire », et il fait ainsi partie symboliquement du clergé romain. Dès qu'il est créé cardinal, l'archevêque de Paris, par exemple, devient « titulaire » dc l'église Saint-Louis-des-Français et l'archevêque de Lyon, primat des Gaules, « titulaire » de l'église de la Trinité-des-Monts.

Tous les autres titres du pape font débat. « Successeur de Pierre » ? Pour les catholiques, cela ne fait aucun doute. C'est l'évidence même, le ciment qui les unit, les conduit jusqu'à Rome où le premier des apôtres est mort en martyr et repose. C'est le sens de leur affection et de leur piété pour le pape et sa ville. Mais, pour les chrétiens des autres confessions, en particulier ceux de l'orthodoxie, c'est un ajout tardif de l'histoire romaine et un monopole abusif. Pour eux, tous les évêques sont collégialement les successeurs de Pierre et des douze apôtres, tous témoins, aussi autorisés que celui de Rome, de la « confession » de foi du premier disciple du Christ, de son ardeur missionnaire et de son martyre.

Le titre de « vicaire de Jésus-Christ » prête plus encore à controverse. On a d'abord appelé le pape « vicaire de Pierre », ce qui pouvait davantage se concevoir. La substitution de nom de Jésus-Christ à celui de Pierre s'est faite au VIe siècle. Cette formule de « vicaire de Jésus-Christ » s'est appliquée, d'abord, à tous les évêques et elle fut même empruntée par les rois et les empereurs. A partir du XIIe, la prétention folle de l'évêque de Rome à étendre son autorité à l'ensemble de la chrétienté conduit Innocent IV (1243-1254) à revendiquer le terme de « vicaire de Dieu » ! Mais, au XXe siècle, dans sa grande sagesse, le concile Vatican II a fait marche arrière et est revenu, pour qualifier le pape, à l'expression de « vicaire de Jésus-Christ ».

Conscient toutefois des dégâts provoqués par un tel titre chez les partenaires d'un dialogue œcuménique, la constitution *Lumen Gentium,* texte majeur du dernier concile, affirme que le Christ est présent dans tout le corps épiscopal, et pas seulement à Rome. Le théologien français Yves Congar, l'un des acteurs éminents de cette assemblée conciliaire, suppliera Rome d'écarter des titres du pape le terme de « vicaire de Jésus-Christ ». Hélas, dans l'*Annuario pontificio,* le terme est resté écrit en gras et dans une très large police de caractères. Ce qui ne prête à aucune confusion !

Il faudra attendre 2006 pour que la mention de « patriarche d'Occident » soit biffée par la main de Benoît XVI, sans que cela suscite de révolution de palais. Ce mot de « patriarche » est issu de la géographie des cinq « patriarcats » – Rome, Constantinople, Alexandrie, Antioche et Jérusalem – qui ont désigné au premier millénaire les chefs-lieux des origines chrétiennes. S'il reste vivace en Orient, le titre de « patriarche » pour nommer l'évêque de Rome et de l'Occident n'était plus guère en usage depuis le schisme de 1054 qui sépara catholiques et orthodoxes. Il n'avait resurgi, dans la « titulature » des papes, qu'en 1870, lors du concile Vatican I quand les patriotes italiens étaient aux portes de Rome et que tout était bon pour affirmer la suprématie, à la fois temporelle et spirituelle, du pape. Aujourd'hui, le pape du XXIe siècle se considère comme le « pasteur universel ». Le titre de patriarche d'Occident n'avait plus de fondement historique et théologique. D'où sa radiation en 2006.

Quant au fameux titre de « souverain pontife » – *pontifex maximus* –, on ne le découvre que vers la fin du VIe siècle. C'était à l'origine un titre païen porté, depuis Auguste, par les empereurs romains. Il se verra attribué à tous les évêques, avant de devenir, à partir du XIe siècle, la propriété exclusive de celui de Rome. Mais ce titre a gardé une certaine saveur païenne. Nous n'en abuserons pas ici, pas plus que de celui de « vicaire du Christ », ni de celui de « vicaire de Pierre » qui occulte le lien de Rome avec l'apôtre Paul qui est tout aussi puissant. Les autres titres de « chef de l'Eglise » ou « tête de l'Eglise » soulignent par trop cette vision hiérarchique, voire autoritaire, dont raffolent encore les médias, mais qui ne correspondent plus à la définition que l'Eglise, depuis Vatican II, se donne d'elle-même. Alors, tenons-nous-en au « pape », ou à l'« évêque de Rome », plus rarement au « Saint-Père », familier des fidèles, des évêques, des prêtres, et n'allons pas plus loin.

A ces titres, s'ajoute l'apparat. Les catholiques raffolent des ornements qui donnent aux liturgies romaines leur grandeur solennelle, un peu hors du temps. L'Eglise ne fait jamais rien au hasard et les habits liturgiques obéissent à une symbolique précise. A Rome, tout est enracinement dans l'histoire. Jusqu'à Pie V (1566-1572), le pape était vêtu de rouge, comme ses cardinaux. Rouge comme la couleur du sang des premiers martyrs dans lesquels le christianisme puisa son origine et ses modèles. Après son élection, le pape Pie V, qui était un religieux dominicain et portait la robe blanche de son ordre, celui dit des Frères prêcheurs, tint à le conserver par esprit de fidélité. Tous ses successeurs ont conservé cet usage. Mais le rouge n'est jamais bien loin. C'est l'habit des cardinaux et, selon la saison liturgique, l'habit de chœur pour le pape célébrant, à qui il arrive aussi de porter la mozette rouge ou une cape de même couleur.

Témoignage d'une conception triomphale de la fonction, la tiare. Cette haute coiffure en forme de cône, ceinte de trois couronnes, symbolisait la triple autorité suprême du pape : évêque de Rome, pasteur universel et prince temporel. Elle était portée le jour de son couronnement. En la posant sur la tête du nouvel élu, le premier cardinal-diacre prononçait ces mots : « Sachez que vous êtes le Père des princes et des rois, le Guide du monde, le Vicaire sur terre de Notre Sauveur Jésus-Christ ! » Autre temps, autres mœurs : les derniers papes ont aboli cet usage. Le premier à renoncer à la tiare fut Paul VI, élu en juin 1963, qui revint, au port de la mitre, la coiffe de tout évêque, outre le traditionnel « bâton pastoral » (crosse) à la main du pape. Depuis, plus aucun n'a osé renouer avec cette pratique, mais la tiare est demeurée dans les armoiries pontificales, à côté des clés de l'apôtre Pierre.

Autre signe des temps, le renoncement à la *sedia gestatoria* qui était, depuis le Moyen Age, fixée sur des brancards et sur laquelle était transporté le pape lors des cérémonies officielles au milieu de la foule qui pouvait ainsi l'apercevoir. En l'élevant au-dessus du commun des mortels, la *sedia* symbolisait son autorité surnaturelle. Là aussi, les usages ont changé. Le premier encore, Paul VI y renonça, suivi par Jean-Paul Ier qui s'est rendu à pied à la cérémonie de son couronnement, plus modestement appelé depuis « cérémonie d'intronisation ». Quant à Jean-Paul II, il a ouvert une nouvelle ère, celle de la *papamobile,* véhicule motorisé et vitré, à l'épreuve des balles, qui permet au pape, place Saint-Pierre ou dans les rassemblements de foules, à Rome ou à l'étranger, de traverser les rangs des fidèles. Soit un miracle de la technologie automobile au service de la dévotion papale ! Benoît XVI a confirmé l'usage de ce véhicule, sans doute promis encore à un long avenir.

En revanche, deux autres signes liturgiques ont retrouvé toute leur place dans la symbolique pontificale : le *pallium* et l'anneau du pêcheur. Le 24 avril 2005, Benoît XVI, lors de sa cérémonie d'intronisation place Saint-Pierre, a consacré son homélie à une longue méditation sur la fonction de pape, dont le *pallium* et l'anneau du pêcheur sont, pour lui, les signes les plus visibles. A l'origine, le *pallium* était une étroite bande tissée avec de la laine d'agneau blanche, brodée de petites croix noires, et il se portait le long du cou comme une étole. A partir du XIIe siècle, il devient symbole de la plénitude de la fonction épiscopale du pape, porté lors des offices et des processions. Le recevoir est le signe de l'intronisation, le perdre (cela est arrivé) celui de la destitution. D'abord privilège du pape, le *pallium* est, depuis récemment, attribué à des évêques nouvellement nommés, comme un rappel du lien personnel et institutionnel qui unit le siège de Rome et les responsables des diocèses.

Quant à l'anneau du pêcheur, chaque évêque le porte au doigt en signe de son alliance avec l'Eglise, son « Epouse » selon la tradition romaine. L'anneau du pape porte l'image de l'apôtre Pierre jetant son filet, souvenir de l'appel du Christ lancé à celui qui deviendrait le premier des apôtres et à son frère André. Il a longtemps servi à sceller des actes officiels du souverain pontife, les *bulles*, les *brefs*, les *indults*, etc. Selon un usage séculaire, à la mort du pape, l'anneau du pêcheur est publiquement brisé par le cardinal camerlingue avec un marteau et une enclume en or !

3 – Évêque de Rome et « pasteur universel »

Etrange Rome. Etrange ce centre de gravité universel où semble effacée toute frontière entre les origines du christianisme et son présent, entre l'Antiquité païenne et le catholicisme régnant, les palais pontificaux et les temples, la souveraineté étatique et la paternité de conscience, la fermeté doctrinale et la bonté pastorale, la tradition biblique et la modernité œcuménique. Babel des hommes, Pentecôte des âmes, la Rome des papes ne connaît ni race, ni nation, ni culture, ni couleur de peau, ni continent. Le pape est l'un des derniers monarques.

Sans doute une monarchie tempérée après des siècles d'absolutisme, mais une monarchie singulière, située quelque part entre ciel et terre, monarchie d'hommes et de clercs. Et un souverain – peut-il l'oublier ? – qui tient son pouvoir d'en haut, comme le rappelait toujours, avec sagesse, le bon Jean XXIII : « Le chef de l'Eglise, c'est le Christ, non le pape. »

L'histoire, le droit, les titres et les privilèges ne laissent aucun doute : le pouvoir catholique est concentré à Rome, dévolu au pape, évêque de la ville sainte, mais aussi chef d'Etat et pasteur de l'Eglise entière. Il détient la plénitude des pouvoirs législatif, exécutif et judiciaire. Chaque mot, chaque geste, chaque décision ont un retentissement universel. Son pouvoir n'a pas d'équivalent connu dans le monde civil. Chef d'Eglise, il promeut et mute les hommes à son gré jusqu'au plus petit évêché de province, délivre à son gré des indulgences plénières, promulgue des dogmes auxquels le croyant est tenu de croire et fabrique, à tour de bras, des bienheureux et des saints. Chef d'Etat, il nomme son gouvernement, dirige son armée, prélève l'impôt, émet une monnaie, est représenté dans presque tous les pays, reçoit les lettres de créance de chaque ambassadeur nommé « près le Saint-Siège ».

Son autorité est illimitée, mais son territoire étatique – 44 hectares de palais et de jardins cernés de hauts murs comme une Cité interdite – est le plus exigu de la planète. Même la principauté de Monaco et la république de Saint-Marin n'arrivent pas à sa taille de nain. Son armée de gardes suisses, costumés et figés comme des gravures de la Renaissance, est un corps de légende, vieux de cinq siècles, une armée d'opérette, à qui l'on interdit de tirer un seul coup de feu. Ses finances, contrairement à une légende tenace et dorée, sont très éloignées de celles des entreprises du CAC 40... Le pape, enfin, bat monnaie pour le plaisir des collectionneurs, plus que pour garnir ses caisses.

Etrange, donc, cette ville de Rome dont le pape est tour à tour l'enfant, le roi, le mécène, l'architecte, encore vénéré comme le plus grand souverain sur terre et le plus humble serviteur du Ciel. Cette ville où les grands ordres religieux ont édifié leur siège. Cette ville où, dans le brassage des pays, des couleurs, des races, des familles, des conditions, des générations, les catholiques se repèrent toujours. Sous la *loggia* de la basilique Saint-Pierre ou la fenêtre du souverain pontife – la troisième en partant de la droite au troisième étage du palais apostolique –, leur ferveur est communicable. Dans leur regard se lit cette sorte de révérence, de connivence familiale, d'appartenance commune au-delà des frontières. Cette dévotion pour le pape, qui ne fut pas de tous les temps, qui a pu exister sous quelques despotes – Grégoire XVI, Pie IX – est devenue le premier trait commun, avec bien des variantes, à tous les catholiques.

Comme tout évêque, celui de Rome est d'abord responsable du diocèse qui lui est confié. Sa cathédrale est Saint-Jean-de-Latran [1] et ses fidèles au nombre de 3 millions. Ce n'est pas le plus gros diocèse du monde. Milan et São Paulo le dépassent largement, mais la taille ici n'est pas en cause. Un « vicaire général » supplée le pape, qui a toujours été l'une des grandes figures de l'Eglise italienne. Le cardinal Camillo Ruini est vicaire du pape à Rome et, de 1986 à 2007, fut en même temps président estimé et redouté de la conférence des évêques italiens [2].

---

1. La cathédrale est le siège de l'évêque. Saint-Jean-de-Latran est à la fois cathédrale de l'évêque de Rome (le pape) et basilique romaine. Lieu de pèlerinage et de piété populaire, une basilique peut être cathédrale ou église paroissiale. Les basiliques romaines étaient des lieux de passage à la gloire de l'empereur (appelé le *basileus*).

2. Elu en avril 2007, c'est le cardinal Angelo Bagnasco, archevêque de Gênes, qui a succédé au cardinal Ruini comme président de la conférence des évêques d'Italie.

Le pape a toujours accordé un grand prix à sa mission d'évêque de Rome, d'abord pour des raisons pastorales : il est responsable des âmes qui lui sont confiées dans la ville de Pierre. C'est pourquoi il visite, aussi régulièrement que possible, ses paroisses au nombre de 330, ses églises, ses prêtres, ses communautés religieuses, voire ses hôpitaux et ses prisons. Malgré de fréquents voyages à l'étranger, un Jean-Paul II n'a jamais dérogé à cette pratique, sortait dans Rome le week-end, et son successeur suit ses traces. Le pape aime aussi se situer comme évêque de Rome pour d'évidentes raisons œcuméniques : les partenaires du dialogue, protestants, orthodoxes et anglicans, ne le reconnaissent que dans cette fonction.

Ce chef de diocèse est aussi chef d'Etat. Et de quel Etat ! Le plus petit au monde, mais l'un des plus grands par l'histoire. Magie du mot « Vatican ». A la tribune des Nations unies, le 4 octobre 1965 à New York, Paul VI se montrait explicite : « Cette souveraineté temporelle, minuscule et presque symbolique, est le minimum nécessaire au Saint-Siège pour être libre d'exercer sa mission spirituelle et assurer ceux qui traitent avec elle qu'elle est indépendante de toute souveraineté au monde. » Le nom de « Saint-Siège » désigne le « gouvernement » central, l'entité juridique à la tête d'une Eglise d'un milliard d'hommes et de femmes répartis sur les cinq continents. Son souverain est assisté par la Curie, c'est-à-dire la Secrétairerie d'Etat, des congrégations, des conseils pontificaux, des tribunaux, etc. Si l'Eglise n'est plus une puissance temporelle depuis 1870, le Saint-Siège est reconnu comme un sujet de droit international et, en 2007, avait des relations diplomatiques avec 177 Etats.

L'Etat proprement dit est celui de la « Cité du Vatican » qui n'est comparable à aucun autre. Et pas seulement à cause de sa taille. Son existence est admise par la communauté des nations, mais reste pour certains une incongruité, voire le viol d'un Evangile dont chaque page montre un Jésus-Christ renonçant à toute tentation de pouvoir temporel. Tout l'attirail du pouvoir du pape, les pompes de son mini-Etat, les tapis rouges déroulés sous ses pieds, le trône pontifical, les hymnes nationaux, le poids d'une administration relèveraient d'une prétention inouïe. Sauf à considérer que l'exercice d'un pouvoir spirituel, comme disait Paul VI, ne peut se concevoir sans l'existence d'un minimum de puissance temporelle. Et c'est une donnée qui ne peut être sous-estimée.

Tel était l'enjeu de la fameuse « question romaine », connue de toutes les diplomaties européennes, soulevée après la conquête de Rome par les nationalistes italiens en 1870, qui mettait fin à plus de mille ans d'existence des Etats pontificaux. Le pape Pie IX et ses immédiats successeurs – Léon XIII, Pie X, Benoît XV, Pie XI à ses débuts – se considéraient comme des « prisonniers » à l'intérieur de la ville de Rome dont ils disaient avoir été spoliés. La « question romaine » ne fut réglée qu'en 1929, date de la signature des accords du Latran entre Mussolini et le cardinal Pietro Gasparri, secrétaire d'Etat du pape Pie XI. Une date phare qui mettait fin à la puissance temporelle du pape, mais augmentait sa liberté de parole, de manœuvre et d'influence.

Avec ces accords, pour la première fois, le pape reconnaissait le royaume italien avec Rome pour capitale. En contrepartie, l'Italie admettait « la pleine propriété, la puissance exclusive et absolue et la juridiction souveraine du chef de l'Eglise » sur un territoire de quarante-quatre hectares appelé Cité du Vatican, dominé par la basilique Saint-Pierre. Elle s'engageait à protéger l'exterritorialité et l'immunité fiscale de divers palais apostoliques – comme le palais de Castel Gandolfo, qui deviendra la résidence d'été des papes, ou celui de San Calixto dans le Trastevere – et des trois autres basiliques dites

« majeures » : Saint-Jean-de-Latran, Sainte-Marie-Majeure et Saint-Paul-hors-les-Murs. Dès lors, le Vatican avait tous les attributs d'un Etat moderne, pouvait émettre sa monnaie et ses timbres, compter des forces de police et des citoyens, prélever l'impôt, avoir une représentation diplomatique.

Evêque de Rome, chef d'Etat, le pape est surtout « pasteur universel ». C'est-à-dire qu'il a autorité sur toute son Eglise. C'est lui seul qui a le pouvoir de convoquer et présider les conciles – trois seulement depuis quatre siècles – et les synodes épiscopaux, de nommer cardinaux et évêques, promulguer les dogmes, c'est-à-dire les grandes vérités de foi auxquelles les fidèles sont tenus d'adhérer. Il exerce la conduite de son peuple, mais de manière collégiale, c'est-à-dire avec l'ensemble des 4 500 évêques du monde entier. En bonne théologie catholique – celle de Vatican II – l'ensemble des évêques disposent du pouvoir suprême et plénier sur toute l'Eglise, pour autant qu'ils sont en union avec l'évêque de Rome. Mais celui-ci, en tant que successeur de Pierre et dépositaire de la primauté, dispose lui-même du pouvoir suprême et plénier sur toute son Eglise.

Sa mission première est de maintenir l'unité de la foi catholique et d'enseigner sous de multiples formes : lettre encyclique, c'est-à-dire « universelle », adressée aux évêques du monde entier, voire à l'ensemble des « hommes de bonne volonté » ; homélies lors de grandes célébrations ; audiences générales du mercredi sur la place Saint-Pierre ou à l'intérieur de la grande salle Paul VI (pendant l'hiver) pour tous les pèlerins de passage à Rome ; allocutions lors des voyages apostoliques. Avec une certaine componction, on appelle « magistère » cet enseignement officiel, celui qui part de la bouche même du pape et de ses collaborateurs de la Curie dont chaque texte, avant d'être publié, doit recevoir l'*imprimatur* du pontife.

Le pape est « infaillible », autre mot magique, porteur d'une sorte de halo de mystère et de combien d'équivoques. Incompréhensible dans toute sphère autre que catholique. Comment un homme seul peut-il se prévaloir d'une « infaillibilité » qui, si elle est avérée, lui permettrait d'échapper au sort commun des mortels ? Combien de querelles inexpugnables, jamais éteintes, chez les catholiques, à propos de cette « infaillibilité » ! Le débat avait commencé bien avant le concile Vatican I (1870) et cette sorte de revanche que le pape Pie IX, sur le point d'être dépossédé de son pouvoir temporel, avait exigé de ses évêques. Au terme d'amples polémiques et d'une forte opposition, ce concile a érigé en dogme le fait que « le pontife romain, comme chef du collège des évêques, en qualité de pasteur et de docteur suprême de tous les évêques, est infaillible, quand il proclame une doctrine de foi et de morale. Ses définitions sont alors dites à juste titre irréformables ». Lorsque le pape se prononce de cette façon, on dit qu'il le fait *ex cathedra*, c'est-à-dire depuis son siège ou sa chaire, en vertu de sa mission d'enseignement reçue de Jésus-Christ.

Infaillible, donc, ce pape ? Pour beaucoup, il s'agit d'un abus de pouvoir, mais le champ de cette infaillibilité est théoriquement circonscrit. Il s'agit de points de doctrine concernant la foi et la morale en vue d'« expliciter le contenu de la Révélation » (constitution *Lumen Gentium* de Vatican II). Il ne s'agit en aucun cas d'ajouter un point de doctrine nouvelle, mais de clarifier, préciser, élucider un aspect de l'enseignement de l'Eglise. Dans cette situation, les fidèles sont tenus à la soumission. Les questions de caractère pastoral ou disciplinaire sont exclues du domaine de l'infaillibilité. Par exemple, l'encyclique *Humanae vitae* sur l'amour conjugal et la procréation qui, en 1968, fut la cause de tant de controverses échappe à l'infaillibilité, de même que les sanctions prises par exemple en 1988 contre Mgr Lefebvre, évêque de la minorité dissidente de Vatican II.

L'Eglise recourt de manière très exceptionnelle à des « définitions solennelles ». Les dernières sont, en 1854, la proclamation du dogme de l'Immaculée Conception de la Vierge Marie par le pape Pie IX ; en 1870, la proclamation du dogme de l'infaillibilité pontificale par ce même pape et, en 1950, le dogme de l'Assomption de la Vierge Marie par Pie XII. Mais à chaque fois qu'une décision de doctrine est sur le point d'être adoptée, le débat s'ouvre, parfois dans un climat conflictuel. Ainsi lorsque Jean-Paul II publia, en 1994, un document doctrinal appelé *Ordinatio sacerdotalis,* réservant « exclusivement » aux hommes l'ordination sacerdotale, écartant « à titre définitif » l'ordination des femmes. A l'époque, cette disposition n'entrait pas dans le champ de l'infaillibilité. Mais on voit mal un successeur revenir sur une telle disposition.

Même si elle a perdu un peu de sa virulence, cette zone de contestation entre les Eglises et au sein même de l'Eglise catholique est la plus franche. C'est sur ce thème qu'un théologien comme le Suisse Hans Küng, ancien professeur de la prestigieuse université de Tübingen (Allemagne), dans son célèbre livre de 1970 *Infaillible, une interpellation,* réserva ses flèches les plus violentes contre le magistère romain. Il conteste que le pape puisse être à l'abri d'erreurs dans ses énoncés doctrinaux et disciplinaires. L'obstination courageuse de Küng lui a valu maints démêlés avec la Congrégation pour la doctrine de la foi, qui ont abouti à sa mise à l'écart, en 1979, de tout enseignement officiel dans un établissement catholique. Adversaire numéro un de Jean-Paul II, ce théologien a renoué, en août 2005, des relations avec Joseph Ratzinger, le pape allemand qui avait été son collègue – et son rival – à Tübingen, sans qu'on puisse savoir si un processus de réconciliation et de réintégration est ou non en cours et sur quelle base.

4 – « Là où est Pierre, là est l'Église... »

A ce moment de l'exposé, le lecteur familier des Evangiles se frotte les yeux. Il ne saisit pas d'emblée le lien qui peut exister entre, d'un côté, la brièveté, la modestie, la pauvreté de la vie publique de Jésus-Christ, un prophète comme tant d'autres dans l'histoire juive, qui a parlé, aimé, souffert, mais n'a rien écrit lui-même, n'a posé aucun acte juridique, donné aucune autre consigne que celle d'un amour universel et, de l'autre côté, ces innombrables processions de foules catholiques à Rome, l'avalanche des titres et des pompes à la tête d'une Eglise romaine couverte d'or et d'encens, maîtresse de toute vérité doctrinale, impitoyable hier pour ses déviants, gouvernée tour à tour d'une main de fer ou d'un gant de velours. Papauté refuge de saints et de démons, de dévots et de déments, d'artistes et de savants, étrange théocratie qui a combattu toutes les hérésies, traversé toutes les époques, les guerres, les famines, les épidémies. Eglise-institution longtemps la plus puissante et la plus redoutée au monde, encore la plus ancienne en Occident, prestigieuse et riche de son passé, mais aujourd'hui nombreuse, plurielle, fragilisée.

Pour les défenseurs de l'orthodoxie des origines chrétiennes, nostalgiques de l'Eglise unie – « indivise », dans le vocabulaire théologique – du premier millénaire, et pour les héritiers de la Réforme du XVIe siècle, l'histoire de la papauté romaine se résume presque, avouons-le, à un jeu de dupes. Pour eux, les Ecritures ont été manipulées afin de justifier l'étendue des privilèges et du pouvoir temporel de l'Eglise catholique et du pape. Mais pour les catholiques, la primauté de l'évêque de Rome ne souffre, sauf dans des cercles limités de dissidents, aucune contestation.

Elle est inscrite dans la mission confiée par Jésus à l'apôtre Pierre et elle s'impose encore, ne fut-elle rapportée que par un seul évangéliste sur quatre : « *Tu es Pierre et sur cette pierre, je bâtirai mon Eglise. Je te donnerai les clés du Royaume des cieux; tout ce que tu lieras sur la terre sera lié aux cieux et tout ce que tu délieras sur la terre sera délié aux cieux* » (Matthieu 16, 13-19). Des mots qui figurent encore, inscrits en lettres d'or, dans des caractères d'une taille de deux mètres de haut, sous la coupole de la basilique Saint-Pierre à Rome que les milliers de pèlerins ou visiteurs quotidiens, curieux ou connaisseurs, surpris ou indifférents, ânonnent parfois comme autant de souvenirs d'un très vieux catéchisme.

« *Tu es Pierre et sur cette pierre...* » Serait-ce donc d'un jeu de mots que seraient nés l'Eglise de Rome et ce pouvoir des papes? Le prophète juif qu'était Jésus utilise des images courantes en son temps d'attente messianique : celle du « roc » ou de la maison avec ses « clés », ou celle du Temple de Jérusalem contre lequel les puissances du Mal ne pourront jamais triompher. Par ces mots, a-t-il voulu confirmer son premier apôtre dans une foi que les lecteurs de l'Evangile savent faible et vacillante? Ou fonder l'Eglise hiérarchique, monarchique, absolutiste telle qu'on l'a connue et qu'on connaît encore pour partie? Nul ne le sait, mais cette formule rapportée par l'évangéliste Matthieu « *Tu es Pierre et sur cette pierre...* » a fait le tour du monde. Elle est le seul fondement scripturaire de la papauté. Le mystère sur son sens exact demeure toutefois, après deux mille ans. Les exégètes de toutes les Eglises s'interrogent, cherchent, se confondent, se tourmentent.

Ibi Petrus, ibi Ecclesia : « là où est Pierre, là est l'Eglise ». La formule est de saint Ambroise, évêque de Milan, au IVe siècle et elle est l'article numéro un de la foi catholique. Impossible de parler du « pape » sans remonter à Pierre, l'apôtre de référence, le premier, la « tête ». Dans la conception catholique romaine, le pape est son successeur direct. On ne peut comprendre ce qu'il est, l'étendue de ses honneurs et privilèges, sans remonter à l'apôtre et à ce que disent de lui les Ecritures, puis faire la part de l'histoire et de l'apologétique.

Que Pierre fut un homme de caractère et un premier de cordée, aucun chrétien d'aucune Eglise n'en doute. Des douze apôtres, il est le premier que Jésus au début de sa vie publique appelle pour le suivre. Pierre – qui se nomme d'abord « Simon » – et André, son frère, sont nés tous deux dans une famille de Bethsaïde en Galilée. Ils sont pêcheurs près du lac de Tibériade dans lequel ils jettent leurs filets. Avec eux, naît la symbolique, unique et splendide, de la vocation chrétienne : les pêcheurs de poissons sont appelés à devenir des pêcheurs d'hommes. Jésus donne à Simon un surnom : Pierre – *Kepha* (« roc ») en araméen, *Petros* en grec, *Petrus* en latin – qui ne prendra sa signification que bien plus tard.

Ces deux disciples, et les autres que Jésus a appelés à leur suite, sont des hommes de la terre et de la mer, sans doute incultes mais bons juifs, pratiquant avec sérieux la loi de Moïse. Pierre s'impose à eux comme un chef d'équipe. Il est aux premières loges de ceux qui écoutent la surprenante prédication de Jésus, assiste à tous les épisodes de sa courte vie, suit sa montée à Jérusalem, le début de sa Passion et sera l'un des premiers témoins de sa Résurrection. Il a un tempérament de feu, crie tout haut ce que les autres murmurent tout bas. Sa foi est impulsive, radicale, mais flexible. Quand Jésus, sur le lac, guide deux barques pour l'une de ces pêches qui se révéleront « miraculeuses », Pierre est le premier à jeter ses filets sur l'ordre du Maître. Mais il est aussi celui qui résiste quand, lors de la dernière Cène, le Christ veut lui laver les pieds, avant de se rétracter et de se confondre en excuses : *« Pas seulement les pieds, mais aussi les mains et la tête »* (Jean 13, 6-11).

L'épisode de la « confession de Pierre », à Césarée de Philippe, est de loin le plus décisif. C'est celui qui investit Pierre et ses successeurs à la tête de l'Eglise d'un pouvoir que tous les papes, après lui, vont revendiquer et détenir. Jésus demande à ses apôtres : « *Pour vous, qui suis-je ?* » Avec son habituelle fougue, Pierre répond : « *Tu es le Christ, le Fils du Dieu vivant.* » C'est alors que Jésus lui trace cette mission décisive : « *Heureux es-tu Simon, fils de Jonas, car ce n'est pas la chair et le sang qui t'ont révélé cela, mais mon Père qui est aux cieux. Et moi, je te le déclare : Tu es Pierre et sur cette pierre, je bâtirai mon Eglise et la puissance de la mort n'aura pas de force contre elle. Je te donnerai les clés du Royaume des cieux* » (Matthieu 16, 13-19).

Mais aussitôt après – allez faire confiance à un tel apôtre ! –, le même se révolte quand Jésus annonce ce qui va se passer et prépare ses disciples à la nouvelle, pour eux scandaleuse, de son arrestation, de sa Passion, de sa mise à mort par les anciens, les grands prêtres et les scribes. Pierre n'en croit pas un mot. L'Evangile note : « *Pierre, le tirant à part, se mit à réprimander Jésus, en disant : Dieu t'en préserve Seigneur ! Non, cela ne t'arrivera pas.* » Pierre s'attire alors de la part du Christ cet affront public, unique dans l'Evangile : « *Retire-toi. Derrière moi, Satan ! Tu es pour moi une occasion de chute, car tes vues ne sont pas celles de Dieu, mais celles des hommes* » (Matthieu 16, 23).

C'est au moment de la Passion que la crise est la plus forte. Au jardin de Gethsémani, Pierre et les autres disciples, qui ne valent guère mieux que lui, s'endorment au lieu de veiller avec Jésus arrêté, mais le premier reproche du Maître, c'est à Pierre qu'il s'adresse encore. Le premier apôtre fanfaronne : « *Même si nous tombons à cause de toi, moi, je ne tomberai jamais.* » Jésus lui répond : « *En vérité, je te le déclare, cette nuit même, avant que le coq ne chante, tu m'auras renié trois fois.* » Pierre renchérit : « *Même s'il faut que je meure avec toi, non, je ne te renierai pas.* » Il prend son courage à deux mains, tire l'épée et va couper l'oreille du serviteur du grand prêtre venu arrêter Jésus. Et, comme celui-ci l'avait prédit, Pierre le renie à trois reprises lorsque, dans la cour du grand prêtre appelé Caïphe, une servante l'interroge sur ses rapports avec le détenu promis à la mort. Plus tard, Pierre donnera pour toujours l'exemple du repentir amer dans la pénitence des larmes.

Le sens est clair. La foi en Jésus-Christ est toujours une épreuve. Mais cette « nuit de la foi » de l'apôtre Pierre va paradoxalement le transformer. Le début des Actes des apôtres est le récit d'un « retournement », comme on dirait dans les romans d'espionnage. Lorsque éplorés, égarés par la mort de Jésus, les apôtres se réfugient au Cénacle de Jérusalem, c'est Pierre qui prend leur tête. Il est le premier à proposer un remplaçant à Judas le traître. Des Douze, il est le premier témoin de la Résurrection de Jésus : *« Il est apparu à Kephas et ensuite aux Douze »*, témoignera l'apôtre Paul dans sa première lettre aux Corinthiens. *« Le Seigneur est vraiment ressuscité et il est apparu à Simon »*, confirme le disciple Luc dans son évangile (Luc 24, 34). Ainsi Pierre est-il à deux reprises le premier appelé : quand Jésus commence sa prédication et quand il est ressuscité.

Un autre épisode contribue à fonder sa position centrale dans le cercle des apôtres et, par la suite, à légitimer sa place à la tête de l'Eglise. Il est rapporté dans l'évangile de Jean (21, 15-17). Jésus demande à trois reprises à Pierre s'il l'aime et s'il l'aime *« plus que les autres »*. Cette triple répétition (*« Pierre, m'aimes-tu ? »*) est évidemment le pendant du triple reniement de Pierre. Elle devient le signe de sa réhabilitation. Après la réponse positive de l'apôtre Pierre, celui qui avait déjà obtenu les clés du Royaume des cieux, reçoit de Jésus la mission de *« paître le troupeau »*, c'est-à-dire de guider les témoins de sa Résurrection et les premiers disciples de la nouvelle foi.

Tels sont, selon les Ecritures, les fondements du pouvoir de Pierre et de ses successeurs à Rome dans l'Eglise d'hier et d'aujourd'hui. C'est à la fois peu et beaucoup. Beaucoup pour les catholiques qui voient dans la profession de Pierre à Césarée (*« Tu es le Christ, le Fils du Dieu vivant »*) la première profession de foi chrétienne et dans la réponse de Jésus (*« Tu es Pierre »...*) l'acte fondateur de l'Eglise par Pierre.

C'est peu pour les historiens et les exégètes qui estiment depuis longtemps que ce seul épisode de l'évangile de Matthieu – rédigé en grec dans les années 80 après Jésus-Christ – est une réécriture tardive, postérieure à la mort et à la Résurrection de Jésus, liée à une première période missionnaire qui a vu le rôle de Pierre croître et s'affirmer. C'est ce que les exégètes appellent une « transposition », méthode fréquente dans la rédaction tardive des Evangiles. Matthieu avait-il même le droit de parler d'*« Eglise »*? Dans son enseignement, Jésus ne parle que de *« Royaume de Dieu »,* identifié à la bonne nouvelle du salut. Matthieu transforme cette expression en *ekklesia,* mot grec qui donnera assemblée, Eglise. Ce mot paraît deux fois sous sa plume, alors qu'il est absent des autres Evangiles.

Le reste appartient à l'histoire, telle qu'elle est rapportée par les Actes des apôtres. Pierre se sent une âme de témoin de la nouvelle foi et de missionnaire. Il part sur toutes les routes connues de l'époque pour prêcher, guérir des malades, appeler au baptême de conversion dans celui qu'il nomme *« Jésus le Crucifié ».* Luc, l'auteur des Actes, le décrit comme le porte-parole des apôtres, celui qui découvre et exprime le mieux l'étendue d'une tâche qui consiste à répandre la nouvelle foi, celui qui, après la Pentecôte, établit la première Eglise de Jérusalem. Pierre part en mission en Samarie, à Césarée, convertit le centurion romain Corneille : c'est la première conversion d'un païen, l'ébauche d'une pratique qui ne va cesser de s'étendre dans l'Eglise naissante.

Jacques, chef des premiers chrétiens de Jérusalem, convertis du judaïsme – les « judéo-chrétiens » –, mais restés des défenseurs sourcilleux du rituel juif, et Paul l'apôtre des Gentils (païens), qui veut dispenser les néophytes des obligations alimentaires et de la circoncision imposées aux convertis, s'affrontent lors du « concile » de Jérusalem – le tout premier concile de l'histoire de l'Eglise – qui a lieu à une date variant selon les historiens de 49 à 52. Alors que, pour Paul, la foi en Jésus doit remplacer la Loi de Moïse, Jacques conclut : Dieu ne fait pas la différence entre les hommes qu'ils soient d'origine juive ou païenne. Et tous se mettent d'accord pour ne pas multiplier les obstacles devant ceux des païens qui se tournent vers Dieu. *« Ecrivons-leur simplement de s'abstenir des souillures de l'idolâtrie, de l'immoralité, de la viande étouffée et du sang »* (Actes des apôtres 15, 19-20).

Pierre est à Antioche où, pour la première fois, le nom de « chrétiens » est donné par les païens aux disciples de Jésus. Il atteint probablement Rome après 58, soit après les deux ans de captivité qu'y a déjà subis l'apôtre Paul arrivé avant lui. Lors de la première vague de persécutions de Néron visant les chrétiens, après l'incendie de la ville, Pierre est martyrisé sur la colline du Vatican, au lieu dit le cirque de Néron, et enseveli sur place. Il demande, par humilité, à être crucifié la tête en bas, un fait attesté par une longue tradition remontant à Tertullien (au début du IIIe siècle). Son martyre date de 64 ou de 67 après Jésus-Christ. Les historiens divergent. Selon saint Jérôme, il est mort en 67, soit deux ans après Sénèque.

Dans sa volonté de contester la primauté papale, un Martin Luther, le père de la Réforme protestante, ira jusqu'à émettre des doutes sur la venue à Rome de l'apôtre Pierre. Mais cette réfutation ne résiste pas aux récits d'historiens tels que Clément de Rome, Ignace d'Antioche ou Denys de Corinthe. Le martyre de Pierre n'est rapporté par aucun texte contemporain, mais il fait l'objet d'une tradition qui n'a jamais été contredite, confirmée au contraire par les inscriptions des premiers siècles après Jésus-Christ retrouvées à Rome. Depuis les origines du christianisme, les pèlerins n'ont cessé d'affluer dans cette ville où, à quelques mois de distance, Pierre et Paul, ces deux « colonnes de l'Eglise », ont donné leur vie pour l'Evangile du Christ. La basilique de Rome qui porte le nom de Saint-Pierre a été édifiée sur l'emplacement vraisemblable de sa tombe sur la colline du Vatican. Ainsi Pierre est-il devenu l'assise fondamentale de la communauté des croyants catholiques.

Il est le premier de la liste des papes. On lui attribue parfois le « pontificat » le plus long de l'histoire : de l'an 30 (date approximative de la mort de Jésus-Christ) à son martyre de 64 ou 67. Ce qui le classe avant quelques papes modernes d'une longévité remarquable : trente-deux ans pour Pie IX (1846-1878), vingt-cinq ans pour Léon XIII (1878-1903), plus de vingt-six ans pour Jean-Paul II (1978-2005). Mais c'est un palmarès largement artificiel lorsqu'on sait ce que fut la « papauté » de l'apôtre Pierre, l'exercice de son pouvoir à la tête de l'Eglise et ce que le Vatican est devenu après lui. La coutume romaine est de retenir une liste chronologique de 264 papes à la date d'aujourd'hui, dûment expurgée de ses papesses et autres antipapes. Les « antipapes » – papes élus irrégulièrement – sont une réalité ancienne. L'Annuaire pontifical en dénombre trente-neuf. Le flot s'est tari après le grand schisme d'Occident [1] quand furent fixées avec plus de rigueur les règles de l'élection.

1. Le « grand schisme d'Occident » est le vocable donné à cette période critique de l'histoire de la papauté, qui a duré de 1378 à 1417, au cours de laquelle deux papes – et même un troisième après le concile de Pise en 1409 – se disputèrent le pouvoir entre Rome et Avignon. Il a fallu le concile de Constance (1414-1418), qui se proclama supérieur au pape, pour obtenir l'élection de Martin V, rendue possible par la démission des deux autres papes.

5 – La réforme de la papauté

La tradition catholique se réclame donc de Pierre, et de lui seul, pour fonder la doctrine selon laquelle les successeurs de l'apôtre héritent tous de sa « primauté ». Une « primauté » dite « pétrinienne », ou « romaine », qui est loin de faire l'unanimité en dehors du catholicisme. Le lien particulier de Pierre avec Jésus, sa mission jusqu'à Rome, lieu de son martyre, suffisent-ils à bâtir, sur un seul nom et celui de sa ville, un système d'autorité à prétention universelle ? La « primauté » dans le christianisme doit-elle être entendue *collégialement*, l'ensemble des évêques succédant au collège des apôtres et chaque évêque exerçant la primauté dans son diocèse ? Ou ce mot de « primauté » veut-il dire qu'une seule Eglise – celle de Rome en l'occurrence – a reçu pour mission d'exercer un ministère particulier de lien entre toutes les Eglises et possède, de ce fait, une primauté spécifique sur les autres ?

Ce débat a traversé toute l'histoire du christianisme et reste l'un des principaux nœuds de divergence entre chrétiens. La tradition orthodoxe considère que, dans le diocèse dont il a la charge, chaque évêque est dans la succession de Pierre et des autres apôtres. C'est le Synode des évêques qui désigne son patriarche et dirige collégialement l'Eglise. De même, tout en reconnaissant la place privilégiée de Pierre dans le récit des origines, les exégètes protestants estiment que les paroles de Jésus, reprises par Matthieu, ne visent que la personne de Pierre et n'impliquent aucune conséquence en termes d'organisation et de direction dans l'Eglise universelle.

Un pape comme Jean-Paul II, si soucieux de réaffirmer l'identité catholique, avait lui-même mesuré les inconvénients d'un système aussi centralisé, personnalisé, source d'ambiguïtés et de contestations, à l'intérieur comme à l'extérieur de son Eglise. L'hypertrophie du pouvoir romain réveille toujours des conflits de mémoire et de doctrine dans les autres confessions chrétiennes séparées au XIe siècle avec Constantinople et l'orthodoxie, au XVIe avec les Eglises issues de la Réforme. Elle a contrarié les efforts de dialogue œcuménique, notamment avec l'Orient sur lesquels misait tant Jean-Paul II qui, venu de Pologne et de cette moitié slave de l'Europe, rêvait de pont avec l'Occident, d'une Europe rechristianisée, respirant de nouveau de ses « deux poumons », oriental et occidental, byzantin et latin, orthodoxe et catholique.

Son successeur, Benoît XVI, n'a pas oublié la leçon. Jean-Paul II lui avait légué en héritage la marche à suivre : « J'écoute la requête qui m'est adressée, confiait-il à la fin d'*Ut unum sint* ("Qu'ils soient un"), son encyclique œcuménique du 30 mai 1995, de trouver une forme d'exercice de la primauté ouverte à une situation nouvelle, mais sans renoncement à l'essentiel de sa mission. » Et, dans un appel du pied à ses partenaires de dialogue orthodoxes, anglicans, protestants, il avait ajouté cette phrase : « C'est une tâche immense que je ne puis mener à bien tout seul. » Et il invoquait de ses vœux « un dialogue fraternel et patient, dans lequel nous pourrions nous écouter au-delà des polémiques stériles ».

Des conversations ont été ouvertes sur cet « obstacle » (mot de Paul VI, repris par Jean-Paul II) de la primauté de l'évêque de Rome, autrefois tabou, avec des théologiens protestants, anglicans et orthodoxes. Elles n'ont pas eu le temps de déboucher sur des propositions concrètes, mais c'est la première fois qu'un pape autorisait l'ouverture d'un débat sur cette « primauté » attachée au siège de Rome. Non pas sur le principe – dont Jean-Paul II dans cette citation répète qu'il est « l'essentiel » –, et auquel le pape ne pourrait toucher sans remettre en cause l'unité même du catholicisme autour du primat de Pierre ; mais sur l'« exercice » de cette primauté, c'est-à-dire sur le style et les formes historiques dans lesquelles le pouvoir romain a été exercé et pourrait être exercé demain.

Sous Benoît XVI, qui a fait de la marche en avant œcuménique la priorité de son pontificat, la commission internationale de dialogue entre catholiques et orthodoxes s'est remise au travail, en septembre 2006 à Belgrade, après des années de crise et d'interruption. La discussion sur la primauté de l'évêque de Rome et le « ministère de communion universelle » a repris. On est encore loin de la conclusion mais, à très long terme, il peut s'ensuivre une révolution dans la conception de l'autorité dans l'Eglise romaine, comme dans la manière de la gouverner et dans le regard porté sur elle.

La « primauté » signifie-t-elle, comme l'affirmait le premier concile du Vatican (1870), que le pape a un pouvoir de juridiction sur toute l'Eglise, qu'il est le juge suprême de toutes les affaires et oblige les évêques et les fidèles à un devoir de subordination hiérarchique ? Ou faut-il considérer que le renforcement du pouvoir pontifical et la centralisation de l'Eglise catholique ont été liés dans l'histoire à des circonstances précises, notamment à ce tournant de Vatican I quand, en 1870, le pape a perdu son pouvoir politique et tenté de riposter par l'arme doctrinale à la crise « moderniste ». « Primauté », « infaillibilité » : ces notions ont aggravé la dérive monarchique du catholicisme et le fossé avec les autres confessions chrétiennes. Elles ont donné à la papauté romaine des privilèges qui peuvent aujourd'hui paraître datés, archaïques, qui heurtent la conscience moderne par une conception de l'autorité moins pyramidale qu'autrefois, mais encore hiérarchisée et centralisée [1].

1. Sur cette problématique, on lira en particulier *L'évêque de Rome*, de Jean-Marie R. Tillard, Cerf, 1982, et *Les privilèges du pape*, de Pierre Dentin, Cerf, 1987.

Faut-il continuer ou rompre avec ce système de papauté universelle, fondé sur la primauté de l'évêque de Rome, arc-bouté sur un gouvernement central supposé éloigné des réalités locales, relayé dans chaque pays par des nonces et des évêques nommés comme des préfets et unifié autour d'un magistère normatif? Ou revenir à une papauté plus modeste à la fois pour des raisons d'équilibre interne dans le catholicisme et pour des raisons de meilleure compréhension entre les Eglises et de rapprochement œcuménique? C'est l'affaire du pape et de tous les catholiques.

CHAPITRE II

MÉMOIRE

Des pages d'ombre et de lumière

L'histoire du catholicisme est souvent opposée aux catholiques comme une plaie originelle et honteuse. Les expressions d'antijudaïsme, de croisade, d'Inquisition, de conversions forcées, de guerres de religion retentissent comme autant d'insultes à la mémoire des hommes, de dénis d'une foi qui voulait placer l'amour au-dessus de tout. L'histoire de la Rome des papes elle-même est bouffie de suffisance et d'ignorance, de cupidité et de débauche, loin du message humble des Evangiles, entrecoupée de phases de sursaut, de réveil, de conversion et de réforme. Histoire de papes et d'antipapes, de dévots et de tyrans, de mystiques et de combattants, de prophètes et de savants, de saints martyrs et de despotes. Tous catholiques, et si peu qui le furent vraiment.

Après avoir été persécutée, la nouvelle religion chrétienne s'est faite persécutrice. Elle a nourri la haine du juif, brûlé des sorcières et des hérétiques, saccagé et tué lors des croisades, puis des conquêtes coloniales menées au nom de la civilisation. Des pages de feu et de sang ont été écrites par des hommes qui ont dirigé l'Eglise d'une main de fer, mis en place l'Inquisition, opposé l'obscurantisme aux développements de la science, des Lumières, de la liberté, de la démocratie. La mémoire catholique hérite de cette part liée à l'intolérance, aux rêves de grandeur et de puissance, aux intrigues politiques, au fracas des armes, aux excommunications et aux anathèmes.

En l'an 2000, lors du Jubilé du christianisme, Jean-Paul II a reconnu devant l'humanité cette part d'« ombres », ces « péchés » commis au nom de la défense de la « Vérité ». C'était la première fois qu'un pape nommait les fautes commises en deux mille ans d'histoire du catholicisme, reconnaissait sa dette et en demandait le pardon à Dieu, ainsi qu'à toutes les victimes. Il appelait ses fidèles à la « repentance », à un effort de « purification » de leur mémoire, et il donna lui-même l'exemple, le 12 mars 2000 à Rome, au cours d'une cérémonie « pénitentielle » et, une quinzaine de jours plus tard, à Jérusalem devant le mur des Lamentations. Il l'avait fait dès 1994, à l'île de Gorée au Sénégal, une tête de pont de la « traite des Noirs » contre laquelle l'Eglise n'avait pas su se révolter à temps.

Depuis, ce travail de mémoire et de contrition fait des vagues, notamment dans les milieux les plus attachés à la tradition qui ne redoutent rien tant que l'anachronisme. Peut-on faire porter une responsabilité collective aux catholiques d'aujourd'hui, s'agissant de fautes qui, pour certaines, remontent à un passé depuis longtemps enfoui ? Faut-il se battre la coulpe pour des erreurs commises dans des circonstances historiques et des contextes géographiques précis et particuliers ? Est-ce l'Eglise elle-même, « institution divine », qui est en cause, ou des individus qui ont « mal » agi en son nom ? Et que faisons-nous de « bien » aujourd'hui dont nous aurons peut-être, dans cent ans, à nous repentir ? Tous ces arguments ont été cent fois entendus.

La mémoire ne peut pas être la même d'un bout à l'autre de la planète. Un catholique européen peut admettre la part de responsabilité des Ecritures chrétiennes et de l'Eglise dans l'antijudaïsme des premiers siècles, voire l'antisémitisme moderne qui a trouvé son paroxysme dans la tentative d'extermination des juifs, la Shoah. Mais peut-on demander un effort identique à un catholique africain, philippin ou colombien, issu d'une Eglise plus jeune, qui n'a pas la même histoire et qui, lui, mettra en cause plutôt les modèles musclés d'évangélisation et de colonisation qui ont humilié son pays? En revanche, ce catholique des pays du Sud ne peut ignorer le travail de réconciliation avec le judaïsme que mène son Eglise, au risque d'oublier ses propres racines, cette part de judaïsme que tout chrétien porte en lui.

Ainsi les catholiques sont-ils passés d'une bonne conscience à une conscience honteuse, qui a éclos avec Vatican II, s'est amplifiée avec l'effort de « repentance » de Jean-Paul II, et aujourd'hui à une conscience plus claire, sinon toujours plus juste, de leur mémoire et de leur identité. Ils ont renoncé à quelques-unes de leurs certitudes, voire à leur arrogance d'autrefois. Ils savent désormais faire la part des choses, identifier les zones peu glorieuses de leur passé, mais ils estiment ne pas avoir à rougir de tout.

Car des zones de « lumière » éclairent aussi cette histoire. Un travail de mémoire équilibré ne peut ignorer la part des décisions prises par l'Eglise dans la sagesse, la prière et le silence, la foi fervente aux Evangiles, la fidélité à Jésus-Christ. A côté de papes assoiffés de pouvoir et de faste, d'inquisiteurs sinistres et de théologiens fanatiques, il s'est toujours trouvé des martyrs, des héros et des saints. La religion chrétienne a pu engendrer des monstres. Elle a aussi creusé les fondements de la civilisation européenne, édifié des cathédrales, créé des écoles, des hôpitaux, des institutions charitables. Elle a jeté des pèlerins, des missionnaires, des prédicateurs sur toutes les routes du monde. Elle a enseigné la sainteté de la vie et l'amour du prochain. Elle a opprimé les femmes, mais c'est elle qui les a délivrées du mariage forcé. Elle s'est opposée aux principes de la démocratie, mais c'est elle, dans les règles de ses premières abbayes, qui a créé l'ébauche du suffrage universel.

Le magistère catholique a souvent déploré les combats menés par certains pays de l'Union européenne contre la reconnaissance, dans son projet mort-né de Constitution, des racines chrétiennes du Vieux Continent [1]. Il lui semblait qu'en effet était évidente et admise par tous l'universalité de l'héritage des mystiques et des saints, des maîtres à penser et des artistes, des moines et des confesseurs, des prédicateurs et des bâtisseurs, d'un François d'Assise et d'un Raphaël, d'une Thérèse d'Avila et d'un Bossuet, d'un Thomas d'Aquin et d'un Maître Eckhart, d'un Jean-Paul II et d'une Mère Teresa.

Reprenons alors – sous la forme de dix brèves séquences – le fil d'une histoire qui est chrétienne avant d'être catholique, sans souci d'exhaustivité, en puisant dans le passé de la papauté romaine, en y distinguant les pages d'ombre et de lumière, les modèles de sainteté et les antimodèles, en soulignant les éléments de continuité et de rupture, en sélectionnant les plus significatifs pour comprendre la culture catholique d'aujourd'hui. Les fidèles catholiques doivent méditer cette histoire. Ceux qui ne le sont pas ne peuvent pas l'ignorer.

1. Une polémique a éclaté entre les pays de l'Union européenne à partir du refus de la France, au nom de sa tradition laïque, que soit explicitement mentionnée l'existence de racines chrétiennes dans le Préambule du premier projet de Traité constitutionnel européen, mort-né après les référendums de la France et des Pays-Bas en 2005.

1 – Pierre et la litanie des martyrs

L'aurions-nous oublié qu'il aurait fallu commencer par là. Le Vatican fut une tombe avant d'être un Etat. C'est par le baptême du sang – celui de Pierre et de Paul – que naît le christianisme à Rome. Une Rome païenne où les premiers adeptes de la foi nouvelle – qu'ils soient catéchumènes, prêtres, diacres ou papes – paient de leur vie le rejet des idoles et du culte sacré qui doit être rendu à l'empereur, ne fût-ce que par la traditionnelle pincée d'encens devant sa statue officielle. Comment auraient-ils pu adorer deux dieux à la fois ? *« Rendez à César ce qui est à César, et à Dieu ce qui est à Dieu »* (Matthieu 22, 21), leur avait prescrit Jésus. Soit un langage tout à fait révolutionnaire dans le monde antique qui ne distingue pas le politique et le religieux. Les premiers chrétiens romains respectent donc le souverain, mais pas son culte. Aussi passent-ils pour de mauvais citoyens, en proie à des superstitions réputées périlleuses pour la stabilité de l'Empire, et ils sont promis à la mort.

Néron est resté dans l'histoire comme leur premier et plus violent persécuteur. Le tyrannique empereur (54-68) accuse les chrétiens d'avoir incendié la ville, en 64, et il les met à mort sur la colline du Vatican ou dans des jardins qu'il transforme en amphithéâtre où, après les courses de chars à la lueur des flambeaux, on chasse les fauves et on immole les hommes, livrés aux bêtes, crucifiés ou transformés en torches. Vers 114-115, l'historien latin Tacite écrira dans ses *Annales* que ces martyrs ont été exécutés « pour leur haine du genre humain ».

D'autres persécutions suivent sous Trajan (98-117), sous Marc Aurèle, un empereur philosophe (161-185). Les chrétiens sont désignés à la vindicte, tenus pour responsables des malheurs du temps. Leur courage devant la mort fait d'eux des victimes de choix pour les rites sacrificiels. A Lyon en Gaule en 177, l'évêque Pothin meurt en prison. Blandine, jeune esclave, et d'autres convertis avec elle sont livrés aux bêtes dans l'amphithéâtre des Trois-Gaules, leurs corps brûlés et jetés dans le Rhône. A Carthage en 203, les persécutions visent aussi les nouveaux baptisés, des catéchumènes comme Félicité et Perpétue, également condamnées aux fauves.

Les vagues les plus cruelles déferlent à partir du milieu du IIIe siècle. La menace des barbares (les Goths) et les épidémies de peste convainquent les empereurs que les dieux ne sont plus avec eux. Alors, en janvier 250, l'empereur Dèce ordonne à ses sujets de redoubler d'offrandes et de libations et de chasser les dissidents. « Les chrétiens aux lions » : ce cri est repris par les foules. Certains convertis abjurent sous la contrainte. Huit ans plus tard, pour la première fois, des édits impériaux, signés de Valérien, ordonnent une persécution générale. S'ils ne renient pas leur foi, les chrétiens sont tués sur-le-champ. Les évêques de Rome ne sont pas épargnés. En 258, un Sixte II et ses prêtres sont arrêtés en plein cimetière et décapités. Parmi eux, le diacre Laurent que l'imagerie populaire représente encore comme brûlant à petit feu sur un gril pour avoir refusé de céder et livrer le trésor de son église.

La comptabilité de ce martyrologe manque, mais les estimations vont jusqu'à des dizaines de milliers de victimes. Ainsi le christianisme est-il né dans le sang. Dans les galeries souterraines, encore appelées à Rome « catacombes », on enterre les fidèles peu fortunés et les martyrs très tôt vénérés lors de banquets funéraires. On y fera construire des chapelles, des bains, des monastères, des baptistères. On ornera ces nécropoles de peintures et de sculpures représentant des scènes de la vie du Christ.

Le souvenir des martyrs fait partie de la conscience et de la piété de tout catholique. Les noms de Pothin, Blandine, Perpétue, Félicité, des papes Lin, Clet, Clément, Cyprien sont encore honorés dans le calendrier des saints et chantés, la nuit pascale, à Rome et dans toutes les églises du monde, au cours d'une litanie poignante. Chaque année, la nuit du Vendredi saint, dans les ruines du Colisée romain, des milliers de pèlerins commémorent à la fois la Passion du Christ et la ferveur de ces premiers convertis qui ont consenti à la mort plutôt que d'abjurer. Ils se recueillent aux tombeaux de Pierre et de Paul, revisitent les sources de leur foi, méditent sur ce premier martyrologe qui n'a pas d'équivalent dans leur histoire.

Tertullien, évêque d'Afrique (169-220), écrivait dans son *Apologétique* : « Elles ne servent à rien vos cruautés les plus raffinées. Elles sont plutôt un attrait pour notre secte. Le sang des martyrs sera une semence de chrétiens. » Juste prophétie. Les martyrs ont été de tout temps, de toute confession, de toute culture. Sans complaisance pour la souffrance et la mort, ils ont accepté l'offrande de leur vie en témoignage de leur foi. La prière des fidèles associe les persécutés des premiers temps de l'Empire romain aux missionnaires et premiers convertis des nouvelles terres du christianisme – le Nouveau Monde, l'Extrême-Orient, l'Afrique –, ainsi qu'à tous ceux qui, d'une manière ou d'une autre, dans les convulsions de l'histoire, ont payé ou paient encore leur résistance aux interdits religieux et aux abus de pouvoir.

Le culte des martyrs dans l'Eglise catholique ne relève pas d'une sorte de folklore compassionnel ou de dévotion doloriste. Il est un acte de foi dans la liberté de croire et de prier le Dieu de son choix. Il atteste que l'amour de Jésus-Christ est plus fort que la violence et la haine. Il n'a de sens que dans la solidarité avec ceux qui, dans les communautés naissantes d'Afrique, d'Asie ou d'Océanie, ont été tués par « haine de la foi » (définition du « martyre » pour l'Eglise), comme ces chrétiens ougandais martyrisés dans les années 1880 et canonisés par Paul VI en 1969. Ou les centaines de prêtres et missionnaires tués au Japon et en Corée et que Jean-Paul II a aussi canonisés à Tokyo et à Séoul dans les années 1980. Solidarité avec ceux qui sont contraints aujourd'hui encore de pratiquer clandestinement leur foi, comme dans certains pays d'islam et en Chine où des chrétiens de l'Eglise du « silence » sont isolés et emprisonnés.

Solidarité enfin avec tous ceux qui ont payé de leur vie leur résistance aux idéologies athées. Les martyrs de la Révolution française, des guerres civiles du Mexique (1920-1930) ou d'Espagne (1936-1938), ceux du communisme et du nazisme s'ajoutent à la liste des saints qui, à travers les siècles, ont résisté spirituellement au mal. Le franciscain polonais Maximilien Kolbe fut la première victime chrétienne des nazis à avoir été canonisé. En 1941, au camp d'Auschwitz, il avait accepté de prendre la place d'un prisonnier, père de famille, qui allait être conduit au « bunker de la mort ». Egalement canonisée, Edith Stein, juive convertie, devenue carmélite sous le nom de Thérèse-Bénédicte de la Croix, gazée, en 1942, dans ce même camp d'extermination d'Auschwitz. D'autres prêtres, religieux, religieuses, comme Karl Leisner, Bernard Lichtenberg, victimes de la barbarie nazie, internés et morts au camp de Dachau ont été béatifiés.

Après la chute du Mur et l'effondrement de l'URSS, l'Eglise catholique a aussi honoré des martyrs du communisme : une vingtaine de catholiques ukrainiens de rite grec et latin ont été béatifiés en 2001 par Jean-Paul II, comme l'ont été des évêques ou religieux de Bulgarie ou de Hongrie. A l'autre bout du monde, il conviendra d'ajouter à la palme des martyrs le nom d'Oscar Romero, archevêque de San Salvador, assassiné en 1980 par les

Escadrons de la mort, celui des six jésuites de l'Université interaméricaine, tués également à San Salvador, le 18 novembre 1987, et celui de tant d'autres prêtres, religieux, laïcs associés aux efforts de lutte pour la justice dans le sous-continent américain et qui l'ont payé de leur vie. Puis le nom du père Jerzy Popieluszko, militant en soutane du syndicat *Solidarnozsc* en Pologne, torturé, défiguré avant d'être achevé, en 1984, par des miliciens à la solde du pouvoir communiste. Comme, en Algérie, les sept moines cisterciens de Tibhirine et Pierre Claverie, évêque d'Oran, victimes, la même année 1996, du fanatisme islamiste. Vingt-quatre missionnaires – dix-sept prêtres, un religieux, trois religieuses, trois laïcs – ont été assassinés dans ces années de terreur algérienne [1].

Les catholiques n'ont pas bien sûr le monopole du martyre. Opposant de la première heure à Hitler, auteur de pages parmi les plus belles de la théologie du XXe siècle sur le refus de la soumission, le pasteur luthérien Dietrich Bonhoeffer fut pendu dans la prison de Flossenburg le 9 avril 1945. Avant et après lui, juste au lendemain de la révolution bolchevique, puis dans les goulags de Staline et de Khrouchtchev, des centaines de milliers de croyants orthodoxes – évêques, prêtres, moines, laïcs – ont aussi trouvé la mort en URSS. L'œcuménisme du martyre n'est pas le moins estimable.

2 – L'apôtre Paul et la déchirure avec le judaïsme

La mémoire catholique hérite aussi d'un antijudaïsme qui plonge ses racines au plus loin dans l'histoire. S'il

1. Les martyrs du XXe siècle avaient été célébrés dans le monde catholique, à la demande de Jean-Paul II, lors de l'année du Jubilé du christianisme (2000). On lira sur ce sujet *Ils sont morts pour la foi. Les martyrs du XXe siècle*, d'Andrea Riccardi, fondateur de la communauté de Sant'Egidio, Plon, 2002.

a été condamné avec constance par les derniers papes – depuis Pie XI en 1937 [1] –, il reste une tache indélébile. *« Que son sang retombe sur nous et sur nos enfants ! »* : rapporté par l'évangéliste Matthieu (27, 21-25), ce cri des témoins de la mise à mort de Jésus-Christ a longtemps servi d'exutoire au ressentiment antijuif des premiers convertis. On en parlera comme d'un « serment du sang » nourrissant une vulgate aux conséquences tragiques. Dans sa première épître aux chrétiens de Thessalonique, l'apôtre Paul ajoute à propos de la mort de Jésus-Christ sur la croix et du rôle de la populace juive de Jérusalem : *« Eux qui ont tué Jésus et les prophètes, ils ne plaisent pas à Dieu et ils sont ennemis de tous les hommes »* (1 Thessaloniciens 2, 15).

Mais ce ne sont pas ces textes, écrits après la mort du Christ, qui ont le plus directement inspiré l'antijudaïsme chrétien. C'est l'inverse qui s'est produit. « Le climat d'affrontements et de séparation naissante a donné aux premières Ecritures chrétiennes une dimension de violences et de stigmatisation qu'elles n'avaient pas à l'origine », affirme un expert français, Jean Dujardin [2]. Un climat qui naît en particulier du soupçon d'infidélité à la Loi juive des premiers disciples de Jésus. Car, tout en gardant les pratiques de la synagogue, les premiers chrétiens se séparent, s'ouvrent au monde païen et cherchent à le convertir.

C'est ce que fait Paul, ce juif pharisien qui connaît sur le bout des doigts la Loi de Moïse et persécute les chrétiens, mais qui est converti sur la route de Damas par une étrange apparition : *« Je suis Jésus que tu persécutes »*

---

1. Pie XI fait publier, le 25 mars 1928, un décret condamnant l'antisémitisme, qualifié de « haine contre le peuple élu par Dieu ». Recevant, le 6 septembre suivant, un groupe de pèlerins belges, il déclare encore : « L'antisémitisme est inadmissible. Nous sommes tous spirituellement des sémites. »

2. Dans *L'Eglise catholique et le peuple juif. Un autre regard,* de Jean Dujardin, Calmann-Lévy, 2003.

(Actes 9, 5). Pour lui, l'alliance nouée entre Dieu et le peuple juif élu trouve alors tout son sens dans le Christ-Messie, celui qui est annoncé depuis des siècles par les Prophètes et qui accomplit les promesses de l'alliance divine. L'« amour » manifesté par Jésus et ce qu'il appelle la « grâce » supplantent une Loi juive jugée asservissante. C'est vers les « Nations » ou ceux qu'on appelle encore les « Gentils » (les païens) que Paul se tourne donc. Dans ses voyages jusqu'à Athènes et à Rome – dont les Actes des apôtres tiennent minutieusement la chronique –, celui qu'on nommera l'« apôtre des Gentils » prêche aux païens, quitte à scandaliser les juifs restés juifs qui ne reconnaissent pas en Jésus le Messie.

Faut-il alors faire de Paul le responsable de la rupture avec le judaïsme ? Ce n'est pas si facile. Le même affirme que c'est le Dieu d'Israël qui l'envoie prêcher le Messie : *« Je ne dis rien de plus que ce que Moïse et les Prophètes ont dit qu'il devait arriver. »* Paul est donc le plus paradoxal des disciples : il est juif parmi les juifs, païen parmi les païens, mais il ne se montre jamais aussi juif que dans un milieu païen et jamais aussi païen que dans un milieu juif. Jamais il n'exécute une mission dans une ville sans se rendre d'abord à la synagogue. L'en chasse-t-on, comme à Ephèse ? Il s'installe à l'école juive voisine. Quand il débarque à Rome, il sent poindre chez les néo-chrétiens convertis une tendance à s'éloigner de ce qu'il appelle la source juive. Dès son épître aux Romains, antérieure à son arrivée, il les avait mis en garde : le peuple juif est l'« *olivier franc* ». *« Ce n'est pas toi qui portes la racine. C'est la racine qui te porte »* (Romains 11, 18). De même que les juifs n'ont pas voulu s'ouvrir aux païens, de même les païens convertis, passés à la postérité sous le nom de « pagano-chrétiens », auraient tort d'oublier que l'origine de leur foi est juive. Cet avertissement est – ou devrait être – une composante essentielle de la conscience catholique contemporaine.

Les événements qui suivent en Palestine – la destruction du Temple de Jérusalem par les armées de Titus en l'an 70, l'écrasement de la révolte juive de Bar Kochba en 135 – donnent un tour violent à la séparation originelle. Une image tronquée, dégradante, haineuse du peuple d'Israël naît et se répand, y compris dans les écrits des Pères de l'Eglise qui vont « idéologiser » la condition des juifs : leur dispersion et l'« errance » du peuple d'Israël sont la sanction de la faute commise quand ils ont refusé de reconnaître Jésus comme le Messie. Les mots de peuple « déicide », « infidèle » font leur entrée dans le vocabulaire chrétien. Une théorie de la « substitution » prend corps : la foi en Jésus-Christ remplace la Loi de Moïse. La « Nouvelle Alliance » (Nouveau Testament) supplée l'« Ancienne Alliance ». C'est le début du premier schisme.

Commence alors l'« enseignement du mépris », que l'historien français Jules Isaac, qui perdit tous les siens dans les camps de la mort, cofondateur des Amitiés judéo-chrétiennes de France (1947), auteur de *Jésus et Israël* (1948), ira dénoncer, en 1961, jusque devant le pape Jean XXIII au Vatican. Il se fonde sur certains écrits d'un Grégoire de Nysse (vers 331-394), d'un saint Jérôme (vers 347-419), d'un Jean Chrysostome (350-407) dont les termes polémiques sont aujourd'hui jugés, à raison, insoutenables.

On est au IVe siècle. Depuis l'édit de Milan signé par Constantin (313), la liberté religieuse est tolérée dans tout l'Empire romain et le christianisme devient religion de l'empereur. Or, le judaïsme a survécu à la destruction du Temple en 70. Il s'est étendu loin de Jérusalem et continue d'attirer à la fois des païens et des chrétiens. Aussi la controverse prend-elle un tour de plus en plus aigre que les rédacteurs du Talmud entretiennent aussi à leur façon. Les évêques et les théologiens se défendent de cette concurrence avec les pires moyens.

Dès lors, l'antijudaïsme va se transmettre à travers les siècles, de génération en génération, avec les phases aiguës des croisades et de l'Inquisition. Les juifs sont expulsés de la France de Philippe le Bel en 1306, de l'Espagne des Rois Catholiques en 1492. Le Moyen Age invente le *ghetto*, la rouelle en France, le chapeau pointu en Allemagne. Les juifs sont accusés de profanations d'hostie, de meurtres rituels, d'empoisonnement des puits. « Ils ont tué Jésus », alors ils peuvent bien égorger les enfants ou répandre la peste noire !

En France, dans certaines villes, la lapidation des maisons juives est autorisée de la fête des Rameaux au samedi de Pâques. A Toulouse, chaque veille de Pâques, un juif est giflé par le seigneur de la ville. Il y a cinq siècles encore, quand le pape souverain de Rome était élu, le chef de la communauté juive de la ville devait se prosterner devant lui et recevoir un coup de pied bien placé, avant de rentrer entre deux haies de passants qui l'insultaient [1]. Jusqu'en 1959, une prière pour les « juifs perfides » (du latin *perfidis*, infidèle), supprimée par le pape Jean XXIII, faisait partie de la liturgie catholique du Vendredi saint.

Le christianisme a gardé du judaïsme la foi dans un Dieu unique, dans l'histoire du salut, dans les Ecritures, dans une éthique de l'homme fondée sur les Dix Commandements. Mais Israël et l'Eglise sont devenus deux voies concurrentes de salut. En se privant du lien avec le judaïsme – ce péril que l'apôtre Paul avait prévu et dénoncé –, la jeune communauté chrétienne oubliait que l'histoire du salut passe d'abord par l'histoire du peuple élu. Et il faudra vingt siècles, et combien de souffrances et

---

1. D'André Chouraqui (1917-2007), dans un entretien avec l'auteur. A écrit *La reconnaissance, le Saint-Siège, Les juifs et Israël*, Robert Laffont, 1992.

de persécutions !, pour que la distance se résorbe et que les deux voies se rapprochent.

Depuis la Deuxième Guerre mondiale et la Shoah, les Eglises ont accepté de relire les fondements juifs de leur foi. A l'« enseignement du mépris », s'est substitué un « enseignement de l'estime » des juifs. Dans la déclaration *Nostra aetate*, fondatrice du dialogue avec les confessions non chrétiennes, adopté en 1965 à la fin du concile Vatican II, l'Eglise catholique a condamné les stéréotypes antisémites, lavé le peuple juif de la vieille accusation de « déicide », affirmé que le peuple élu ne fut ni réprouvé, ni dépossédé de son alliance première avec Dieu et qu'un lien spirituel demeure entre les juifs « restés chers à Dieu » et les chrétiens.

Le 13 avril 1986 à Rome, un pape se rend, pour la première fois, dans la synagogue de la ville. Ce jour-là, à la manière de Paul rappelant aux Romains convertis leur filiation avec le peuple d'Israël, Jean-Paul II rappelle, avec force, que les juifs sont les « frères préférés et, en un sens, les frères aînés » des chrétiens. Le 23 mars 2000, le même pape est à Jérusalem. Il visite les lieux de la mémoire juive et il glisse entre les fissures du Mur des lamentations, sous les caméras du monde entier, une émouvante supplication, réclamant le pardon du « peuple d'Abraham, d'Isaac et de Moïse ».

L'antijudaïsme des origines chrétiennes a-t-il ouvert la voie à l'antisémitisme païen et racial des nazis, qui a débouché sur la tragédie d'Auschwitz ? Cette question fait toujours l'objet de polémiques. Le Vatican a publié, en 1998, un document, *Souviens-toi*, qui conteste cette thèse, sans nier la passivité de nombre de catholiques dans ce passé, ni ce que Jean-Paul II appela en 1997, au cours d'un symposium de chercheurs, l'« anesthésie des consciences ». Reste également contesté le rôle du pape Pie XII (1939-1958) jugé coupable, par son « silence », de n'avoir pas sauvé plus de juifs, alors même que le Vatican et son réseau diplomatique à travers l'Europe étaient informés, dès le début de 1942, des projets nazis d'extermination. Malgré les avancées et les reculs, en dépit du progrès de l'antisémitisme en Europe, ce chemin du rapprochement entre confessions chrétienne et juive semble irréversible, mais doit toujours faire l'objet de vigilance.

3 – Constantin et les premiers feux de l'absolutisme romain

Que la ville de Rome soit la première dans l'histoire du christianisme est une idée encore répandue, mais fausse. Elle ne s'est pas imposée d'emblée dans l'histoire. Tout juste a-t-on reconnu précocement à Rome une « présidence dans l'amour », selon le mot d'Ignace d'Antioche, dans sa lettre aux Romains du début du IIe siècle. Mot qui a donné naissance à l'anagramme : *Roma* = *Amor*. L'évêque Irénée de Lyon (135-203) s'en expliquait : Rome est « la plus grande, la plus connue et la plus antique de toutes les villes chrétiennes, fondée et constituée par les deux apôtres Pierre et Paul. C'est avec cette Eglise, à cause de sa plus puissante origine, qu'il est nécessaire que s'accorde toute l'Eglise ». Au XXe siècle, soucieux de recoller les morceaux d'un christianisme divisé, les papes disent vouloir restaurer à Rome cette « présidence de charité » et limiter là leur rôle. Mais vingt siècles d'absolutisme et d'exclusivisme romains légitiment encore le soupçon.

Jusqu'au Moyen Age, le « pape » de Rome est un évêque parmi d'autres. Pas plus que les autres, la communauté chrétienne de la ville ne connaît d'organisation épiscopale avant le IIe siècle. L'idée qu'un évêque puisse avoir une supériorité sur les autres est alors étrangère.

L'évêque est le confesseur de la foi, le garant de l'unité de la communauté dont il est l'élu. Mais la juridiction de l'évêque de Rome ne dépasse pas les limites de la ville, même s'il en épouse les ambitions, avant les désillusions et la chute finale sous l'assaut des barbares au ve siècle. Près de deux mille ans plus tard, le théologien protestant Oscar Cullman pourra écrire : « Si on avait demandé à un chrétien, autour des années 100, 200 et même 300, si l'évêque de Rome était le chef de tous les chrétiens, s'il existait un évêque placé au-dessus des autres évêques et ayant le dernier mot concernant l'Eglise universelle, il aurait certainement répondu non[1]. »

Rome n'est donc que l'un des centres de la jeune chrétienté. Le christianisme s'est étendu de la Palestine à la Syrie (Antioche en 40), à l'Asie Mineure (Ephèse), puis à tout le pourtour de la Méditerranée : la Grèce (Corinthe, Thessalonique en 52), l'Egypte (Alexandrie), Lyon et la Gaule (177), l'Afrique du Nord (Carthage en 180), jusqu'en Mésopotamie et en Inde grâce, selon la légende, à l'apôtre Thomas. La nouvelle religion épouse et déborde les limites de l'Empire romain. Quand celui-ci se scinde, aux ve-vi^e^ siècles, en Empire d'Occident et Empire d'Orient, l'organisation de l'Eglise repose sur cinq grands « centres » : Rome, dont l'évêque n'a d'autorité que sur la péninsule italienne mais qui est le *« primus inter pares »*; Constantinople, la « deuxième Rome » qui contrôle le monde hellénistique; Alexandrie pour l'Egypte, la Libye et l'Afrique; Antioche pour la Syrie et l'Orient; Jérusalem pour la Palestine.

Ces cinq « patriarcats », correspondant aux premières étapes de l'évangélisation du monde ancien, forment ce qu'on appelle la « pentarchie ». Comme l'Eglise de Rome, les patriarcats de Jérusalem, d'Antioche, de Constanti-

1. Oscar Cullman (1902-1999), théologien luthérien proche du pape Paul VI, dans *Les voies de l'unité chrétienne.*

nople, d'Alexandrie comptent des évêques zélés, des confesseurs de la foi et des écoles philosophiques. Au premier âge du christianisme, l'Occident est même plutôt moins bien équipé que l'Orient. Le rayonnement théologique est l'œuvre d'auteurs qui ne sont pas de Rome, comme Origène à Alexandrie ou Tertullien à Carthage. C'est en Orient que naît la tradition du monachisme et de l'érémitisme – avec Antoine le Grand au IVe siècle – et que se tiendront les huit premiers conciles de l'histoire de l'Eglise [1], au cours desquels seront définis les principaux dogmes de la foi chrétienne.

Vainqueur de Maxence à la bataille du pont de Milvius, l'empereur de Rome Constantin (306-337) se convertit à la nouvelle religion chrétienne. Pour restaurer la paix civile, il met fin au paganisme officiel et reconnaît en 313, par l'édit de Milan, la liberté de culte aux chrétiens. A la fin du siècle, son successeur, Théodose, en fait la religion d'Etat (380). Les vestales et les prêtres païens sont éliminés, les biens des temples confisqués. Constantin se fait appeler l'« égal des apôtres ». Chef autoproclamé de l'Eglise, il fait construire la première basilique Saint-Pierre au Vatican, sur l'emplacement présumé du martyre de Pierre.

En 325, c'est lui qui convoque et préside le premier « concile œcuménique » à Nicée (aujourd'hui Iznik en Turquie) condamnant l'arianisme : à l'origine de ce schisme, le plus grave des origines chrétiennes, un prêtre d'Alexandrie du nom d'Arius, pour qui Jésus était un être exceptionnel, mais pas le « fils de Dieu ». Contre lui, le

---

1. Les huit premiers conciles « œcuméniques » de l'histoire : Nicée (325) ; Constantinople I (381) ; Ephèse (431) ; Chalcédoine (451) ; Constantinople II (553) ; Constantinople III (680-681) ; Nicée II (787) ; Constantinople IV (869-870). Après la rupture entre Rome et Constantinople au XIe siècle, les autres grands conciles se sont tenus en Occident au Latran, à Lyon, à Constance, à Trente (1545-1563), au Vatican : Vatican I (1869-1870), Vatican II (1962-1965).

concile de Nicée confirme les premiers fondements de la nouvelle foi : Jésus-Christ est de même nature – « consubstantiel » – que Dieu le Père. C'est l'ébauche de ce qui deviendra le *Credo*, récité par les chrétiens aux quatre coins de la planète et de toute confession.

Pour la première fois, avec Constantin, émerge donc une sorte d'autorité supra-épiscopale, tranchant des conflits politiques autant que religieux. Mais quand l'empereur transfère la capitale à Byzance, rebaptisée Constantinople, la papauté naissante de Rome redoute qu'il ne s'empare de la direction de l'Eglise. Le pape Damase (366-384) défend donc l'antériorité de Rome, s'autoproclame *princeps apostolorum* (prince des apôtres), déploie une activité inlassable pour l'unité de la nouvelle Eglise et la primauté du pontife romain. Il développe pour la première fois une administration en créant une chancellerie, embryon de la future Curie. C'est lui qui fait traduire la Bible en latin, la fameuse *Vulgate* dont saint Jérôme (347-420) est le prodigieux rédacteur. C'est lui qui, soutenu par le brillant Ambroise, évêque de Milan (340-397), refuse de reconnaître à l'évêque de Constantinople une primauté égale à celle de Rome, définie par le deuxième concile de l'Eglise tenu à... Constantinople (381).

La notoriété du siège de Rome s'amplifie grâce au pape Léon (440-461), « Léon le Grand », le premier à expliciter la mission de l'évêque de Rome par le soin des âmes, par le service de l'unité des chrétiens et par la défense de la ville. Il sera sanctifié pour l'éternité pour avoir mené, sur l'insistance de l'empereur Valentinien (425-455) voulant épargner à Rome le « fléau de Dieu », une ambassade victorieuse auprès des barbares conduits par Attila et aussi sauvé, en 451, la capitale de la famine. Provisoirement, car il ne pourra empêcher le sac de Rome par Genséric (455).

A sa suite, Grégoire Ier (590-604) impose à son tour le rang suprême de l'évêque de Rome et veut manifester son hégémonie. Saint moine et administrateur hors pair, « Grégoire le Grand » est le fondateur de la papauté médiévale. Pour faire face à la peste et aux invasions, il réorganise ses domaines, puise dans ses revenus pour construire des hôpitaux et racheter des prisonniers, trouve des vivres pour toute la population de la ville. C'est lui qui impose l'idée que l'évêque de Rome est le successeur de saint Pierre et la « tête » de l'Eglise, « depuis lequel ou par lequel, l'épiscopat passe à ses autres détenteurs : de Pierre aux autres apôtres ; du pape aux autres membres du corps épiscopal », selon la formule d'Yves Congar, théologien et historien de la papauté au XXe siècle. Grégoire est aussi le modèle du pape pasteur et missionnaire. Il envoie quarante moines pour évangéliser le monde anglo-saxon. Avec des consignes nouvelles pour l'époque : ne pas détruire les temples païens, mais les utiliser en les sanctifiant ; ne pas supprimer les fêtes païennes, mais les transformer en fêtes chrétiennes !

4 – Sacerdoce et Empire pour le meilleur et pour le pire

Religion incarnée, le christianisme est foi et histoire, mystère et événement, lieu d'une articulation et d'une tension entre les pouvoirs spirituel et temporel, de leur fusion, de leur séparation, de leur instrumentalisation. Dans ce couple qui s'oppose, Dieu et César cherchent à s'assujettir l'un l'autre. Le choix précoce de se fixer à Rome, capitale de l'empire, fut le « coup de génie » originel du christianisme, écrit l'historien Elie Barnavi [1] : Rome garantit le développement de l'Eglise. La capitale impériale impose la langue latine comme la langue

1. Dans *Les religions meurtrières*, Flammarion, 2006.

sacrée, calque sur ses provinces le modèle des diocèses romains. C'est un coup de génie, mais aussi la faiblesse congénitale de l'Eglise. Celle-ci rêvera de modeler l'Empire à son image, mais c'est l'empire qui va la modeler. *« Mon Royaume n'est pas de ce monde »*, avait prévenu Jésus interrogé par Ponce Pilate dans les récits du procès et de la Passion.

Le péché de l'Eglise deviendra son asservissement au pouvoir politique qui l'a établie et protégée, abus de pouvoir auquel elle a substitué le sien pour faire triompher ses intérêts. Jeu de dupes : en s'appuyant sur le « bras séculier », l'Eglise croit protéger sa liberté. En assujettissant l'Eglise, l'Empire croit s'assurer les promesses de l'éternité. Tel est l'enjeu des querelles entre le Trône et l'Autel qui sont l'une des constantes de l'histoire européenne et vont modeler les relations entre Etat et Eglise, du Moyen Age jusqu'aux temps modernes. Citons quelques exemples célèbres : la « querelle » des investitures ecclésiastiques opposant Grégoire VII à l'empereur germanique Henri IV; l'instauration de la théocratie chez un Innocent III, le conflit entre Henry VIII et Thomas More à la veille du schisme anglican ou le bras de fer, après la Révolution française, entre Napoléon et Pie VII.

Autant d'épisodes qui soulignent que, jusqu'à l'émancipation prérévolutionnaire (Machiavel, Locke, Hobbes, Rousseau), la politique, en régime de « chrétienté », fut presque constamment soumise à la toute-puissance de l'Eglise. Et que notre modernité occidentale s'est précisément constituée contre cette tutelle, à la faveur d'un régime de « séparation », appelé ou non « laïcité », qui aujourd'hui encore est ressentie par les fidèles de foi catholique, pour certains, comme une contrainte, pour la plupart, comme une liberté.

Les Etats pontificaux sous le sceptre des Carolingiens

Au début du Moyen Age, les évêques de la ville de Rome n'ont pas de biens propres, ni même de territoire. Ils disposent tout au plus d'un patrimoine hérité de « donations » qu'ils se transmettent et de quelques propriétés qu'ils mettent en culture. Rien à voir avec la configuration, même naissante, d'un Etat au sens moderne du terme. Elus par le peuple, les évêques de Rome gèrent ce patrimoine, veillent à ses intérêts spirituels et temporels, suscitent convoitises et rixes entre les grandes familles romaines. Ils sont surtout sous la menace des Lombards, ce peuple barbare qui fait régulièrement des ravages dans toute la région, annexant une partie du patrimoine de l'évêque de Rome à la fin du VIe siècle et poussant leurs milices jusqu'aux faubourgs de Rome.

Au milieu du VIIIe siècle, face à une nouvelle menace, l'évêque de Rome Etienne II (752-757) appelle au secours les Francs et Pépin le Bref (715-768), souverain de la nouvelle dynastie carolingienne, puissance montante en Occident. Pépin répond favorablement, entre en guerre en 754 et vient à bout des envahisseurs lombards. Suit un geste symbolique, lourd de conséquences : il dépose aux pieds de l'évêque de Rome l'acte de « donation » de la ville, puis la propriété de l'exarchat de Ravenne (756), soit un territoire qui s'étend des bords de l'Adriatique jusqu'à Pérouse et Rome.

La « donation » de Pépin le Bref n'est rien d'autre que l'embryon des Etats pontificaux, expression du pouvoir temporel du pape, qui va durer plus d'un... millénaire. L'existence des Etats pontificaux – onze siècles – ne prendra fin qu'en 1870. L'idée s'est pour longtemps imposée que, pour asseoir une puissance spirituelle, face aux tempêtes successives venues des invasions barbares, puis de l'expansion de l'islam jusqu'en Europe à partir du VIIIe siècle, le pape doit disposer d'un territoire doté d'une souveraineté, de ressources garanties et défendues par des troupes. Il en fait la condition même de survie de l'Eglise, de son développement et de son indépendance.

Charlemagne (742-814) suit les traces de son père Pépin le Bref et soutient une politique d'étroites relations avec la papauté. Il s'affirme comme le « nouveau Constantin », le « lieutenant de Dieu sur terre ». En couronnant Charlemagne comme nouvel empereur en l'an 800, le pape Léon III (795-816) restaure l'empire chrétien d'Occident. Rome devient maîtresse d'une bonne partie de l'Italie et le pape, la référence et l'autorité suprême de tous les fidèles d'Occident. Mais il s'est livré pieds et poings liés à l'empereur. Les deux souverains font alliance pour gouverner la chrétienté. Plus tard, au Xe siècle, les souverains allemands reprendront le flambeau sous l'appellation, encore plus symbolique, de « Saint Empire romain germanique ». Qu'il soit byzantin en Orient ou carolingien en Occident, c'est un empereur qui s'affirme donc à la tête de la chrétienté. C'est lui qui commandera aux évêques et aux papes, les nommera au besoin.

Cette confusion du politique et du religieux est encouragée par l'un des « faux » les plus célèbres de l'histoire, celui de la « donation de Constantin » fabriquée, on ne sait comment, ni par qui, au milieu du VIIIe siècle, et démasquée au XVe par l'historien italien Lorenzo Valla. Selon ce faux, avant de mourir, l'empereur Constantin aurait remis au pape Sylvestre (314-335), qui l'avait baptisé et guéri, tous les instruments et insignes de la puissance impériale : la cité de Rome, les provinces d'Italie et les cités d'Occident, puis la supériorité sur tous les autres patriarches ! Par cet acte, le pape devenait une sorte de deuxième empereur, doté d'attributs quasi équivalents à ceux de l'empereur d'Orient.

Ce mythe aura la vie dure. Au XIIe siècle, Dante (1265-1321) écrira dans *La divine comédie* : « Ah ! Constantin, que de maux enfanta, non pas ta conversion, mais cette dot que reçut de toi le premier pape enrichi. » Le ver de l'ambition politique est dans le fruit, en effet. Lors des persécutions romaines des trois premiers siècles, la foi chrétienne avait été vécue comme une espérance non politique. Mais, à partir du Moyen Age, l'Eglise se compromet avec toutes les formes du pouvoir temporel. Elle se construit sur le modèle de la féodalité régnante. Le « césaro-papisme » est en marche. Rien ne distingue plus Dieu et César, l'évêque de Rome et les princes terrestres. Le pape règne sur des évêques devenus ses vassaux. Il a obtenu des Francs une garantie territoriale et entend la défendre. Celui qu'on commence à appeler le « souverain pontife » se doit d'entretenir des troupes, des finances, une diplomatie, un gouvernement.

Jusque-là, pour la plupart, les papes avaient été des hommes d'une certaine dignité. Mais des médiocres leur succèdent, avec un étalage de luxe, de violence et de cupidité. On est loin de l'Evangile. Toutes les vicissitudes du pouvoir – corruption, lutte pour le trône, dégradation des mœurs – se font jour. Les évêques et les abbés gèrent leurs propriétés comme de grands seigneurs et exercent des droits de commandement sur leurs habitants. Ils sont liés socialement au groupe dont ils sont issus. Et à Rome, le siège de Pierre devient un enjeu de rivalités musclées entre familles patriciennes. Jusqu'au tournant du deuxième millénaire, il ne joue plus qu'un rôle secondaire, limité à une petite partie de l'Occident, malgré la conversion de nouveaux territoires comme la Hongrie et la Pologne. C'est le grand déclin de la papauté que voudra réformer au XIe siècle un pape de la trempe de Grégoire VII.

Grégoire VII (1073-1085) : l'interminable « querelle des Investitures »

La « querelle des Investitures » qui a opposé le pape Grégoire VII (1073-1085), un moine italien d'extraction modeste nommé Hildebrand, et l'empereur germanique Henri IV (1050-1106), est typique des rapports empoisonnés entre le Sacerdoce et l'Empire, sur fond de prétention pontificale à l'absolutisme. Né en 1020 en Toscane, Hildebrand commence sa carrière à l'abbaye bénédictine de Cluny, déjà le plus grand foyer de vie contemplative en Occident. Il la poursuit à l'abbaye de Saint-Paul-hors-les-Murs, à Rome où il est proche du pape Grégoire VI (1045-1046), qui sera déposé par l'empereur. Hildebrand assiste à l'événement, en mesure la portée : la subordination de la papauté aux intérêts politiques et l'effondrement de son autorité spirituelle. Déjà, ce moine déteste les évêques nommés par l'empereur qui accumulent les prébendes, les prêtres qui vivent en concubinage. Il leur préfère les laïcs prédicateurs itinérants qui vivent pauvrement. On en verra les conséquences.

Elu pape à son tour en 1073, le moine Hildebrand – qui choisit le nom de Grégoire VII – est acclamé par tous les princes de la chrétienté d'Occident, sauf par l'empereur Henri IV qui aggrave le contentieux en nommant un évêque, de sa propre autorité, sur l'un des plus grands sièges de l'Eglise, celui de Milan. Le bras de fer entre l'empereur et le pape commence. Dès le premier synode épiscopal qu'il convoque à Rome, le nouveau pape dénonce l'investiture des prélats par les gouvernements laïcs. De leur côté, les évêques sont fermement priés d'éduquer leur clergé plutôt que de chercher à amasser de la fortune. En réaction, Henri IV soudoie quelques évêques et tente d'obtenir la déchéance du pontife, mais celui-ci ne se laisse pas intimider. Il excommunie l'empereur et délie ses sujets de toute obéissance à son égard.

L'empereur voit vaciller tous ses soutiens, celui des princes germaniques en particulier. En janvier 1077, il se rend donc en pénitent à Canossa, la résidence de la princesse Mathilde en Toscane. La légende raconte qu'avant de lui accorder son pardon, le pape le fit attendre des jours entiers les pieds nus dans la neige. L'expression « aller à Canossa » est passée dans le langage courant pour désigner toute forme de capitulation. Henri IV sauve sa couronne impériale, mais les évêques voient dans l'événement la confirmation de la toute-puissance de la papauté.

Trois ans après Canossa, Henri IV se retourne brutalement contre l'évêque de Rome, envahit l'Italie, fait élire un « antipape » Clément III, archevêque de Ravenne. Grégoire VII n'a alors plus d'issue que d'aller se réfugier dans sa forteresse du célèbre château Saint-Ange à Rome, avant de s'exiler au Mont-Cassin et à Salerne, en laissant ces derniers mots comme épitaphe : « J'ai aimé la justice et haï l'iniquité. » Il meurt en 1085. Toute sa vie aura été consacrée à libérer l'Eglise du joug des princes temporels et à affirmer sa souveraineté spirituelle.

Mais avec ce pape à l'indépendance farouche, la mystique de Pierre, premier évêque de Rome, fut à son comble. Pour lui, « le pape est Pierre présent sur terre. Son autorité propre est immédiate. L'obéissance à Pierre devient la quintessence de l'appartenance à l'Eglise ». Rome ambitionne de devenir la source de toute vie dans l'Eglise. Une évolution qu'il a théorisée, en 1075, dans ses « vingt-sept thèses », plus connues sous le nom de *Dictatus papae* : « Seul le pontife romain est universel (...) Il est permis au pape de déposer les empereurs (...). Il est le seul dont le nom doit être prononcé dans toutes les églises. Son nom est unique dans le monde. Il ne doit être jugé par personne. Le pape est le seul dont les princes baisent le pied. » Chef de l'Eglise, il peut « déposer les évêques, les transférer, créer des diocèses, arbitrer des conflits ». Avec Grégoire VII, l'absolutisme romain triomphe. La théocratie est en marche.

Innocent III (1198-1216) : théocratie pontificale et réforme de l'Eglise

Les historiens l'ont comparé tantôt à Salomon, par référence au juste roi d'Israël, bâtisseur du Temple de Jérusalem, tantôt, pour ses qualités d'homme d'Etat et sa sagesse, au cardinal de Richelieu, ministre le plus proche du roi Louis XIII. Avec Innocent III (1198-1216), le pouvoir de la papauté atteint son degré le plus élevé dans l'histoire. Il marque sa suprématie sur les souverains européens et impose une conception théocratique du pouvoir pontifical, avant de consacrer son énergie à une réforme radicale du clergé appelé à se convertir, du bas au sommet.

Né Lothaire de Conti, d'une grande famille italienne de juristes et de théologiens, cardinal-diacre sans expérience, Innocent III est élu pape, à l'âge de 38 ans, en 1198. Très vite, il fait trembler l'Europe. Il administre d'une main de fer ses Etats pontificaux, contrecarre toute ambition territoriale à sa frontière, couronne le nouvel empereur germanique, Otton IV, mais l'excommunie dès que celui-ci affiche ses prétentions sur l'Italie. Le pape règle le ballet des monarchies : en Aragon et Castille quand il organise la coalition qui lance, à partir de 1212, la *Reconquista* sur les Maures, en Angleterre, quand il oblige Jean sans Terre à se soumettre à l'autorité de l'archevêque de Cantorbéry, etc.

Il revendique – comme l'avaient déjà fait Constantin et Charlemagne – la réunion des « deux glaives » : l'autorité ecclésiastique et l'autorité politique. Pour lui, l'autorité politique du souverain temporel procède d'une délégation pontificale, comme celle-ci procède d'une délégation de Dieu. L'empereur n'est que le bras séculier de la papauté. Le pape Innocent écrit de lui-même : « De même que la lune reçoit sa lumière du soleil, de même le pouvoir royal reçoit de l'autorité pontificale la splendeur de sa dignité. » Il est le premier à s'attribuer le titre de « vicaire du Christ », soit le substitut de Dieu sur terre, source de tous les pouvoirs à la tête de l'Eglise.

Ce centralisme romain se fait de plus en plus arbitraire. Contrairement au vœu du pape Grégoire, le principe de l'élection des évêques disparaît sous Innocent III. Toutes les nominations transitent par la Curie romaine qui devient – et le restera – la tour de contrôle des Eglises locales et des ordres religieux. La primauté de juridiction de Rome ne va plus fléchir, légitimée par l'état désastreux de la chrétienté dont Innocent III fait le constat. Les hérésies vaudoise et cathare, qui se répandent en Italie et dans le midi de la France – Albi, Toulouse, Carcassonne –, prospèrent sur les décombres d'un clergé aux mœurs relâchées qui fait du trafic d'influence avec les biens ecclésiastiques (la simonie) et mène un train de vie fastueux et dispendieux.

Modèle de pape orgueilleux et batailleur, Innocent III va jusqu'à traiter ses prêtres d'« ânes puants » ou de « pourceaux vautrés dans la fange ». Et ses évêques, plus préoccupés de s'enrichir que d'annoncer l'Evangile, de « chiens muets qui ne sont même plus capables d'aboyer ». Ses « bulles » à répétition s'en prennent à l'ivrognerie des prêtres, au train de vie des cours épiscopales, au cumul des terres et des bénéfices. Le pape réduit impitoyablement les hérésies, mais est assez avisé pour mesurer l'urgence d'une réforme morale de l'Eglise. Peu avant sa mort en 1216, il préside en effet le quatrième concile du Latran, qui condamne les hérésies, approuve les jeunes « ordres mendiants » – dominicain et franciscain – et fait adopter des dispositions combattant l'immoralité des clercs : astreinte du célibat, modestie du vêtement et du train de vie, dignité des mœurs, formation, etc.

5 – Le génie chrétien du Moyen Âge

Voltaire a écrit du Moyen Age qu'il fut une époque de « barbarie, de superstition et d'ignorance couvrant la face du monde [1] ». Confondu avec la chute de Rome (476) et le triomphe de la barbarie, l'« âge des ténèbres » s'est étendu en effet sur l'Europe. Mais une historiographie plus nuancée, notamment dans les dernières éditions de l'*Encyclopaedia britannica,* relèvera qu'avant même la Renaissance, d'innombrables innovations avaient vu le jour, principalement à l'initiative du christianisme, dans l'intelligence du temps, l'architecture, l'agriculture, la musique, l'art, la littérature et la science.

Car la chrétienté médiévale bouillonne d'énergie, de curiosité, de soif spirituelle. Les écoles et les universités poussent. Sous la juridiction du pape, les deux premières universités sont créées à Paris et à Bologne. Suivent Oxford et Cambridge et une longue file d'institutions qui vont diffuser la culture à travers toute l'Europe : Rome, Florence, Naples, Pérouse, Toulouse, Orléans, Salamanque, Séville, Lisbonne, Prague, Cracovie, Heidelberg, Cologne, Erfurt, Leipzig, etc. Des universités comme Paris, Bologne, Oxford, Toulouse comptent jusqu'à 1 500 étudiants, ce qui est alors beaucoup, qui suivent

1. Dans *Histoire du christianisme,* sous la direction d'Alain Corbin, Seuil, 2007.

l'enseignement de professeurs recrutés au sein des ordres religieux.

Dès l'an 1400, une quarantaine d'universités ont vu le jour en Europe. L'Eglise contrôle la culture du temps. Elle produit des génies comme Thomas d'Aquin, l'auteur de la *Somme théologique* qui défend l'autonomie de la philosophie fondée à la fois sur Dieu et la raison. De nombreux textes de l'Antiquité sont traduits du grec en latin, parfois *via* l'arabe. L'Occident renoue avec la philosophie d'Aristote, découvre l'astronomie, l'arithmétique, la géométrie. Un moine polonais, Copernic (1473-1543), passé par de grandes universités (Cracovie, Bologne, Ferrare), est l'auteur d'une « révolution » astronomique aux conséquences incalculables : le soleil est au centre du monde. La terre tourne autour de lui !

A l'art roman succède l'architecture gothique. L'arc-boutant rend possible la construction de hauts bâtiments avec de larges ouvertures, des murs minces et allégés. L'exploit architectural devient un acte de foi et l'Europe se couvre de cathédrales. Les premiers chantiers s'ouvrent dans des villes-carrefours comme Noyon, Laon, Paris, Cantorbéry, Bourges. Au XIIIe siècle, s'élancent les flèches et les tours de Chartres, Reims, Bruxelles, Trèves, Tolède, Saint-Denis, Westminster, Cologne, Strasbourg, Sienne, etc. A la même époque naissent l'orgue, le clavecin, le violon d'où sortiront les plus belles compositions de musique polyphonique. Les peintres flamands, comme les frères Van Eyck, précèdent ceux de la Renaissance italienne. Des auteurs comme l'Italien Dante, dont *La divine comédie* décrit l'aventure spirituelle conduisant aux trois règnes de l'au-delà (paradis, purgatoire, enfer), ou le Britannique Chaucer sont des géants de la littérature, comme les écrivains anonymes des chansons de geste ou les moines qui, à partir du IXe siècle, se consacrent – labeur insensé – à la rédaction et à la copie de textes religieux dans leurs langues.

Cette chrétienté médiévale éblouit et s'éblouit. Dans un climat de foi fervente, de nouvelles formes de vie religieuse naissent dans les monastères et les abbayes. Les églises et les chapelles abritent les reliques protectrices des saints apôtres et martyrs. La vie monastique s'intensifie et l'ordre bénédictin de Cluny (fondé dès 910) compte jusqu'à 1 500 communautés en Europe et plus de dix mille moines. La vie contemplative change. Les ermites laissent la place à des moines qui font vœu de « stabilité ». Sûre d'elle-même, cette chrétienté médiévale se défend contre les hérésies. En Espagne commence la *Reconquista* sur les Maures. En 1095, l'appel à la première croisade pour la libération des Lieux saints de Jérusalem est lancé en France, à Clermont, par le pape Urbain II. A la suite de souverains comme Louis IX (1226-1270), qui proposent de concilier vie laïque et idéal de sainteté, des vagues de conversion submergent l'Europe.

Mais dans des pays en plein essor économique et démographique, les guerres, les invasions, les épidémies, les calamités naturelles s'enchaînent comme dans un tourbillon de malheurs. L'Eglise se donne comme tâche de secourir les pauvres. Soigner les malades, secourir les pèlerins épuisés par exemple sur les routes de Jérusalem, visiter les prisonniers, accueillir les étrangers, ensevelir les morts sont des tâches qui lui sont dévolues, conformes aux prescriptions évangéliques. Elles valent rétribution pour celui qui les pratique et entend préparer sur terre son salut dans le ciel. Des ordres hospitaliers se mettent en place. Dans les villes, des confréries laïques appelées « Aumônes », « Charités », « Table des pauvres » se multiplient. On ouvre des asiles pour les passants pauvres, les infirmes, les fous, les femmes en couches, les enfants abandonnés.

A la même époque, naissent à Rome les « ordres mendiants ». Un jour de 1209, dans son palais du Latran, le pape

Innocent III voit arriver un certain Francesco Bernardone, recommandé par l'évêque d'Assise, couvert d'une tunique de grosse toile grise et rapiécée, une corde nouée à la taille, le pied nu dans une sandale. La légende de François d'Assise peut commencer. Il vient demander au pape de pouvoir continuer avec quelques amis une œuvre modeste de mendiant, de pénitent, de prêcheur de rues. Les cardinaux, qui entourent alors Innocent III, s'indignent. La scène est immortalisée par le peintre Giotto dans la basilique d'Assise. Mais le pape se dresse de son trône et donne l'accolade au futur saint : « C'est par ce jeune mendiant que l'Eglise sera rétablie sur ses bases. »

Visionnaire, Innocent III, qui a donné le coup d'envoi de l'une des plus grandes réformes morales du christianisme, devine que l'avenir de la foi passe par des hommes proches du peuple, non compromis avec les puissants, capables d'aller vers les pauvres qui envahissent alors les campagnes et les villes naissantes, de les soulever par une prédication simple, de les convaincre par l'exemple de leur vie. François d'Assise (1182-1226), Dominique de Guzman (1170-1221) sont des hommes de cette trempe. Ils créent les « ordres mendiants », franciscain et dominicain, qui vont renouveler de fond en comble le style de l'Eglise et de son évangélisation.

6 – Les croisades ou la guerre sainte contre l'islam

La tradition du pèlerinage n'a jamais été aussi vivace qu'au Moyen Age. Sur les routes de Saint-Jacques-de-Compostelle, en Espagne, de Saint-Pierre à Rome, plus modestement de Sainte-Madeleine à Vézelay, de la Vierge au Puy ou de Saint-Jean à Angély, le peuple chrétien d'Occident se bouscule et se répand en dévotions et en pénitences. Ces pèlerins viennent de toute l'Europe pour vénérer des reliques de saints. Ils sont de tout âge et de toute condition. Mais Jérusalem est le sommet des pèlerinages, le lieu saint par excellence, là où, selon la tradition, Jésus a vécu, prêché, a été crucifié, est ressuscité. C'est à Jérusalem que, s'il le peut, le jeune novice vient prendre l'habit monastique ou qu'à l'image de Jésus et de Jean le Baptiste, le pèlerin vient se purifier dans l'eau du Jourdain, avant de se rendre au Saint-Sépulcre où le Christ mort a été embaumé et déposé. Là, le chrétien revit les moments de la Passion et prie pour l'éternité de son salut.

Mais, de retour de Jérusalem qui se trouve aux mains des « infidèles » musulmans depuis 638, les pèlerins colportent les récits de pillages et de rançonnages qu'ils ont entendus sur place. A la fin du XIe siècle, les Turcs seldjoukides campent aux portes de Constantinople et l'empereur chrétien byzantin, Alexis Comnène, appelle Rome au secours. En réponse, Urbain II (1088-1099), un pape français qui fut moine de Cluny, réunit un concile en Auvergne et, le 27 novembre 1095 dans la ville de Clermont, lance un appel à la « guerre sainte » pour défendre les chrétiens d'Orient, la ville de Constantinople, reconquérir Jérusalem et libérer le Saint-Sépulcre.

« Dieu le veut », lance-t-il. C'est Dieu lui-même qui donne l'ordre de cette expédition – on ne parlera que plus tard de « croisade », en raison des croix cousues sur les vêtements par les pèlerins. Le pape presse d'aller combattre, sur leurs propres terres, ceux qu'il appelle les « infidèles », les « barbares », car quatre siècles après la mort du Prophète Mahomet, malgré la présence musulmane en Sicile et en Espagne, l'islam reste quasiment inconnu de la chrétienté d'Occident. « Quelle honte ce serait, ajoute le pape, si un peuple aussi méprisable, aussi dégradé, esclave des démons, l'emportait sur la nation qui s'honore du nom de chrétienne. » « Dieu le veut », répondent en chœur les chevaliers qui écoutent Urbain II à Clermont.

La surprise est grande, autant que l'enthousiasme populaire. La première « armée » qui se lève – de l'est du pays des Francs, de Provence, d'Aquitaine, de Bretagne, de Bourgogne, mais aussi de Rhénanie, de Lombardie et d'Europe centrale – n'est pas composée de ces mercenaires aguerris qu'escomptait l'empereur de Constantinople. Elle rameute des paysans, des artisans, de petits nobles en disgrâce, des crève-la-faim et même des gens sans armes, femmes, enfants, vieillards. Environ 100 000 personnes se lancent sur les routes de la première croisade. Les historiens l'ont expliqué par les mauvaises récoltes, le besoin d'aventure et d'or ! Mais les vrais mobiles sont aussi religieux et émotionnels : la croisade, c'est d'abord un passeport pour la vie éternelle.

Les croisés disent obéir à des signes, des lettres célestes, des prophéties. Ils suivent des prédicateurs fanatiques, comme Pierre l'Ermite venu de Picardie. Ils ne craignent pas les marches épuisantes, les maladies, les sièges militaires, les famines, puisqu'il s'agit d'aller reprendre les lieux saints profanés par les infidèles. Ils sont assurés par le pape du bénéfice de l'« indulgence », remise de peine spirituelle destinée à réparer les conséquences des péchés. Le sang versé contre les Turcs vaut promesse d'un éternel salut. Le paradis leur sera ouvert s'ils meurent en martyrs. C'est une peur eschatologique qui mobilise les croisés contre un ennemi mal connu et qui les précipite vers la Jérusalem céleste.

Pour ceux qu'on n'appelle pas encore « musulmans », la barbarie est dans le camp d'en face, celui de la chrétienté et de l'Occident. Pour eux, la prise d'Antioche (1098), celle de Jérusalem (1099) par les Francs sont des cataclysmes. Les villes conquises sont pillées, les populations juive et arabe massacrées. Des principautés et royaumes latins sont créés de toutes pièces : Jérusalem entre les mains de Godefroi de Bouillon, puis de son frère Baudoin, Antioche, Edesse et Tripoli. Les « barons » chrétiens qui les gouvernent tentent de reconstituer et copier le modèle féodal d'Occident. Leur défense sera assurée par les ordres hospitaliers et les « milices » du Temple, dont Bernard de Clairvaux (1090-1153), le fondateur de Cîteaux, prédicateur de la deuxième croisade (1147), dira qu'ils allient « à la douceur du moine le courage du chevalier ».

Les croisades suivantes n'ont plus, ou à un moindre degré, le caractère d'expédition de salut collectif. Il s'agit de défendre les enclaves latines en terre ennemie, de protéger les intérêts réunis de la chrétienté d'Occident et de la papauté. Elles ont lieu à l'initiative d'Eugène III (1145-1153) et du roi de France Louis VII (1137-1180). Mais le sort des armes n'est plus favorable aux croisés. Chaque expédition devient le prétexte à des batailles insensées au sein même du monde chrétien entre Grecs et Latins que séparent la langue, la culture, les mœurs, les coutumes. Les principautés latines chutent, une à une, sous le coup de leurs divisions. Edesse tombe la première en 1144. Le fameux Saladin, un général kurde qui a déjà conquis l'Egypte fatimide, Damas et Alep, reprend Jérusalem en 1187 après sa victoire aux Cornes de Hattin. La situation se renverse : Saladin rouvre aux musulmans la porte de Jérusalem, ferme le Saint-Sépulcre, expulse le clergé latin, garde le clergé grec. C'est lui qui fait de Jérusalem un lieu saint de l'islam.

Au début du XIIIe siècle, le pape Innocent III lance et finance la quatrième croisade qui va se révéler l'épisode le plus désastreux de son règne. Les croisés doivent faire face aux ambitions de Venise qui rançonnent leurs expéditions en Méditerranée. Ils sont soudoyés par un jeune prince byzantin, Alexis, dont le père, l'empereur Isaac II, a été déposé et qui leur promet, s'ils sont libérés, un ralliement des Grecs à Rome, beaucoup d'argent et un contingent militaire pour aller les soutenir à Jérusalem. Les croisés se détournent donc de la route de Jérusalem, prennent la direction de Constantinople, conquièrent la ville réputée pour son or et sa culture, rétablissent le prince sur son trône.

Mais les promesses ne sont pas respectées. La population grecque n'entend pas renoncer à sa foi orthodoxe. Constantinople est mis à sac le 12 avril 1204. Meurtres, incendies, pillages de reliques, d'églises et de tombeaux suivent. Ils constituent l'un des épisodes les plus tragiques de la mémoire qui opposent encore les héritiers de Rome et de Byzance, les catholiques et les orthodoxes. Les princes croisés ont massacré d'autres chrétiens et Jérusalem demeure aux mains des musulmans. Le sac de Constantinople reste dans la mémoire de l'Orient comme une tache ineffaçable.

Effroyable bilan, donc, que celui des croisades, dont l'un des derniers actes est la mort en Terre sainte de Louis IX (saint Louis), le 25 juillet 1270, murmurant dans un dernier soupir : « Jérusalem ! Jérusalem ! » Saint-Jean-d'Acre tombe en 1291. Les Latins quittent définitivement l'Orient, mais la reconquête de Jérusalem restera pour eux comme un mythe d'identification à la chrétienté, tout comme l'est, jusqu'à aujourd'hui, *al-Qods* pour les musulmans.

Pendant longtemps, l'islam est demeuré une réalité déconcertante et violente pour le monde chrétien. Celui qui, le premier, a étudié d'un peu près cette religion, pour la réfuter, est un abbé de Cluny, Pierre le Vénérable, qui a publié, en 1142, la première traduction en latin du Coran. La notion de « guerre sainte » progresse à l'intérieur d'une chrétienté occidentale confrontée à ses ennemis de l'intérieur (hérésies) et de l'extérieur disqualifiés sous le nom de « sarrasins », mot qui englobe alors tous les assaillants, musulmans, comme Normands ou Hongrois [1]. Lors du concile de Florence, en 1442, l'Eglise de Rome réaffirme sa position la plus traditionnelle, hostile à tout système religieux concurrent : *Extra ecclesiam nulla salus* (Hors de l'Eglise point de salut). La lutte contre les Turcs, qui s'emparent de Constantinople, en 1453, devient un enjeu de civilisation. Lors du siège de Vienne, en 1529, par les Turcs, le pape fait brûler des exemplaires du Coran et relance l'idée de croisade.

Dès lors, chrétienté et « islamité » deviennent deux systèmes, à la fois théologique et militaire, d'exclusion mutuelle. Ils vont se transmettre de siècle et siècle, rebondir au moment de la conquête de l'Algérie par la France et des guerres coloniales, et aboutir à des malentendus et, pire, des embrasements qui durent jusqu'à aujourd'hui. Les croisades ont activé pour longtemps des modèles de « guerre sainte » chrétienne et de *jihad* musulman d'une ampleur jusque-là inconnue dans l'histoire des hommes.

Au lieu de désigner une réalité historique précise – la tentative de reconquête de lieux saints chrétiens à Jérusalem au XIe siècle –, le mot « croisade » donne lieu à tous les abus d'interprétation. Dans le langage courant, il sert à désigner un engagement pacifique pour une bonne cause : croisade contre la misère, contre la faim, contre l'ignorance. Mais dans l'imaginaire musulman, le mot est resté synonyme d'agression contre l'islam. Saladin est devenu la figure héroïque d'un islam mythifié, opposé à l'Occident et à la modernité. Pour les islamistes, le « croisé », avec le juif, est l'ennemi à abattre. La sacralisation de Jérusalem dans le monde musulman n'est pas étrangère au souvenir

1. Dans *La guerre sainte, formation de l'idée de croisade dans l'Occident médiéval*, de Jean Flori, Aubier-Flammarion, 2001.

de la résistance militaire et religieuse menée contre les croisés. Et les « guerres saintes », conduites avec les insoutenables moyens de la terreur, traduisent moins un regain de foi islamique qu'une réaction paroxystique d'un imaginaire meurtri par le souvenir des croisades et de toutes les *Reconquistas* chrétiennes

7 – La traque de l'hérésie ou les flammes de l'Inquisition

Dès les premiers âges du christianisme, la pureté de la foi et la peur de l'hérésie sont obsédantes. Dans ses épîtres, notamment à Tite, à Timothée ou aux Thessaloniciens, Paul demande aux convertis d'éviter ceux qui soutiennent des positions contraires à la foi en Jésus-Christ. Les sept premiers siècles de l'histoire chrétienne sont labourés par de violentes divisions sur le thème de la « divinité » et de l'« humanité » de Jésus. On peine à mesurer aujourd'hui la violence de ces controverses théologiques, souvent tranchées au fil de l'épée. Les premiers conciles excluent les hérétiques des assemblées chrétiennes, des ordres et interdisent toute relation avec eux. Les empereurs chrétiens infligent des peines d'amende, de confiscation de biens, d'exil, parfois de mort. En face de ces sévérités, l'Eglise, soumise au pouvoir séculier, ne proteste guère.

Cette obsession de la pureté de la foi a conduit aux pires excès. La traque de l'hérésie submerge la chrétienté médiévale, son pape, son clergé et les pouvoirs politiques qui ne craignent rien tant que les conflits religieux qui affaiblissent leur autorité. Avec l'Inquisition, s'ouvre un nouveau chapitre peu glorieux de l'histoire, qui s'étire du XIIIe au XVIIIe siècle. Elle sévit d'abord dans le midi de la

France contre l'hérésie cathare et, en Italie, contre l'hérésie vaudoise. Fruits lointains du « manichéisme » (fondé au IIIe siècle par le « prophète » Mani qui oppose les principes du bien et du mal), les cathares se veulent une sorte d'élite de pureté (du grec *catharos,* pur), appelés « parfaits » ou « bons hommes ». Pour assurer leur salut, ils se soumettent à une stricte discipline de vie définie dans des engagements publiquement pris lors d'une cérémonie appelée le *consolamentum.* La doctrine cathare connaît un rapide succès par son caractère limpide et la garantie du salut davantage assurée que dans la doctrine chrétienne. Elle se diffuse dans les régions où le clergé enrichi, corrompu et dépravé est le plus discrédité. Avec diacres, évêques et conciles, les cathares s'organisent en une véritable contre-Eglise.

L'hérésie vaudoise tire son nom de Pierre Valdès (ou Valdo), un riche marchand lyonnais converti en 1175 par la lecture des Evangiles. Il se met à vendre tous ses biens, quitte femmes et enfants, mène une vie d'errance et de pénitence. Egalement effrayés par la trahison du clergé, des disciples le suivent dans le Languedoc, en Provence, dans le Dauphiné, jusqu'au Piémont, où les vaudois vont s'installer et préfigurer le protestantisme à venir. Après le XVIe siècle, ils se rapprocheront de la Réforme et ils fournissent encore dans un pays comme l'Italie le plus gros noyau d'un protestantisme extrêmement minoritaire.

Pour éradiquer ces hérésies, l'Eglise fait appel aux princes de l'époque comme le comte de Barcelone, le roi d'Aragon ou le duc d'Aquitaine qui tentent de convaincre le comte de Toulouse dont la circonscription est peuplée de rebelles à l'autorité du pape. Elle se laisse tenter par la création de juridictions d'exception. C'est en octobre 1231 que le pape Grégoire IX fait de l'Inquisition une institution permanente. Ses tribunaux spéciaux sont confiés à des religieux, dominicains et franciscains, qui siègent le plus souvent dans les couvents et les palais épiscopaux. A la procédure « accusatoire » traditionnellement en vigueur, ils substituent une procédure dite « inquisitoire », avec arrestation sur simple dénonciation, sans le moindre début d'examen de preuves, enquête d'office, secrète, dépourvue de toute assistance pour le prévenu, ne s'épargnant aucun moyen pour établir la « vérité ».

L'Inquisition va dès lors développer ses propres normes, sa bureaucratie et échapper à tout contrôle. Elle met au point des manuels et des registres décrivant, jusqu'au plus petit détail, les moyens d'obtenir l'aveu du suspect. Après un « temps de grâce » pour lui permettre d'abjurer, l'aveu est obtenu par la torture – alors pratiquée dans toutes les prisons civiles d'Europe. Prononcées lors de cérémonies à grand spectacle (*autodafé*) pour intimider les foules, les peines comprennent le « mur » (prison), le port obligatoire de croix jaunes sur les vêtements ou d'un habit infamant, le *sanbenito* (chasuble et bonnet pointu), le pèlerinage obligatoire dont la longueur est proportionnelle à la gravité de la faute, la flagellation ou la confiscation des biens. Jusqu'au milieu du XIIIe siècle, la croisade en Orient fait partie de l'arsenal des peines. L'hérétique qui ne se repent pas est remis aux représentants du pouvoir politique, le fameux « bras séculier », au besoin condamné à mort et livré à la « peine de feu », c'est-à-dire au bûcher.

« Ces actes qui choquent au XXIe siècle n'ont pas au XIIIe siècle l'impact que l'on pourrait imaginer », écrit l'historien André Biget [1]. A l'époque, l'action inquisitoriale n'est pas ressentie comme un viol des consciences, mais comme une cérémonie purificatrice qui bénéficie à l'accusé et contribue à son salut. Au contraire, c'est l'hérésie que l'on éprouve comme un viol de la foi et l'Inquisi-

1. Dans *Histoire du christianisme*, sous la direction d'Alain Corbin, Seuil, 2007.

tion ne suscite alors que des oppositions très minoritaires. La dissidence cathare est éteinte au début du XVIe siècle, mais dans une ville comme Toulouse, entre 1307 et 1320, cinq cents « infidèles » ont été condamnés et une trentaine brûlés vifs.

Mais la procédure est restée et s'est même étendue pour écraser d'autres dissidences. D'où le choix du pluriel – les Inquisitions – aujourd'hui admis par les Eglises, plutôt que l'Inquisition en général. C'est en Espagne qu'elle a laissé les pires souvenirs. Elle frappe d'abord les *conversos* ou *marranos,* ces juifs convertis, mais soupçonnés d'être restés fidèles aux rituels de la Loi de Moïse. En 1478, le pape Sixte IV donne tout pouvoir à Ferdinand et Isabelle, les Rois Catholiques d'Espagne, pour éradiquer les chrétiens « judaïsants ». En trois siècles, l'Espagne ne comptera pas moins de 45 « inquisiteurs généraux ». En seize ans, sous le mandat de Torquemada, environ 100 000 procès ont eu lieu. Les principaux lieux de supplice ont été Tolède, Saragosse, Valence. On estime à 2 000 au moins le nombre de *conversos* qui auraient péri par le feu en Espagne et à 15 000 ceux qui ont été punis par un quelconque châtiment (prison, saisies), avant que le pouvoir royal ne juge plus expéditif d'expulser en 1492 tous les juifs d'Espagne.

Les tribunaux de l'Inquisition vont également s'acharner sur les *moriscos* (les Maures convertis après la chute de Grenade en 1492), sur les « illuminés » (y compris Thérèse d'Avila et Ignace de Loyola qui compteront pourtant parmi les plus grands saints), sur les fidèles soupçonnés d'être proches des protestants. Ils punissent les « crimes » de déviance religieuse, mais aussi l'adultère, la fornication, la sodomie, la bigamie. La violence religieuse sera croissante jusqu'au milieu du XVIe siècle, avant de retomber, mais on brûlera encore longtemps des livres dans des *autodafés.* Parmi les plus célèbres victimes de l'Inquisition figurent Giordano Bruno (1548-1600), qui eut le tort de défendre les thèses de Copernic sur la rotation de la terre autour du soleil et fut brûlé à Rome, ou Jérôme Savonarole (1452-1498), qui périt sur un bûcher à Florence.

Sous la poussée des idées libérales, les tribunaux de l'Inquisition ont été définitivement abolis en Espagne en 1832. Mais, au Vatican, la Congrégation de la « Sainte Inquisition » a siégé jusqu'en... 1908, transformée en « Saint-Office », également de sinistre mémoire. Sans doute l'imagination populaire a-t-elle surestimé le nombre des victimes, des conversions forcées, des procès sommaires et des bûchers, mais l'Inquisition – par sa procédure, son secret, le pouvoir discrétionnaire de ses exécutants – continue d'obséder l'imagination par le climat de terreur qu'elle a pu créer. Elle est devenue la figure emblématique d'une époque effroyable où l'Eglise condamnait à mort pour délits d'opinion, de mœurs, de religion. Cette Inquisition, qui casse les volontés, broie les cœurs, éteint le feu des idées, rassure les uns, mais désespère les autres, est devenue l'archétype de la violence religieuse. En l'an 2000, Jean-Paul II a reconnu que ce mot était « le symbole du contre-témoignage évangélique et du scandale » et a condamné le « consentement donné à des méthodes d'intolérance et de violence dans le service de la Vérité ». Mais il persiste à distinguer entre la faute individuelle de certains « fils de l'Eglise » et la responsabilité collective de l'institution dont les papes ne parlent jamais.

8 – Les Borgia, Médicis et Farnèse, ces papes scandaleux de la Renaissance

Entrez, papes de la Renaissance, au « panthéon » de la médiocrité et de la corruption pontificales ! Les papes de cette époque ouvrent une époque que le catholique d'aujourd'hui voudrait aussi pouvoir oublier, où la simonie, le népotisme, les jeux politiques, les armes, la cupidité, mais également les beaux-arts et le mécénat comptaient plus que la piété et l'apostolat. Où les frasques de la vie privée des pontifes, leur cour, leur train de vie, leurs enfants et leurs maîtresses étaient un démenti quotidien à la foi et à la loi de l'Eglise. Leurs noms figurent encore dans l'Annuaire pontifical, mais plus aucun fidèle ne se sent comptable, ni coupable, de cette page honteuse de la monarchie romaine.

La papauté devient au XVe siècle une affaire de familles. Les papes sont presque tous issus de dynasties princières, comblées d'honneurs, de privilèges et de richesses. Sur le trône de Pierre se succèdent les Borgia, venus d'Espagne jusqu'à Rome, les Médicis, les Della Rovere, les Farnèse. Ces noms vont symboliser les dérives et le cynisme des familles papales de la Renaissance dont la légende noire est entrée dans l'histoire.

D'abord les Borgia. Le pape Calixte III (1455-1458), né Alonso Borgia, promeut son très jeune neveu, Rodrigue Borgia, comme « doyen » du Sacré Collège des cardinaux, qui est alors la voie royale pour accéder aux bénéfices ecclésiastiques de la cour de Rome. Quand il est élu pape, à son tour, sous le nom d'Alexandre VI (1492-1503), Rodrigue a déjà six enfants connus, dont deux vont alimenter des torrents de littérature : Lucrèce Borgia, sa fille et peut-être sa maîtresse (il n'y a toutefois pas de preuve historique), et que son père obligea à trois mariages successifs qui furent autant d'alliances politiques.

Et surtout César Borgia (1476-1507), son fils naturel préféré, que son père pape créa cardinal à l'âge de 16 ans et qui deviendra le sulfureux modèle du « Prince » de Machiavel, sorte de génie politique et militaire qui fit trembler les Orsini, Colonna et autres familles régnantes de Rome. Sa fortune prendra fin avec l'élection de Jules II, Julien Della Rovere, l'ennemi numéro un des Borgia. Condamné, exilé, chassé de Rome après ses crimes et la conquête sanglante de la Romagne, César Borgia se retrouve en Espagne où il est assassiné à 31 ans en Navarre. Sa dépouille sera enterrée sous la rue principale de la ville de Viana pour être piétinée, avant d'être déposée en... 1953 dans un sarcophage placé dans l'église.

Alexandre VI Borgia reste, dans la mémoire catholique, comme l'archétype du pape débauché et cynique. Il fait cardinal le frère de Giulia, sa maîtresse, appelé Alexandre Farnèse, qui plus tard sera également élu pape sous le nom de Paul III. Alexandre VI fait aussi condamner à mort, en 1498, le moine dominicain Jérôme Savonarole qui vitupérait contre la papauté, voulait faire de sa ville, Florence, une « nouvelle Jérusalem », monarchie théocratique sans débauche, luxure, ni crime, dont le roi sans couronne eût été le Christ. Le pape lui interdit de prêcher, l'éloigne, tente d'acheter son silence par un chapeau de cardinal. La réplique de Savonarole est restée célèbre : « Je ne veux pas de ton chapeau, de mitre grande ou petite. Je ne veux que ce que tu as donné à tes saints : la mort. Un chapeau rouge, un chapeau de sang : la mort. » Savonarole est exaucé. Alexandre VI l'excommunie et le fait torturer, pendre et brûler.

La politique étrangère d'Alexandre Borgia est faite d'alliances achetées à prix d'or. Il réunit les princes européens contre la menace turque aux frontières de l'Europe, délimite les zones de colonisation de l'Amérique, ce « Nouveau Monde » découvert par Christophe Colomb sous son règne en 1492. Par la bulle *Inter Cœtera* (1493), c'est même lui, souverain au-dessus des souverains, qui fixe la frontière entre les conquêtes coloniales de l'Espagne et du Portugal, deux monarchies parmi les plus catholiques d'Europe. Alexandre VI Borgia meurt à

72 ans, au cours d'un dîner avec César son fils, sans doute emporté par le poison. Pour toute oraison funèbre, Machiavel (1469-1527) lui consacrera ces mots : « L'esprit du glorieux Alexandre fut porté parmi les cœurs des âmes bienheureuses. Il avait près de lui, empressées, ses trois servantes fidèles : la cruauté, la simonie et la luxure. »

Son rival avait toujours été Julien Della Rovere. Comme Borgia, Della Rovere avait reçu d'un pape, son oncle Sixte IV (1471-1484), honneurs, pouvoirs et bénéfices : quatre abbayes, onze diocèses et un siège cardinalice. Par deux fois, il avait été candidat à l'élection pontificale. En 1503, après la mort d'Alexandre VI et celle de l'éphémère Pie III (vingt-cinq jours), il met le prix. Une nuit suffit pour l'élire par 37 voix sur 38. Il prend le nom de Jules II. Le même qui avait acheté son élection fait aussitôt après condamner la simonie !

Pour l'histoire, Jules II restera le « pape casqué », plus habile à manier les armes que le calice. Botté, cuirassé, à cheval, c'est lui-même qui dirige ses troupes au combat, règle ses comptes avec les Borgia, reprend les places de Romagne, de Pérouse, déloge à Bologne le tyran local, excommunie Venise qui avait empiété sur ses Etats, se cherche des alliés en Espagne, en Angleterre, fait la guerre aux Français qui resteront en Italie jusqu'à la défaite de Pavie en 1525. Lui encore qui engage des mercenaires suisses, ce corps d'élite au costume dessiné par Michel-Ange (selon la légende) qui assure encore maintenant le maintien de l'ordre au Vatican.

Jules II fait venir Michel-Ange à sa cour, car ce pape qui aime la guerre veut aussi faire de Rome une ville à sa gloire, digne de son passé impérial. Il ordonne la construction d'une nouvelle basilique Saint-Pierre sur le lieu de la basilique constantinienne, qu'il confie à l'architecte Bramante. En 1508, Michel-Ange est chargé de peindre la voûte de la chapelle Sixtine, mais la relation entre Jules II et Michel-Ange est orageuse : alors que du haut de son échafaudage, le peintre commence son grand œuvre, le pape, qui finance, veut voir, s'impatiente, vitupère, menace. En 1512, Michel-Ange dévoile enfin la voûte de la Sixtine. Toutes ces dépenses somptuaires, autant que ses expéditions militaires, sont financées par des bénéfices taxés, des « dispenses » payées, des indulgences achetées.

L'image du Médicis, c'est aussi celle du pape jouisseur, aristocrate habile et diplomate, menant un train de vie insolent, mais incapable de voir les nuages s'accumuler au-dessus de l'Eglise, de pressentir la montée des idées humanistes et réformatrices. Jean de Médicis, devenu Léon X (1513-1521), un esthète florentin, ne comprend rien à la Réforme protestante proclamée par Martin Luther qu'il excommunie au cours d'une... partie de chasse.

Ce Jean de Médicis jouit d'une enfance dorée. Second fils de Laurent le Magnifique qui règne sur Florence, il a pour compagnons de jeu César Borgia et son cousin Jules, qui deviendra pape, lui aussi, sous le nom de Clément VII (1523-1534). Il vit dans le palais familial avec le jeune Michel-Ange, alors protégé de son père, et il est créé cardinal, à 13 ans, par Sixte IV (1471-1484), l'un de ses parents. Quand il est chassé de Florence comme tous les Médicis, il voyage à travers l'Europe, développe son goût pour les antiquités et les beaux-arts, regagne Rome où il vit à son tour en esthète. Ce qui l'intéresse, c'est la beauté et la musique.

Sous le nom de Léon X, Jean de Médicis est donc élu pape, alors qu'il n'est pas encore prêtre. On lui confère en toute hâte sacerdoce et épiscopat... « Puisque Dieu a voulu nous faire pape, jouissons donc de la papauté », clame-t-il. Un luxe insolent s'installe à Rome. Des centaines de courtisans sont à son service. Il vit dans le faste, pratique assidûment la chasse, organise des représentations théâtrales, des concerts, des cavalcades. Généreux mécène, il s'éloigne de Michel-Ange – à qui il confie toutefois le tombeau des Médicis – et se lie d'affection avec Raphaël, qui devient maître de la cour pontificale, exécute des cartons de tapisseries pour la Sixtine, achève la décoration des appartements du pape, les célèbres *Stanze* (les chambres) commencées par Jules II, qu'on peut encore visiter dans les musées du Vatican. A partir de 1514, il dirige le chantier de la basilique Saint-Pierre.

Léon X de Médicis finance ses dépenses par la vente massive des « indulgences ». Ce trafic par lequel le fidèle naïf croit acheter, à bon prix, son salut sera la cause première de la rupture avec le moine allemand Martin Luther. En 1517, Luther publie ses 95 thèses sur la porte de la chapelle du château de Wittenberg : seul Dieu a le pouvoir de pardonner aux hommes qui se repentent. Les « œuvres » humaines sont impuissantes à assurer le salut éternel. Une mèche s'allume qui va enflammer l'Eglise et l'Europe.

9 – La « Contre-Réforme » ou l'affront à la modernité

L'histoire de l'Eglise, comme celle des hommes, est faite de cycles indéfiniment répétés. La Réforme protestante fait émerger une vision de l'Eglise diamétralement opposée à celle de Rome. Le protestantisme nie toute forme de médiation entre Dieu et l'homme : le sacerdoce, la primauté et le magistère du pape, les sacrements, l'autorité de la tradition, le pouvoir des évêques. Fondé sur les incroyables abus du système romain, il ne veut avoir à connaître que la « seule foi », la « seule grâce », un « seul livre » sacré (la Bible). Déjà amputé, depuis 1054, des Eglises orientales, le christianisme d'Occident éclate en communautés séparées : l'anglicanisme, né d'un conflit d'ordre privé entre Rome et le roi Henri VIII ; le protestantisme sous ses formes luthérienne et calviniste. Aucune autre rupture n'aura eu tant de conséquences sur le destin du christianisme, mais aussi de l'Europe.

Le projet réformateur est violemment rejeté par Rome. Alexandre Farnèse est élu pape sous le nom de Paul III (1534-1549). Lui aussi est plus préoccupé par l'art, la politique, la fortune de sa nombreuse progéniture que par le fossé en train de se creuser dans sa propre Eglise et qui en prépare le tombeau. Il est pourtant le premier pape de la Renaissance à avoir une vision claire des défis que l'Eglise doit relever, alors que son prestige est ruiné et la papauté contestée de tout bord. Il convoque en 1535 un concile, cherche les soutiens des princes de l'époque, François Ier qui est plutôt contre, Charles Quint qui est pour. L'idée est de se les concilier et de recentrer l'Eglise sur son pouvoir spirituel. Après dix ans de préparation et d'efforts, le concile tiendra toutes ses sessions à Trente, ville d'Empire de langue allemande en territoire italien, de 1545 à 1563. C'est un nouveau tournant d'ampleur considérable qui est pris.

La riposte catholique à la Réforme est massive. La centralisation de l'Eglise est-elle en cause que Rome réplique par plus de centralisation. La Bible est-elle tenue par les protestants comme la seule norme et la référence en matière de foi ? Sa traduction en allemand à l'initiative de Luther provoque-t-elle un phénomène d'édition sans comparaison dans l'histoire ? Le concile de Trente ressort la seule version latine (la Vulgate) de la Bible et il en interdit la traduction dans les langues vulgaires. Il réaffirme sa position sur le péché originel, sur le salut en Jésus-Christ que l'homme obtient par ses « œuvres » et sur les sept sacrements, les protestants ne reconnaissant que le baptême et l'eucharistie. Il confirme aussi la doctrine catholique sur la présence réelle de Jésus-Christ sous les « espèces » du pain et du vin qui, par « transsubstantiation », deviennent son corps et son sang.

Le pouvoir de la papauté est-il contesté par la Réforme ? Le concile de Trente ordonne un sursaut d'allégeance au pontife, renforce le poids de la hiérarchie et du clergé, insiste sur le culte de la Vierge Marie et des saints, renforce la discipline ecclésiastique. Des séminaires sont créés. Trente, justement nommé concile de la Contre-Réforme, donne l'élan à une « reconquête » catholique, avec le bras armé des jésuites, de cette partie de l'Europe devenue protestante, à une recentralisation sur Rome de l'Eglise occidentale, mais aussi à une réforme radicale du clergé et à une spiritualité renaissante.

A partir de là, la Curie romaine se fait autoritaire et centralisatrice. « Le recours à Rome, affirme l'historien Michel Dortel-Claudot, autrefois exceptionnel, devient le pain quotidien de l'administration ecclésiastique [1] ». Les évêques deviennent les préfets du Vatican nommés par le pape et sont tenus à un devoir d'obéissance absolue. Ils sont soumis tous les cinq ans à une visite à Rome, ce qui a perduré jusqu'à aujourd'hui. Toutes les décisions de doctrine et de discipline passent par Rome. A partir du XVIe siècle, les Eglises nationales sont contrôlées par les délégués du pape qu'on appelle les nonces.

Cette centralisation à tous les niveaux n'a pas que des inconvénients : elle donne une remarquable cohésion au catholicisme, permet aux Eglises locales d'échapper à la tutelle du pouvoir séculier, assure l'unité des fidèles et

---

1. Jésuite, Michel Dortel-Claudot est l'auteur d'*Eglises locales – Eglise universelle, comment se gouverne le peuple de Dieu ?*, Chalet-Lyon, 1973.

facilite l'élan missionnaire, mais elle le brise en Asie, tolère une évangélisation cruelle contre les populations autochtones en Amérique latine. La Congrégation de la propagation de la foi est née en 1632. Mais le passif est considérable. L'absolutisme romain se révèle contre-productif. Un cléricalisme militant soulève dans toute l'Europe guerres de religion, révoltes anticléricales et le mouvement philosophique des Lumières.

Devant les empiètements de souveraineté de l'Eglise, les mouvements antiromains se font jour : le « joséphisme » en Autriche sous le règne de Marie-Thérèse et de son fils Joseph II, qui se traduit par un contrôle autoritaire sur des évêques déliés de leurs obligations par rapport à Rome. En France naît le « gallicanisme », dont Bossuet, sous Louis XIV, est le principal théoricien. En 1682, l'assemblée du clergé français adopte quatre articles dont le dernier dicte que le jugement du pape n'est pas « irréformable ». Cette Eglise gallicane sera pourtant la victime dans la nuit du 4 août 1789 de l'abolition de tous les privilèges.

La Révolution française est une nouvelle épreuve pour l'Eglise. Face au développement des Lumières et des idées libérales, Rome choisit le mauvais pied. Benoît XIV (1740-1758) – appelé le « pape des Lumières » – tente de s'ajuster à la floraison des idées nouvelles d'égalité, de liberté, de tolérance qui se diffusent à travers l'Europe. Mais entre un Clément XI (1700-1721), qui interdit toute forme d'adaptation du christianisme romain dans la si lointaine Chine (la « querelle des rites »), et un Pie VI (1775-1799) qui condamne toute idée de *Révolution,* ne voulant connaître que celle de *Révélation,* l'Eglise ferme la porte au monde moderne.

Au XIXe siècle pour un pape comme Pie VII (1800-1823) qui comprend l'esprit de son temps, sans rien lui concéder, signe un concordat avec la France de Napoléon, avant de résister à ses ambitions européennes devenues démesurées, tous les papes, jusqu'à Léon XIII (1878-1903), sont des « intransigeants », refusant tout accommodement avec les idées libérales, révolutionnaires, nationalistes, modernes, condamnant l'« indifférentisme », la liberté de conscience, la liberté de pensée et de parole, la liberté de la presse, la laïcité.

Des documents comme *Mirari vos* de Grégoire XVI (1832), le *Syllabus* de Pie IX en 1864, pourfendant le gallicanisme, le rationalisme, la franc-maçonnerie, signent le divorce de l'Eglise de Rome avec son temps, avec le monde mouvant qui l'entoure, les idées de progrès, la science, la démocratie naissante, les idées sociales qui accompagnent le développement industriel. Aveugle, elle se coupe de la partie le plus éclairée de son Eglise, des militants, prêtres et laïcs, apôtres d'un christianisme libéral et social qui commencera à être reconnu, avec réserves, par Léon XIII. Sentant son pouvoir ébranlé par les menées révolutionnaires dans ses propres Etats, cerné par les idées nouvelles, le pape Pie IX (1846-1878) active sa défense jusqu'à convoquer un concile, Vatican I, destiné à dogmatiser tous les privilèges du pape : « primauté universelle » de juridiction et surtout « infaillibilité » des proclamations solennelles en matière de foi et de mœurs.

Le 30 septembre 1870, les Piémontais s'emparent de Rome. C'est la fin des Etats pontificaux. Les évêques du premier concile du Vatican sont déjà dispersés. Pie IX aura été le dernier souverain temporel et, à partir de cette date, il s'estime « prisonnier » au Vatican. Ses successeurs en feront autant, jusqu'à Pie XI (1922-1938) qui, devant l'impasse de la « question romaine », signera avec Mussolini les accords du Latran. Le pape perd sa souveraineté temporelle pour gagner beaucoup plus : un supplément d'estime spirituelle. Rome entre dans une nouvelle histoire, celle d'un pape dont l'autorité morale ne va cesser de grandir, de manière inversement proportionnelle à celle qui était la sienne à l'apogée de son pouvoir politique. Une autorité qui se fera d'autant plus grande que Rome se montrera capable de faire des réformes d'envergure lors du concile Vatican II et de s'ouvrir au monde moderne.

10 – Le sursaut du concile Vatican II (1962-1965)

Plus de deux mille évêques parlant toutes les langues, représentant les peuples et les cultures du monde entier font leur entrée dans la basilique Saint-Pierre de Rome. Pour la première fois, les catholiques mesurent le sens du mot « universalité » de l'Eglise. Celle-ci cesse d'être une institution « européenne » et le Vatican un bureau chargé de gérer ses affaires internes. Une nouvelle page s'ouvre aussi avec la présence d'« observateurs » protestants, anglicans, orthodoxes et d'autres confessions chrétiennes. Il faut mesurer ce que représentaient à l'époque ces retrouvailles entre des Eglises qui croient au même Jésus-Christ, mais étaient séparées, voire ennemies, depuis près d'un millénaire (pour ce qui concerne les orthodoxes). La perspective d'un retour à l'unité de l'Eglise redevient possible, alors que, pour les hommes de la génération précédente, elle était inimaginable.

Jean XXIII a convoqué le concile Vatican II en janvier 1959, trois mois après son élection et à la surprise générale. Il l'a inauguré le 11 octobre 1962, lui fixant un cap : que l'Eglise ouvre toutes grandes ses fenêtres. Sa mort, le 3 juin 1963, l'empêche d'achever son œuvre, mais son successeur, Paul VI, fait fructifier l'héritage. Le 8 décembre 1965, au moment de conclure, dans des messages aux gouvernants, aux intellectuels, aux ouvriers, aux artistes, aux femmes, aux malades, aux jeunes, il s'écrie : « Il nous semble entendre s'élever, de partout dans le monde, une immense et confuse rumeur. » Le concile Vatican II est la réponse à cette rumeur : l'Eglise est entrée dans le xxe siècle [1].

Pape anxieux, tourmenté, surnommé « Hamlet » par son prédécesseur, Paul VI a porté ce concile comme une croix, selon le philosophe français Jean Guitton qui fut son ami intime, non pas qu'il ait été en désaccord avec l'initiative de Jean XXIII, mais il ne redoutait rien de plus que de nouvelles fractures au sein du monde catholique. Lors des trois premières sessions de 1962, 1963 et 1964, les empoignades n'avaient pas manqué, déjà, entre ceux qui voulaient aller de l'avant dans la réforme et ceux qui freinaient des quatre fers. Dès les premiers jours, les cardinaux Achille Liénart, évêque de Lille, et Joseph Frings, archevêque de Cologne, avaient créé la stupeur, en réclamant la liberté de choix des commissions pour les « Pères conciliaires ». Pas question de donner un chèque en blanc à des commissions de travail préparées à l'avance par la Curie, alors que les 2 500 évêques rassemblés ne se connaissent pas.

En novembre 1963, le cardinal Frings – qui avait pour expert un jeune théologien du nom de Joseph Ratzinger – récidive. Il affirme bien haut que les méthodes du Saint-Office sont « une cause de scandale » pour le monde et demande qu'à l'avenir, nul ne puisse plus être jugé, ni condamné par l'Eglise catholique, sans avoir été averti et entendu. Les applaudissements crépitent dans l'*aula.* Et avec des sanglots dans la voix, le vieux cardinal Ottaviani, préfet du Saint-Office qui se sent visé, s'étrangle d'indignation : « Attaquer le Saint-Office, c'est offenser le pape ! »

---

1. Pour l'histoire du concile, on se reportera notamment aux cinq volumes de l'*Histoire du concile Vatican II,* sous la direction de Giuseppe Alberigo, Cerf, 2005 (pour le cinquième et dernier volume).

La quatrième et dernière session du concile commence en septembre 1965. Paul VI veut en finir avant Noël. Les ultimes textes sur la liberté religieuse, sur « l'Eglise dans le monde de ce temps », sur la Révélation, sur l'activité missionnaire, sur l'apostolat des laïcs, sur le statut des prêtres sont passés au crible des commissions et congrégations générales. Rien n'est encore joué. Les dernières « navettes » peuvent répondre ou non aux espoirs d'*aggiornamento* exprimés par Jean XXIII. Les partisans des réformes ont le vent en poupe. Parmi eux, outre Liénart et Frings, se distinguent les cardinaux Suenens (Bruxelles), Léger (Montréal), les évêques de Smet (Bruges), Garrone (Toulouse) ou Helder Camara (Brésil). Mais la minorité conservatrice, dominée par des figures comme les cardinaux Ottaviani, Ruffini et Siri, les évêques Lefebvre, Carli et Staffa, jette ses derniers feux. Elle intervient à tout moment, fait le siège de Paul VI, qui se tient à distance, colmate ici, corrige là...

« Ce n'est pas le Saint-Esprit, c'est le diable qui a inspiré ce concile », tempête le Français Marcel Lefebvre, ancien archevêque de Dakar, porte-parole des minoritaires. Plus que la réforme de la liturgie, que le renoncement à la soutane et au latin qui avaient agité les premières sessions, le débat sur la liberté religieuse est un test décisif. Depuis deux mille ans, l'Eglise répète qu'hors d'elle, il n'y a point de salut. Or, voilà que le concile s'apprête à admettre la primauté de la conscience, à entrer en dialogue avec les autres religions, pas seulement les confessions chrétiennes séparées, mais aussi les juifs et les musulmans. Mgr Lefebvre dira plus tard qu'avec la liberté religieuse, « le ver est entré dans le fruit ». Puisque l'Eglise catholique n'a plus le monopole de la vérité, la porte est ouverte au relativisme, au subjectivisme, à l'œcuménisme détesté.

Que de crimes, pourtant, avaient été commis par l'Eglise au nom de ce monopole ! Mgr Beran, archevêque de Prague, le sait mieux que quiconque. Symbole de l'Eglise du « silence » de l'autre côté du rideau de fer communiste, il connaît le prix de la liberté religieuse. Alors, face au bloc conservateur du concile, il se dresse. Il confesse les intolérances passées de l'Eglise, les bûchers où a brûlé son compatriote Jean Hus, coupable de réforme (1415), les crimes des Habsbourg imposant à toute l'Europe centrale le catholicisme comme religion d'Etat. L'Eglise doit condamner toute coercition religieuse, conclut l'évêque tchèque. Le 7 décembre, au moment du vote définitif de la déclaration sur la liberté religieuse (*Dignitatis humanae*), il n'y a plus que 70 voix, contre 2 308, pour s'y opposer.

Quelques jours plus tôt, les « Pères conciliaires » avaient adopté une autre déclaration (*Nostra aetate*), reconnaissant des « éléments de vérité » dans les autres religions, mettant fin aux stéréotypes blessants sur les juifs (peuple « déicide »), estimant que l'antisémitisme n'avait plus aucune justification théologique. Deux millénaires d'antijudaïsme chrétien sont passés par pertes et profits. Pour les catholiques, l'œcuménisme, et plus largement le dialogue avec les autres religions, ont vraiment commencé avec Vatican II. *Nostra aetate* est le texte le plus court de tous ceux qui ont été votés, mais il est celui qui symbolise le mieux cette ouverture d'une Eglise qui, depuis des décennies, était toujours sur la défensive.

L'autre vote marquant de cette fin du concile porte sur les deux sources (la Tradition et l'Ecriture) de la Révélation (*Dei Verbum*). L'Ecriture (la Bible) est remise à l'honneur, replacée au centre de la foi chrétienne, alors que, depuis la Réforme protestante, elle avait été marginalisée au seul profit de la Tradition dictée par le magistère romain. Les catholiques ont enfin le droit – et le devoir – d'ouvrir la Bible et de la lire. Ce qui va donner un coup de pouce à l'exégèse, science longtemps sulfureuse, et aux études bibliques.

Comme Jean XXIII l'avait souhaité, l'Eglise discerne ainsi les « signes du temps », rénove son discours et son mode de gouvernement. Mais doit-elle bénir tout ce qui vient du monde ? C'est l'enjeu de la discussion du « schéma XIII », qui occupe toute la fin du concile. Au pessimisme théologique qui a précédé les combats antimodernistes du XIXe siècle, s'oppose une sorte de confiance naïve dans le progrès. L'après-guerre est terminé. Kennedy et Khrouchtchev ouvrent une ère de détente malgré la guerre froide et la course aux armements. L'Eglise ne veut pas être en reste. Pour la première fois, un concile ne prononce aucune condamnation – pas même celle du communisme qui avait été formulée par Pie XII. Le « schéma XIII » est ainsi adopté *in extremis,* le 7 décembre, par 2 309 voix contre 75, sous le titre *Gaudium et Spes* (« Joie et espérance »). Entre le 28 octobre et le 7 décembre 1965, onze documents conciliaires (des constitutions à contenu doctrinal ou pastoral, des décrets, des déclarations) ont été votés tambour battant, complétant les textes sur l'Eglise et sur la liturgie, déjà adoptés lors des précédentes sessions. Vatican II touche à sa fin et laisse une œuvre monumentale.

Après le 8 décembre, le pape crée les institutions capables de concrétiser les nouvelles orientations : un Conseil pour la rénovation de la liturgie qui aboutira à la messe moderne dite de Paul VI ; des Secrétariats pour l'unité des chrétiens et pour les religions non chrétiennes ; un « synode » des évêques, symbole d'une « collégialité » devant permettre une collaboration plus étroite entre le pape et les Eglises locales. Mais le concile n'est pas seulement une somme de beaux documents. C'est un certain esprit de rajeunissement, de dialogue et de confiance. Condamnée par Pie XII en 1954, l'expérience des prêtres-ouvriers est autorisée dix ans après. Et, le 7 décembre, à la veille de la clôture, les Eglises de Rome et de Constantinople procèdent simultanément à la levée des anathèmes et des excommunications réciproques, qui remontaient à... 1054.

Vatican II a-t-il été trop loin, trop vite, trop fort ? Des dérives, justifiées par l'« esprit » du concile, ont pu lui être imputées, donnant des arguments fallacieux aux campagnes traditionalistes contre la « nouvelle messe » ou le « nouveau catéchisme ». L'Eglise se divise. Jusqu'à sa mort en 1978, Paul VI restera le témoin inquiet de cette application du concile et assistera, impuissant, face à l'entêtement de Mgr Lefebvre, à la montée d'une révolte et d'un schisme (devenu officiel en 1988), qui fut toutefois loin de provoquer l'hémorragie annoncée.

Longtemps, il fut de bon ton d'identifier l'œuvre de Jean-Paul II à un retour du balancier. Le procès lui a souvent été fait de brader l'héritage progressiste du concile. Mais c'est oublier qu'il en avait été l'un des plus jeunes acteurs, comme archevêque de Cracovie (1964), et qu'il y a puisé l'essentiel de ses inspirations de pape, comme la défense des droits de l'homme ou le dialogue interreligieux. Le concile n'a pas rompu en effet, comme le prétendaient les minoritaires, avec la tradition de l'Eglise. Il l'a, au contraire, préservée dans un monde tourbillonnant. Une bonne tradition n'est jamais figée. Elle est tradition vivante.

Sans doute l'Eglise a-t-elle subi de plein fouet les profondes crises intervenues depuis Mai 1968, mais Vatican II l'a rendue plus capable de traverser ces tourmentes. Et il est curieux de remarquer que les actuelles tensions internes à l'Eglise portent sur des sujets que le concile n'avait pu aborder : le contrôle des naissances (que Paul VI s'était réservé), la question du clergé marié, le remariage des divorcés, les modes de nomination des évêques, etc. A la fin de Vatican II, dont il avait été l'un des plus brillants experts, le dominicain Yves Congar avait prévenu : « L'ouvrage réalisé est fantastique. Et pourtant, tout reste à faire. »

CHAPITRE III

POUVOIR

Un gouvernement unique au monde

Un milliard de catholiques font profession de foi en Jésus-Christ et à l'Eglise. Savoir qui les « gouverne » est une question par elle-même insolite, à la limite de l'absurde, tant elle introduit dans un espace où elles n'ont pas leur place les catégories du pouvoir civil : élections, représentation, citoyenneté, partis, commandement, etc. Les observateurs profanes ne connaissent que ces catégories, d'où les malentendus, les procès réguliers avec les médias qui appliquent à l'Eglise les critères de la démocratie civile et ne retiennent que des grilles politiques – droite-gauche, conservateurs-progressistes – pour juger ses responsables et interpréter ses débats.

Il n'existe pas de citoyenneté catholique parallèle à celle du citoyen français, ou italien, ou colombien, ou coréen, etc. Le disciple du Christ « ne se distingue des autres hommes, ni par le pays, ni par la langue, ni par les coutumes. (...) Toute terre étrangère leur est une patrie. Et toute patrie leur est une terre étrangère », trouve-t-on dans la lettre à Diognète [1]. L'idée même d'une double allégeance des catholiques à leur pays et à un Etat comme le Saint-Siège leur est étrangère, voire insupportable, alors

1. La lettre d'un auteur anonyme à un païen de haut rang nommé Diognète est un texte apologétique qui date (probablement) des années 190-200 et fut peut-être rédigée à Alexandrie.

qu'elle peut exister chez des juifs de la diaspora qui vénèrent à égalité le pays où ils vivent et l'Etat d'Israël qui, pour des raisons religieuses ou politiques, est pour eux comme une seconde patrie. Les catholiques se savent appartenir à une même Eglise, se connaissent un chef unique, mais ne se sentent ni ses citoyens, ni ses sujets. C'est d'un autre lien qu'il s'agit, d'une appartenance commune à une histoire et à une paternité qui n'est pas d'abord terrestre, mais spirituelle.

Aucune autre forme au monde de régime politique ou de gouvernement, passée ou présente, n'est comparable à celle qui a son centre au Vatican, ce nom quasi mythique qui impressionne et intrigue presque plus à l'extérieur qu'à l'intérieur des sphères catholiques. Pour les fidèles, le Vatican n'est pas d'abord un ensemble d'édifices monumentaux, le signe miraculeusement préservé d'une histoire chaotique de deux mille ans, un patrimoine d'une richesse insensée de trésors architecturaux et picturaux signés par des artistes majeurs, Michel-Ange, Raphaël, Bramante, le Bernin. C'est avant tout le temple qui renferme la tombe de l'apôtre Pierre, la marque des origines de leur foi et la demeure du pape, et cela leur suffit.

Ils sont membres d'une Eglise qui n'est ni un Etat, ni une nation, ni une association, ni une quelconque collectivité. Une Eglise, c'est-à-dire un regroupement unique qu'ils appellent « peuple de Dieu » ou « corps mystique » du Christ. Des expressions énigmatiques pour l'homme d'aujourd'hui, anciennes pourtant dans l'histoire du christianisme, religion de l'« incarnation ». Déjà, dans ses épîtres, l'apôtre Paul disait que les chrétiens ne forment qu'un seul « *corps* », dont le Christ est la « *tête* » (Ephésiens 1, 22-23). Selon la tradition, jusqu'au XIXe siècle, l'Eglise est une « société juridiquement parfaite » (Léon XIII, *Immortale Dei*, 1885), hiérarchisée, reposant sur un schéma d'autorité pyramidale : le pape en haut de l'édifice ; sous lui, les évêques qu'il nomme ; en bas, les fidèles tenus à l'obéissance et à la participation muette. D'un côté, l'Eglise enseignante qui sait et commande. De l'autre, l'Eglise enseignée qui ignore et obéit. Un Grégoire XVI, pape despote (1831-1846), a poussé cette conception jusqu'à son paroxysme : « L'Eglise est une société non égalitaire, dans laquelle Dieu a ordonné un groupe pour gouverner, un autre pour obéir. »

Au XXe siècle, avec le concile Vatican II (1962-1965), renversement de situation. On revient au « corps mystique » (c'est-à-dire lié au mystère du Christ) des origines. L'Eglise est au Christ ce que le corps est aux hommes : elle leur permet d'entrer en relation avec lui. « De même que tous les membres du corps humain ne forment qu'un seul corps, de même en est-il des fidèles dans le Christ », écrit *Lumen Gentium,* la constitution de Vatican II sur l'Eglise (n° 7). Cette notion rend compte de la nature de l'Eglise en bonne théologie catholique : son unité avec le Christ. Et de son but : elle est signe de la présence de Dieu parmi les hommes. Elle définit le type de relations qui unissent ses membres : chacun y occupe une place unique, essentielle et différente de l'autre, et, en même temps, tous y sont liés par leur lien au Christ et par une solidarité fondamentale.

Si l'expression de « peuple de Dieu » était employée aux premiers siècles du christianisme, elle aussi était tombée en désuétude. Sa redécouverte est récente. « Peuple de Dieu » est une expression plus convenable pour nommer l'Eglise moderne que celle de « société parfaite ». Cette notion de « peuple » en marche a même un parfum de... démocratie. Elle veut montrer la continuité entre le peuple élu par Dieu – le peuple juif – et l'Eglise de Jésus-Christ. Ce qui était, au Sinaï dans l'Ancien Testament, signe de Dieu à un peuple déterminé est devenu appel aux hommes du monde entier. Le deuxième concile du

Vatican a réactualisé cette notion pour signifier que l'Eglise est, d'abord, une communauté d'hommes et de femmes où chacun est appelé par Dieu à une égale dignité, mais n'est pas une institution humaine au sens courant où on entend ce mot : c'est Dieu qui la rassemble et non pas la volonté des hommes.

Toute comparaison avec les régimes politiques que nous connaissons est donc vaine et inadéquate. L'Eglise des catholiques n'est pas une théocratie autoritaire ignorante de la liberté et des droits de ses fidèles, ni une monarchie, héréditaire ou constitutionnelle, riche de ses contre-pouvoirs, encore moins une démocratie au sein de laquelle tous les citoyens seraient égaux. Elle est une monarchie absolue de droit divin mais élective, dans laquelle le pape souverain ne tire sa légitimité que de lui-même, n'est responsable devant aucune instance terrestre, n'a de comptes à rendre qu'à Dieu. Personne n'a le pouvoir de le renverser. S'il peut renoncer librement à sa charge [1], aucun ne l'a fait depuis Célestin V au XIIIe siècle (1294). Toutefois, ses collaborateurs à la Curie et les évêques dans le monde – au nombre total d'environ 4 500 – ne sont pas de simples vassaux et les fidèles des sujets soumis. Le système est plus souple et plus équilibré qu'il y paraît. Vatican II a introduit plus de « collégialité » en redéfinissant les rapports entre le pape et les Eglises locales et nationales. Le pape est garant de l'unité de commandement. L'Eglise est une communion de communautés et de fidèles guidés par des évêques, dont le premier est à Rome.

1. Selon l'article 332 (alinéa 1) du Code de droit canon, le pape peut « renoncer à sa charge ». Pour être valide, il faut que cette « renonciation soit faite librement et dûment manifestée, mais non pas qu'elle soit acceptée par qui que ce soit ». Ce point du Code ne tranche pas la question, qui reste entière, de l'incapacité du pape à exercer sa fonction. Aucune procédure d'« empêchement », qui existe dans certains droits civils, n'est prévue dans le droit pontifical. La dernière démission d'un pape remonte à Célestin V (vers

1 – Les « princes » de l'Église

Si le pape est un « roi » élu, les cardinaux sont ses « princes-électeurs ». On les appelle « princes » de l'Eglise. Ou « éminences », titre pompeux apparu en 1630, tombé en désuétude après le dernier concile. Au Vatican, ils sont les *porporati*. Car la couleur de leur soutane et de leur barrette est le pourpre, couleur de feu et de sang, flamme de l'éclat et de la puissance. Dans la Rome antique, le rouge était la couleur des généraux, avant d'être celle des empereurs. Maître du monde byzantin, l'empereur de Constantinople – le *basileus* – était entièrement habillé de rouge. Rouge aussi comme le sacrifice. Témoin et confesseur de la foi, le cardinal est appelé à répandre son sang pour étendre sur terre le règne du Christ. Dans une période récente, des cardinaux de pays communistes ont vécu la prison et la persécution en raison de leur fidélité à l'Eglise catholique et au pape.

A Rome, c'est le pape Innocent IV qui, en 1244, autorisa les cardinaux à porter le « chapeau » rouge, orné de trente houppes (*fiocchi*) de même couleur, resté l'insigne principal de la dignité cardinalice, encore présent dans leurs armoiries. Selon la coutume, le chapeau ornait l'entrée des appartements privés du cardinal pour signifier sa présence. Il était retiré lorsqu'il partait en mission. A sa mort, le chapeau était suspendu à la voûte de sa cathédrale jusqu'à ce qu'il tombe en poussière ! L'expression « recevoir le chapeau » est restée pour un nouveau cardinal. Mais les insignes qu'il reçoit des mains du pape lors du « consistoire » ordinaire [1] sont la barrette et

---

1215-1296), 190e pape, élu en août 1294 et démissionnaire en décembre de la même année.

1. Le « consistoire » était autrefois l'antichambre où l'empereur romain rendait la justice (*consistorium* : lieu de séjour, de réunion, assemblée). Ce mot désigne aujourd'hui la réunion des cardinaux convoquée et présidée par le

l'anneau. Depuis Jean XXIII (1958-1963), un prêtre créé cardinal peut être consacré évêque sur-le-champ, avant de recevoir ses insignes. Dans les cérémonies, le cardinal porte la soutane et la mozette rouges, ainsi qu'un rochet blanc [1]. Pour la vie quotidienne, simplicité oblige, l'habit cardinalice est le plus souvent celui du « clergyman ». Dans les Eglises d'Orient, plus traditionnelles et démonstratives, le prélat sort plus souvent sa soutane d'un rouge éclatant.

Etre cardinal, c'est une dignité, avant d'être une fonction. Une fonction longtemps lucrative qui a donné lieu aux plus grands abus : l'attribution, parfois à titre viager, des charges de la Curie, du gouvernement des villes pontificales, de la direction des abbayes. Et au détestable népotisme. La « création » d'un « cardinal-neveu », fils d'un frère ou d'une sœur du pape appelé à la cour de Rome par son oncle, était une pratique régulière à l'époque des papes de la Renaissance. Le « cardinal-neveu » n'est pas seulement un prélat dont on veut protéger la carrière. Il est mêlé à la direction des affaires, créant cette atmosphère de cour délétère, repliée sur ses privilèges, sclérosée et ne vivant que des faveurs du pontife.

Ces dérives sont passées aux oubliettes de l'histoire, mais la dignité cardinalice est demeurée. Le Sacré Collège

---

pape en assemblée « ordinaire » ou « extraordinaire ». Le consistoire « ordinaire » est la réunion des cardinaux pour la création de nouveaux membres du collège. Il est public et solennel, de même que le consistoire réuni en vue de la proclamation de certains décrets (par exemple de béatification ou de canonisation). Au cours de son pontificat, Jean-Paul II a tenu neuf consistoires ordinaires, au cours desquels il a créé 231 nouveaux « princes de l'Eglise ». Record absolu... Le consistoire extraordinaire a lieu à huis clos et permet au pape de consulter les cardinaux « sur des questions graves, mais qui surviennent assez communément », selon le droit canon.

1. La mozette (ou mosette) est une courte pèlerine portée par les ecclésiastiques. Pour l'évêque et le chanoine, elle prend le nom de camail. Le rochet est le nom d'une aube courte à manches étroites que porte l'ecclésiastique sous le mantelet.

– plus simplement appelé aujourd'hui « collège des cardinaux » – est, en réduction, l'image de l'universalité de l'Eglise. Aucun autre organe de gouvernement n'est aussi représentatif de la diversité des races, des pays, des langues et des courants qui la composent. Qu'ils soient « préfets » de Curie ou archevêques « titulaires » – responsable d'un grand diocèse, mais possédant un « titre » résidentiel à Rome –, les cardinaux sont associés à la marche de l'Eglise universelle, fréquentent les palais de la Curie où ils sont membres de droit d'une Congrégation au moins et participent aux assemblées plénières de Congrégation (la *plenaria*). Ils peuvent être convoqués par le pape en « consistoire » extraordinaire pour l'examen de sujets généraux. Des consistoires réunis trop rarement, à huis clos et pour consultation. Une minorité rêverait de transformer le collège des cardinaux en une sorte de « Sénat » permanent, ayant accès aux décisions. On en est loin. Les cardinaux n'ont d'autre légitimité que celle concédée par le pontife qui, seul, a le pouvoir de les « créer ». Leur liberté d'initiative et de parole est encadrée et limitée, leur autocensure fréquente.

Leur nombre a varié au cours des siècles. Ils étaient une vingtaine au Moyen Age, puis de plus en plus nombreux à la Renaissance. Sixte Quint, en 1586, fixa leur nombre à 70, pour rappeler les 70 Anciens d'Israël qui assistaient Moïse. Ce plafond fut confirmé par le Code de droit canon de 1917, et respecté jusqu'à ce que Jean XXIII décide, en 1958, de le dépasser pour pouvoir nommer plus de cardinaux étrangers. Paul VI a largement contribué à l'augmentation du nombre de pays représentés dans le collège cardinalice, même si cette internationalisation avait commencé avant lui. Cinq cardinaux non italiens avaient pris part à l'élection de Pie VII en 1800, tandis qu'ils étaient 25 en 1878 pour l'élection de Léon XIII, et près de 90 sur environ 115 cardinaux électeurs lors des conclaves de 1978. Depuis 1946, les Italiens ne sont plus majoritaires, même si l'Italie reste le pays le mieux représenté et possède un nombre élevé de sièges cardinalices.

Dans ce microcosme de la planète catholique, la voix d'un préfet de Curie, de l'archevêque d'une grande ville américaine ou européenne est théoriquement équivalente à celle d'un cardinal venu d'un petit diocèse africain ou océanien. Ils ont le même pouvoir en matière canonique ou liturgique. En fait, cette égalité n'est que de façade. Le poids de chaque cardinal varie avec sa personnalité, son origine, son rang, sa formation théologique, sa relation au pape, avec la taille numérique, démographique et financière du siège dont il a la charge. Ce collège « fraternel » est donc traversé de tensions qu'on devine, mais qui ne transpirent jamais. Ou si peu. Ou de façon si atténuée, tant le consensus, l'unité du commandement et de la pensée sont des impératifs absolus au plus haut niveau du gouvernement de l'Eglise.

Alors ce n'est pas faire injure à ces « princes » de dire que leur première utilité est d'élire le pape. Et ce n'est pas une mince affaire. D'abord parce qu'elle est rare : six conclaves au XIXe siècle ; neuf au XXe et au début du XXIe. Le choix du pape obéit à des règles et des rites que n'ont pas épuisés les siècles. Dans l'Eglise primitive, les évêques étaient élus par le clergé et les fidèles, le plus souvent dans un climat de passions, de factions et de violences. De grands administrateurs comme Augustin d'Hippone (354-430) ou Ambroise de Milan (340-397) furent des « élus du peuple ». L'évêque de Rome n'échappait pas à l'usage. A partir du VIe siècle, les prêtres et les diacres chargés de l'assister se sont mis à porter le nom de « cardinal » (du latin *cardo,* qui veut dire pivot ou gond), car ils occupaient un poste fixe et servaient en quelque sorte de leadership à la communauté. Ainsi distinguait-on déjà les « cardinaux-prêtres » et les « cardinaux-diacres ». Plus tard, les évêques des diocèses entourant Rome – appelés « suburbicaires » – sont venus se joindre à ce collège avec le titre de « cardinaux-évêques ». Dans une Eglise scrupuleuse du maintien de sa tradition, ces distinctions formelles existent encore.

C'est au tournant du deuxième millénaire, après des siècles d'ingérence de l'empereur dans l'élection des papes, que Nicolas II, en 1059, puis Alexandre III, en 1179, ont imposé de nouvelles règles réservant aux seuls cardinaux l'élection du pontife, afin de protéger son indépendance. De cette époque, date le « plafond » de la majorité des deux tiers des suffrages pour prévenir les risques de contestation et de schisme. Et Dieu sait si l'histoire des papes en est remplie. Deux et même trois papes ont régné lors du grand schisme d'Occident (1378-1417). Mais d'un régime d'élection populaire, on est passé à un modèle d'élection de type aristocratique, qui est demeuré. Les conflits, la longueur des scrutins, la nécessité de protéger les électeurs des pressions politiques ont donné au « conclave » (mot formé à partir de l'italien *con chiave*, « avec une clé ») une configuration – enfermement, secret absolu du vote – qui a fini par s'imposer. L'histoire retient que le premier vrai conclave eut lieu à Viterbe, qu'il s'étendit de novembre 1268 à septembre 1271, soit trois ans pour élire un nouveau pape, Grégoire X !

Dans une institution aussi traditionnelle, on ne change pas facilement les règles. A l'époque moderne, celle de la majorité des deux tiers est restée. La raison en est simple : l'élu doit être celui du plus large consensus. L'élection d'un pape ne peut jamais être celle d'un camp contre un autre camp. Là encore, le réel l'emporte sur la théorie. L'histoire des conclaves est traversée de tractations et de combats parfois féroces, de haines recuites, de vengeances et de coups bas. Combats de personnes mais aussi d'orientation, le plus souvent entre les partisans de la fermeté doctrinale, de l'« intransigeance » et ceux de la réforme. Entre les *zelanti*, comme on disait au XIXe siècle, et les *politicanti*, plus ouverts aux changements et à des formes de conciliation avec l'environnement politique, voire le monde moderne. Aujourd'hui on dirait entre les « conservateurs » et les « progressistes ».

La composition du collège électoral a toutefois changé au prix de deux audacieuses réformes décrétées en 1975 à l'initiative du pape Paul VI. Pour entrer au conclave, un cardinal doit être âgé de moins de 80 ans, décision qui souleva maintes contestations dans les milieux traditionalistes et chez les cardinaux... octogénaires. Au même moment, Paul VI demandait à tous les évêques à travers le monde et titulaires de charges à la Curie romaine de présenter leur démission à l'âge de 75 ans. Cette règle aussi s'est maintenue. Tout évêque diocésain ou prélat de Curie présente sa démission au pape le jour de ses 75 ans. Mais elle n'est pas toujours appliquée, le pape voulant garder en fonction, à des sièges ou des postes clés de son entourage romain, des hommes de toute confiance pourtant en âge de partir à la retraite.

Deuxième changement à l'initiative de Paul VI : le conclave ne doit pas dépasser un « plafond » de 120 cardinaux de moins de 80 ans, en âge d'élire le pape. Une décision qui fut appliquée lors des trois derniers conclaves d'août, puis octobre 1978 et d'avril 2005. Afin de remplir les sièges cardinalices devenus vacants ou de récompenser ses collaborateurs de la Curie, le pape doit donc procéder, tous les deux ou trois ans, à des « créations ». Lors d'une assemblée appelée « consistoire », les nouveaux cardinaux reçoivent les insignes de leur fonction. Mais le pape doit veiller à ne pas dépasser ce « plafond » de 120 électeurs.

Transgressant cette règle, Jean-Paul II distribuait allègrement des « chapeaux », allant, en 2003, jusqu'à

135 cardinaux en âge d'élire le pape. L'effectif a fondu avec l'avancée en âge et les décès. A sa mort, le 2 avril 2005, le collège chargé d'élire son successeur n'était d'ailleurs plus que de 115. Lors de ses deux consistoires de 2006 et 2007, Benoît XVI s'en est tenu au respect de la règle. Au début 2008, le Sacré Collège était composé de quelque 200 cardinaux, dont 120 en âge de voter.

2 – Le conclave, un scénario « hitchcockien »

D'un pas lourd et solennel, en soutane et mozette rouges, ils entrent dans la chapelle Sixtine – « un lieu où tout concourt à faire sentir la présence de Dieu », selon l'expression de Jean-Paul II – en procession deux par deux et en chantant le *Veni Creator* (« Viens Esprit créateur »), cantique d'invocation de l'Esprit-Saint. Sous la conduite de leur « doyen », les cardinaux s'inclinent devant un crucifix, s'arrêtent devant la majestueuse fresque du *Jugement dernier* de Michel-Ange et gagnent en silence des tables recouvertes d'un velours également rouge, à la place assignée à chacun.

Mélange de tradition et de modernité, aucune élection au monde n'est plus fascinante que celle d'un pape. Un « conclave », c'est une cérémonie liturgique réglée comme le plus précieux des ballets, un huis clos archaïque et une procédure de vote unique au monde : pour l'élection d'un pape, il n'y a ni candidat, ni parti, ni programme, ni campagne. Et cet événement, qui remonte à la nuit des temps, déroule son rite ancestral dans les marbres et ors de la basilique Saint-Pierre et, au milieu des fresques de la chapelle Sixtine, enchante les médias d'un bout à l'autre de la planète. En mars 2005, ils se sont précipités au chevet d'un pape mourant et ont suivi pas à pas, en avril, les cardinaux chargés d'assurer la transition et la succession. Le monde sécularisé reste assoiffé de rites religieux, fussent-ils d'un autre âge.

L'élection du pape est, pour les catholiques d'abord, un moment de grande intensité. Leur foi ne dépend pas de celui qui sera élu, mais leur sentiment d'appartenance à l'Eglise se projette sur un homme qui en est le chef et pour qui, à chaque messe quotidienne, ils prient en le nommant. Avant un conclave, l'Eglise est comme suspendue pour une durée qui a évolué dans l'histoire, mais qui est à l'époque moderne approximativement de trois semaines après la mort du dernier pape régnant. Trois semaines d'un scénario hitchcockien dont se repaissent les journaux parfois les plus étrangers à l'Eglise, publiant avec avidité des listes de *papabili*, un jeu palpitant et étrange que les cardinaux électeurs, principaux concernés, font semblant d'ignorer pour mieux se recueillir dans la prière et la méditation.

Entre les obsèques du pape et l'ouverture du conclave, des « Congrégations générales » réunissent tout le collège cardinalice (y compris les octogénaires qui ont ainsi leur lot de consolation) dans la salle du synode de l'*aula* Paul VI qui flanque la basilique Saint-Pierre. Sous la présidence du « doyen [1] » – qui, en avril 2005, était Joseph Ratzinger, futur élu – les cardinaux interviennent dans l'ordre des demandes, mais sans ordre du jour précis. Les conciliabules entre les séances ne sont pas interdits, ni les « dîners » en ville dans les collèges romains ou quelque *trattoria*. Mais aussi incroyable que ce soit, ces « Congrégations » ne servent pas à lancer des noms, à définir des sou-

1. Nommé par le pape, le « doyen » du Sacré Collège des cardinaux n'est pas forcément le plus âgé, ni celui dont la création comme cardinal est la plus ancienne, mais le premier des cardinaux dans l'ordre des cardinaux-évêques, jouant un rôle très important dans la période de vacance après la mort du pape. Le cardinal Joseph Ratzinger était doyen après la mort de Jean-Paul II, avant d'être élu pape.

tiens, à évaluer des ralliements, encore moins à faire le bilan du pontificat précédent, à analyser en détail la situation du catholicisme dans le monde, à lancer des idées de réformes, à établir un programme pour l'avenir du gouvernement de l'Eglise.

Ces choses-là ne se font pas. Ou si elles se font, de manière très allusive, elles ne se disent pas. Aucun compte rendu de ces « Congrégations générales » qui précèdent le conclave n'existe. En avril 2005, consigne féroce avait même été donnée aux cardinaux de ne se livrer à aucune confidence. Les journalistes en furent réduits à des miettes, de pures spéculations, à ce grand classique de l'histoire des conclaves : l'opposition entre une ligne « conservatrice » – qu'incarnait alors le cardinal Joseph Ratzinger – et une ligne plus « réformatrice », celle du cardinal jésuite Carlo Maria Martini, exégète réputé, pasteur vénéré, ancien archevêque de Milan qui, malade, avait intérieurement renoncé à toute ambition.

Le 18 avril 2005, quand s'ouvre le dernier conclave chargé d'élire le successeur de Jean-Paul II, le monde avait presque perdu, après un règne de plus de vingt-six ans, le souvenir de ces rites codifiés à l'extrême dans des statuts d'une rigidité de marbre. Rite du secret : avant le début du vote, les électeurs se rendent en procession devant l'autel et prêtent serment devant un Evangile ouvert : « Je jure de tenir secret tout ce qui se rapporterait à l'élection du pontife romain » et « de ne prêter faveur à aucune ingérence ». Puis le maître des cérémonies liturgiques s'assure qu'il n'y a aucun intrus dans l'enceinte, prononce la célèbre formule *Extra omnes* : « Que tous sortent » ! Et referme les lourdes portes sur le secret du conclave.

Pendant toute sa durée – trois jours en moyenne au XXe siècle –, tous les accès à la chapelle Sixtine sont scellés et leur surveillance assurée. En 2005, des mesures avaient été prises pour brouiller d'éventuelles communications par téléphone portable. Autrefois, les électeurs étaient confinés à proximité de la Sixtine, logés dans de petites cellules de fortune, fabriquées à la hâte en mordant sur l'espace des couloirs et des antichambres. Ils disposaient d'un prie-Dieu, d'un vase de nuit, mais pas d'eau courante ! De petites cellules si inconfortables, raconte la légende, que les électeurs étaient pressés d'en finir. Une partie de ce « charme » des conclaves a disparu : avant de mourir, le pape polonais avait fini d'aménager la résidence Sainte-Marthe qui, à l'intérieur de l'enceinte du Vatican, offre aujourd'hui à chaque électeur une chambre spacieuse et confortable, comprenant lit, cabinet de toilette, prie-Dieu et bibliothèque. Pour la première fois au conclave de 2005, les cardinaux ont fait le chemin à pied ou en minibus de cette résidence à la chapelle Sixtine.

S'ils n'ont pas le droit de communiquer avec l'extérieur, il n'est bien sûr pas interdit aux électeurs de se parler. Alors, on se prend à imaginer, entre prières, messes, processions et tours de scrutin, les intrigues, les pressions, les petites phrases lâchées au détour d'un couloir. On devine le sentiment d'anxiété croissant à chaque dépouillement, les têtes qui osent enfin se lever au prononcé des noms, les regards qui se tournent vers les cardinaux cités. C'est dans de telles circonstances que se trama l'élection inattendue, le 16 octobre 1978, du cardinal de Cracovie, Karol Wojtyla, sous l'aimable pression de Franz Koenig, archevêque de Vienne, et des cardinaux allemands et américains, entraînant la suite. Et que, lors du dernier conclave d'avril 2005 – dont un membre a trahi le secret [1] –, devant le visage décomposé par la peur du car-

---

1. *Limes*, prestigieuse revue italienne de géopolitique, a publié en septembre 2005 le « carnet de bord » d'un électeur qui a trahi le secret du

dinal argentin José Maria Bergoglio, archevêque de Buenos Aires, présumé « réformateur » dont les votes ont augmenté au deuxième tour de scrutin, le camp du cardinal Ratzinger se serait trouvé renforcé.

Pour voter, les cardinaux écrivent à la main le nom de leur choix. Ensuite, après avoir placé les bulletins marqués de la formule « *Eligo in Summo Pontifice...* » (J'élis comme souverain pontife...), ils se dirigent, un à un, jusqu'à l'autel en déclarant, toujours en latin : « Je prends à témoin le Seigneur, qui me jugera, que je donne ma voix à celui que je juge devoir être élu. » Puis ils font glisser leur bulletin à l'aide d'un plateau dans un calice en argent placé sur l'autel. Quand tous les électeurs ont rempli leur devoir, l'un des trois « cardinaux scrutateurs » agite l'urne pour mélanger les billets, et un autre commence à compter. Le troisième lit les noms à haute voix et les note. En même temps, il perfore les bulletins avec une aiguille, les fait passer par un fil afin qu'aucun ne se perde. A l'issue du dépouillement, les « cardinaux scrutateurs » font le décompte des voix et notent les résultats, puis les « cardinaux réviseurs » vérifient tant les bulletins que les relevés des suffrages.

A la fin de chaque demi-journée de vote (quatre au total dans la journée), les bulletins et les notes prises par les électeurs sont brûlés dans le poêle situé à côté de la Sixtine. L'élection suppose la réunion des deux tiers des voix, plus une [1]. Dans un passé récent, si le résultat du

conclave et est resté anonyme. Il révèle notamment que le cardinal argentin Bergoglio a obtenu jusqu'à 40 voix au troisième tour, avant de chuter avec 26 voix au quatrième et dernier tour, le cardinal Ratzinger l'emportant avec 84 suffrages.

1. Benoît XVI a publié, le 26 juin 2007, un *motu proprio* (décret) modifiant légèrement les règles de l'élection. Les deux tiers des voix des cardinaux électeurs sont requis, quel que soit le nombre de scrutins. Il défait ainsi, en partie, ce qu'avait institué son prédécesseur dans la constitution *Universi dominici gregis* de 1996. Rompant avec une procédure datant de huit siècles, Jean-Paul II avait permis qu'après 12 jours et 33 tours de scrutin à la majorité des deux tiers, les cardinaux aient la possibilité de départager – à la majorité simple –

vote était négatif, on ajoutait dans le poêle de la paille humide qui épaississait et noircissait la fumée. Si le résultat était positif, on faisait brûler les seuls bulletins qui donnaient alors des volutes de fumée blanche et légère, annonçant à la foule massée devant la place Saint-Pierre l'élection d'un nouveau pape. Aujourd'hui, on utilise des techniques plus modernes pour faire apparaître la fumée correspondant au résultat des votes. *« La sfumata ! »* Mais, comme ce fut le cas le mardi 19 avril 2005, la confusion fut provoquée par la couleur indécise de la fumée. Et il a fallu les cloches de la basilique sonnant à toute volée pour confirmer que le résultat était acquis.

Extraordinaire mélange de rites anciens et contemporains : tous les grands réseaux de télévision qui ont pris place sur la colline du Janicule ou les terrasses d'appartements privés chèrement louées, plongent leurs caméras et braquent leurs objectifs vers la basilique Saint-Pierre tout illuminée. Sur la *loggia* qui surplombe la place, le premier cardinal-diacre – le 19 avril 2005, il s'agissait du cardinal chilien Jorge Medina Estévez – fait son apparition à la *loggia* de la basilique, entouré de quelques porte-enseigne et thuriféraires. Assuré de sa gloire du moment, ménageant un lent effet de surprise, il annonce en direct au monde qu'un nouveau pape est sorti des urnes : *« Habemus papam »*. Et il décline en latin l'identité de l'élu. Exercice qui peut prêter à confusion quand, peu après l'élection de Karol Wojtyla en 1978, un Polonais inconnu au nom compliqué, la foule avait cru à l'élection d'un pape... africain.

Quelques minutes plus tôt, derrière les murs de la Sixtine et dans les appartements contigus, d'autres événe-

---

les deux noms arrivés en tête du scrutin précédent. Benoît XVI revient à la règle des deux tiers de suffrages, quel que soit le nombre de scrutins, cela afin de garantir la recherche d'un compromis et un choix rapide. Débat largement théorique : au XXe siècle, aucun des huit papes élus n'a eu besoin de plus de quatre jours de conclave, soit une quinzaine de tours de scrutin, pour accéder au trône pontifical.

ments se succèdent dont seule nous parvient la rumeur. Une fois que le cardinal a obtenu la majorité requise des voix, il est soumis à une sorte d'interrogatoire par le doyen du collège cardinalice. « Acceptez-vous l'élection ? » « *Adsum* », répond l'élu qui, à ce moment précis, devient pape et, en réponse à une autre question, se donne le nom sous lequel il entend régner. C'est ce nom que le premier cardinal-diacre prononce à haute voix sur la place Saint-Pierre. Mais avant de faire sa première apparition à la *loggia*, l'élu doit revêtir les ornements pontificaux, recevoir une première fois l'obédience de ses cardinaux, avant de se rendre, de nouveau en procession, jusqu'à sa première confrontation avec le monde.

Premier message. Premier contact du souverain avec ses fidèles. Première bénédiction *urbi et orbi* – à la ville de Rome et au monde. Après l'élection de Jean XXIII, l'oreille collée à son transistor – on est le 25 octobre 1958 –, le monde croule sous la déception : on attendait un coup de neuf après l'interminable règne de Pie XII (1939-1958), et c'est un vieillard de 77 ans qui est élu au terme d'une carrière peu brillante dans la diplomatie pontificale. Un « pape de transition », assurent ironiquement les commentateurs. Les mêmes changeront de ton quand, à la surprise de ses propres cardinaux, il annoncera, le 25 janvier 1959, durant la célébration finale de la Semaine de prière pour l'unité des chrétiens, dans la basilique Saint-Paul-hors-les-Murs, la convocation d'un concile qui allait accélérer la marche de l'Eglise, puis d'un synode pour la ville de Rome, puis d'une refonte du Code de droit canon.

A la fin du règne de Paul VI qui avait été élu sans surprise en 1963, c'est Albino Luciani, patriarche de Venise, qui succède à la *loggia* de la basilique ce samedi soir 25 août 1978 : il vient d'être désigné, en dépit de tous les pronostics et, choisissant d'endosser le rude héritage de ses deux prédécesseurs, Jean XXIII et Paul VI, il se fait appeler Jean-Paul Ier, premier pape de l'histoire à porter un double prénom. Son règne durera le temps d'un sourire étincelant, prometteur, mais foudroyé par une attaque cardiaque.

Quand le 16 octobre suivant, le cardinal Karol Wojtyla, archevêque de Cracovie, élu sous le nom de Jean-Paul II, apparaît pour la première fois à la *loggia* centrale de la basilique Saint-Pierre, son premier message ressemble à un numéro de charme. C'est la première fois depuis 450 ans que les cardinaux viennent d'élire un pape qui n'est pas italien. Sa voix puissante résonne, pour la première fois, sur la place. Il parle en italien, mais son accent polonais et quelques fautes involontaires conquièrent la foule romaine. Dès sa première apparition, il est adopté. Benoît XVI enfin, élu comme l'héritier naturel du pape polonais : son premier réflexe est de rendre hommage aux éminentes qualités de son prédécesseur et de se présenter dans des termes d'une modestie remarquée : « Messieurs les cardinaux m'ont élu moi, un simple et humble travailleur dans la vigne du Seigneur. Le fait que le Seigneur sache travailler et agir également avec des instruments insuffisants me console et surtout, je me remets à vos prières. » Un changement de style s'annonce.

3 – Misère et grandeur de la Curie

On entre dans le palais pontifical par la « porte de bronze » située à l'aile droite de la colonnade du Bernin qui précède la basilique. Ce point de la place Saint-Pierre offre l'une des meilleures vues sur la fenêtre du troisième étage du palais apostolique d'où le pape, à chaque *Angelus* dominical, fait un petit commentaire de l'actualité de la semaine, salue les pèlerins massés à ses pieds sur la place et donne sa bénédiction. Selon un protocole immuable à travers les âges, la hallebarde du garde suisse, dans son impeccable uniforme azur et or, claque contre une petite estrade.

Une fois franchi ce premier seuil, en haut d'un monumental escalier de marbre, le visiteur, pétri par l'émotion et la solennité des lieux, pénètre dans la cour Saint-Damase que franchissent parfois des voitures officielles, celles d'un ambassadeur ou d'un chef de gouvernement. C'est là que sont rendus les honneurs au chef d'Etat qui vient visiter le pape. En levant les yeux, le visiteur aperçoit un grand rectangle de ciel azur qui se reflète sur les baies vitrées, découpées comme autant d'alvéoles, des loges peintes par Raphaël et ses successeurs. Cour saint-Damase, on est à la frontière de la politique et des beaux-arts, de la Renaissance et du monde moderne, de la terre et du ciel.

Dans l'enfilade des couloirs et des ascenseurs, dont les portes boisées conduisent au troisième étage, celui des appartements du pape et de la Secrétairerie d'Etat, une chape de silence s'abat sur le visiteur. Du haut de l'étage sacré, son œil peut se poser sur la ville, toiser la voûte de la chapelle Sixtine, rêver aux trésors qu'elle contient. Il peut contempler les bouquets de cyprès vert foncé qui coiffent les collines romaines, puis, par paliers, faire glisser son regard sur Rome, ses colonnes de pierre, les façades mauves et l'ocre de ses édifices.

Au plafond, vertigineusement élevé, les caissons sont peints ou dorés. Aux murs, des fresques et des cartes anciennes retracent les étapes de l'évangélisation du Nouveau Monde. En soutane ou en strict costume noir rehaussé d'un col romain blanc, des *monsignori* vous saluent d'un léger hochement de tête, avant de replonger les yeux vers le sol de marbre. Des évêques ou des cardinaux, calotte violette ou pourpre et ceinture de la même couleur, semblent absorbés par leur pensée ou leur prière, rendus muets par la grandeur ou le silence pesant des lieux.

On est là au cœur du gouvernement de l'Eglise catholique, dans un univers patiné par le temps, musée à la fois reclus et ouvert sur la ville sacrée. Guidé par le garde suisse, muni d'un petit billet bleu qu'il serre dans la main comme un sésame, le visiteur peut accéder à la Secrétairerie d'Etat, incarnation du pouvoir exécutif du pape, cumulant les services à la fois d'un secrétariat général de gouvernement, d'un ministère des Affaires étrangères et d'un ministère de l'Intérieur. Soit l'Elysée, Matignon, le Quai d'Orsay et la Place Beauveau réunis et concentrés sur deux étages dans le palais même du pape, là où se trouvent ses appartements privés, les salles d'apparat et les bibliothèques aux noms chargés d'histoire – salle Pauline, salle Clémentine – où se tiennent les audiences.

Giovanni Battista Montini, qui hanta si longtemps ces couloirs du Vatican avant d'être élu pape sous le nom de Paul VI, expliqua un jour l'originalité de ces lieux : « Il y a une grande différence entre la visite au Vatican et celle des autres grands monuments de l'Antiquité, comme le Forum romain, les Pyramides, le Parthénon, les restes de Ninive ou des cités incas. Pour ceux-ci, il suffit de regarder. Au Vatican, il faut aussi comprendre. Ce qui y demeure est quelque chose d'infiniment présent, qui invite à la réflexion, exige une rencontre, impose un effort intérieur, une synthèse spirituelle. »

Le Vatican n'est pas une administration comme la Maison-Blanche, le 10 Downing Street, l'Elysée ou le Kremlin. Et pas seulement pour des raisons de taille et d'influence politique qui rendent déraisonnable toute comparaison. La fascination que ce nom de Vatican peut encore exercer, malgré les constats récurrents de déclin de l'influence de l'Eglise, vient non pas d'abord de l'appareil qui le commande, mais de la puissance spirituelle qu'il représente, de sa capacité d'entraînement d'un milliard de catholiques, de son expérience historique – l'Eglise est « experte en humanité », aimait dire Paul VI –, de son aptitude à intervenir dans les grands débats contemporains de société et d'éthique ou dans les conflits qui déchirent la planète.

En de tels lieux, l'histoire fait tourner les têtes. Aucun autre nom que celui de Curie n'est à Rome autant synonyme d'intrigues, de cabales, de révolutions de palais, voire de crimes contre l'esprit. Cour du pape, souverain parmi les plus absolus de la terre, la Curie a sa légende noire. Héritage de l'histoire, elle est encore aujourd'hui accusée, à tort et à travers, de tous les maux de la terre : centralisme, bureaucratie, conservatisme, toute-puissance, arrogance, etc. Il faudra corriger des stéréotypes et nuancer un tel jugement.

La première-née des « Congrégations » de la Curie laisse des souvenirs parmi les plus sinistres : la « sainte, romaine et universelle Inquisition » créée sur l'initiative du pape Paul III en 1542. La deuxième, sur l'initiative de Pie IV en 1564, s'appelle Congrégation du concile, chargée de l'application des dispositions du concile de Trente, celui de la Contre-Réforme. En 1572, c'est Pie V – le pape encore le plus cher aux catholiques traditionalistes – qui met sur pied la célèbre Congrégation de l'index chargée de censurer des ouvrages dangereux pour la foi et les mœurs. Le pli est pris... Des administrations se créent, en sécrètent d'autres, jugeant des affaires spirituelles autant que temporelles, privées autant que publiques. La Curie étend son pouvoir, devient pieuvre : on crée la Congrégation des recours contre les évêques, celle de la réforme du droit canon, de la Ligue antiturque, des affaires de France, de Pologne et d'Espagne, etc.

Au temps du pape roi de Rome, la Curie est pléthorique. La présence du souverain pontife et de tous les prélats qui ont des affaires à traiter dans la capitale de l'Eglise garantit des revenus substantiels à une bonne partie de la société romaine. Des relations de clientèle unissent de nombreuses familles aux cardinaux et autres clercs employés dans l'administration pontificale. Le népotisme est à son zénith. La Curie devient le théâtre des ambitions concurrentes, le cénacle dans lequel se chamaillent les « cardinaux-neveux », les camériers et les gardes du corps, où rivalisent les familles patriciennes. Elle est le tribunal des dossiers litigieux, des jugements sommaires, des gratifications, des excommunications et anathèmes.

On y fomente quelques-uns des plus grands procès de l'histoire, comme celui du mathématicien Galilée (1564-1642) qui, reprenant les thèses du chanoine polonais Copernic, a établi que la terre tourne autour du soleil et que le ciel n'est pas un espace immuable et parfait. « La Bible n'a pas été écrite pour nous montrer comment va le ciel, mais comment on fait pour y aller », avait-il écrit, plein de bon sens et d'aplomb, dès 1615. En 1632, Galilée confirme, dans son célèbre *Dialogue sur les deux grands systèmes du monde*, que la Bible doit être interprétée autrement qu'au sens littéral, et il revendique l'autonomie de la science et de la religion, ce qui est alors inacceptable pour l'Eglise. Le pape Urbain VIII abandonne Galilée à l'Inquisition qui condamne ses théories comme hérétiques. En 1633, le vieux savant se soumet, tout en lançant son fameux « Et pourtant elle tourne... ». A la différence de Giordano Bruno, autre savant malmené par la censure, la torture et le bûcher sont épargnés à Galilée. Qui devra toutefois attendre trois siècles et demi avant que Jean-Paul II ne le réhabilite et admette que l'Eglise se soit trompée.

Depuis cette époque, la Curie a été maintes fois réformée et s'est internationalisée. Le premier pape qui met un peu d'ordre dans ce système monarchique et bureaucratique est Sixte Quint dans une « charte » de 1588 qui ne sera amendée qu'au XXe siècle, à trois reprises, par Pie X en 1908, Paul VI en 1967 et Jean-Paul II en 1988. Quinze Congrégations sont confirmées ou créées par Sixte Quint, dont les noms restent enfouis dans les mémoires : la Sainte Inquisition, l'Index des livres prohibés, l'Exécution et interprétation du Concile (Trente), la Signature des grâces, les Rites et cérémonies, les Réguliers, les Evêques, l'Université de Rome, la Typographie vaticane. Sans oublier l'Approvisionnement, la Flotte de défense, les Charges de l'Etat, les Ponts et eaux, etc.

En 1908, le pape a depuis longtemps perdu son pouvoir monarchique sur la ville de Rome devenue capitale de l'Italie. Pie X décide alors de simplifier le train de vie de la Curie, allège des structures devenues désuètes. Mais c'est après Vatican II, afin de mieux armer le gouvernement de l'Eglise pour appliquer les réformes et épouser des modes de fonctionnement plus modernes, que Paul VI procède aux remaniements les plus consistants. Il fait de nouvelles coupes sombres, supprime le Saint-Office et l'Index de sinistre mémoire pour les remplacer par la Congrégation pour la doctrine de la foi. Il crée le conseil pontifical pour les Laïcs et la commission Justice et paix, officialise l'existence de trois Secrétariats : promotion de l'unité des chrétiens, relations avec les « non-chrétiens » (juifs, musulmans, bouddhistes, hindous, etc.), puis avec les « non-croyants ». Soit la prise en compte de priorités discernées par le concile. Les dicastères (« ministères ») de la Curie sont placés sous la tutelle de la Secrétairerie d'Etat qui devient la tête de l'organigramme, à la fois cabinet particulier du pape et son exécutif.

4 – Les « ministres » du pape

Comment l'Eglise romaine du XXIe siècle naissant est-elle gouvernée ? Il n'est guère possible de distinguer l'héritage du pape défunt Jean-Paul II des premières initiatives prises par son successeur Benoît XVI. Même si le premier fut l'auteur, en 1988, d'un remaniement de la Curie dans la constitution *Pastor Bonus,* et si le second a maintes fois proclamé sa volonté de simplification, l'architecture d'ensemble a été peu réformée depuis les lendemains du concile. Ou l'a été par petites touches successives, répondant à un besoin très relatif de décentralisation, de modernisation et d'internationalisation, correspondant mieux à la géographie contemporaine du catholicisme et à la mission qu'il entend se donner.

Depuis Paul VI, la Secrétairerie d'Etat est restée l'organisme central, celui qui seconde le pape dans l'exercice de sa mission et coordonne l'action de toute la Curie. Un organisme dont le pouvoir n'a cessé de croître dans l'histoire. En 1988, Jean-Paul II l'a divisée en deux « sections » : l'une chargée des « affaires générales » et du service quotidien du pape ; l'autre des « relations avec les Etats ». Mais cette séparation entre les affaires intérieures et internationales existait déjà – avec d'autres titres – sous le pape Paul VI.

Sous l'autorité du cardinal-secrétaire d'Etat, quasi « Premier ministre », la Secrétairerie d'Etat compte donc deux autres « piliers » de la Curie : le « substitut », responsable de la section des « affaires générales », « ministre de l'Intérieur », numéro trois de la hiérarchie vaticane, chargé de la coordination entre les Congrégations, de la politique italienne, de la préparation des voyages du pape, etc. Puis le secrétaire pour les affaires dites extraordinaires, responsable de la mise en œuvre de la diplomatie définie par le pape et son secrétaire d'Etat. Le secrétaire pour les affaires extraordinaires est le « ministre des Affaires étrangères », celui qui réagit en cas de crise internationale, conduit les relations bilatérales, suit l'application des « concordats » passés entre le Saint-Siège et certains Etats, est en lien avec le réseau des nonces à l'étranger. La règle veut que le « substitut » et le « secrétaire des relations avec les Etats » ne soient pas cardinaux, puisqu'ils sont sous l'autorité d'un cardinal. Mais, promus à un autre poste de direction à la Curie, rien ne s'oppose plus à ce qu'ils le deviennent.

Sous la tutelle de ce « triumvirat », la Curie compte neuf « dicastères » (ailleurs on dirait « ministères »), appelés Congrégations, qui ont compétence sur un domaine particulier de la vie de l'Eglise : ce sont – selon l'organigramme en l'état – la Doctrine de la foi ; les Evêques ; les Eglises orientales ; le Culte divin et la Discipline des sacrements ; le Clergé ; les Religieux et Instituts séculiers ; l'Evangélisation des peuples (nouveau nom donné à l'ancienne Propagation de la foi créée en 1632) ; l'Education catholique ; les Causes des saints.

Puis trois tribunaux : la Pénitencerie, qui juge des actes du for interne et prépare les bulles d'indulgence ; la Rote, le tribunal d'appel, qui suit en particulier les procédures de demande de nullité de mariage ; le Tribunal suprême de la signature apostolique, sorte de Cour de cassation administrative de l'Eglise.

Les neuf Congrégations et le Tribunal de la signature apostolique sont dirigés par un cardinal « préfet » – autrefois, s'il n'était pas cardinal, on l'appelait « pro-préfet » en attente de la pourpre –, qui dispose d'une délégation de signature du pape. Il est assisté par un secrétaire exécutant, qui est toujours archevêque titulaire.

Suit une série de « Conseils pontificaux » qui n'ont pas d'autre pouvoir que de donner des avis ou de faire des propositions au pape. Les noms désignent assez leur compétence : conseils pontificaux pour la Promotion de l'unité des chrétiens, pour le Dialogue interreligieux, pour la Culture – trois conseils qui ont succédé aux « Secrétariats » mis en place après le concile. Puis les conseils pour les Laïcs, pour la Famille, pour la Justice et la paix, pour la Pastorale des migrants et itinérants, pour l'Apostolat des personnels de santé, pour l'Interprétation des textes législatifs, pour les Communications sociales.

Ces hauts postes de la Curie sont le plus souvent réservés à des personnalités fortes, de grands commis d'Eglise. En plus de vingt-cinq ans de règne, Jean-Paul II n'aura « usé » que deux secrétaires d'Etat (si on exclut le cardinal français Jean Villot, qu'il avait gardé en fonction après la disparition de Paul VI et de Jean-Paul Ier et qui est mort prématurément, en janvier 1979). Pour lui succéder, le Polonais Jean-Paul II avait choisi deux Italiens, ceci afin de ménager la Curie et l'opinion de la péninsule : le cardinal Agostino Casaroli, qui fut en fonction de 1979 à 1991, diplomate hors pair qui fit toute sa carrière à la Curie, fut l'inspirateur et le maître d'œuvre de l'*Ostpolitik* vaticane (la politique à l'Est), contribuant à la détente internationale et à la chute du communisme (il est décédé en 1998) ; puis le cardinal Angelo Sodano, nommé secrétaire d'Etat en 1990, ancien nonce au Chili, administrateur sans génie ni charisme, bon connaisseur de l'Amérique latine dont il reprit en main l'épiscopat progressiste, fidèle exécutant de Jean-Paul II et de sa diplomatie pacifiste dans les Balkans, au Proche-Orient, en Irak. Il est resté en fonction sous Benoît XVI jusqu'en septembre 2006. Né en 1927, il a été promu « doyen » du collège cardinalice.

C'est au poste de « substitut » – numéro trois, quasiment ministre de l'Intérieur – que Giovanni Battista Montini avait fait ses classes sous la férule de Pie XII, avant d'être promu archevêque de Milan en 1954 et élu pape en 1963 sous le nom de Paul VI. C'est un poste clé qui fut aussi habilement illustré par Giovanni Benelli, homme à poigne qui manifestait des talents incomparables d'organisateur, mais était redouté par la Curie et le collège épiscopal. Promu archevêque de Florence, l'autoritarisme du cardinal Benelli (décédé en 1982) lui avait coûté (de peu) l'élection pontificale d'août 1978 après la mort de Paul VI, mais il avait été le « grand électeur » d'Albino Luciani, patriarche de Venise, futur élu sous le nom de Jean-Paul Ier. Sous le pape Wojtyla, c'est Giovanni Battista Ré qui a longtemps assuré cette fonction de « substitut », devenant même l'homme de confiance et l'intime du pape polonais, la plaque tournante de la Curie, homme volubile mais précis, stratège des missions du pape polonais à travers le monde. En 2001, il fut promu préfet de la Congrégation pour les évêques, poste qu'il occupait toujours sous Benoît XVI, et remplacé comme substitut, jusqu'en 2007, par un prélat argentin fidèle et efficace, Leonardo Sandri, devenu depuis préfet de la Congrégation des Eglises orientales et cardinal.

Les premières nominations du « pape Ratzinger » à la Curie ont indiqué une relative volonté de rupture autour de trois axes : un choix d'hommes de terrain plus que de bureaucrates et de diplomates formés dans les meilleures écoles romaines; une internationalisation renforcée; un allégement des structures curiales. Numéro deux, le secrétaire d'Etat, en fonction depuis septembre 2006, est le cardinal Tarcisio Bertone, religieux salésien, ancien archevêque de Gênes, qui était déjà le secrétaire en titre et l'homme de confiance du cardinal Ratzinger à la Congrégation pour la doctrine de la foi. Le pape l'a désigné de préférence aux diplomates de métier sortis de l'Académie ecclésiastique et ayant fait toute leur carrière dans le sérail. Sous le patronage de Benoît XVI, le secrétaire d'Etat ne cache pas sa volonté de « recentrer » l'Eglise sur sa mission spirituelle. Homme simple, d'accès facile, réputé chez les *tifosi* du *calcio* italien, il se définit comme « secrétaire d'Eglise, plus que secrétaire d'Etat ». En avril 2007, sa nomination comme « camerlingue » a accru sa puissance à la Curie [1]. Il a nommé près de lui un nouveau substitut, Fernando Filoni, issu de la filière diplomatique, ancien nonce en Jordanie et en Irak, et le Français Dominique Mamberti, autre ancien nonce, à la tête de la section des relations avec les Etats.

Mais ce sont d'autres évêques de terrain – et des non-européens – qu'il a appelés à la tête des grandes Congrégations : le cardinal américain William Levada, ancien archevêque de San Francisco, que l'ex-cardinal Ratzinger a nommé en 2005 pour lui succéder à la tête de la Congrégation pour la doctrine de la foi; le cardinal indien Ivan Dias, qui était archevêque de Bombay avant d'être nommé en 2006 préfet de la Congrégation de l'évangélisation des peuples, celle qui manie le plus d'hommes (congrégations missionnaires) et de budgets à travers le monde; le cardinal brésilien Claudio Hummes, religieux franciscain qui était à la tête de l'un des plus grands diocèses du monde, São Paulo, avant d'être nommé, à son tour et la même année 2006, préfet de la Congrégation du clergé. Cette façon de « vider » les plus grands sièges épiscopaux a pu étonner dans certains cercles romains. Mais ces hommes d'expérience ont tous été, à une étape ou l'autre de leur carrière, des collaborateurs du futur pape Benoît XVI qui a pu tester leur fidélité et leur orthodoxie.

1. Le cardinal camerlingue assure, avec le doyen du Sacré Collège, les tâches liées à la vacance du siège apostolique après la mort du pape. Il organise les obsèques et prépare le conclave.

C'est sur ces hommes de confiance absolue qu'entend s'appuyer un pape théologien qui se sait âgé et politiquement inexpérimenté.

Outre l'Américain William Levada, préfet de la Doctrine, l'Indien Ivan Dias, en charge de l'Evangélisation des peuples, le Brésilien Claudio Hummes, du Clergé, les autres chefs de Congrégations ont des origines qui soulignent assez le degré d'internationalisation auquel est parvenu le gouvernement de l'Eglise : l'Argentin Leonardo Sandri est préfet des Eglises orientales ; le Nigérian Francis Arinze, du Culte divin et de la Discipline des sacrements ; le Portugais José Saraiva Martins, de la Cause des saints ; l'Italien Giovanni Battista Re, des Evêques ; le Slovène Franc Rodé, des Instituts de vie consacrée et le Polonais Zenon Grocholewski, de l'Education catholique.

Au lendemain de son élection de 2005, le nouveau pape avait marqué son intention de réduire un appareil d'Etat qui encourage les critiques de centralisation excessive de la Curie et fait obstacle à l'avancée du dialogue œcuménique. Au titre de l'allégement souhaité, des Conseils pontificaux, dont l'inflation est souvent déplorée, ont été regroupés ou sont en voie de l'être. La Pastorale pour les migrants a été réunie à Justice et paix. Le Conseil pour le dialogue interreligieux a été rattaché à celui pour la Culture, avant de redevenir autonome après la polémique avec le monde musulman ouverte par le discours du pape à Ratisbonne (Allemagne) : celle-ci a montré la nécessité de compétences nouvelles à la Curie sur la question du dialogue avec l'islam. Les Conseils pontificaux pour la santé, pour la famille et pour les laïcs pourraient aussi être un jour unifiés. On s'interroge enfin régulièrement sur l'utilité du Conseil pour les communications sociales qui n'a de compétence ni sur la Salle de presse du Vatican, ni sur Radio-Vatican, ni sur le Centre de télévision du Vatican, ni sur le journal l'*Osservatore romano,* quatre organismes dont les trois premiers sont dirigés par le père jésuite Federico Lombardi, nouvel homme fort de Benoît XVI pour la communication et les relations avec les médias.

5 – « Curia semper reformanda »

« Combien de gens travaillent au Vatican ? » « Pas plus d'un tiers », répondait avec humour le « bon » pape Jean XXIII. Ce mot est cruel. Contrairement aux stéréotypes, le nombre des collaborateurs directs du pape est restreint. Il n'existe aucune administration au monde fonctionnant avec un nombre aussi étroit de collaborateurs. La permanence des Congrégations est assurée par un personnel de clercs ou de laïcs, hommes ou femmes – *scrittori* (secrétaires), *minutanti* (rédacteurs) – frais émoulus des universités romaines ou envoyés en mission commandée par leur évêque diocésain, réticent quand le nombre de ses prêtres diminue. La *plenaria,* l'assemblée plénière de la Congrégation, réunit – de manière plus ou moins régulière suivant les cas – tous les membres, principalement les cardinaux soit romains, soit chefs de diocèses qui viennent parfois de très loin.

En 2005, le Saint-Siège n'employait pas plus de 2 000 personnes, dont 300 sont des laïcs (non-clercs). Quelque 200 d'entre eux sont affectés à la Secrétairerie d'Etat, et le quart (500) est constitué des diplomates envoyés dans les 177 nonciatures ou administrations apostoliques à l'étranger. Une Congrégation aussi puissante que celle de l'éducation catholique, dont dépendent les séminaires, les universités, les facultés et les écoles catholiques dans le monde, ne compte qu'une trentaine de collaborateurs quand le département éducation d'un grand diocèse américain en compte... dix fois plus. Quant à la Cité du Vatican, elle employait, en 2003 environ 1 500 salariés dans ses administrations de justice, de sécurité, de santé, ses services de télécommunications, jusqu'au personnel des musées, de la philatélie et de la numismatique. Tous les services d'information – Radio-Vatican (400 salariés), *Osservatore romano,* Centre de télévision du Vatican, etc. – complètent l'effectif.

La Curie romaine, qu'on imagine encore dans certains milieux comme une sorte de cour, est un modèle de rigueur, de dévouement et de professionnalisme qui étonne toujours les spécialistes. Elle est réputée comme l'une des organisations les mieux administrées au monde, à l'image, dit un jour un expert américain, de la General Motors ou de... l'armée prussienne. A des degrés divers, les hauts fonctionnaires de la Curie ont la charge, sinon d'élaborer, au moins de préparer les documents – encycliques, exhortations apostoliques – et décisions du pape. Ils s'acquittent de la correspondance dans les sept sections linguistiques de la Secrétairerie d'Etat [1], préparent les dossiers de nomination, organisent les audiences et les voyages du pape. Comme dans toutes les super-administrations, il y règne des querelles de clans. Sous Jean-Paul II, le « clan polonais » a été souvent décrié Malgré tout, le « système » bureaucratique romain avance avec ce mélange de fermeté et de douceur, de doux entêtement et de constance qui fait le charme discret de la « gouvernance » pontificale.

Son premier atout un est la stabilité et la durée. Les changements à la Curie sont rares et se font toujours en douceur. Les têtes ne valsent pas, sauf exceptions : à une période très agitée de l'histoire de Rome, un Pie IX

1. Les sept sections linguistiques de la Secrétairerie d'Etat : italienne, anglaise, allemande, espagnole, portugaise, française, polonaise, et la section... latine.

(1846-1878) changeait souvent de secrétaire d'Etat. De même, les règlements de compte ne sont-ils jamais apparents. Réflexe de « nomenklatura », de bureaucratie attachée à ses privilèges ? Pour une part sans doute, mais ce serait faire injure à des hommes dont le service premier est celui de l'Eglise de laisser croire que le carriérisme est leur première vertu. Une fois donnée la confiance aux hommes en place, elle est rarement reprise. Au sommet de cette hiérarchie, la fidélité est un critère plus décisif que l'efficacité. Et les recrutements se font sur des critères de conformité et d'orthodoxie plus que d'imagination et d'innovation. La capacité de soumission vaut plus qu'un bon CV. D'où le conservatisme du système.

Les réformes de Paul VI et de Jean-Paul II ont fait de la Curie un instrument de gouvernement mieux adapté aux conditions du monde moderne. Mais la priorité donnée par le pape polonais à ses longs voyages pastoraux à l'étranger, la fréquence de ses accidents de santé, ont conduit le gouvernement central de l'Eglise à Rome à étendre le champ de ses interventions, à bloquer les questions délicates, à s'accaparer de plus en plus de pouvoirs. La Curie est devenue sous son règne une administration boulimique, hypertrophiée, contre l'esprit de cette « collégialité » que le concile avait voulu réorienter au bénéfice des Eglises locales.

« La Curie n'exerce de pouvoir qu'au nom et à la place du pape, parce qu'elle n'a aucune autorité, ni aucun pouvoir hors de ceux qu'elle obtient du pasteur suprême », écrivait Jean-Paul II dans son document de 1988 réformant la Curie, intitulé *Pastor Bonus.* Au Vatican, les ministres n'ont de comptes à rendre qu'au pape. Il n'existe point de Conseil des ministres. Chaque chef de dicastère est tenu d'informer régulièrement le pape de son activité, notamment le préfet de la Doctrine de la foi, le plus souvent consulté, et celui de la Congrégation des évêques qui intervient dans la très grande majorité des nominations.

Benoît XVI a relancé les réunions entre chefs de dicastères qui étaient tombées en désuétude sous son prédécesseur. Il a marqué son intention de réunir annuellement les cardinaux en « consistoires » sur les grandes questions de l'heure. Le consistoire de mars 2006 s'est interrogé sur la réintégration des catholiques traditionalistes et la relation de l'Eglise avec l'islam. Celui de novembre 2007 sur les rapports avec l'orthodoxie. Le synode mondial des évêques, qui s'est tenu en octobre 2005 sur le thème du sacrement de l'eucharistie, a été aussi marqué par une libération, toute relative, de la parole. Des heures de « débats libres » ont été ouvertes. On reste loin toutefois de l'exercice du synode imaginé par certains esprits progressistes : pouvoir délibératif des évêques et non pas seulement consultatif, liberté de l'ordre du jour, publicité des débats et des propositions. Loin de l'exercice de la « collégialité » rêvé par la majorité des Pères de Vatican II.

La réforme du gouvernement de l'Eglise est toujours à l'ordre du jour. Elle ressemble à une chimère pour un certain nombre d'observateurs pressés ou paresseux, incapables de mesurer le poids de la tradition romaine. La Curie ne se réforme pas, dit-on à Rome. Elle est toujours en train de se réformer : *Curia semper reformanda.* Elle n'est sans doute plus cette bureaucratie décriée d'hommes aveugles à toute évolution, d'abord préoccupés de leur carrière, crispés devant toute contestation ou tout changement. Mais est-il interdit de rêver ? Un pape sera-t-il un jour sensible aux demandes qui, depuis des années, visent, sans nuire à l'unité de commandement, à la déconcentration du système d'autorité catholique ? On a parfois senti un Benoît XVI résolu à avancer dans cette voie, mais tout reste à faire. Dans ce domaine comme dans d'autres, il a semblé vouloir prendre son temps. Ou bien les résistances se sont montrées trop fortes.

6 – Les « diplomates » du pape

Au début du XXe siècle, sous le règne de Léon XIII (1878-1903), le Saint-Siège entretenait des relations diplomatiques avec les seules grandes puissances « catholiques » de l'époque, comme l'Autriche-Hongrie, l'Espagne, le Portugal ou la France. En 2007, le nombre de pays liés au Vatican par des relations officielles était de 177. Il a doublé depuis 1978, année de l'élection de Jean-Paul II. Pour obtenir une crédibilité internationale, la caution du gouvernement de l'Eglise catholique est plus que jamais recherchée. La tradition du Vatican est de ne jamais solliciter, ni rompre de relations diplomatiques avec quelque pays que ce soit. Avant son voyage à Cuba en janvier 1998, Jean-Paul II avait résisté à des pressions d'origine américaine en vue de rompre avec le régime de Fidel Castro. Seuls trois pays significatifs boudent encore le Vatican : la Chine, avec laquelle les relations ont été rompues en 1951, sur l'initiative de Pékin ; l'Arabie saoudite et le Vietnam, pays où se réunit pourtant, une fois l'an, une commission bilatérale destinée à régler les contentieux liés à l'exercice du culte catholique.

Si le Vatican reste le plus petit Etat du monde, sans puissance militaire (« le Vatican, combien de divisions ? », demandait Staline), il est devenu sur la scène internationale une référence, fruit du prestige retrouvé de la papauté, d'une internationalisation croissante de l'action de son gouvernement – le Saint-Siège –, d'une présence accrue de l'Eglise dans les pays libérés du joug communiste et ceux de l'hémisphère Sud. Sa force de frappe vient d'un corps de diplomates – les nonces –, professionnels chevronnés, formés pour la majorité à l'Académie pontificale ecclésiastique, appelée l'« école des nonces ». Créée, en 1701, par le pape Clément XI au palais Severoli de Rome, celle-ci accueille chaque année une vingtaine d'élèves. Nombreux sont les anciens de cette Académie devenus papes : Annibale della Genga élu, en 1823, sous le nom de Léon XII, Gioachinno Pecci, en 1878, devenu Léon XIII, Giacomo Della Chiesa, en 1914, sous le nom de Benoît XV. Pie XII et Paul VI y ont aussi reçu l'essentiel de leur formation. Mais comme pour toutes les ambassades du monde, il peut y avoir des nominations hors carrière, dites « politiques ». Avant d'être élu pape en 1958, sans être du métier, Jean XXIII avait été délégué apostolique en Bulgarie, en Grèce, en Turquie, puis nonce en France.

Des grades hiérarchisent ce corps : le nonce, le conseiller, le secrétaire de 1re et de 2e classe, l'attaché de nonciature. Sa première mission est la coopération avec l'Eglise locale. La nonciature est la courroie de transmission entre le Saint-Siège et l'épiscopat du pays où elle est en fonction. Le nonce joue le premier rôle dans la préparation des nominations des évêques. Lorsqu'un siège diocésain est vacant, c'est lui qui est chargé de mener et centraliser les consultations, en coopération avec les évêques de la région concernée et de la conférence épiscopale nationale, d'instruire l'enquête sur les noms proposés, puis d'envoyer à Rome – sous le secret – trois noms (la *terna*) à la Congrégation des évêques ou celle de l'évangélisation des peuples (pour les anciens diocèses de mission, notamment africains), qui sont chargées de finaliser les dossiers et de les remettre au pape. Celui-ci tranche en dernier ressort.

La deuxième mission du nonce consiste à entretenir de bonnes relations avec le gouvernement du pays où il est en poste pour y favoriser les droits et les intérêts des citoyens de confession catholique, d'y faire valoir les points de vue du pape et du Vatican auprès des autorités, de faciliter les dialogues et les médiations en cas de conflit. A cet égard, depuis Vatican II, on assiste à une

« déconfessionnalisation » de l'action diplomatique de l'Eglise. Celle-ci ne vise plus seulement la protection des intérêts catholiques, si tant est qu'elle se soit jamais limitée à ce rôle. Elle cherche à faire entendre sa voix et à peser dans toutes les grandes affaires internationales. Observateur permanent aux Nations unies, le Saint-Siège entend être présent dans les organisations et conférences internationales où sont débattues les questions de paix, de vie humaine et de droits des personnes. Sa ligne est de faire prévaloir le droit international, comme au Proche-Orient où la diplomatie pontificale est, depuis le début du conflit, active et réclame avec constance le respect des résolutions des Nations unies.

Des papes comme Jean XXIII, Paul VI et Jean-Paul II ont imposé une stratégie planétaire à une Eglise désormais présente sur tous les fronts de la vie internationale. L'un de ses plus grands succès a été sa participation, dans les années 1970-1980, au processus d'Helsinki et à la Conférence sur la sécurité et la coopération en Europe (CSCE). Alors secrétaire d'Etat, le cardinal Agostino Casaroli y a obtenu la reconnaissance internationale du principe de la liberté religieuse. Ce qui a permis à la hiérarchie catholique, dans les pays communistes d'Europe de l'Est, de s'appuyer sur Rome et le gouvernement central de l'Eglise pour plaider en faveur des droits des croyants et apporter ainsi sa contribution à la déstabilisation du bloc communiste.

Soutenues par le Saint-Siège, des Eglises locales ont aussi incarné les espoirs de populations en Afrique, en Asie, en Amérique centrale et latine, opprimées par des dictatures civiles ou militaires. Aux Philippines et en Haïti, la même année 1986, elles ont participé très clairement à l'effondrement des dictatures Marcos et Duvalier (« Il faut que les choses changent ici [1] »). Des réseaux et des personnalités

1. C'était le titre d'un appel de l'épiscopat de Haïti, repris par Jean-Paul II lors de sa visite à Port-au-Prince (1983).

catholiques se sont insérés dans les processus de réconciliation nationale en Afrique (Bénin, Madagascar, Congo-Brazzaville) ou le règlement de conflits aux Malouines ou au Chiapas (Mexique). Le rétablissement de la paix au Proche-Orient, le rejet de l'intervention américano-britannique en Irak, la lutte contre le terrorisme, la reconnaissance, dans les textes fondamentaux de l'Union, de l'« héritage chrétien » de l'Europe sont les thèmes les plus courants de mobilisation de la diplomatie du Saint-Siège.

Si cette stratégie mondialiste s'est exprimée de la manière la plus spectaculaire par les voyages à l'étranger des papes Paul VI et Jean-Paul II, la Curie a mis en œuvre d'autres moyens plus neufs et discrets. Le conseil pontifical Justice et paix, avec ses relais dans la plupart des Eglises locales, est devenu un organe clé de sa diplomatie, en relation avec la Secrétairerie d'Etat et les nonciatures. Avec quelque succès dans les années 1990, il a fait campagne pour la réduction de la dette des pays pauvres et reste très actif dans les zones de conflits et de grande pauvreté. Longtemps président (1984-1998) de cet organisme, non pas diplomate de carrière, mais ambassadeur privé de Jean-Paul II, le cardinal français Roger Etchegaray s'est rendu à de nombreuses reprises, pour des missions délicates, sur tous les points chauds du globe, en Chine, dans l'Irak de Saddam Hussein, à Cuba, au Rwanda, dans l'Afrique des Grands Lacs, etc. [1].

Quant à la communauté de Sant'Egidio, née à Rome sur l'initiative de l'universitaire Andrea Riccardi, assez présente en Afrique, elle n'a pas officiellement de relations avec la Secrétairerie d'Etat, mais a joué avec succès un habile rôle de médiation lors de guerres civiles au Mozambique ou au Guatemala, obtenant la signature d'accords de paix entre factions hostiles. Lors des années

1. « *J'ai senti battre le cœur du monde* », du cardinal Roger Etchegaray, Fayard, 2007.

de terreur en Algérie (1990 et suivantes), elle a toutefois échoué en voulant insérer le Front islamique du salut (FIS) dans un processus de négociations. Chaque année, la communauté de Sant'Egidio (60 000 membres), qui se veut à la fois contemplative et active sur le terrain, anime des Rencontres Hommes et Religions, dans l'« esprit d'Assise [1] ».

Le Vatican cherche des tribunes un peu partout dans le monde, pour défendre des thèmes qui lui sont chers. L'objectif n'est pas tant de reconquérir un pouvoir d'influence politique que de contribuer à la solution des conflits, au rétablissement de la paix et de la démocratie, de faire prévaloir des critères éthiques et des valeurs tirées de l'Evangile. Ses représentants sont aussi actifs dans les débats nationaux sur la défense de la vie (contre l'avortement et l'euthanasie), la bioéthique médicale, l'avenir du couple et de la famille, dans la dénonciation de toutes les atteintes aux droits de l'homme, dans le dialogue avec les autres grandes religions.

Ce faisant, les diplomates du pape puisent à l'enseignement traditionnel de l'Eglise qui fait de l'ordre juridique international le critère du bien commun universel, pour lequel tout conflit doit trouver sa juste solution, notamment dans le cadre des Nations unies. A l'ère atomique, disait le pape Jean XXIII dans son encyclique *Pacem in terris* (1963), il faut choisir entre le dialogue et la tension internationale permanente. A celle du « choc des civilisations » et de la dissémination des armes de terreur, l'enjeu est aussi entre le dialogue et le cataclysme, répétait Jean-Paul II.

Cette cohérence ne serait guère évidente pour les chefs d'Etat et de gouvernement que reçoivent régulièrement le

1. La notion d'« esprit d'Assise » remonte à la rencontre de quelque 200 responsables de toutes les religions, organisée le 27 octobre 1986 par Jean-Paul II dans la ville de saint François, apôtre de la paix pour les catholiques.

pape et son secrétaire d'Etat, si elle ne s'appuyait sur la longue expérience de l'Eglise et cette « diplomatie de l'esprit ». Ces dernières années, celle-ci a paru souvent vaine ou naïve dans les Balkans, au Proche-Orient, en Irak. Elle n'a d'autre intérêt à défendre pourtant qu'une certaine idée de la dignité humaine. Pourra-t-elle se frayer un chemin dans le cœur des hommes ? Après l'éclatement de la guerre en Bosnie, Jean-Paul II avait déclaré sur un ton désabusé : « J'ai tout tenté. J'ai frappé en vain à toutes les portes. » Le gouvernement de l'Eglise rêve d'un « nouvel ordre éthique international », fondé sur des valeurs spirituelles dont il ne se résigne pas à constater l'épuisement.

7 – Les « préfets » du pape

Le gouvernement de l'Eglise ne se trouve bien sûr pas qu'à la Curie romaine. Par son aura médiatique et ses déplacements, le pape est devenu une sorte de curé du monde, mais on n'aurait garde d'oublier les médiateurs traditionnels que sont, entre l'Eglise et les fidèles, l'évêque responsable du diocèse qui lui est confié, le prêtre dans sa paroisse, le théologien dans son université, l'aumônier dans son mouvement. Tenons-nous-en aux évêques qui, selon la tradition catholique, sont les successeurs des douze apôtres institués par le Christ comme *« bergers de ses brebis »* (Jean 21, 16), comme « piliers » de son Eglise, envoyés en mission (le mot grec *apostolos* veut dire « envoyé ») pour annoncer le *« Royaume de Dieu jusqu'aux extrémités de la terre »* (Matthieu 28, 19-20). Ce sont les apôtres du Christ qui ont commencé à évangéliser le monde, unis sous l'autorité de Pierre au sein de ce que l'Eglise appelle encore le « collège apostolique ».

Dès le début de leur mission, en imposant les mains sur la tête, comme le relatent les épîtres de Paul et les Actes, les apôtres transmettaient leur pouvoir à leurs collaborateurs qu'on appelait tantôt « presbytres » (du grec *presbuteros,* « ancien »), tantôt « épiscopes » (d'*episkopos,* « protecteur », « veilleur ») : le pouvoir d'enseigner, de baptiser, de célébrer l'eucharistie, de diriger la communauté. Peu à peu subsista seul le nom d'« évêque » pour désigner le responsable de l'Eglise locale. L'évêque s'est mis à son tour à ordonner des prêtres, des diacres, afin d'assurer la continuité de la mission confiée par le Christ aux apôtres.

C'est cette continuité depuis les origines, appelée « succession apostolique », qui fonde dans les Eglises romaine et orientales (catholiques autant qu'orthodoxes) l'authenticité et la légitimité du pouvoir épiscopal. Il s'agit de l'un des points de divergence majeurs avec les Eglises issues de la Réforme du XVIe siècle : les luthériens, restés attachés à l'institution épiscopale (ils ont gardé évêques et « inspecteurs ecclésiastiques »), et les réformés calvinistes envisagent tout autrement le principe d'autorité ecclésiale. Pour eux, l'épiscopat, le sacerdoce, le diaconat ne s'inscrivent pas dans la « succession apostolique ». Ce sont des fonctions, non des « ministères » sacrés.

Le schéma catholique a perduré. Nommés par le pape parmi les prêtres (diocésains ou religieux), les évêques – 4 500 répartis dans les cinq continents – reçoivent, le jour de leur consécration, la « plénitude du sacrement de l'ordre ». Qualifiés improprement de « préfets », ils sont les premiers responsables de la bonne marche de leur diocèse. Ils ont la charge et le pouvoir d'enseigner, c'est-à-dire d'annoncer la Parole de Dieu, de faire respecter la doctrine, de veiller à l'unité des catholiques, à l'édification des fidèles par la vie sacramentelle, autrement dit de gouverner « la portion du peuple de Dieu qui leur a été confiée », selon les termes de la constitution sur l'Eglise de Vatican II.

Mais les évêques forment aussi, en communion avec le pape, le « collège épiscopal ». C'est-à-dire qu'ils sont co-responsables de la bonne marche de l'Eglise universelle. Au long des siècles, les évêques d'une même région, d'un même pays ou de toute l'Eglise se sont réunis en « conciles » ou en « synodes » pour délibérer des affaires courantes de l'Eglise universelle ou locale. Les « conciles œcuméniques » (universels), les synodes à Rome, les conférences épiscopales nationales, qui sont une création du dernier concile, manifestent cette mission de gouvernement de l'évêque : celui-ci est le promoteur de l'unité de son Eglise locale autant que des autres Eglises, en communion avec le pape, le « fondement visible » de cette unité.

C'est dans la relation, le plus souvent obéissante et confiante, entre l'Eglise locale et le siège de Rome que des tensions peuvent toutefois survenir. Un principe de « collégialité » permet aux évêques de coopérer davantage entre eux et au pape de coopérer avec les évêques. En restaurant cette « collégialité » de gouvernement, le dernier concile a voulu donner plus de poids et d'autonomie aux Eglises locales, dites « particulières ». Ce schéma de *checks and balances* à la romaine devait introduire plus de souplesse et d'équilibre dans le dispositif, faire émerger un modèle d'Eglise un peu moins monarchique, un peu plus symphonique. Or des évêques se plaignent encore de travailler de manière dispersée. Ils réclament davantage de réciprocité, de coopération, d'échanges d'informations entre le centre et la périphérie, et accusent parfois la Curie de faire écran entre eux et le pape.

En résumé, jamais les Eglises locales n'auront été autant soutenues, encouragées, visitées par le pape en personne, défendues quand bien même leur espace d'intervention et d'influence se limitait. Jamais les évêques n'auront été aussi souvent en visite [1] et entendus à Rome, ni le synode, l'un des instruments de cette « collégialité » restaurée par Paul VI, aussi souvent réuni, tout comme l'est le collège cardinalice. Pourtant, la critique de la centralisation de la papauté, voire de sa sclérose et de son autoritarisme, n'a jamais désarmé, liée à des décisions parfois autoritaires, au blocage de plusieurs questions disciplinaires et doctrinales, aux impasses du dialogue œcuménique.

C'est le revers de la médaille pour un pouvoir pontifical toujours prêt à défendre les droits de l'homme dans les sociétés civiles où ils sont attaqués, mais pas toujours regardant sur ses propres pratiques. Dans le passé, le plus souvent par des destitutions et des nominations appropriées, le pape a rappelé à l'ordre des Eglises turbulentes (comme celle des Pays-Bas). Il a remis au pas des évêques réputés indisciplinés, un Raymond Hunthausen, évêque de Seattle aux Etats-Unis, très ouvert sur les questions de morale sexuelle, ou un Jacques Gaillot en France, des ordres religieux jugés trop remuants, des théologiens à qui tout droit de dissidence est refusé. Il a imposé des évêques réputés dociles, au risque de provoquer des explosions locales en Allemagne, en Suisse, en Autriche, aux Etats-Unis. Le Vatican soumet à son contrôle vigilant toutes les structures de formation et d'enseignement, soutient les réseaux de pouvoirs et les filières d'influence les mieux disposés (Opus Dei).

Mais c'est lui aussi qui a contraint à la démission le cardinal Bernard Law, de Boston, pris dans la tempête de la crise pédophile qui a frappé l'Eglise des Etats-Unis. En 2002, il a réuni à Rome l'ensemble de l'épiscopat amé-

1. Tous les évêques sont tenus de se rendre une fois tous les cinq ans au Vatican, où ils ont un entretien avec le pape et les chefs de dicastères. Ces visites dites *ad limina* – au siège de Pierre – ont lieu par pays ou par région apostolique, selon la taille.

ricain pour le contraindre à prendre les mesures de nature à régler le scandale. Le pape reçoit également les évêques des pays en guerre, comme il l'a fait avec tous les patriarches d'Orient lors des guerres du Liban ou d'Irak.

Héritage du dernier concile, le synode des évêques [1] – qui réunit les prélats de la Curie, des délégués de chaque épiscopat national et des personnalités nommées par le pape – aurait pu être le garant d'un fonctionnement plus décentré et plus proche des démocraties modernes. Le synode est resté un espace de rencontre entre des épiscopats d'horizons différents et un instrument de consultation. Mais les jeux y sont le plus souvent faits d'avance. Les propositions finales des délégués ne sont pas, sauf exception, publiées et le pape a toujours le dernier mot dans un document de conclusion (appelé « exhortation apostolique post-synodale ») qui efface parfois les propositions de réforme les plus hardies.

Le fonctionnement des synodes d'évêques n'est plus guère que la caricature de ce qui avait été souhaité dans l'élan réformateur de Vatican II. Sans doute le concile n'avait-il pas voulu en faire une assemblée parlementaire avec des pouvoirs propres, mais ses acteurs, à commencer par Paul VI, voulaient faire entendre à Rome la voix des Eglises locales sur quelques points saillants de leur activité et de leur mission. Mais aujourd'hui, avec ses pouvoirs limités, le synode ne fonctionne pas comme ils l'avaient espéré. Il est resté une instance d'enregistrement, où il n'y a jamais de vraie surprise, où le choix du thème n'est jamais collectivement débattu, où les propositions des

1. Le synode est une institution qui peut revêtir plusieurs formes : l'assemblée « ordinaire » sur un thème précis a lieu tous les trois ans. La dernière en date, en octobre 2006, portait sur le sacrement de l'Eucharistie. Puis des « assemblées extraordinaires », à des dates non fixes, comme ceux que Jean-Paul II avait convoquées sur une base continentale : synodes sur l'Europe, sur l'Asie, sur l'Afrique, sur l'Océanie, sur « les Amériques ». En 1985, un synode extraordinaire avait eu lieu à Rome faisant le bilan de vingt ans d'application du concile Vatican II.

délégués restent confidentielles. On l'a vu dans les synodes continentaux (sur l'Afrique, sur l'Asie) ou dans celui sur l'eucharistie posant la question de l'avenir des ministères consacrés. Une solution parfois évoquée par des théologiens et des évêques réformateurs serait de réunir régulièrement, sur le plan continental et sur le plan mondial, les présidents des conférences épiscopales, élus sur une base nationale.

De même, un élan a été donné aux synodes diocésains au sein desquels monte l'exigence d'une information plus grande des communautés catholiques, d'une libre délibération, d'une participation de la « base » à l'élaboration des prises de position et des lois de l'Eglise. Mais les « vœux » des synodes locaux qui portent, dans les pays occidentaux, sur la crise des vocations et des ministères, la responsabilité des femmes, jugée trop restreinte, ou la situation discriminatoire des fidèles remariés-divorcés, sont toujours transmis à Rome comme le veut la règle, avec l'accord de l'évêque qui préside toujours ce synode, mais il leur en est rarement accusé réception.

Répétons que l'Eglise n'a jamais prétendu être une « démocratie ». D'inspiration à la fois humaine et divine, elle se veut d'abord « communion » de communautés et de fidèles, encadrés par des évêques, gardiens de la foi, dont le premier est à Rome. Elle n'a sans doute pas à conformer son mode de fonctionnement aux modèles politiques de la société civile. Mais son administration centralisée, son système où tout le pouvoir part d'en haut paraît de plus en plus en décalage avec la pratique des Etats modernes et des sociétés.

La réforme passe par une conception plus modeste de l'exercice du pouvoir pontifical qu'un Benoît XVI a commencé d'incarner. Par une limitation du champ des compétences de la Curie romaine. Par de plus larges délégations de pouvoirs aux conférences nationales d'évêques. Par une réforme de la procédure de nomination des évêques. Par une nouvelle pratique des synodes. Des pistes sont explorées pour que soient davantage associées les Eglises locales et que soit libérée leur parole ; pour que l'Eglise reste fidèle à sa tradition bimillénaire et vive pleinement de la culture démocratique et libérale de son temps ; pour que son gouvernement central soit décentré et, en même temps, soit maintenu ce symbole de l'unité et de l'universalité des catholiques qui est à Rome. Dans une période historique de « mondialisation » et de repli sur les identités culturelles et nationales, cette unité des catholiques derrière Rome et le pape se veut une figure anticipatrice de l'unité entre les hommes.

Libérée dans la plupart des pays (sauf la Chine) des contraintes politiques qu'elle a dû affronter dans un passé lointain ou récent – citons le « joséphisme » et le marxisme ! –, l'Eglise catholique paraît aujourd'hui plus libre qu'elle ne l'a jamais été de réfléchir aux conditions de sa mission, de sa réforme institutionnelle, de son adaptation aux cultures et aux besoins des hommes du XXIe siècle. Mais veut-elle vraiment changer ?

L'ORGANIGRAMME DE LA CURIE ROMAINE

(A la date du 1er février 2008)

Pape : Benoît XVI

Secrétairerie d'Etat : cardinal Tarcisio Bertone (Italie)

— Affaires générales, « substitut » : Mgr Fernando Filoni (Italie)
— Rapports avec les Etats : Mgr Dominique Lamberti (France)

Congrégations

— Doctrine de la foi : cardinal William Levada (Etats-Unis)
— Eglises orientales : cardinal Leonardo Sandri (Argentine)
— Culte divin et discipline des sacrements : cardinal Francis Arinze (Nigeria)
— Cause des saints : cardinal Jose Saraiva Martins (Portugal)
— Evêques : cardinal Giovanni Battista Re (Italie)
— Evangélisation des peuples : cardinal Ivan Dias (Inde)
— Clergé : cardinal Claudio Hummes (Brésil)
— Instituts de vie consacrée et apostolique (religieux) : cardinal Franc Rodé (Slovénie)
— Education catholique : cardinal Zenon Grocholewski (Pologne)

Conseils pontificaux

— Laïcs : cardinal Stanislaw Rylko (Pologne)
— Promotion de l'unité des chrétiens : cardinal Walter Kasper (Allemagne)
— Famille : cardinal Alfonso Lopez Trujillo (Colombie)
— Justice et paix : cardinal Renato Martino (Italie)
— Cor Unum (organismes caritatifs de l'Eglise) : cardinal Paul Josef Cordes (Allemagne)
— Pastorale de la santé : cardinal Javier Lozano Barragan (Mexique)
— Textes législatifs : Mgr Francesco Coccopalmerio (Italie)
— Dialogue interreligieux : cardinal Jean-Louis Tauran (France)
— Culture : Mgr Gianfranco Ravasi (Italie)
— Moyens de communication sociale : Mgr Claudio Celli (Italie)

Tribunaux

— Pénitencerie apostolique : cardinal Francis Stafford (Etats-Unis)
— Signature apostolique : cardinal Agostino Vallini (Italie)
— Rote romaine : Mgr Antoni Stankiewicz (Pologne)

Préfecture des affaires économiques : cardinal Sergio Sebastiani (Italie)

Administration du patrimoine : cardinal Attilio Nicora (Italie)

« Gouvernatorat » de la Cité du Vatican : cardinal Giovanni Lajolo (Italie)

CHAPITRE IV

DOCTRINE

Des dogmes défiés par la modernité

1 – La foi en un homme mort et ressuscité
2 – Marie, femme modèle et moderne
3 – Péché originel et culpabilité héréditaire
4 – Les Écritures au défi de la science
5 – Le « Jésus de l'histoire » et le « Christ de la foi »
6 – L'obsession de la pureté doctrinale
7 – La foi et la raison

« Folie pour les païens, scandale pour les juifs », disait déjà, de la mort de Jésus sur une croix, l'apôtre Paul dans ses prêches aux habitants de Corinthe (1 Corinthiens 1, 22-24). Il est impossible de comprendre l'ADN des catholiques sans remonter à cette provocation originelle pour la population juive et la population païenne de l'époque du Christ, aujourd'hui pour une société occidentale pétrie par les acquis de la raison et de la science : l'affirmation qu'un homme, appelé Jésus de Nazareth, se prétendant *« Fils de Dieu »*, a été crucifié et qu'il est ressuscité trois jours plus tard. *« Dieu a choisi ce qui est fou dans le monde pour faire honte aux sages,* poursuit Paul. *Il a choisi ce qui est faible pour faire honte à ce qui est fort. Il a choisi ce qui n'est pas pour réduire à rien ce qui est. »*

Mythe ? Affabulation ? Fantasmagorie ? L'Antiquité est peuplée de représentations d'un Dieu puissant et justicier, rétribuant les hommes selon leurs mérites, les châtiant selon leurs fautes. Dans l'Ancien Testament, il est présent sous la figure d'un Père, d'un Roi triomphant, d'un Juge, d'un Maître, d'un Etre à la fois de rigueur et de miséricorde, invisible, inaccessible et pourtant toujours là. Or, voici que surgit le Dieu des chrétiens qui vient rompre avec toutes les traditions religieuses de son temps, avec le panthéon des idoles grecques et romaines, avec cette image de Dieu si inaccessible que les juifs n'osent même pas prononcer son nom, sauf par les quatre lettres du tétragramme ou, le jour du Pardon (*yom kippour*), dans une invocation réservée au seul grand prêtre.

Les juifs attendaient un Messie libérateur, triomphateur, régnant. Mais le Dieu des chrétiens est un homme pauvre né parmi les pauvres, humble, dépouillé de tout bien, sans ambition de pouvoir, acceptant la mort sur une croix comme le dernier des misérables, à côté de deux brigands dont l'un s'est repenti. Un Dieu « pauvre et ignominieux », dira Pascal. Un Dieu qui prêche l'amour du prochain et le pardon des offenses, invite l'homme à aimer ses ennemis, à proclamer le souci des démunis et des infirmes. Un Dieu qui ressuscite, plaide l'apôtre Paul moqué par son public athénien. Un événement qui, pour le chrétien, donne tout son sens à la foi : Jésus-Christ a fait, comme chaque homme, l'expérience de la mort, mais il a témoigné, par son sacrifice et sa résurrection, que la vie a toujours le dernier mot.

« Quand le Fils de l'homme reviendra sur terre, trouvera-t-il encore la foi sur terre ? » Cette pathétique interrogation de Jésus dans l'évangile de Luc (18, 8) a retenti à toutes les périodes de crise de l'histoire chrétienne. Mais la dépression n'a sans doute jamais été aussi massive qu'en ce début de XXIe siècle dans un monde occidental qui a hérité de tous les progrès de la raison, de l'histoire et de la science, des Lumières et des « maîtres du soupçon » – citons seulement Nietzsche, Marx ou Freud. Dans des sociétés développées, sécularisées, laïcisées, devenues suffisantes, matériellement et spirituellement, la foi chrétienne semble déjà comme effacée de la culture. Elle risque de l'être un jour de la mémoire elle-même.

Comment continuer à croire, au XXIe siècle, à Jésus-Christ, à sa Résurrection, à Marie vierge et mère ? Croire à ces vieilles lunes que seraient les miracles, les extases, les visions, les stigmates ? Croire à la vie après la mort, au péché originel, au paradis et à l'enfer ? Les chrétiens sont confrontés à la question même de leur survie : savoir si leur foi est ou non condamnée à disparaître dans la confrontation titanesque avec le triomphe apparent de l'homme sans Dieu, de la rationalité scientifique, de l'absurde et du tragique. Ou si elle est capable de retrouver sa puissance spirituelle, prophétique, annonciatrice d'un ordre nouveau de foi et de valeurs.

Les réformes qu'elle a engagées au siècle dernier ont permis à l'Eglise catholique d'épouser son temps, mais elles ont accentué, dans le même temps, les ruptures, les adieux, les regrets. La pente dominante est aujourd'hui celle de la défense d'une identité catholique minoritaire et cernée. Avec le risque qui est celui de tous les « communautarismes » : transformer l'Eglise en une citadelle repliée sur des certitudes, en groupe de pression chargé de reconquérir du pouvoir et de l'influence dans les sociétés et les mentalités. Comment y réussirait-elle ? Après un siècle qui a vu s'effondrer tant de « messianismes », tout ce qui ressemble à la défense d'un absolu religieux ou d'une transcendance paraît suspect. Dans une culture mondialisée qui gomme les aspérités et les différences, toute identité religieuse trop marquée passe pour de l'intégrisme.

Mais l'autre risque est laisser se dissoudre la foi chrétienne dans des sociétés relativistes et pluralistes, où le statut de la « Vérité » a changé. Où plus personne ne peut ou n'ose énoncer la norme et la tradition vraie. Ne croit plus à une vérité objective, fournie d'en haut, par quelque appareil que ce soit. C'est l'individu qui est au centre, qui produit lui-même son système de significations, de valeurs, de références, qui conduit ses expériences, exprime ses aspirations. Dans cette société que des philosophes appellent « post-chrétienne », la norme ou la

« Vérité » à prétention universelle passe pour autoritaire, contraire à la tolérance ou au respect du pluralisme revendiqués comme des critères infaillibles. Il n'y a plus une foi monolithique, mais diverses façons de vivre la foi catholique. Avant d'examiner ces métamorphoses, il faut rappeler les « piliers » de la doctrine, voir comment elle a été et est élaborée et maîtrisée, susceptible aussi d'évoluer.

1 – La foi en un homme mort et ressuscité

Premier article de foi : *« Dieu est amour »*, comme écrit la première épître de l'apôtre Jean. C'est la formulation la plus concise de la foi chrétienne. Dans l'être même de Dieu, se vit une relation d'intimité et de bienveillance. Le « Royaume de Dieu » s'établit dans l'amour, non par la force ou la puissance. Soit un vrai tournant à l'époque de Jésus. Dans l'Ancien Testament, bien des passages retentissaient déjà de l'amour de l'Eternel. Bien des commentaires rabbiniques affirmaient que la loi d'amour est supérieure à la Torah, que *« le shabbat est fait pour l'homme et non l'homme pour le shabbat »*. Mais Jésus va plus loin.

Il tient tête aux pharisiens pour qui le respect des *mitzsvot* (commandements) et la pureté sont la seule voie d'accès à l'élite religieuse. Il s'adresse aux Samaritains méprisés et exclus par les juifs. Il guérit les malades, chasse les démons. Il parle non plus en commandements, mais en « paraboles », c'est-à-dire au second degré, ose dire contre les élites religieuses pharisiennes ou sadducéennes que les plus petits de la société sont aimés de Dieu, que les marginaux, les estropiés, les simples d'esprit, les lépreux, les vagabonds, les veuves et les étrangers et les collecteurs d'impôts ont autant de valeur à ses yeux que ceux qui respectent scrupuleusement ses commandements, récitent chaque jour la prière et font, sans jamais manquer, leurs offrandes au Temple.

Logique de rupture avec l'ordre religieux de son temps : Jésus n'est pas venu abolir la Loi juive, ni l'Ancien Testament, mais l'*« accomplir »*, sous la forme d'un unique commandement : *« Tu aimeras le Seigneur, ton Dieu, de tout ton cœur, de toute ton âme, de toute ta force et de toute ta pensée, et ton prochain comme toi-même. Il n'y a pas d'autre commandement plus grand que celui-là »* (Marc 12, 29-31). Logique de rupture aussi avec l'ordre politique. Sa mission est identifiée à une sorte de subversion contre les pouvoirs en place, notamment celui de l'occupant romain, et ce motif entraînera son arrestation, son procès et sa condamnation à mort. Mais, répond-il, *« mon royaume n'est pas de ce monde »*.

Deuxième article de foi et deuxième nouveauté radicale : le Dieu des chrétiens est un Dieu personnel et universel. *« Celui qui croit en moi vivra, même s'il meurt. Celui qui vit et croit en moi ne mourra jamais »*, dit encore Jésus dans l'évangile de Jean (11, 25). Autrement dit, Dieu n'est la propriété de personne. Il se révèle à tout le monde. Chacun est concerné, fait partie de la descendance d'Abraham et est héritier de la « promesse » de Dieu. C'est avec toute l'humanité, et pas seulement un peuple particulier – celui des juifs –, ni sur une terre particulière – celle d'Israël –, que Dieu vient faire « alliance » avec l'humanité et sous les traits vivants d'un homme incarné.

Cette alliance n'a pas de limite. Elle est universelle. La *« Nouvelle Alliance »* est ouverte à tous les hommes sans distinction de race, de nation ou de culture. Avant le Christ, explique Paul dans sa prédication aux Galates, il y avait la « Loi » juive, mais la vraie foi est venue avec le Christ. Et *« vous tous, qui avez reçu le baptême du Christ, vous avez revêtu le Christ. Il n'y a plus ni Juif, ni Grec, ni esclave, ni homme libre.*

Il n'y a plus ni homme, ni femme. Car vous tous, vous êtes un en Jésus-Christ » (Galates 3, 38). Ce message bouleverse l'histoire religieuse du monde, des rapports entre les sexes, les races, les castes, les classes.

Troisième innovation : Jésus est ressuscité. C'est aussi une autre rupture dans l'histoire des représentations antiques. Jésus est non seulement le Messie annoncé par les Prophètes de la Bible, un Dieu qui se révèle à chaque homme, mais un Dieu qui meurt et qui ressuscite. Révélé par les Evangiles, ce fait est inouï : le matin de la Pâque juive, trois jours après la crucifixion de Jésus, des femmes, conduites par Marie de Magdala, trouvent le tombeau vide. Les jours suivants, Jésus se montre même vivant à quelques-uns de ses proches, apôtres ou compagnons sur la route d'Emmaüs.

Grâce à la Résurrection, les disciples retrouvent le Messie glorieux des juifs tel qu'il avait été annoncé par les Ecritures, mais était resté gommé lors de la vie terrestre de Jésus de Nazareth. Cet événement est son triomphe et sa gloire. La vie triomphe de la mort. Si Dieu est un Dieu de vie, ceux qui le suivent seront sauvés. La résurrection du Christ est l'anticipation de notre propre résurrection. Elle signifie à la fois retour à la vie et entrée dans la gloire de Dieu. Aussi *« scandaleux »* et *« fou »* que cela puisse paraître, il est impossible de se dire chrétien si on ne croit pas en Dieu le Ressuscité. *« Si le Christ n'est pas ressuscité, alors vaine est notre foi »* (1 Corinthiens 15, 14-17), dit encore Paul.

Bref, le christianisme n'est pas une morale, ni une idéologie. Il est adhésion à un homme de chair identifié, mort, ressuscité, monté aux cieux et vivant pour l'éternité. Alors que la religion juive est centrée sur l'application pointilleuse d'une Loi, déclinée en une multitude de commandements, le cœur de la foi chrétienne est la personne même de Jésus-Christ, figure d'un Dieu à la fois humble et puissant, éternellement vivante pour ceux qui croient en lui. Plus qu'une philosophie, le christianisme est une expérience. Etre chrétien, c'est engager sa vie pour suivre cet homme. On peut le faire quel que soit son origine, son niveau social ou de culture, son état de vie, homme ou femme, célibataire ou marié, moine, prêtre ou simple laïc.

Dieu d'amour, Dieu personnel, Dieu ressuscité : tel est donc le triple « noyau dur » de la foi des catholiques, des chrétiens en général, son *kérygme* pour employer un mot savant. On reviendra sur la crise actuelle du catholicisme, mais ni l'absurdité du monde contemporain, ni l'évidence des progrès de la science, ni le scepticisme qui domine les esprits, ni le tragique des existences personnelles ne peuvent détourner le croyant d'une « Vérité » qui est pour lui absolue et n'accepte aucun marchandage, ni compromis. C'est la foi de l'Eglise, transmise par les apôtres depuis les Evangiles, de génération en génération, défendue parfois jusqu'au martyre, illustrée par une longue chaîne de docteurs et de saints, de mystiques et de pèlerins, de moines vivant dans la contemplation ininterrompue de Dieu ou de missionnaires partant sur les routes du monde annoncer sa Parole. Cette permanence de la foi à travers les siècles force l'admiration du croyant ou du noncroyant s'il est homme de bonne volonté.

Chaque dimanche à la messe, les fidèles catholiques à travers le monde, quels que soient leur sensibilité, leur engagement ou leur culture, récitent donc ensemble, à haute voix, les principaux énoncés de cette foi qu'ils partagent avec les autres confessions chrétiennes. C'est la prière centrale du *Credo* – encore appelée « symbole des apôtres » – qui récapitule toutes les vérités élaborées et mises à jour dès les premiers siècles de l'histoire du christianisme.

« Je crois en un seul Dieu, le Père, en son Fils unique, au Saint-Esprit qui donne la vie » : c'est le dogme de la Trinité, l'affirmation que Dieu est à la fois unique – comme dans les deux autres monothéismes juif ou musulman –, et reconnu en trois personnes. Un lien intime relie *« Dieu le Père, créateur du ciel et de la terre, de l'univers visible et invisible »*, son *« Fils Jésus-Christ »* et le *« Saint-Esprit »*, vocable que le croyant définit par l'élan qui l'aide à approcher Dieu, à saisir l'essentiel de la Révélation et le fortifie dans son adhésion. Quand Jésus envoie en mission ses disciples, il accorde dans cette formule les trois personnes divines : *« Allez donc dans toutes les nations, faites des disciples, les baptisant au nom du Père et du Fils et du Saint-Esprit »* (Matthieu 28, 19-20).

Un Dieu en trois personnes, c'est aussi la signification du geste le plus quotidien du fidèle catholique, le signe de la croix : *« Au nom du Père et du Fils et du Saint-Esprit »*. C'est cette formule que le prêtre prononce sur le front de l'enfant pour le marquer à jamais du signe du baptême, à son entrée dans l'Eglise qui sera renouvelée et confirmée au cours de son adolescence. *« Que la grâce de Jésus-Christ, l'amour de Dieu le Père et la communion du Saint-Esprit soient avec vous tous »*, dit encore le prêtre, citant Paul aux Corinthiens, au tout début de la célébration de la messe. Le Dieu des chrétiens est donc trinitaire. Ce premier dogme, cette cohabitation de trois personnes en une, est impensable dans les autres traditions monothéistes, juive et musulmane. Le dogme de la Trinité leur apparaît même comme une transgression de la foi monothéiste, d'où la réputation parfois faite aux chrétiens d'être des idolâtres, voire polythéistes.

« Je crois en Jésus-Christ, Dieu né de Dieu, de même nature que le Père, qui a pris chair de la Vierge Marie et s'est fait homme. » Deuxième dogme central, deuxième « pilier » de la foi des

catholiques : l'incarnation. Dieu a pris chair en Jésus-Christ pour apporter au monde la Révélation et lui annoncer la « bonne nouvelle » de son salut. Ce discours de l'incarnation de Dieu est également insupportable à une oreille juive. Pour le monde juif, et c'est vrai aujourd'hui comme hier, Dieu ne peut pas être incarné, revêtir une forme humaine. Il ne peut pas être représenté et, répétons-le, son nom même ne peut se prononcer. Il est « hors image, hors sensible, hors corps [1] ». Pour le monde païen, la nouvelle d'un Dieu qui s'incarne, d'une nature divine jointe à une nature humaine est tout aussi incompréhensible et inaudible.

L'incarnation est donc ce mystère d'une nature divine et d'une nature humaine réunies dans une unique personne. Dès l'origine, l'intelligence humaine a buté sur l'énormité de cette provocation : comment comprendre qu'un homme soit en même temps Dieu ? C'est pour l'avoir affirmé que Paul sera chahuté par son public d'Athènes pourtant aguerri depuis Platon à l'idée d'un monde surnaturel. Et comment admettre le renversement des hiérarchies à l'initiative de ce Dieu-homme, admettre que les pauvres détrônent les grands et les riches, que les pécheurs précèdent les justes, les serviteurs les maîtres, que l'amour s'étend aux ennemis, que la science de Dieu échappe aux savants ? A plus forte raison, après sa crucifixion, comment continuer à prétendre que ce Dieu soit de nouveau vivant ? Par dérision, sur un mur du Palatin à Rome, le Dieu des chrétiens sera longtemps figuré comme un âne cloué en croix...

Les premiers siècles chrétiens ont donné lieu à des controverses féroces sur la nature, à la fois divine et humaine, du Christ. Les premières théories qui ont nié l'incarnation du Christ étaient appelées « docétistes » (du

---

1. Dans *La foi des catholiques*, livre de catéchèse fondamentale, publié sous la direction de Bruno Chenu et François Coudreau, Centurion, 1985.

grec *dokein,* sembler) : pour elles, l'humanité du Christ n'était qu'apparence. A l'inverse, pour l'hérésie arienne – du nom du prêtre Arius d'Alexandrie (vers 280 - vers 336) –, Jésus, Fils de Dieu, n'était pas Dieu, mot réservé au seul Père. Il n'était qu'une créature exceptionnelle, ayant reçu de Dieu le privilège d'une filiation de type adoptif. Il faudra attendre le concile de Nicée (325) pour que soit condamnée la doctrine d'Arius et affirmée solennellement la divinité du Christ : celui-ci, *« de même nature que le Père »,* lui est *« consubstantiel ».*

« *Je crois qu'il est ressuscité le troisième jour et monta au ciel. Il reviendra dans la gloire pour juger les vivants et les morts et son règne n'aura pas de fin* » *:* le troisième dogme récité chaque dimanche à la messe est celui de la Résurrection. Pour le catholique, mort et résurrection vont de pair. Tous les hommes sont appelés à ressusciter avec Jésus et à vivre pour toujours avec lui dans sa gloire. Le terme de Rédemption veut bien dire que l'homme est promis au rachat de ses fautes par un Dieu qui est miséricorde. Mais, en bonne théologie catholique, pour être sauvé, l'homme doit y mettre le prix, participer par ses œuvres à son salut, comme le Christ qui a payé par sa mort le rachat de toute l'humanité. On est là au cœur de la prétendue « culpabilité » du catholique, préoccupé par la question de son salut. Pour le protestant, qui précisément a rompu sur cette question des « œuvres » et des « indulgences », Dieu sauve l'homme et lui prodigue sa grâce, gratuitement, non pas pour ses mérites, mais par la seule force de son adhésion et de sa foi en Jésus-Christ.

Enfin, *« Je crois en l'Eglise une, sainte, catholique et apostolique ».* L'« Eglise est une : aussi profondes soient-elles, les divisions entre les chrétiens ne peuvent pas entamer l'union du Christ avec son unique Eglise, ni altérer la volonté de Dieu de rassembler l'humanité. L'Eglise a pour vocation d'être un signe d'unité entre les hommes dans un monde désuni. L'Eglise est donc, par nature, catholique : dès l'origine, le mot « catholique » – ouvert à tous, universel – a été utilisé pour désigner l'Eglise entière, par distinction avec les Eglises particulières ou locales. C'est le terme le plus juste pour signifier que l'Eglise s'adresse à tous les hommes, quels que soient leur race, leur âge, leur milieu, leur culture.

Aujourd'hui, dans le langage courant, le mot « catholique » est plus restrictif. Il désigne les chrétiens en union avec Rome, par distinction avec les orthodoxes, les anglicans et les protestants (luthériens, calvinistes, méthodistes, baptistes, etc.). Or, eux aussi, en récitant le *Credo*, affirment croire en l'« Eglise catholique », au sens premier d'universel, mais bien sûr sans référence à l'Eglise de Rome et à son chef. L'Eglise est, enfin, apostolique : la foi catholique est celle des apôtres, dont le pape et les successeurs sont les héritiers, porteurs d'une mission qui est de garder l'intégrité du dépôt de la foi, ce qu'on appelle la tradition et de la répandre *« jusqu'aux extrémités de la terre »*.

Ces différentes « Vérités » de foi issues du *Credo* sont qualifiées de « divinement révélées » par l'Eglise catholique et sont « définitives ». Elles s'imposent à tous ses membres sans exception, ne tolèrent ni contradiction, ni insoumission. Le canon 750 du Code de l'Eglise exige « de croire – de foi divine et catholique – à tout ce qui est contenu dans la Parole de Dieu écrite et transmise par la tradition, c'est-à-dire l'unique dépôt de la foi confié à l'Eglise (...) et qui est en même temps divinement révélé par le magistère de l'Eglise (...) Les fidèles sont tous tenus d'éviter toute doctrine contraire ».

Dans le deuxième paragraphe, il est écrit que les fidèles doivent « fermement accueillir et garder toutes et chacune des choses qui sont proposées *définitivement* par le magistère de l'Eglise quant à la foi et aux mœurs (...). S'oppose donc à la doctrine de l'Eglise celui qui refuse ces mêmes propositions ». Celui-ci s'expose à des peines que le droit canon détaille également.

Ces « vérités divinement révélées » et « définitives » sont précisées par le droit canon et le *Catéchisme de l'Eglise catholique.* Ce sont essentiellement les articles du *Credo,* mais aussi les dogmes concernant Marie, sa virginité, sa maternité divine, son Immaculée Conception, son Assomption. Puis la doctrine catholique des sept sacrements : baptême, confirmation, pénitence, eucharistie, mariage, ordre, onction des malades (autrefois appelée extrême-onction). De même s'impose dans les mêmes termes la doctrine de « la présence réelle et substantielle » du Christ, ce qui signifie que lorsque les fidèles, au moment de l'eucharistie, « communient » avec le pain (l'hostie) et le vin, ils reçoivent effectivement le corps et le sang du Christ. La communion affirme une « présence réelle » et non virtuelle ou symbolique. Font encore partie de ces « vérités », auxquelles le fidèle ne peut se soustraire, la doctrine « de la primauté et de l'infaillibilité du pontife romain », celle de l'« immortalité de l'âme et de la rétribution immédiate après la mort » et la doctrine portant « sur la grave immoralité du meurtre direct et volontaire d'un être humain innocent [1] ».

Le catholique est soumis à une deuxième catégorie de « vérités ». A la différence des premières, elles ne sont pas « divinement révélées ». Mais elles sont quand même tenues pour « définitives », car fondées sur les Ecritures, transmises par la tradition et enseignées par le « magistère ordinaire et universel » de l'Eglise. L'exemple le plus souvent cité ici est celui de l'ordination sacerdotale « exclusivement réservée aux hommes », autrement dit

1. Dans le *motu proprio* de Jean-Paul II *Ad tuendam fidem* du 30 juin 1998.

l'exclusion d'un sacerdoce féminin : Jean-Paul II, qui a introduit cette disposition « définitive » (dans l'exhortation *Ordinatio sacerdotalis* de 1994), n'est pas allé jusqu'à engager son infaillibilité sur ce texte, ni même jusqu'à proclamer un nouveau dogme. Mais il fait remarquer que « la conscience de l'Eglise pouvait progresser dans le futur au point de définir cette doctrine comme divinement révélée ». La doctrine sur le caractère « illicite » de l'euthanasie fait également partie de cette deuxième catégorie de « vérités » de foi. En affirmant que l'euthanasie est « une grave violation de la Loi de Dieu », le magistère déclare que « cette doctrine est fondée sur la loi naturelle et sur la parole de Dieu écrite, transmise par la tradition et enseignée par le magistère ». Les autres « vérités » relèvent des enseignements proposés par le magistère authentique ordinaire « sur un mode non définitif ».

Il nous faut revenir sur quelques-uns de ces fondamentaux de la doctrine catholique, en commençant par le cas de la Vierge Marie.

2 – Marie, femme modèle et moderne

Destin étonnant que celui de Marie, cette jeune juive dont la célébrité est tardive, les sources historiques rares et fragiles, mais la notoriété mondiale. Elle n'est citée que dix fois, dans deux évangiles sur quatre, ceux de Luc et Matthieu, ignorée par les autres, comme par Pierre, Jacques et Paul. Selon eux, Jésus serait issu de la maison du roi David par son père Joseph, simple charpentier, mais il aurait été conçu dans le sein d'une jeune juive appelée Marie, fiancée à Joseph, encore vierge, et qui le serait restée.

Luc indique que Marie a conçu Jésus sans connaître d'homme. *« Comment cela se produira-t-il puisque je n'ai pas de relations avec un homme ?* » (Luc 1, 34), demande-t-elle à l'ange Gabriel venu la visiter dans sa maison de Nazareth en Galilée. Gabriel répond : « *L'Esprit-Saint viendra sur toi, et la puissance du Très-Haut te couvrira de son ombre. C'est pourquoi l'enfant sera appelé Fils de Dieu* » (Luc 1, 35). Matthieu confirme : « *Marie, sa mère, ayant été fiancée à Joseph, se trouva enceinte, par la vertu du Saint-Esprit, avant qu'ils eussent habité ensemble* » (Matthieu 1, 18). La tradition chrétienne veut aussi que Marie ait rendu visite à sa cousine Elisabeth, âgée et pourtant enceinte de Jean-Baptiste. De cette « visitation », naissent ces premiers mots de la prière la plus universelle : « *Je vous salue Marie, pleine de grâce, le Seigneur est avec vous. Vous êtes bénie entre toutes les femmes et Jésus, le fruit de vos entrailles, est béni* » (Luc 1, 42).

Voilà donc une conception sans père, sans réalité sexuelle ou biologique. La conception « virginale » de Jésus est une extravagance pour les non-croyants, un article de foi pour ceux qui croient que Jésus est à la fois « *Fils de Dieu et Fils de l'homme* ». Depuis les Prophètes, les juifs savaient que la naissance du Messie serait accompagnée de prodiges. Selon Isaïe, le Messie naîtrait du sein d'une « *jeune femme* » – *alma,* mot hébreu qui sera traduit en grec, dans la Bible dite des Septante (trois siècles avant Jésus-Christ), par le mot *parthenos,* qui veut dire « vierge ». C'est ainsi que fut apprivoisée l'idée que le Messie naîtrait d'une vierge.

Faut-il s'en étonner ? Oui et non. Toute la littérature de l'Antiquité, égyptienne, grecque, juive, romaine, regorge de récits de conceptions plus ou moins extraordinaires, sinon toutes virginales. Dans la Bible, des femmes âgées ou stériles, comme Sara, l'épouse nonagénaire d'Abraham, Rachel, celle de Jacob, Elisabeth, la mère de Jean-Baptiste, procréent grâce à une intervention divine. En reprenant ce thème de la naissance extraordinaire de Jésus, les premières communautés de chrétiens faisaient une double démonstration : d'une part, Jésus est bien le *« Fils de Dieu »*, le Messie annoncé par le prophète Isaïe puisque sa naissance revêt un caractère merveilleux. D'autre part, la conception virginale est le signe, à la fois, de la radicale impuissance de l'humanité à se sauver seule – il y faut l'intervention de Dieu – et de la radicale impuissance de Dieu à sauver l'homme sans sa collaboration, d'où l'incarnation. Dieu sauve l'homme non par les moyens ordinaires du monde comme la richesse, la puissance, la force ou la sexualité, mais par des moyens pauvres et faibles.

Ce récit de la conception virginale de Jésus, sans père biologique, émergeant dans un contexte culturel déjà familier, s'est imposé peu à peu pour devenir l'un des dogmes favoris de l'Eglise naissante. Mais il n'a émergé que tardivement, à la faveur des débats sur la nature à la fois humaine et divine du Christ. C'est au concile d'Ephèse, en 431, que les deux natures humaine et divine du Christ ont été unies sans confusion et, dès lors, Marie pouvait être appelée *Théotokos,* Mère de Dieu. Sa maternité divine levait les ambiguïtés au sujet de l'identité exacte de Jésus qui n'est pas le fruit du désir humain.

Le culte de Marie s'est amplifié à travers les siècles jusqu'à nos jours. En 1854, le pape Pie IX a proclamé le dogme de l'Immaculée Conception de Marie (à distinguer de la conception virginale). Immaculée Conception veut dire qu'à l'exception de tous les autres humains, Marie est née sans le péché originel : « Dès le premier instant de sa conception, par privilège unique du Dieu tout-puissant, la bienheureuse Vierge Marie a été, en considération des mérites de Jésus-Christ, sauveur du genre humain, préservée pure de toute souillure du péché originel. » Proclamé par Pie XII en 1950, le dogme de l'Assomption clôt le cycle sur Marie : « immaculée », de la naissance à la mort, elle a été élevée en corps et en âme à la gloire céleste, sans attendre la résurrection promise aux chrétiens.

Dans les traditions d'Orient, la figure de Marie a également bénéficié d'incroyables privilèges. Elle est vénérée dans toutes les fêtes, dans les hymnes, sur les icônes. Mais les Eglises orthodoxes, comme les protestantes, se sont arrêtées à la sainteté première de Marie, à sa place dans le mystère de l'incarnation et du salut. Pour elles, la virginité de Marie est la marque de son intégrité. Les orthodoxes ne reconnaissent pas le dogme catholique de l'Immaculée Conception qui isole Marie des autres créatures. Et, s'ils retiennent le mystère de l'« Assomption » de Marie, ils lui préfèrent, pour le désigner, le terme de « Dormition », qui signifie que la Vierge ne s'est qu'« endormie » dans la mort.

Dès la Réforme du XVIe siècle, les protestants ont aussi accueilli Marie comme une figure évangélique exemplaire, mais ils vont se braquer contre la surenchère catholique dans le dogme et le culte marial. Les processions de rue, les statues et les sanctuaires consacrés à Marie ont donné lieu à des affrontements qui ont précédé les violences et guerres de religion. La question est aujourd'hui quelque peu dépassionnée. Les protestants peinent à admettre la boursouflure du culte marial à laquelle succombent les catholiques : comment prétendre qu'elle a été « toujours vierge », alors que l'« incarnation » de son fils est au centre de la foi chrétienne ? Comment louer l'obéissance de Marie à Dieu et décréter son Immaculée Conception, qui la situe hors de l'humaine condition ? Les remarquables travaux du groupe des Dombes (Ain), réunissant chaque année en France des théologiens catholiques et protestants, ont amorcé un rapprochement et la position protestante pourrait désormais se résumer ainsi : « La mariologie nous sépare, la mariolâtrie nous indigne.

Il faut faire à la Mère du Sauveur toute la place qui lui revient, mais pas plus [1]. »

Marie reste l'objet de dissensions au sein même de la famille catholique où certains déplorent les manipulations du dogme et une mariolâtrie aussi envahissante qu'excessive. Elle est celle qui « intercède » pour les hommes qui la prient auprès de Jésus. Mais certains théologiens très nourris de tradition latine veulent en faire une « médiatrice » directe entre Dieu et les hommes, soit une « co-rédemptrice » de l'humanité, à l'égal de son fils Jésus-Christ. C'est une voie que le concile Vatican II et Jean-Paul II, le pape polonais qui vouait pourtant une affection particulière à Marie, se sont bien gardés d'ouvrir. Le mot de « médiatrice » est un chiffon rouge pour les protestants et les orthodoxes pour qui Jésus est l'unique « médiateur » entre Dieu et les hommes.

Quoi qu'il en soit, Marie jouit d'une présence extraordinaire chez les catholiques. Elle est de loin la sainte la plus vénérée, à la fois vierge et mère, protectrice, consolatrice, mère de Dieu et mère de l'Eglise. A la guerre, c'est Marie qu'invoquent les soldats des deux côtés du front et des tranchées, Marie qu'implorent les agonisants au soir de leur vie, Marie que prient les agriculteurs avant la récolte, Marie que vénèrent les marins au creux de la tempête. C'est la Marie des prières et des cantiques, d'une dévotion parfois puérile et pusillanime, mais aussi des franches résolutions.

Son culte est universel, sa figure la plus fédératrice des catholiques. Les sanctuaires, les lieux de ses « apparitions » présumées drainent des foules considérables. Citons seulement, et on sera loin du compte, Notre-Dame de Guadalupe au Mexique, Notre-Dame de Fatima au Portugal, Notre-Dame de Lourdes, Notre-Dame de Lorette en

1. *Le protestantisme et Marie,* de Michel Leplay, Labor et Fides, 2000.

Italie, Notre-Dame de Jasna Gora à Czestochowa, icône de la liberté du peuple polonais historiquement écartelé par ses voisins, haut lieu de la résistance spirituelle au communisme. La « Vierge noire » n'était-elle pas cousue au revers du veston du syndicaliste Lech Walesa lors des grandes grèves de Gdansk à la fin des années 1970 ? Dans la France de la Restauration et du second Empire, alors que les idées libérales mettaient le feu à l'Eglise, la Vierge multipliait signes et apparitions : la Médaille miraculeuse à Paris en 1830, La Salette en Isère en 1846, Lourdes en 1858, Pontmain en Mayenne en 1871. On publiait à tour de bras des livres de dévotion mariale qui ont permis de découvrir, par exemple, un Louis-Marie Grignion de Montfort (1673-1716).

Le culte de Fatima (Portugal) a trouvé un regain de fortune le 13 mai 1981, jour de l'attentat de la place Saint-Pierre contre le pape et jour anniversaire des apparitions de Fatima en 1917 à trois enfants de paysans. « Je ne sais qui a tenu l'arme, mais je sais qui en a détourné le tir », a affirmé Jean-Paul II peu de temps après le drame. Il ne doute pas qu'il a été sauvé par la Vierge de Fatima et la balle qui a failli le tuer, extraite de son corps par les médecins, sera incrustée, quelques années plus tard, dans la couronne de la statue de la Vierge à Fatima. Miracle : elle y rentrait au millimètre près !

Pourquoi cette vivacité de la foi en Marie ? Parce que l'itinéraire de cette petite juive est exemplaire, populaire, moderne. Les Evangiles montrent comment sa foi passe par le doute et la douleur, l'étonnement et le consentement. Marie est l'icône de la simplicité et de la pauvreté. Quand elle mesure la faveur qui lui est faite par Dieu, elle loue ses merveilles dans l'un des chants les plus célèbres, le *Magnificat.* Ce n'est pas le refrain d'une religiosité mariale naïve et sucrée, mais un texte subversif que les dictateurs argentins, à la fin des années 1970, avaient voulu censurer : *« Oui, le Seigneur est saint. Il se donne à tous les hommes droits. Pour eux, il montre sa force. Les orgueilleux, il les fait taire. Les oppresseurs, il les renverse de leur trône. Mais les pauvres, il les élève. Aux affamés, il donne l'abondance. Il vide les mains des riches »* (Luc 1, 46-55).

Les catholiques honorent en Marie la figure de l'acceptation humble et totale de la volonté divine, attestée par son célèbre *fiat* (« qu'il en soit ainsi »), prononcé le jour où l'ange Gabriel lui annonce qu'elle mettra au monde un enfant-Dieu. Marie est le modèle de la femme aimante, humble, disponible et soumise, soit l'éternel féminin selon l'univers catholique. Mais la réalité est plus complexe. Marie n'est pas muette. Dans les Evangiles, on la voit tancer son fils quand il s'éloigne pour aller discuter au Temple avec les sages et les savants. Elle s'étonne de l'entendre prêcher à la synagogue. Mère courage, elle accompagne humblement Jésus dans sa mission et jusqu'au pied de la Croix, alors que tant d'autres, y compris parmi ses plus proches disciples, ont déserté. Depuis, les catholiques continuent de chanter la gloire de Marie, non pas comme la relique d'un système de chrétienté enfoui, mais un symbole de consolation et d'affection. Et qui pourrait nier que, dans la société moderne soumise à une intense compétition, ce signe soit inutile ?

3 – Péché originel et culpabilité héréditaire

Que de malentendus sur le péché et plus encore le péché originel ! Tous les catéchismes, des torrents de littérature et une intense production artistique ont reproduit l'image du fruit défendu de l'Eden, celle de la femme Eve qui cède à la convoitise et entraîne Adam dans sa chute, transmettant le péché originel, de génération en génération, à tous les hommes. Voilà ce que la mémoire, l'imagination et les stéréotypes populaires retiennent du récit biblique de la Création du monde. Ce qui, pour les uns, reste un solide article de foi, pour les autres demeure une fable terrifiante qui suffit à les détourner pour toujours de cette « culpabilité » héréditaire devenue la marque première du patrimoine judéo-chrétien.

On est là dans une pure allégorie biblique qui a inspiré les auteurs de tous les temps, mais a gardé pour la foi chrétienne un sens précis et contraignant qu'on ne trouve pas dans les Evangiles, ni dans le *Credo*, mais dans Paul, repris ensuite par Augustin. De quoi s'agit-il ? Commis par Adam, le premier des hommes, le premier péché de l'homme est de se vouloir l'égal de Dieu. Paul interprète ainsi le récit biblique de la Création : *« Par un seul homme, le péché est entré dans le monde et, par le péché, la mort. Ainsi, la mort a passé en tous les hommes, du fait que tous ont péché »* (Romains 5, 12-15).

Autrement dit, comme Adam, tous les hommes sont pécheurs. La condition humaine est pécheresse. Si, de toute éternité, Dieu est le maître de la vie des hommes et si les hommes ont pour vocation d'accomplir leur désir d'absolu, alors le « péché originel » est une métaphore pour dire qu'aucun homme n'est capable de vivre la vie divine par ses propres forces. Que tout homme est limité. Que, s'il s'absolutise lui-même à l'égal de Dieu, il fait son propre malheur. Il ne peut trouver Dieu que s'il se « libère » de lui-même par la foi en Jésus-Christ.

Car la doctrine du péché originel selon saint Paul a un deuxième volet : Jésus-Christ est venu au monde pour racheter une humanité qui avait sombré dans le péché et la mort. Grâce à Jésus, l'homme pécheur échappe à l'engrenage infernal. Jésus est le nouvel Adam, promesse de rédemption, espérance de guérison, de grâce et de salut. « *Si, par la faute d'un seul, la multitude est morte, combien plus la grâce de Dieu et le don conféré par la grâce d'un seul homme, Jésus-Christ, se sont-ils répandus à profusion sur la multitude* », disait encore Paul aux Romains. Ce que la littérature chrétienne traduira plus tard par cette célèbre formule également empruntée à Paul : là où la faute a abondé, la grâce surabonde...

Le mot « grâce » va cristalliser les controverses sur la capacité de l'homme, libre ou non, à obtenir son salut. L'Eglise naissante dira que le péché originel est effacé par la « grâce » du baptême. A tous, Dieu fait « grâce » et personne n'est exclu de la possibilité du salut. Le baptême est une sorte de régénération intérieure qui suppose l'accord de celui qui le reçoit, mais celui-ci ne peut rien sans la « grâce » divine. Mais selon qu'on insiste, d'un côté, sur la fatalité du péché originel et l'énergie dont l'homme doit faire preuve pour mériter son salut et, de l'autre, la liberté de l'homme rassuré, parce que croyant en Jésus et apaisé par la promesse de sa « grâce », on a toute la trame des querelles théologiques qui, depuis Augustin jusqu'à Luther, Calvin et aux jansénistes, ne cesseront de tourmenter la conscience chrétienne en Occident.

Le péché originel y est perçu comme une malédiction qui frappe tous les âges et structure la conception du rapport entre Dieu et les hommes. Au IVe siècle, saint Augustin radicalise la doctrine de saint Paul sur l'homme pécheur et gracié. Il le fait dans le feu de la polémique qui l'oppose à Pélage, ce moine d'origine normande (vers 360 - vers 422), qui refuse l'idée de la transmission automatique du péché originel et minimise le rôle de la « grâce ». Pour rétablir l'équilibre, Augustin va systématiquement majorer le rôle de la grâce divine dans la rédemption de l'homme – dont lui-même converti après une jeunesse de débauche a bénéficié –, au risque de suggérer que l'homme ne peut rien de lui-même pour accéder au bien et à son salut. Il fait du baptême « l'indispensable condition d'une régénération qui permet d'échapper au supplice de la mort éternelle et qui efface la culpabilité, sans pour autant enlever la concupiscence et l'ignorance initiées par la désobéissance d'Adam ». Même les enfants morts sans baptême sont damnés !

Ce fameux pessimisme augustinien est à l'origine d'une doctrine de la grâce et de la « prédestination » qui prendra une place décisive dans les théologies réformatrices de Martin Luther, Jean Calvin et Jansénius. La chute originelle, à la suite de Paul et d'Augustin, devient dans la théologie chrétienne d'Occident « le début de l'histoire », comme l'écrit Jean Delumeau [1], à la différence de la théologie juive qui, contrairement à la tradition chrétienne, n'a jamais fait du péché d'Adam une « catastrophe primordiale ». A la différence aussi de la tradition d'Orient pour qui le péché n'est pas une catégorie majeure de l'expérience du salut.

La force de la Réforme protestante repose sur un équilibre entre la connaissance tragique que le croyant possède de sa condition de pécheur, de sa « déchéance », et l'assurance qu'il a de sa « justification » reçue de Dieu. Comme tous les hommes de son temps, un Martin Luther (1483-1546) était terrorisé par la question de son salut. Il a rompu avec l'Eglise de Rome sur la question des « indulgences », c'est-à-dire la possibilité offerte par le pape, pour tout homme, d'acheter – au sens propre – son salut. Il s'est senti joyeusement libéré le jour où il a saisi que l'homme était « simultanément pécheur et juste » (*« simul justus et peccato »*). Ce qui veut dire que si l'homme est « captif de son péché », promis à la « déchéance », la foi lui donne la certitude du salut. Celui qui se sait sauvé en Jésus-Christ devient « juste » et ne peut plus désespérer

1. *Le péché et la peur, la culpabilisation en Occident,* de Jean Delumeau, Fayard, 1987.

devant son état de pécheur, ni passer sa vie et consacrer ses « œuvres » à chercher à mériter la grâce de Dieu et son salut.

Jean Calvin (1509-1564) ira plus loin et, dans *L'Institution de la religion chrétienne* [1] forgera le concept de « prédestination » repris d'Augustin. Dieu seul sauve qui il veut et comme il veut et l'homme n'y peut rien : c'est la *« sola gratia »* (la grâce seule). Il obéit à son bon plaisir et fait fi de toute logique humaine. Aussi ne sauve-t-il pas toute l'humanité. Il ne crée pas tous les hommes de pareille condition, mais « prédestine » les uns à la vie éternelle, les autres à l'éternelle damnation. Ainsi, selon la fin à laquelle est créé l'homme, il est « prédestiné à mort ou à vie ».

Au XVIIe siècle, sous l'influence du théologien hollandais Jansénius (1585-1638), les jansénistes de l'abbaye de Port-Royal vont relancer le débat sur le rôle respectif de la grâce divine et de la volonté humaine dans le salut. Condamné à plusieurs reprises par Rome, ils bénéficieront d'un soutien célèbre, celui de Blaise Pascal (1623-1662) qui épingle, dans ses *Provinciales,* les jésuites adversaires des jansénistes. Il faudra toute l'autorité de Louis XIV, en 1664, pour mettre fin à cette dérive janséniste. Il fait séquestrer les religieuses de Port-Royal et détruire leur abbaye en 1711.

Qu'en est-il pour les catholiques aujourd'hui ? Soumise au feu des pressions pour renoncer au péché originel jugé désespérant pour l'homme moderne, l'Eglise affirme que cette doctrine ne peut être comprise en dehors de son « lieu » de compréhension naturel : Jésus-Christ, venu partager la condition des hommes. C'est sur le terrain

1. *L'Institution de la religion chrétienne* de Jean Calvin comprend les principes théologiques du calvinisme, à savoir la reconnaissance de la Bible comme source unique de la foi, la doctrine de la prédestination et de la grâce, proches des thèses de saint Augustin, le retour à la simplicité primitive du culte où seuls sont admis comme sacrements le baptême et la communion.

escarpé de l'histoire humaine, affronté au Mal, dans la souffrance et la douleur d'une existence mortelle, dans les défaillances de sa volonté, dans la faute et le péché, que le croyant est appelé à obtenir la grâce du salut, à être « justifié ».

Sa « justification » est le fruit de sa participation active et du secours de la grâce qui lui vient d'un autre. On se souvient de la réplique de Jeanne d'Arc à ses juges qui cherchaient à la piéger en lui demandant si elle était en « état de grâce » : « Si je n'y suis, Dieu m'y veuille mettre. Si j'y suis, Dieu veuille m'y garder. » Le *Catéchisme de l'Eglise catholique* (en 1992) distingue la « grâce première que l'homme ne peut pas mériter, qui est à l'origine de la conversion, du pardon, de la justification ». Ensuite, « nous pouvons mériter pour nous-mêmes et pour autrui les grâces utiles pour notre sanctification, pour la croissance de la grâce et de la charité comme pour l'obtention de la vie éternelle ».

Le *Credo* affirme que Jésus reviendra pour « *juger les vivants et les morts* ». Le Jugement dernier est l'un des thèmes les plus commentés et artistiquement illustrés de la tradition catholique. Pour mériter le paradis, il ne faut pas avoir succombé au Mal dans sa vie. Le *Catéchisme de l'Eglise catholique* continue d'insister sur la gravité de la faute individuelle, que la société contemporaine tend à minimiser : quelle que soit sa gravité, le péché exige le repentir et le pardon de Dieu. Si des théologiens et prédicateurs d'avant-garde prennent volontiers leurs distances avec cette forme de justice redistributive de Dieu et une conception aussi manichéenne de la destinée humaine, le *Catéchisme* officiel continue d'affirmer l'existence de l'enfer et son éternité. Mais il ne s'attarde plus sur les descriptions expressives du « feu éternel ». C'est par référence à la fois à l'Ecriture et à la Tradition que le *Catéchisme* évoque « un ange déchu appelé Satan ou le Diable ». Mais aucun concile et aucun pape ne se sont prononcés solennellement sur cette question.

4 – Les Écritures au défi de la science

Le rapport entre la foi chrétienne et la science historique a toujours été de la dynamite. Parce que dans le christianisme précisément, à la différence de l'islam, Dieu s'est incarné dans une histoire. Il est à la fois transcendance et immanence. Pendant longtemps, les chrétiens ont cru les yeux fermés aux Ecritures saintes, à l'histoire du salut telle qu'elle est racontée dans les Evangiles, c'est-à-dire des décennies après les événements, rapportés par des militants de la nouvelle foi comme des témoignages engagés. Mais la Réforme, les Lumières, l'ébranlement provoqué par la montée de la raison et de la science à l'époque moderne ont fait naître d'autres exigences quant à leur authenticité.

En Europe, au XVIIIe siècle, la Raison brûle tout sur son passage. Elle s'insinue dans l'expérience spirituelle, comme dans la philosophie, et conteste, voire épuise le sens symbolique de l'existence. Le « rationalisme », dans lequel l'Eglise désignera son principal adversaire, prétend résoudre les questions religieuses et métaphysiques à l'aide des seules connaissances humaines, à l'exclusion de toute référence à une Révélation divine et au surnaturel. L'effet sur la connaissance biblique, l'approche du mystère et du sacré, la foi dans le dogme est désastreux [1].

A une époque où la contestation des Ecritures passe pour un blasphème, Descartes (1596-1650), Spinoza

1. On lira notamment *Le triomphe de la raison*, de Rodney Stark, professeur et sociologue de la religion à Baylor University (Etats-Unis), traduit en France aux Presses de la Renaissance, 2007.

(1632-1677), Diderot (1713-1784), d'Alembert (1717-1783) ou Voltaire (1694-1778) – entre autres philosophes, physiciens, écrivains – en appellent à la raison critique pour juger des Ecritures sacrées. Ils combattent toute forme de superstition irrationnelle, d'intolérance et d'obscurantisme. Après eux, vont émerger les sciences positives, la psychologie, l'histoire des religions. Auguste Comte (1798-1857) nie tout surnaturel et propose sa théorie des trois stades successifs de l'individu et de l'humanité : théologique (fétichiste), métaphysique, positif et physique. De son côté, Charles Darwin (1809-1882) écrit, en 1859, *L'origine des espèces,* qui donne naissance à la théorie de l'évolution.

Comment continuer alors de croire, sans broncher, à la Création du monde telle que la raconte la Bible, aux dogmes de la divinité du Christ et de la Résurrection ? La foi catholique est malmenée par ce raz-de-marée. Mais la critique biblique ne vient pas seulement des « ennemis » de l'Eglise. Elle se développe au sein même de la culture cléricale. C'est un oratorien français, Richard Simon (1638-1712) qui, avec son *Histoire critique du Vieux Testament* (1678), introduit la critique dans l'étude de la Bible. Plus tard, Alfred Loisy (1857-1940), prêtre, Marie-Joseph Lagrange, religieux dominicain (1855-1938), Ernest Renan, ancien séminariste (1823-1892), confrontent les textes bibliques aux découvertes archéologiques et sémantiques, développent une quantité impressionnante de travaux sur les origines d'Israël et de l'Eglise. Avec, pour conséquence, une distance toujours plus grande entre leurs découvertes et la connaissance qu'on avait des sources anciennes, la foi qu'on prêchait, les vérités qu'on énonçait à partir d'elles [1].

1. *Histoire, dogme et critique dans la crise moderniste,* d'Emile Poulat, Albin Michel, 1996. On se reportera aussi aux deux ouvrages sur Ernest Renan et Alfred Loisy de Charles Chauvin chez Desclée de Brouwer.

Ces savants décapent les récits évangéliques. Ernest Renan, dans une *Vie de Jésus* de 1863 qui fait scandale en France, réduit le fondateur du christianisme – un « homme admirable » – à son humanité. En 1900, le luthérien allemand Adolf von Harnack, dans *Essence du christianisme,* décrit les écarts entre ce que dit la lettre des Évangiles et ce que la tradition de l'Église a fait de cette lettre. Les Evangiles ont été des récits symboliques, des catéchèses avant d'être une histoire. D'Ernest Renan à Albert Schweitzer (1875-1965), de David-Friedrich Strauss (1808-1874) à Rudolf Bultmann (1884-1976), la vie de Jésus devient alors un champ de bataille pour exégètes et historiens. « Jésus a annoncé le Royaume et c'est l'Église qui est venue », résume Loisy. L'Église, c'est-à-dire une hiérarchie, des dogmes, des rites, des sacrements définis par des hommes – les apôtres – et restés figés dans le temps.

Ils font scandale. Leurs travaux soulèvent des montagnes de controverses. Jamais de toute l'histoire, les catholiques n'auront été autant bousculés. C'est le rapport à la foi, à l'Eglise, à l'autorité de la parole et du dogme qui est touché par cette confrontation de la lecture évangélique à la raison critique, à l'histoire, à l'archéologie. Le « désenchantement » du monde est en marche. La crise « moderniste », comme on va l'appeler sous Pie X (1903-1914), oppose ces avancées de l'exégèse critique à la tradition dogmatique de l'Église. Les exégètes qui nient tout caractère historique aux premiers chapitres de la Genèse et contestent l'inspiration divine des Écritures suscitent les condamnations des milieux « fondamentalistes », des épiscopats locaux et surtout de Rome.

Les censeurs voient dans les œuvres de Loisy ou de Renan une réduction, sinon une négation, de l'historicité des Evangiles. Dans une encyclique de 1907, intitulée *Pascendi,* qui est un tissu de procès d'intention et d'implacables jugements, le pape Pie X accuse Loisy de subordonner la foi à la science. Comme celui-ci, les exégètes modernistes sont soupçonnés d'hérésie, surveillés, sanctionnés, excommuniés. Dans les années 1920, l'exégète protestant allemand Rudolf Bultmann entreprend à son tour de « démythologiser » les Evangiles. Pour lui, on ne peut connaître le « Jésus historique », puisque les Evangiles ne sont que des témoignages de foi, issus de communautés de néophytes et d'apôtres militants.

Le résultat est qu'au tout début du XXe siècle, les manuels de théologie sont encore « un pieux outrage à l'intelligence », pour reprendre une expression de Jacques Maritain. La situation de l'enseignement, en particulier dans les séminaires, est dramatique. L'adolescent qui récite son catéchisme est tenu de dire que le monde a été créé quatre mille ans avant Jésus-Christ. Mais par ce qu'il apprend à l'école primaire, il sait que c'est faux : « Dans le temps même où on essayait de poser en son intelligence les fondements de la foi, on lui fournissait des données capables de lui faire remarquer qu'elles étaient en conflit avec la science [1] », écrit le théologien Christophe Theobald.

Cette phase conflictuelle est aujourd'hui dépassée. Au début des années 1960, le concile Vatican II a décrété que les Ecritures sont, à l'égal de la Tradition – l'enseignement magistériel de l'Eglise –, une source légitime de la Révélation et de la vraie foi [2]. Longtemps interdits d'accès direct à la Bible – ce qui les séparait des protestants –, les catholiques deviennent enfin familiers des textes sacrés, Ancien et Nouveau Testament. Au début de la messe, des extraits de l'Ancien Testament, puisés principalement

---

1. *L'Exégèse catholique au moment de la crise moderniste,* de Christoph Theobald dans *Le Monde contemporain et la Bible.*

2. Dans la constitution conciliaire *Dei Verbum* qui explore les deux sources de la Révélation.

dans les livres des Prophètes, sont lus. Les « cercles bibliques » se multiplient dans les communautés locales, ainsi que les instruments nécessaires à une plus grande connaissance des textes sacrés et une meilleure intelligence de la foi.

A partir des années 1980, les chercheurs et exégètes de toutes confessions en savent toujours plus sur la richesse culturelle du Ier siècle chrétien. Ils connaissent mieux le monde juif contemporain de Jésus grâce aux manuscrits de Qumran découverts en 1947. Ils étudient de plus près les livres apocryphes (non officiels) d'origine juive et chrétienne, comme les évangiles dits de Pierre, de Thomas, plus récemment de Judas. Ces découvertes dopent une lecture devenue « grand public », si on en juge par le foisonnement des livres sur Jésus, avec une fantaisie d'interprétations qui ne cesse d'inquiéter le magistère catholique.

Sans s'attarder sur la fiction planétaire du *Da Vinci Code* de Dan Brown, qui fait de Jésus l'amant secret de Marie-Madeleine, des auteurs psychanalystes proposent à partir des Evangiles de vraies thérapies, comme le prêtre allemand Eugen Drewermann, auteur d'ouvrages à grand succès. Des « théologiens de la libération » d'Amérique latine sont accusés par Rome, quant à eux, de réduire le personnage de Jésus à son rôle de prophète social et de militant, en minimisant sa divinité. Bref, les publications qui vulgarisent les hypothèses les plus avancées de la critique historique trouvent d'autant plus d'écho dans le monde que les publics n'ont plus aujourd'hui ni la connaissance, ni l'expérience de la tradition biblique.

5 – Le « Jésus de l'histoire » et le « Christ de la foi »

Comment le monde « enchanté » du croyant peut-il résister à la montée des découvertes de l'histoire et de la science ? Croire à l'historicité des Evangiles, à la divinité de Jésus-Christ, à la virginité de Marie, aux miracles, quand le monde autour de lui crie que ce sont des chimères ? Plus aucun catholique n'ignore que les textes sacrés – Ancien et Nouveau Testament – sur lesquels se fonde sa foi ne sont pas des documents historiques, mais le fruit d'une tradition d'abord orale transmise au long des siècles, des récits interprétés et toujours à réinterpréter.

Les textes de l'Ancien Testament ont été racontés, médités, chantés par le peuple d'Israël, sans cesse repris aux différentes époques de son histoire comme une chanson de geste et sans souci de l'exactitude historique. La conquête d'Israël, l'instauration de la royauté, l'existence même de personnages comme Abraham, Moïse, les rois David et Salomon sont difficiles à établir historiquement tant les écarts entre les découvertes archéologiques et la version racontée des événements dans la Bible sont énormes. La Bible n'offre pas bien sûr un procès-verbal de l'itinéraire de vie et de foi du peuple hébreu.

De même le Nouveau Testament, sur lequel repose la croyance en Jésus-Christ, est-il construit à partir de témoignages destinés à susciter la foi dans le Ressuscité. Le plus proche des événements est la correspondance de l'apôtre Paul, c'est-à-dire les « épîtres » adressées – entre 50 et 58 après J.-C. – aux premières communautés de convertis (Thessaloniciens, Corinthiens, Romains, etc.). L'évangile de Marc est composé vers 70 à Rome : c'est le premier (donc le plus ancien) des quatre évangiles dits « canoniques » (reconnus par l'Eglise). Suivent, entre 80 et 85, l'évangile de Matthieu, écrit en Palestine, celui de Luc, dans les milieux grecs de Syrie, puis l'évangile de Jean, le plus mystérieux, à la fin du Ier siècle.

Prenons l'exemple du récit de la naissance de Jésus transmis de génération en génération, qui a tant inspiré les peintres, les écrivains, les musiciens, les peintres. C'est le récit d'un « enfant-Dieu » qui serait né à Bethléem, en Judée, d'une femme vierge, dans la pauvreté d'une crèche visitée par des bergers et des mages. Mais, dans ce récit qui berce depuis leur enfance tous les catholiques, quelle est la part de l'histoire et quelle est celle de la poésie, du réel et du mythe ? Les fidèles ne sont pas tenus de croire absolument que Jésus est né un 25 décembre à minuit, il y a quelque deux mille ans à Bethléem. Ce n'est pas un acte de foi, et ils s'interrogent légitimement : de quels témoignages scripturaires dispose-t-on pour attester cette naissance ? que sait-on au juste de la conception « virginale » de Jésus ? a-t-il eu des frères et sœurs ?

L'historien n'est d'aucun secours pour connaître la date, le lieu et les circonstances exacts de la naissance de Jésus à Bethléem. Son seul matériau disponible réside dans deux évangiles (sur quatre), ceux de Luc et de Matthieu, auteurs des récits dits « de l'enfance » de Jésus. Selon le repère le plus fiable, il est né sous Hérode, roi des juifs nommé par les occupants romains, cité dans ces deux évangiles. Hérode est mort en l'an 750 selon le calendrier romain (qui commence à la fondation de Rome), soit quatre ans avant le début de l'ère chrétienne. Jésus serait donc né en – 6, si on en croit le récit de Matthieu selon lequel Hérode, ayant appris par des mages la naissance d'un nouveau « roi des juifs », aurait fait massacrer tous les petits garçons âgés de moins de deux ans.

La localisation à Bethléem de la naissance de Jésus est encore plus sujette à caution. Luc et Matthieu la situent dans cette bourgade de Judée, au sud de Jérusalem, où le roi David serait né mille ans plus tôt. Bethléem est une ville plus noble que Nazareth, village de Galilée ignoré de l'Ancien Testament où, pourtant, Jésus va passer son enfance près de ses parents, Joseph et Marie. Il y deviendra le « Galiléen », le « Nazaréen », suscitant des sarcasmes au temps de sa prédication – *« Que peut-il advenir de bon de Nazareth ? »* – qui ne font qu'épaissir le mystère de son origine. On voit le profit tiré d'une naissance à Bethléem : de David à Joseph, une lignée royale se dessine et Jésus est bien le « Messie » annoncé par les Prophètes.

Faut-il s'étonner de tant d'imprécisions sur l'origine de Jésus ? Non. Celle de la plupart des héros de l'Antiquité païenne ou biblique est inconnue. Les deux autres évangélistes – Marc et Jean – n'éprouvent même pas le besoin d'évoquer la naissance et l'enfance du Christ. Pour les premières communautés de convertis, dont sont issus les Evangiles, la question de l'authenticité des origines n'est pas du tout essentielle. Les évangélistes s'en tiennent à des formules du genre : *« En ces temps-là... »* Les épîtres de Paul elles-mêmes, antérieures aux récits évangéliques, ne sont jamais datées. La seule date qui mobilise les premiers chrétiens est celle du *« retour »* espéré de celui qu'ils appellent le *« Sauveur »*.

En résumé, l'historicité des évangiles « de l'enfance » est extrêmement mince. On est là dans l'ordre du mystère et de la foi. Selon un genre littéraire connu de l'Antiquité, les récits de Luc et Matthieu n'ont d'autre fonction que de laisser venir, anticiper sur ce qui va suivre, de résumer par avance, et symboliquement, la destinée de Jésus. Sa naissance à Bethléem fait de lui un être « royal ». La visite à la crèche des bergers précède son enseignement sur l'amour dû aux pauvres. Celle des mages d'Orient signifie que son message s'adresse aussi au monde païen. Dans un parallèle saisissant avec le massacre des enfants hébreux sous Pharaon, l'évocation des massacres du roi Hérode en fait un « nouveau Moïse ». De telles règles d'écriture symbolique fondent une croyance dans un homme-Dieu sans équivalent avant Jésus, qui se perpétue après lui depuis vingt siècles.

Pour leur part, les premiers témoignages sur la mort de Jésus (vers 30-33) datent du milieu des années 50 chez l'apôtre Paul. Mais, dégageant surtout la portée méta-historique de l'événement – la rédemption des péchés du monde –, Paul aussi est avare de détails. « La portée salutaire de ces faits importait plus aux premiers chrétiens que les contingences extérieures qui les ont historiquement provoquées », explique François Bovon, exégète suisse, professeur à Harvard [1]. La tâche des chercheurs est toutefois facilitée par le fait que les quatre récits évangéliques de la passion et de la mort de Jésus-Christ ont une structure identique : Jésus est livré aux chefs juifs, puis à la justice romaine ; il est ensuite exécuté sur une croix et il ressuscite trois jours plus tard.

Autre point récurrent du débat historique : Jésus a-t-il eu des frères et des sœurs utérins ? Les catholiques et orthodoxes ont toujours répondu par la négative. Pourtant, leur existence est, sans équivoque, attestée dans le Nouveau Testament : Luc dit de Marie qu'« *elle enfanta son fils premier-né* » (Luc 2, 7), ce qui laisse supposer qu'elle eut d'autres enfants. Quand Jésus quitte son métier de charpentier à Nazareth, son auditoire s'inquiète : « *Ta mère, tes frères te cherchent* » (Marc 3, 32). Les évangiles de Jean et de Marc soulignent la présence au pied de la croix du Christ d'une « sœur » de Marie, femme de Clopas et mère de Jacques et de Joset, des disciples qui ne seraient donc au mieux que les « cousins » de Jésus, appelés « frères du Seigneur » à la manière orientale. A l'époque, dans tout l'Orient, les enfants vivant sous un même toit étaient tous « frères », même s'ils n'étaient que de simples cousins.

Comment concilier la virginité post-natale de Marie avec ces récits évangéliques et d'autres mentionnant donc

1. François Bovon est professeur de Nouveau Testament à la Divinity School de l'université Harvard (Etats-Unis) et professeur honoraire de l'université de Genève. Il est l'auteur de nombreux livres d'exégèse dont *Les derniers jours de Jésus* (Labor et Fides, 2004) et *Luc le théologien* (Labor et Fides, 2006).

l'existence de frères – Jacques, Joset, Simon, Jude – qui, à tout le moins, feraient partie d'une parentèle proche ? Ces frères de Jésus sont-ils bien des enfants de Joseph et de Marie nés après lui ? Ou ceux d'un premier mariage de Joseph comme l'a toujours pensé la tradition orientale ? Autant d'interprétations tenues pour hérétiques depuis que saint Jérôme, le traducteur de la Bible au IVe siècle (la Vulgate), a émis l'hypothèse que le mot « frère » pouvait tout aussi bien désigner le « cousin ». Car l'hébreu n'a pas de mot pour désigner le cousin germain et le mot grec *adelphos,* le frère, est si extensif qu'il désigne aussi le cousin. D'ailleurs, la Septante (traduction grecque de l'Ancien Testament, 150 avant J.-C.) emploie beaucoup plus souvent le mot « frère » (*adelphos*) que celui de « cousin » (*anepsios*). Jésus n'aurait donc jamais eu de frères, mais des cousins, et Marie serait bien restée vierge. Une interprétation qui reste contestée par la majorité des exégètes protestants et un nombre croissant de catholiques.

Qu'un prophète juif nommé Jésus ait existé, qu'il soit mort sur une croix n'est plus guère mis en doute. Mais la science reste incapable d'expliquer les quarante miracles prêtés à Jésus par les évangélistes. La plupart sont des guérisons de malades, aveugles, paralytiques, lépreux, sourds-muets. D'autres manifestent un pouvoir sur les lois naturelles : Jésus apaise la tempête, multiplie des pains dans le désert pour les foules, fait ressusciter des morts comme Lazare, etc. Evoquer de tels « miracles » dans l'actuelle culture rationnelle fait sourire. Il faut toutefois se souvenir que, pendant les premiers siècles, les miracles et autres phénomènes surnaturels imprégnaient toute l'existence quotidienne. Le monde ne se concevait pas sans un Dieu ou des dieux. Dans l'Ancien Testament même, des miracles sont attribués aux prophètes Elie et Elisée et ils ont servi de références aux récits évangéliques.

Depuis, la science a tenté, toutefois, d'expliquer les miracles de Jésus. Le possédé du démon guéri par Jésus (exorcisé), selon les symptômes décrits par Marc (9, 14-29), était sans doute victime de crises d'épilepsie. D'autres miracles sont assimilables à des phénomènes d'autosuggestion, de télépathie, de parapsychologie. Mais bien d'autres prodiges – la multiplication des pains – ne sont pas élucidés. *« Ta foi t'a sauvé »*, disait simplement Jésus à ceux qu'il guérissait. Il n'« utilise » pas ses miracles, imposant le silence à ceux qui en bénéficiaient. Ces miracles sont-ils nécessaires à la foi ? Plus que des preuves de la « messianité » de Jésus, ils ont eu valeur de langage, de signes anticipant un avenir où la maladie aurait disparu, où la justice serait faite aux pauvres.

De ces longs développements sur le rapport entre la critique et la foi, il faut retenir que si les repères historiques fermes semblent se dérober, la tradition et les textes résistent. Le lecteur n'est pas condamné à l'approche sèche des données matérielles de l'histoire, ni à la version des « fondamentalistes » dont un document de la Commission théologique internationale, datant de 1984, disait qu'elle était « un déni d'intelligence ». Les textes sacrés exigent une lecture originale, une herméneutique sans concession du point de vue de la rigueur historique, mais qui n'est pas pour autant fermée au mystère et à la dimension intérieure des événements.

La clé de toute cette histoire est peut-être fournie par une personnalité comme le père dominicain Marie-Joseph Lagrange (1855-1938), exégète critique, fondateur de l'Ecole biblique et archéologique de Jérusalem. Il admettait que les documents historiques sont insuffisants pour écrire une biographie de Jésus selon les critères contemporains « comme on le ferait de César Auguste ou du cardinal de Richelieu ». Mais, ajoutait-il, « ils sont d'une telle valeur comme reflet de la vie et de la doctrine de Jésus, d'une telle sincérité, d'une telle beauté, que toute tentative de faire revivre le Christ s'efface devant leur parole inspirée. Les Evangiles sont la seule vie de Jésus-Christ qu'on puisse écrire. Il n'est que de les lire pour les comprendre le mieux possible [1] ».

6 – L'obsession de la pureté doctrinale

Au Vatican, le palais du Saint-Office, aux couleurs rosées, se dresse à main gauche derrière les colonnades du Bernin. Datant du XVIe siècle, le « Saint-Office » jouxte la basilique Saint-Pierre, séparée seulement par la cour pavée qu'empruntent les évêques, quand ils se rendent par exemple à la salle du synode, ou les pèlerins des audiences pontificales d'hiver marchant vers l'auditorium édifié par Paul VI et qui porte son nom. Le Saint-Office s'adosse presque à la masse de pierre de la basilique, comme si l'Eglise catholique voulait signifier que le contrôle de la doctrine n'est pas séparable de la célébration de la foi, formant comme les doigts d'une même main.

Ce palais à l'architecture massive et austère, où travaillent le préfet de la Congrégation pour la doctrine de la foi et une trentaine de collaborateurs, est d'abord un lieu de mémoire, celui de l'oppression autrefois exercée par l'Eglise contre ses dissidents. Dès 1566, il avait été le siège de la Congrégation de l'inquisition, créée par Paul III pour combattre les hérésies, avant de devenir le « Saint-Office », lui-même transformé beaucoup plus tard, à la fin

1. Pour comprendre tous les enjeux de ce débat, on lira notamment *La Bible : le Livre et l'histoire,* Actes du colloque de l'Ecole biblique de Jérusalem et de l'Institut catholique de Toulouse, novembre 2005, à l'occasion du 150e anniversaire de la naissance du père Lagrange.

du concile Vatican II, sous le nom plus convenable de Congrégation pour la doctrine de la foi.

Un nom qui demeure toutefois objet de fantasmes. Aimables plaisantins, certains visiteurs disent entendre encore la rumeur des tortures et des interrogatoires ! L'idée perdure que cet organe de l'Eglise qu'on continue, par routine, d'appeler « Saint-Office » a gardé un peu partout des informateurs et des espions et emploie encore des « inquisiteurs » modernes qui passent leur temps à préparer des sanctions contre les catholiques contestataires ou les théologiens d'avant-garde. C'est pour avoir dirigé, pendant vingt-quatre ans (1981-2005), une telle institution que le cardinal Joseph Ratzinger, futur Benoît XVI, a acquis sa réputation de *Panzerkardinal* !

C'est lui qui en 1998 a ouvert, pour la première fois, les archives du « Saint-Office » aux chercheurs. Les murs des salles d'archives y sont tapissés de livres, de dossiers aux noms parfois sulfureux, témoins d'une époque où l'« Index » traitait des livres à censurer (*censurae*) et le « Saint-Office » des déclarations de nullité de mariage ou encore de l'attitude à adopter vis-à-vis des juifs (*ebrei*) dans les Etats pontificaux. La majeure partie de ces archives – dont beaucoup ont disparu après la conquête de Rome par Bonaparte en 1799 – sont constituées de rapports adressés à Rome par les inquisiteurs ou concernent les controverses théologiques qui ont éclaté à partir de la Réforme. C'est une incroyable mine pour les historiens qui s'y bousculent.

A côté de la Secrétairerie d'Etat, la Congrégation pour la doctrine de la foi est l'organe le plus important de la Curie romaine. Assistée de la Commission théologique internationale, qui réunit à intervalles réguliers, et par roulement, les meilleurs théologiens du monde, il a pour mission de protéger l'authenticité et l'intégrité de la foi et de la morale catholiques, de se prononcer sur les enseignements du dogme donnés à travers le monde, sur des sujets aussi divers que la « réduction » des prêtres qui la sollicitent à l'état laïc (quelques centaines chaque année) ou les mariages mixtes, d'examiner, éventuellement interdire, des ouvrages jugés dangereux.

Le pape transmet aussi régulièrement des dossiers pour étude à la Congrégation. Une enquête peut être ouverte à tout moment, à la demande d'une conférence épiscopale, d'un membre de la Congrégation ou d'un consulteur, ou sur la base d'une lettre ou d'une pétition. C'est à cette tour de contrôle de la doctrine qu'aboutit, venant de fidèles ordinaires, de prêtres, de religieux ou de divers groupes de pression, une abondante correspondance qui dénonce de prétendues irrégularités ou suggère des idées pour la bonne marche de l'Eglise. De véritables entreprises de délation et de déstabilisation, visant un évêque ou un théologien, sont acheminées jusque-là. Les groupes traditionalistes sont des spécialistes de ce genre d'exercice. Des investigations peuvent s'ensuivre, mais la plupart des lettres de dénonciation sont classées sans suite.

L'ex-Saint-Office traque donc les ambiguïtés trompeuses, les réductions, les interprétations subjectives du dogme chrétien. La doctrine catholique, c'est comme la partition d'un orchestre dont le chef serait le pape et les instrumentistes les très nombreux théologiens, clercs ou laïcs, qui cherchent, enseignent, écrivent, publient, soit dans cette Congrégation vaticane, soit dans la multitude des universités et filières de formation catholiques, dans les ordres religieux, dans les diocèses où la mission première de l'évêque est de sauvegarder le « dépôt de la foi ». Ce sont ces instrumentistes qui préparent et répètent, contrôlent et condamnent, excluent, coupent, tranchent, admonestent, anathématisent.

Leur répertoire est constitué par les éléments de la Tradition, soit le magistère du pape transmis à travers les siècles, et les vingt conciles de l'histoire de l'Eglise, réunissant les évêques successeurs des apôtres, sources ininterrompues du dogme [1]. L'unité et la pureté de la doctrine, c'est une obsession permanente, ce qui fait la force de l'Eglise, garantit son unité de commandement. Elle est un idéal toujours à défendre et toujours défendu, avec méthode et résolution, sous forme de rappels doctrinaux, de mises en garde, éventuellement de sanctions.

C'est pour lutter contre les hérésies cathares, vaudoises que l'Inquisition, on s'en souvient, a été créée en France et en Espagne. Au xxe siècle, la chasse fut faite aux théologiens, exégètes et historiens modernistes, de véritables entreprises de délation menées, dont la plus connue est la « Sodalité » qui agissait dans l'ombre et a été supprimée par Benoît XV devant le scandale créé [2]. Jusqu'à Pie XII et son encyclique *Humani generis* (Du genre humain) de 1950, les théologiens jugés d'avant-garde comme le dominicain français Yves Congar (1904-1995) ou le jésuite Henri de Lubac, également français (1896-1991), ont été sanctionnés, réduits au silence, avant d'être réhabilités par le dernier concile où leurs thèses ont prévalu et largement inspiré les documents finaux.

Sous le pontificat de Jean-Paul II, la Congrégation pour la doctrine de la foi a publié une cinquantaine de

---

1. Les huit premiers conciles ont eu lieu en Orient, conciles dits de l'« Eglise indivise » qui ont fixé les grands principes de la doctrine catholique : Nicée I (325), Constantinople I (381), Ephèse (431), Chalcédoine (451), Constantinople II (553), Constantinople III (680-681), Nicée II (787), Constantinople IV (869-870). Après la rupture entre l'Orient et l'Occident, les conciles limités à l'aire occidentale ont eu lieu à la basilique du Latran (au nombre de quatre) et dans d'autres capitales européennes. Les trois derniers ont eu lieu à Trente (1545-1563) et au Vatican (Vatican I en 1870 et Vatican II de 1962 à 1965).

2. La Sodalité Saint-Pie V était un réseau intégriste, encore appelé la Sapinière, d'une cinquantaine de membres, relayé en France par le père Le Floch, supérieur du séminaire français de Rome, et le cardinal Louis Billot, professeur à l'Université grégorienne. Il pratiquait la délation contre les théologiens suspects de modernisme, ainsi que les organisations et leaders se rattachant à la mouvance du catholicisme social.

documents généralement appelés « instructions ». C'est elle qui a assuré la plus grande partie de la rédaction et de la supervision, pendant six ans, du *Catéchisme de l'Eglise catholique*, monument doctrinal de référence, publié en décembre 1992. Elle qui est intervenue, en 1987, contre la procréation médicalement assistée (instruction *Donum Vitae*), ensuite, et de manière répétée, contre les unions homosexuelles, contre les lectures « réductrices » de la théologie de la libération. Elle qui suit d'un œil vigilant les développements du dialogue avec les autres confessions chrétiennes et avec les juifs en particulier. En septembre 2000, le cardinal Ratzinger a publié unc instruction appelée *Dominus Jesus* très mal accueillie dans les instances du dialogue œcuménique parce que le futur pape y affirmait la supériorité de l'Eglise catholique et le caractère non strictement ecclésial des confessions de la Réforme.

Fidèle à sa vocation d'origine, la Congrégation pour la doctrine continue de surveiller les théologiens qui, pour des écrits jugés non conformes à l'orthodoxie, reçoivent des « notifications ». A l'issue d'un « procès » où ils tentent de faire valoir leur droit de défense – et l'accès au dossier reste difficile –, des sanctions sont prises par l'évêque local ou le supérieur d'un ordre s'il s'agit d'un religieux. Des avertissements sont donnés et, dans des cas exceptionnels, les rebelles sont relevés de leur fonction d'enseignement et de prédication ou interdits de publication.

Renvoyant à la mémoire conflictuelle de l'Eglise, ces méthodes donnent lieu à des empoignades publiques comme celles qui ont précédé les sanctions prises, en 1975 et 1980, contre le théologien suisse Hans Küng, privé d'enseignement à la faculté théologique de Tübingen en Allemagne après un livre mettant en cause l'infaillibilité du pape (*Infaillibilité : une interrogation*). Ou contre les dominicains français Jacques Pohier, condamné en 1979, et hollandais Edward Schillebeeckx en 1980, 1984 et 1985, partisans d'une interprétation ultralibérale du concile. Contre les théologiens de la libération d'Amérique latine comme Leonardo Boff réduit au silence pendant un an en 1985. Contre le moraliste américain Charles Curran en 1986 pour ses prises de position en matière morale. Contre le théologien psychanalyste allemand Eugen Drewermann, contre le théologien sri-lankais Tissa Balasuriya en 1997 ou le jésuite belge Jacques Dupuis, spécialiste de l'Inde, sanctionnés pour des visions trop hardies du pluralisme religieux dans lesquelles la foi catholique risquerait d'être diluée.

Depuis Vatican II, concile « pastoral » plus que « doctrinal », qui s'était interdit de prononcer la moindre condamnation, une dizaine de théologiens ont été au total sanctionnés. Sous Benoît XVI, le premier suspecté a été Jon Sobrino, théologien de la libération, pour un livre sur Jésus, accusé de faire la part trop belle à son humanité au détriment de sa divinité. Dans le système romain, les théologiens doivent être des théologiens dociles, bons répétiteurs, plutôt que chercheurs. Et on leur demande de l'orthodoxie plus que de l'imagination.

7 – La foi et la raison

C'est une doctrine adossée à la raison que propose le magistère catholique contre les vents dominants que les théologiens et les papes de l'époque moderne nomment « historicisme », « relativisme », « illuminisme » ou « scientisme ». Cet axe remonte haut dans la pensée de l'Eglise, notamment aux Pères comme saint Augustin (354-430), héritiers d'une pensée grecque qui sortait l'humanité de ses représentations légendaires et mythiques et cherchait dans la croyance divine une cause première et ultime de toute chose. *« Credo ut intelligam »* (« Je crois pour comprendre »), disait Augustin. L'auteur des *Confessions* ajoutait : « Quiconque croit pense. Si elle n'est pas pensée, la foi n'est rien. » Ce mot n'a pas pris une ride.

Le Moyen Age chrétien redécouvre Aristote et fait la synthèse entre la philosophie grecque et celle des Pères de l'Eglise pour fonder rationnellement la foi en Dieu. L'artisan le plus éclatant de cette synthèse est Thomas d'Aquin (1225-1274), théologien et philosophe italien entré chez les dominicains, que l'on surnommera le « Docteur angélique » en raison de la hauteur de sa pensée et de la sainteté de sa vie. Il accorde la foi et la raison, les théories d'Aristote et les dogmes du christianisme, met au service de la théologie toutes les possibilités de la dialectique et de la scolastique pour aboutir à une formulation globale et systématique de la pensée chrétienne. Pour lui, « la foi est servante de la raison ». Formule fétiche de l'auteur de la *Somme théologique* : « La foi ne craint pas la raison, mais elle la recherche et s'y fie. » La raison peut parler de la foi en suivant ses propres lois. Elle n'est « ni anéantie, ni humiliée lorsqu'elle donne son assentiment à la foi ».

Raison et foi s'affirment donc, s'affrontent, se confortent au plus intime dans la philosophie et la théologie. Il n'y a pas de théologie sans intelligence de la foi. Telle est la clé de voûte d'une œuvre monumentale que la postérité retiendra sous le nom de « thomisme » et qui reste la doctrine officielle des catholiques et la source d'inspiration première de son magistère. Ce Thomas d'Aquin ne manquera pourtant pas de contradicteurs, comme ces deux franciscains, saint Bonaventure (1221-1274) et Duns Scot (1270-1308), qui tentent fraternellement de le convaincre que la théologie et la morale relèvent moins de la raison que de la Révélation et de l'intuition personnelle. Bonaventure accuse Thomas de « mettre l'eau de la raison dans le vin pur de la sagesse divine ». Thomas est contesté jusqu'à l'université de Paris – la Sorbonne – où il est maître en théologie et condamné par l'évêque de Paris, Etienne Tempier, en 1277, sous l'effet du nouveau courant spiritualiste. Il sera réhabilité et canonisé en 1323, puis proclamé docteur de l'Eglise en 1567. Le courant spiritualiste se développera parallèlement aux XIVe et XVe siècles, incarné notamment par le grand mystique allemand Maître Eckhart (1260-1327).

Que la foi soit amarrée à la raison demeure une constante de la pensée catholique. Pour elle, le monde et l'histoire trouvent leur animation et leur sens dans un univers de réalités invisibles que l'intelligence seule est qualifiée pour reconnaître comme réelles. La foi suppose l'adhésion donnée à une parole humaine venant de Dieu. Elle passe par une rencontre avec ce Dieu caché, et sa structure est déterminée par les attributs de ce Dieu que sont la liberté, la fidélité, la toute-puissance créatrice, l'amour et la miséricorde.

Mais la philosophie et la théologie unies au Moyen Age se sont séparées à l'époque moderne. La première a évolué en un rationalisme jugé desséchant. Elle est devenue une expression, parmi d'autres, d'un savoir universel qui n'a cessé de se fragmenter en disciplines particulières. De son côté, la théologie a évolué en une sorte de « fidéisme » dans lequel la foi rompt avec la raison. Pour l'Eglise catholique, la « dérive » du monde occidental remonte à cette rupture. Détachée de leur origine divine, la raison et la science n'ont plus eu d'autre loi que celle de leur propre développement.

Un Jean-Paul II mettait en cause le monde issu des Lumières qui, à l'entendre, ne s'est jamais remis d'un

« positivisme » qui, faute de fondement éthique ou religieux, a débouché sur un scepticisme et un relativisme généralisés. Pour lui, après le XIXe siècle, la raison, livrée à elle-même et devenue folle, a conduit à la « mort de Dieu », puis à la « mort de l'homme », à Auschwitz et au Goulag. C'est précisément ce découplage entre la foi et la raison que le pape Benoît XVI avait mis en cause dans l'islam, à l'université de Ratisbonne, le 12 septembre 2006, lors d'un discours qui avait suscité une violente campagne de protestation orchestrée dans tous les pays musulmans.

Malgré ces avatars, la position de principe en faveur de l'intelligence humaine et de la validité de la démarche rationnelle est restée un pilier de la doctrine catholique. En Occident, des philosophes et intellectuels comme John Henry Newman (1801-1890), Antonio Rosmini (1797-1855), Jacques Maritain (1882-1973), Etienne Gilson (1884-1978), Edith Stein (1891-1942), dans l'Orient slave, un penseur comme Vladimir Soloviev (1891-1942) ont toujours cherché à maintenir un lien ferme entre la foi et la raison. Un lien qui doit d'autant plus s'affirmer que la raison aujourd'hui doute d'elle-même, hésite sur son pouvoir et son empire.

« L'avenir du monde serait en péril si notre époque ne savait se donner des sages », avertissait le pape Paul VI devant l'assemblée de Vatican II. Dans l'une de ses plus belles encycliques datée de 1998, précisément intitulée *Fides et ratio* (« Foi et raison »), Jean-Paul II s'inscrit dans cette grande tradition qui veut que la foi ne méprise jamais la raison, évite la tentation de l'irrationnel, de l'illuminisme, de l'extrémisme, du fondamentalisme. Il se prononce contre l'anti-intellectualisme de certains mouvements dans l'Eglise et préconise un énergique développement, dans les rangs catholiques, de la formation et de l'intelligence de la foi. Mais il ajoute que la raison, à son tour, ne peut ignorer le besoin de transcendance, d'une référence sacrée pour guider l'homme dans son existence. C'est dans la tolérance qu'il sera possible de dépasser l'affrontement avec la science et d'engager le dialogue avec les autres religions : « Si l'Eglise doit la vérité au monde et que son devoir est de lui transmettre les certitudes acquises, écrivait Jean-Paul II, nous savons que la vérité atteinte n'est jamais qu'une étape vers la pleine vérité. »

Par sa dimension universelle, l'Eglise doit tenir compte de la diversité des cultures. La conciliation entre la foi et la raison ne concerne pas seulement l'Occident. Du monde grec à la culture biblique et aux écrits orientaux (les Veda, Confucius, Lao-Tseu, Bouddha), reviennent les mêmes questions du sens de la vie, de l'homme et de la mort : « Le désir de vérité fait partie de la nature même de l'homme », observe encore l'encyclique *Fides et ratio*. Chaque culture porte donc quelque chose de l'universel. Au nom de l'inculturation de la foi, les jeunes Eglises d'Asie et d'Afrique risquent de prendre leurs distances avec l'héritage philosophique grec ou latin et c'est sur la base de ce soupçon que les théologiens indiens ou africains se voient parfois tancer par Rome. Nous y reviendrons.

La foi des catholiques, dont on vient de rappeler les fondements, la résistance aux défis du temps, la confrontation avec la raison, n'est plus vécue de manière monolithique. Les manières de « croire » ont changé, comme les manières de pratiquer. Elles se sont diversifiées. Elles semblent stables ici, fragiles et flottantes là. Une « dérégulation » des croyances s'est produite, liée en particulier aux brèches dans une « mémoire » catholique transmise moins fidèlement qu'autrefois, à une mise à distance des Ecritures et des dogmes imposés, au recul de rites qui structuraient hier la vie sociale, à un affaiblissement de la parole de l'Eglise dans la cacophonie du monde.

Le catholique ne « croit » plus comme autrefois. La foi traditionnelle, héritée ou enseignée, celle qui ne se pose pas trop de questions, ne remet pas en cause les dogmes et les enseignements de l'Eglise, résiste pour partie. Mais la plupart des spécialistes tablent sur trois types d'évolution au XXIe siècle : *primo,* le déclin de la religion conçue comme système de croyances dogmatiques et normatives; *secundo,* la résistance des formes perverties de la religion que sont les intégrismes et les sectarismes; *tertio,* la montée d'un besoin de « ré-enchanter » le monde, c'est-à-dire de quêtes spirituelles, plus ou moins anarchiques.

Sur cette toile de fond, le catholicisme va devoir se frayer un chemin. Des appels sont régulièrement lancés pour adapter la foi catholique à la « modernité ». Vieille tentation qui, selon ses pourfendeurs, risque de transformer la religion en éthique et le christianisme en humanisme. Y aura-t-il encore, demandions-nous en commençant, de la foi sur terre quand reviendra le Christ? La porte est étroite, rappelle la Bible, mais la doctrine catholique, qui a démontré sa capacité à évoluer, n'aura, semble-t-il, de chance de durer que si elle s'adosse à ces trois convictions : la reconnaissance, sans arrière-pensée, ni nostalgie, du pluralisme des options religieuses et éthiques; le refus de la privatisation de la foi, de la marginalisation sociale de l'Eglise; la défense du droit des catholiques à jouer un rôle de contestation des fondements de la culture, de la société et de l'éthique. Alors, la foi gardera son mot à dire, ne serait-ce que pour éclairer, éveiller, éduquer les consciences.

CHAPITRE V

MORALE

Le divorce avec la société moderne

1 – Le sexe est-il péché ?

2 – Sainte « loi naturelle », sacré embryon...

3 – Le contentieux sur l'homosexualité

4 – Coincés, les catholiques ?

5 – Un siècle d'« enseignement social »

6 – L'empreinte de Jean-Paul II

Il est philosophe et s'appelle Rocco Buttiglione. En octobre 2004, ministre italien du gouvernement Berlusconi, il se présente devant le Parlement européen où chaque candidat pressenti pour devenir membre de la Commission de Bruxelles est tenu de faire publiquement son examen de conscience. Ce catholique de toujours, ami personnel de Jean-Paul II, tête pensante du mouvement Communione e liberazione, déclare ce qu'il a sur le cœur. Confessionnal ou tribunal ? Soumis à la question, retourné comme sur un gril, il finit par avouer que l'« homosexualité est un péché » et que si le mot de « famille » a un sens, c'est « pour permettre à la femme d'avoir des enfants et d'être protégée par son mari ». Scandale dans l'hémicycle. Tempête d'imprécations. Recalé le « candidat du Vatican ». Buttiglione a raté son examen de passage. Il se retire de la compétition, « heureux de souffrir » pour la défense de ses idées. Il ne sera jamais commissaire européen.

La polémique qui enfle est à la hauteur de l'offense faite aux homosexuels et aux féministes. Président du conseil pontifical Justice et paix, le cardinal italien Renato Martino réunit la presse à Rome et s'enflamme : « C'est une nouvelle Inquisition. Une Inquisition profane. Une Inquisition pleine d'argent et d'arrogance, hostile à tout ce qui est chrétien, animée par de puissants lobbies culturels et politiques. » Inquisition ? Il est des mots qu'il vaudrait mieux ne pas prononcer quand on est cardinal, mais avec un peu plus de légèreté et d'humour, Vittorio Messori, autre nom de l'*intelligentsia* catholique italienne, soupire aussi : « Il n'y a plus que trois catégories d'hommes – les fumeurs, les chasseurs et les catholiques – dont on peut continuer à dire le plus grand mal, sans violer le politiquement correct ! »

Faut-il s'interdire d'afficher une morale personnelle et des convictions religieuses, dès lors que l'on brigue une fonction officielle comme celle de commissaire européen ? Aux Etats-Unis, la question ne se pose pas. Un président comme George Bush ne craint jamais d'affirmer qu'il est un *« born-again christian »* (converti), que la Bible inspire ses choix politiques et que l'Amérique est la nouvelle Terre promise, appelée à une mission de régénération pour le monde. La Constitution américaine sépare la religion de l'Etat, mais une « religion civile » existe bien. Elle exclut toute suprématie confessionnelle, mais place sans complexe la Bible au cœur de la vie publique. Dans une Europe où le sentiment religieux est en perte de vitesse, à l'inverse, tout discours de conviction morale passe pour archaïque, voire liberticide. Une sorte de « culture du mépris [1] » des croyants serait développée par des courants laïcistes qui tournent en dérision toute défense d'un absolu religieux ou d'une transcendance divine.

Telle est la trame du conflit qui oppose les catholiques à la cité séculière et les oppose entre eux. Le désaccord n'est plus comme autrefois entre le « cléricalisme » et l'« anti-cléricalisme », mais entre une « éthique de conviction », en révolte contre la permissivité ambiante, et une « morale laïque » qui cantonne à la conscience privée tout choix de vie, de religion et d'éthique. Pour certains « laïcs », les

1. Dans *Le christianisme en accusation*, de l'historien français René Rémond (1918-2007), Desclée de Brouwer, 2000.

catholiques formeraient une sorte de contre-culture moderne, avant-garde d'un nouvel « ordre moral » appuyé sur des bataillons de nostalgiques d'un monde où la famille était le pilier, sur des écoles confessionnelles où l'identité catholique, hier flottante, est réaffirmée, sur des mouvements familiaux de masse portés par une idéologie nataliste, anti-abortive et anti-féministe.

Ils seraient partie prenante d'un mouvement de retour aux valeurs anti-permissives, en bonne compagnie avec les militants évangéliques qui, depuis les Etats-Unis, essaiment en Amérique latine, en Asie, dans les ghettos pauvres d'Afrique, là où les églises ferventes, débordantes de témoignages de conversion et de guérison, poussent comme des champignons. En bonne position aussi avec des pays musulmans dont les porte-parole se sont retrouvés sur la même ligne que le Vatican : contre l'avortement en 1994, lors d'une conférence des Nations unies au Caire en Egypte; contre une sexualité librement choisie pour la femme, l'année suivante lors de la conférence internationale de Pékin.

Avec les plus « ultras » des protestants, des musulmans et des juifs orthodoxes, les catholiques figureraient donc dans ce front commun des obscurantismes religieux qui combattent des acquis aussi intouchables que le droit des femmes à l'égalité avec les hommes, à la libre disposition de leur corps, celui des couples à se former et à se séparer librement, des homosexuels à contracter des alliances et adopter des enfants, des couples stériles à recourir à la science, des chercheurs à travailler librement sur ce nouvel eldorado médical que sont les cellules souches d'embryons.

Ce procès a toutes les apparences du bon sens. On ne peut pourtant pas y foncer tête baissée sans en ouvrir toutes les pièces. Sans examiner de près les positions catholiques sur l'amour et la défense de la vie, l'avenir de la famille, la recherche sur les embryons, la différence des sexes. Sans montrer que ces positions ne sont pas aussi figées qu'on le dit et que tous les catholiques ne sont pas alignés au garde-à-vous devant elles. Sans laisser dire surtout que la morale des catholiques se limite au sexe, à la famille, au mariage traditionnel. Comme s'ils n'encourageaient pas aussi une morale sociale et collective, les luttes à mener et les combats à gagner dans les couches les plus pauvres des sociétés libérales et les pays les moins développés. Sur ces questions, on ne peut pas dire que le magistère romain soit muet.

La morale catholique est à l'origine d'un double divorce. D'abord, entre l'Eglise et la société moderne, nouvelle « affaire Galilée [1] » amplifiée à l'excès, répercutée par des médias parfois cyniques. Divorce entre les catholiques eux-mêmes sur les limites que l'Eglise doit s'assigner dans ses prises de position et doit fixer à son pouvoir d'influence. D'un côté, des courants de la « restauration [2] » – dont un Buttiglione au Parlement européen s'est fait le porte-parole - qui invoquent de nouveau une « doctrine morale » et une « doctrine sociale » de l'Eglise, des notions qui s'étaient égarées dans les années 1960 et 1970 quand le magistère parlait, plus modestement, d'« enseignement »moral et social. Pour eux, les normes morales que l'Eglise déduit de sa longue tradition gardent leur validité dans la société moderne et s'imposent à tous, individus, sociétés, Etats, face à des menaces qui ont noms : sécularisation, relativisme, sectes, islam, etc.

Quant aux courants catholiques « modernistes », ils ont pris acte du pluralisme politique, moral et religieux du

1. A l'ouverture de la deuxième session du concile Vatican II, le cardinal Suenens s'est écrié devant ses collègues, lors d'un débat sur la régulation des naissances : « Messieurs, n'ouvrons pas la voie à une nouvelle affaire Galilée. »

2. Le terme de « restauration » dans l'Eglise figure dans le livre *Entretien sur la foi*, publié par le cardinal Joseph Ratzinger en 1985 à l'occasion du vingtième anniversaire de la fin du concile Vatican II.

monde. Ils dénoncent les intentions conservatrices du discours moral d'un Jean-Paul II ou d'un Benoît XVI et puisent dans le message de l'Evangile, dans les engagements de Vatican II, au besoin dans les antagonismes de classes (la théologie de la libération née en Amérique latine), de quoi lutter contre les mécanismes structurels des injustices et des inégalités. Avant d'arbitrer ce conflit, il faut en disséquer tous les éléments.

1 – Le sexe est-il péché ?

En bonne doctrine catholique, l'amour est exclusif, fidèle, indissoluble et fécond. Aucun mot n'est ici de trop. *Exclusif* : les deux conjoints doivent avoir une relation exclusive, ce qui bannit toute forme de concubinage, d'aventure extraconjugale, d'adultère, de cohabitation à l'essai ou de vie amoureuse en union libre. Ce qui écarte aussi le repli sur des formes d'érotisme solitaire : masturbation, voyeurisme, pornographie, vagabondage sur les sites de rencontre. La morale catholique ne transige pas non plus avec la *fidélité* : la situation du couple ne peut varier en fonction des événements, des pulsions, des sentiments et désirs passagers. Le mariage est *indissoluble* : le don de deux conjoints est total, définitif. Aucune autorité humaine, aucune loi ne saurait rompre le lien noué devant Dieu et la société. Le divorce n'est pas permis, ni le remariage avec une personne divorcée. Il faut, enfin, que le mariage soit *fécond* : les époux s'engagent à accueillir les vies que Dieu leur confie.

Ainsi énoncée, la doctrine catholique sur l'amour et le mariage est brutale et carrée. Mais contrairement à une idée répandue, elle n'est pas le caprice d'une Eglise qui voudrait de nouveau régenter les mœurs et les idées. Elle est le fruit d'une longue tradition enracinée dans des Ecritures juives et chrétiennes qu'il nous faut revisiter pour comprendre et mesurer l'acharnement que met le magistère catholique à défendre une anthropologie de l'amour, du sexe, du mariage et de la famille, dont il fait une condition même de survie pour l'humanité.

Dans le récit biblique de la Création, la complémentarité des sexes est décrite comme bonne et voulue par Dieu. L'union charnelle est un commandement : *« Dieu dit : il n'est pas bon que l'homme soit seul (...). Puis, de la côte qu'il avait tirée de l'homme, Dieu façonna une femme et l'amena à l'homme. Alors celui-ci s'écria : c'est l'os de mes os et la chair de ma chair. Celle-ci sera appelée femme, car elle fut tirée de l'homme. C'est pourquoi l'homme quitte son père et sa mère et s'attache à sa femme, et ils deviennent une seule chair »* (Genèse 2, 18-24).

Cet enseignement se prolonge dans l'Evangile. Jésus-Christ reprend au mot près ce récit de la Création, connu des foules juives qui le suivent et il ajoute son point de vue personnel : *« Eh bien ! ce que Dieu a uni, l'homme ne doit pas le séparer »* (Marc 10, 9). Puis, aux disciples intrigués qui le raccompagnent et voulaient en savoir davantage, Jésus insiste : *« Quiconque répudie sa femme et en épouse une autre commet un adultère à son égard. Et si une femme répudie son mari et en épouse un autre, elle commet un adultère »* (Marc 10, 10)

Les Evangiles sont donc sans équivoque sur la nature du lien amoureux et conjugal. Le mariage ne peut être dissous que par la mort de l'un des époux. Jésus était à contre-courant des usages et mentalités de son temps, et le christianisme naissant va rompre avec les pratiques de divorce et de répudiation répandues dans presque toutes les sociétés antiques. Les épîtres de saint Paul définissent les devoirs réciproques des conjoints : *« Femmes, soyez soumises à vos maris comme au Seigneur, car l'homme est la tête de la femme, comme le Christ est la tête de l'Eglise »* (Ephésiens 5, 22-23). Que de gloses à partir de ce passage de l'épître lue dans les célébrations nuptiales, dont il ne faudrait jamais oublier de citer la suite : « *Maris, aimez vos femmes comme le Christ a aimé l'Eglise. (...) Les maris doivent aimer leur femme comme leur propre corps. Celui qui aime sa femme s'aime lui-même* » (Ephésiens 5, 25-28).

Les Ecritures sacrées ne sont donc pas contre le sexe. Bien avant Paul, dans la littérature biblique elle-même, l'amour de l'épouse et de l'époux avait déjà trouvé sa dimension la plus érotique et mystique dans le fameux Cantique des cantiques, que les fidèles ne se lassent jamais de réentendre ou de lire :

« *Que tu es belle, mon amie, que tu es belle!*
Tes yeux sont des colombes derrière ton voile (...),
Tes lèvres un fil d'écarlate
Et ta bouche est jolie,
Ta joue est comme une moitié de grenade derrière ton voile
Tes deux seins sont comme deux faons,
jumeaux d'une gazelle qui paissent parmi les lis (...) »

Alors, comment expliquer dans le christianisme l'idéalisation qui va suivre du célibat, de la virginité et de la chasteté, en rupture avec la culture juive d'origine pour laquelle le désir charnel et la fécondité du couple sont les signes d'une abondante bénédiction divine ? Le retournement est spectaculaire. Malgré les invitations à l'amour charnel des premières Ecritures, les Pères de l'Eglise présentent la virginité et la chasteté comme des moyens supérieurs au mariage pour satisfaire aux exigences de la vie à l'imitation du Christ. Dans le traité sur la virginité d'un Grégoire de Nysse, les jeunes gens sont mis en garde contre les dangers du plaisir sexuel, les inconvénients du veuvage, les épreuves de l'éducation des enfants. Chez un saint Ambroise (340-397) ou un saint Augustin, le mariage est un « bien », puisqu'il vient de Dieu et qu'il permet la procréation, mais le célibat et la virginité font l'objet d'une plus grande estime.

Les Evangiles montraient déjà que la sexualité n'est pas le tout de l'homme : Marie reste vierge après la naissance de Jésus. Jésus lui-même ne se marie pas, contrairement à la pratique de toujours des rabbins. Il loue ceux qui se font *« eunuques pour le Royaume »* (Matthieu 19, 12). Mais ce pessimisme conjugal des origines chrétiennes – qui puise aussi dans Platon qui considérait le corps comme une « prison » ou dans le rejet, d'origine stoïcienne, des passions qui troublent l'âme – vient surtout de la « souillure » du péché originel.

La tradition chrétienne – en Occident plus qu'en Orient – relie tous les désirs désordonnés du corps et de l'âme au péché d'Adam. Adam, le premier homme, aurait transmis à ses héritiers une nature blessée, en proie à la convoitise et encline au mal. Son péché « originel » introduit des rapports de domination et de violence entre les sexes. Il provoque une fixité du désir que la tradition désignera sous le mot, tombé en désuétude, de « concupiscence » qui revient dans les lettres de Paul ou qu'Augustin définit comme « le vice par lequel la chair convoite l'esprit ». Pour eux, la faute sexuelle subjugue la volonté et l'esprit. Elle est au centre de tous les dérèglements qui font de l'âme l'esclave du corps.

Rechercher l'union sexuelle pour le seul plaisir charnel est donc péché. L'intention procréatrice excuse le sexe, mais l'idée va perdurer que plus le désir charnel est maîtrisé, plus grandit l'amour spirituel. Une sorte de diabolisation de la sexualité se met alors en place dans la théologie chrétienne. Parallèlement, tout un dispositif de contrôle des mœurs et des codes sociaux s'installe sous la pression de l'Eglise puissante du Moyen Age. Proche du droit romain, pour lequel le mariage est affaire privée entre deux citoyens, le mariage chrétien s'en distingue par le consentement libre qu'il instaure entre deux conjoints, ce qui, à une époque où le mariage forcé est encore la règle, représente un incontestable progrès.

Mais l'Eglise va prendre l'habitude de se glisser dans le lit conjugal. Elle impose sa codification de l'acte sexuel et du lien matrimonial, punit sévèrement, dans ses « pénitentiels [1] », les adultères, les incestes, les rapts, les divorces, condamne le concubinat, oblige les clercs au célibat. La chasse est menée contre toutes les formes d'alliances clandestines ou incestueuses. L'indissolubilité est érigée en saint commandement.

Dans le droit fil d'Augustin, les théologiens de l'époque médiévale – Albert le Grand (1206-1280), Bonaventure (1221-1274), Thomas d'Aquin (1228-1274) – confirment le lien entre péché originel et désir charnel. Avec des nuances chez un saint Thomas : les « fins premières » du mariage sont la procréation des enfants et leur éducation. Les « fins secondes » sont le « remède à la concupiscence » et l'aide mutuelle que doivent s'accorder les époux. Mais l'acte sexuel n'est pas péché en lui-même. Le plaisir est même un « écho de la béatitude divine », dès lors que son objectif est de donner la vie. En désignant ainsi les deux « perfections » du mariage – sa forme et sa fin –, le grand théologien dominicain établit entre l'union des époux et le don de la vie un lien structurel qui aura des conséquences profondes jusqu'à aujourd'hui.

Toute une littérature coercitive va découler de cette morale du mariage et du plaisir. Contre la Réforme du XVIe siècle qui impose une conception plus libérale de la sexualité et ne fait plus du mariage un sacrement, l'Eglise romaine tombe dans une sorte de pointillisme juridique qui pèsera, jusqu'à l'époque moderne, sur toutes les sociétés civiles européennes. Le bras de fer commence entre

1. Les « pénitentiels » désignaient dans le passé de l'Eglise les rituels du sacrement de pénitence à l'usage des confesseurs.

une religion qui veut imposer sa discipline et les Etats modernes et sécularisés, pour lesquels le mariage est un simple contrat entre individus qui ne doit pas relever de la compétence d'une Eglise. En France, après la Révolution, le mariage devient un acte civil. Le Code napoléonien de 1804 édicte les règles de l'engagement matrimonial et autorise le divorce, « sans lequel le mariage serait une source d'immoralité et de corruption plus féconde que le célibat ».

Autant d'échecs retentissants pour l'Eglise de Rome. Déjà très secoué, l'édifice qu'elle a mis en place, avec tant de constance, pour corseter les mœurs et les consciences, finit par s'effondrer au XXe siècle, quand la révolution sexuelle met fin à l'hypocrisie des mariages « bourgeois » et porte des coups aux piliers de la morale traditionnelle que sont l'indissolubilité de l'union conjugale, la fécondité, l'onction du sacrement comme garants de sa fidélité. Maltraitée par les ruptures des liens et les formes de communauté de vie non matrimoniales, la définition même du mariage est aujourd'hui, pour les catholiques, en danger. Le discours catholique sur le mariage se trouve en porte-à-faux, comme il l'est sur la régulation des naissances, la procréation médicalement assistée ou les unions homosexuelles [1].

2 – Sainte « loi naturelle », sacré embryon...

Au début des années 1960, le discours évolue néanmoins. Le concile Vatican II fortifie la notion de mariage comme « communauté de vie et d'amour établie sur le consentement personnel et irrévocable des conjoints ».

1. *L'Eglise et la sexualité. Repères historiques et regards actuels*, de Guy Bédouelle, Jean-Louis Bruguès, Philippe Becquart, Cerf, 2006.

L'acte sexuel enrichit et consolide l'amour : « Il signifie et favorise le don réciproque des époux [1]. » Mais le concile n'aborde pas la question de la régulation des naissances. La « doctrine » en la matière reste celle de Pie XII (1939-1958) qui préconisait la « méthode des températures », dite Ogino, légitime parce qu'elle recourt aux périodes inféconde du cycle de la femme. Mais cet enseignement du magistère de l'Eglise, limitant la contraception à la continence et aux méthodes naturelles, est une digue fragile face à des révolutions comme la demande plus pressante de liberté et d'autonomie des femmes, leur arrivée massive sur le marché du travail ou la mise au point de la « pilule » contraceptive. Sur une période très courte – 1960-1980 –, la contraception est devenue une pratique admise et généralisée dans presque toutes les sociétés occidentales.

Paul VI, qui s'était réservé le sujet, fait « plancher », pendant trois ans, des commissions de théologiens, de médecins, de psychologues et de couples. En 1968 – retenons la date –, son encyclique *Humanae vitae* célèbre l'amour conjugal, légitime le plaisir sexuel à l'intérieur du mariage, mais rappelle la double exigence de l'acte – la fidélité et la fécondité –, conforme au plus lointain enseignement de l'Eglise. Le contrôle des naissances ne peut être que le fruit, écrit-il, d'une « paternité responsable ». Il exclut « toute action qui, soit en prévision de l'acte conjugal, soit dans son déroulement, se proposerait comme but ou comme moyen de rendre impossible la procréation ». Autrement dit, tout moyen artificiel, mécanique ou chimique, de régulation des naissances – la pilule, le préservatif, le stérilet, des mots qui ne sont jamais mentionnés – est écarté comme « immoral », contraire à la « loi naturelle », universelle et perpétuelle, établie par Dieu pour la

1. Dans la constitution *Gaudium et Spes* (« Joie et espérance ») du concile Vatican II, n° 49.

transmission de la vie. La vie est un don de Dieu. De sa propre initiative, l'homme ne peut jamais utiliser des moyens destinés à faire obstacle à sa volonté.

Il s'ensuit un choc qui, quarante ans après, n'a pas épuisé tous ses effets. L'année même où le monde célèbre la libération du sexe, cette condamnation de la contraception fait figure de provocation. Limitant les critères de moralité de l'acte aux rythmes naturels de la femme, l'approche de l'Eglise est jugée « biologisante ». Elle est contestée en dehors, mais aussi dans ses rangs. Elle heurte la conscience de nombreux couples catholiques mis en demeure de choisir entre la stabilité de leur union et leur fidélité à l'enseignement du pape. Une hémorragie s'ensuit aux Etats-Unis, en Europe, dans les couples qui quittent l'Eglise, mais aussi dans les milieux médicaux, le clergé, les ordres religieux masculins et féminins, inquiétés par ce décalage entre l'Eglise et la société. La déception est grande aussi dans les pays d'Amérique latine où la progression démographique est démesurée et où les programmes de planning familial sont combattus par l'Eglise. Le plus grave est que cette encyclique servira de caution à des campagnes insensées en faveur de « méthodes naturelles » – Ogino, Billings, continence périodique, etc. –, dont l'efficacité est aléatoire et soumise à des conditions d'éducation et de santé qui n'existent pas dans les pays pauvres où elles sont le plus activement menées.

Pour une conscience catholique, l'avortement est un interdit majeur. Pas plus que la Bible, les premiers écrits chrétiens – évangiles et épîtres – ne traitent directement de l'éventualité d'une interruption de grossesse, pas plus que du statut de l'embryon qui préoccupait pourtant déjà les Anciens et la tradition juive rabbinique. Mais l'enseignement de Jésus-Christ rompt, encore une fois, avec l'environnement de son temps, celui des Grecs et des Romains où l'infanticide était une pratique reconnue, admise, mais réglementée. Le père avait huit jours pour décider s'il gardait ou non le nouveau-né. En cas de décision négative, il n'était pas rare qu'il le jetât aux ordures ou le livrât aux bêtes. Les Pères de l'Eglise s'opposeront à ces pratiques barbares, comme à la consommation de toutes les substances abortives, contraceptives ou stérilisantes.

Ordre est donc donné aux premières générations de chrétiens de rompre avec ces mœurs païennes et de respecter la vie dès son commencement. La doctrine est tôt fixée : contrairement à la tradition juive qui invoque une période de quarante jours avant l'« animation » (l'apparition de la vie) du fœtus, toute la littérature apologétique (notamment Tertullien et Augustin) défend l'idée que celui-ci est un être humain à part entière, une personne en développement, un vivant créé par Dieu, dont il prend soin à toutes les étapes de son évolution. La question du moment de l'« animation » alimentera à nouveau de fiévreux débats au Moyen Age, mais Thomas d'Aquin, encore lui, impose l'idée, puisée chez Aristote, d'une succession d'âmes dont la forme supérieure contiendrait les vertus des formes inférieures : « L'embryon n'a d'abord qu'une âme sensitive. Celle-ci disparaît et une âme plus parfaite lui succède, à la fois sensitive et rationnelle. »

L'Eglise conforte la position des premiers Pères : l'être humain est une personne dès le premier instant de son existence, dès la fécondation de l'ovocyte par un spermatozoïde. Autrement dit, l'avortement équivaut à un infanticide. Le coupable et son éventuel complice (médecin, sage-femme) doivent rendre des comptes à Dieu et, au Moyen Age, les condamnations pleuvent : les plus légères « pénitences » vont de l'interdiction de la communion à des jeûnes au pain et à l'eau. Plus tard, les normes du droit canon (jusqu'aux codes de 1917 et 1983) puniront les auteurs d'une interruption de grossesse de la peine majeure d'excommunication. Au passage, rappelons que les protestants, comme les juifs et les musulmans, vont se montrer toujours plus flexibles quant au moment précis de l'apparition de la vie, d'où les divergences d'aujourd'hui, entre les religions, sur l'avortement et le statut de l'embryon.

La position et la discipline catholiques demeurent inchangées à l'époque moderne. Paul VI se montre impuissant face à des législations qui, dans un nombre croissant de pays, reconnaissent un droit à l'avortement et en dépénalisent la pratique. Même un pays comme l'Italie, malgré la campagne hostile du pape et de l'Eglise, reconnaît en 1974, par référendum, le divorce, puis l'avortement, dix ans après. Jean-Paul II, son successeur, va mener une guerre impitoyable contre l'avortement qu'il qualifie d'« autorisation donnée à des adultes, avec l'aval de la loi, de priver de sa vie, avant qu'il ne voie le jour, un être humain qui ne peut se défendre [1] ». Il en fait le premier des maux qui rongent la société occidentale. L'avortement est le nouveau « massacre des innocents ». Un jour de 1991, en voyage dans son pays, dans la ville de Radom, le pape polonais fait scandale en esquissant un rapprochement entre les « victimes de l'holocauste » nazi et « les grands cimetières des enfants qui ne sont pas nés ». Jusqu'à la fin de sa vie, dans un livre qui est une poignante réflexion sur la question du mal [2], il dénoncera l'extermination légale des êtres humains conçus et non encore nés. Extermination « décidée par des Parlements élus démocratiquement ».

Ses adversaires ont beau jeu de lui opposer les situations de détresse des femmes obligées d'avorter. Ils se scanda-

1. Dans *Entrez dans l'espérance*, lettre apostolique publiée en 1994 par Jean-Paul II pour préparer ses fidèles à célébrer le Jubilé de l'anniversaire du christianisme qui serait célébré en l'an 2000.

2. *Mémoire et identité*, le dernier livre rédigé par le pape Jean-Paul II et publié à quelques mois de sa mort le 2 avril 2005.

lisent de l'intrusion de l'Eglise dans la vie privée des couples, invoquent des situations limites comme les viols dans les pays en guerre, reprochent au pape ses pressions insensées sur le législateur et le corps médical. Rien ne le fera transiger. En 1993, aux Etats-Unis, lors des Journées mondiales de la jeunesse à Denver (Colorado), il invente cette expression de « culture de la mort », sous laquelle il amalgame l'avortement aux guerres, aux violences de toute nature, au terrorisme, à la toxicomanie, aux suicides, à l'euthanasie. Une « culture de mort » qu'il oppose à la « culture de la vie », dont le premier pilier est la lutte contre l'IVG et contre la manipulation d'embryons visant à répondre à un désir d'enfant et à des besoins de recherche médicale. En 1994, il crée une « Académie pontificale pour la vie », présidée par le généticien français Jérôme Lejeune (1926-1994), porte-parole des mouvements anti-avortement non violents. A l'époque, le Vatican rappelle à la discipline les femmes bosniaques violées pendant la guerre dans l'ex-Yougoslavie et obligées d'avorter.

Le scandale éclate à nouveau quand, lors de deux conférences mondiales qu'organisent les Nations unies au Caire sur la démographie et à Pékin sur les femmes, le Saint-Siège – qui dispose d'un statut d'observateur à l'ONU – s'allie à des pays musulmans sur la ligne la plus rétive au progrès. Au Caire, sa délégation se bat contre une résolution qui planifie des programmes de contraception et fait pression sur des pays catholiques et musulmans pour que soit dénoncé l'avortement. A Pékin, la délégation du Vatican – symboliquement conduite par une femme, Mary Ann Glendon, juriste catholique américaine – multiplie les réserves sur le document final qui défend les droits de la femme à une sexualité et une procréation librement choisies. Le Saint-Siège joint son vote à ceux de l'Iran, du Soudan, de l'Indonésie, etc. Les organisations féministes hurlent contre cette « alliance contre nature de l'Eglise catholique avec les Etats de barbus qui menacent l'ordre mondial ». En 1999, le pape et le cardinal Ratzinger obligeront l'Eglise allemande à se désengager des centres de consultation avant avortement, dans lesquels elle jouait pourtant un rôle de dissuasion[1].

L'encyclique *Evangelium vitae* (« Evangile de la vie ») de 1995 récapitule tout. Jean-Paul II ne sollicite plus seulement la conscience des couples, comme l'avait fait Paul VI dans *Humanae vitae.* Il met en cause, cette fois, la responsabilité des « Etats tyrans » dans la banalisation d'un « meurtre délibéré et direct ». Il dénie toute légitimité à des dispositions qui n'ont que l'« apparence de la légalité » et qui autorisent l'avortement, l'euthanasie, la congélation et le trafic d'embryons, ainsi que la procréation médicalement assistée, autant d'actes qualifiés d'« intrinsèquement malhonnêtes » ou « gravement illicites ». Tout ce qui est scientifiquement possible n'est pas moralement souhaitable. Encore moins politiquement tolérable : aucun désaccord ne doit être admis entre la loi civile et une loi morale qui interdit à l'homme de tuer. Le devoir de conscience doit l'emporter sur des lois de circonstance.

Evangelium vitae presse les législateurs de confession catholique – gouvernants, parlementaires –, les médecins et personnels de santé de faire valoir leur droit à l'objection de conscience. Ils sont menacés d'excommunication s'il leur arrive de prêter la main, d'une façon ou d'une autre, au « meurtre » d'enfants avortés ou à l'euthanasie de

1. A l'initiative du Vatican, notamment du cardinal Ratzinger, préfet de la Congrégation pour la doctrine de la foi, l'épiscopat allemand, en 1998, a été contraint de fermer les centres catholiques ouverts (comme des centres analogues de l'Eglise protestante) aux femmes tentées d'avorter, contraintes de se présenter avec un certificat délivré par ces centres avant toute intervention. Ces centres ont surtout pour but d'écouter les femmes, de les informer, éventuellement de les décourager d'avorter. Le Vatican a estimé que la participation des catholiques à ces centres était une manière d'encourager les IVG. Le retrait de l'Eglise catholique a suscité de vives controverses.

vieillards condamnés. Cet appel du pape, chef d'un milliard de catholiques, à la désobéissance civile est un défi sans précédent pour les pays de tradition laïque et la tempête qui suit cette encyclique n'est pas moins grosse que celle d'*Humanae vitae* en 1968.

Le fossé se creuse entre l'Eglise et l'opinion mondiale avec l'apparition de nouvelles techniques de fécondation (insémination artificielle, mères porteuses, fécondation *in vitro*) et de recherches sur les cellules souches d'embryons, qui sont pourtant des sources d'espoir pour des couples stériles ou des personnes atteintes de maladies génétiques. Car, sur l'embryon, la position de l'Eglise ne varie pas. Dès la conception du zygote jusqu'à l'enfant à naître, un être humain est engagé dans un processus coordonné et graduel de création. Il doit donc être respecté à toutes les étapes de son développement. Il ne peut être éliminé lors d'une IVG, ni congelé, ni stocké en vue de procéder à des manipulations et des recherches sur les cellules souches, y compris à des fins thérapeutiques. L'Eglise condamne donc la totalité des pratiques de manipulation des gamètes, de fécondation *in vitro* et de congélation embryonnaire, quand bien même il s'agirait de faire naître des enfants chez des couples mariés et stables en âge de procréer.

En 1987, le cardinal Joseph Ratzinger, alors préfet de la Congrégation pour la doctrine de la foi, dans l'instruction *Donum vitae*, s'en expliquait déjà : la fécondation *in vitro* (Fivete) est une technique médicale qui se substitue aux processus naturels de procréation. Elle est condamnée parce qu'elle dissocie l'union et la procréation, l'amour des époux et la « fabrication » d'un enfant. Elle ne peut réussir que par une stimulation ovarienne, donc par la formation d'embryons en surnombre, qui peuvent être perdus ou congelés, stockés et manipulés. Par ce raisonnement, le Vatican se voit reprocher un évident manque de charité pour les couples stériles, mais sa réponse est implacable : la vie est un don ; elle n'est pas un dû. Une fois de plus, les résistances sont fortes, et le Vatican doit rappeler à la discipline ses universités (Louvain en Belgique) et hôpitaux catholiques qui ne tiennent pas compte de cet interdit et font naître des « bébés-éprouvette ».

Le combat contre l'utilisation des embryons surnuméraires reprend avec la formidable avancée, dans les années 1990, des techniques de clonage et des recherches sur les cellules souches d'embryons. Mais une fois de plus, comme pour le divorce, comme pour la contraception, comme pour l'avortement, l'Eglise catholique, à une époque charnière de l'histoire de la biologie et de la médecine, court derrière une mutation sur laquelle elle n'a aucune prise. En 2005, dans un pays comme les Etats-Unis, on recensait déjà 400 000 embryons « orphelins », c'est-à-dire obtenus après une procréation *in vitro*, congelés mais ne faisant plus l'objet de demande par un couple. Au même moment, en France, leur nombre était de 100 000.

Pour le magistère catholique, ces embryons sont intouchables. Bataille est menée contre toute recherche, même en vue de prévenir et soigner des maladies génétiques, sur des cellules souches obtenues après destruction d'un embryon humain. La seule exception à laquelle il consent concerne les recherches sur les cellules souches dans les organismes adultes ou présentes dans le sang du cordon ombilical au moment de la naissance et dotées de potentialités thérapeutiques certaines. Aux Etats-Unis, contre les vœux de la communauté scientifique, un George Bush refuse également le financement des recherches fédérales sur le matériel embryonnaire. Comme lui, le Vatican s'en prend, avec violence, aux pays qui autorisent de telles recherches, à l'Union européenne qui les finance, encourageant ce que l'*Osservatore romano* a un jour appelé un « macabre trafic illicite ».

3 – Le contentieux sur l'homosexualité

L'interdit du « préservatif », quand bien même il s'agit de lutter contre une épidémie aussi gravissime que le sida, soulève une autre révolte. Quand, contre un tel fléau, le Vatican et la hiérarchie catholique préconisent la seule fidélité et l'abstinence, ils sont accusés de non-assistance à personne en danger, stigmatisés pour préférer leur doctrine à l'horreur des statistiques. La colère est à son comble quand, en 1993, en visite en Ouganda, l'un des pays d'Afrique les plus ravagés par le virus HIV, Jean-Paul II déclare que « la chasteté est l'unique manière, sûre et vertueuse, de mettre fin à cette plaie tragique ». Il n'a pas un seul mot pour le préservatif, un terme qu'on ne trouvera dans aucun de ses discours oraux ou écrits, ce qui permet encore à ses inconditionnels de dire qu'il ne l'a jamais explicitement désavoué.

La chasteté, « seul moyen sûr » : c'est une position de bon sens du point de vue catholique. Contre les campagnes de prévention du sida qui s'accélèrent à partir des années 1980, les porte-parole de l'Eglise font valoir que le préservatif est peu sûr techniquement et que la promotion du seul préservatif n'est pas suffisante, si on ne l'accompagne pas de campagnes éducatives recommandant la fidélité dans la relation sexuelle et la maîtrise de soi. Mais, pour les autres, la préconisation de la seule chasteté est une position incompréhensible, une attitude irresponsable quand les médecins du monde entier sont unanimes à affirmer que le préservatif est l'unique moyen connu à ce jour pour enrayer la progression du fléau.

Cette polémique désastreuse, à propos d'une épidémie qui a déjà tué plus de 30 millions d'hommes et de femmes, a beaucoup nui au crédit et à la réputation des catholiques, quand bien même une grande partie d'entre eux sont, dans de nombreux pays, à la pointe des initiatives pour soulager et accueillir les malades, éviter leur exclusion sociale, participer aux campagnes d'information et de prévention. Et s'il est vrai que des évêques africains irresponsables ont brûlé des préservatifs dans des lieux publics, par une sorte d'« autodafé » des temps modernes, l'enseignement de l'Eglise sur cette question n'est pas aussi autoritaire et immuable qu'on l'a dit. De nombreuses voix se sont élevées pour rappeler qu'en bonne morale chrétienne, il est nécessaire d'apprécier d'abord le « moindre mal » et d'appliquer des règles hygiéniques plutôt que d'« aggraver un désordre » et de donner la mort.

Dès 1988, à Paris, une personnalité aussi forte que le cardinal Jean-Marie Lustiger (1926-2007) avait déclaré aux personnes contaminées : « Prenez les moyens que l'on vous propose par respect pour vous-même et pour les autres. Vous ne devez pas donner la mort. » L'abbé Pierre (1916-2007) avait eu cette formule : il faut éviter d'« ajouter le crime à la faute ». En 1996, la Conférence des évêques de France ajoutait que le préservatif est un « moyen nécessaire », mais « pas suffisant ». Position reprise par maints épiscopats dans tous les continents : si le changement de comportement sexuel reste la voie la plus sûre, le préservatif est nécessaire pour éviter d'être infecté ou d'infecter un partenaire. Depuis l'encyclique *Humanae vitae,* l'Eglise condamne tout moyen chimique (pilule) ou prophylactique (préservatif) qui a pour effet de barrer la voie à la transmission de la vie. Mais le moyen qui consiste à empêcher la transmission de la mort doit-il être confondu avec celui qui empêche la transmission de la vie ? C'est à une distinction explicite que sont appelés, de manière pressante, le pape et le magistère catholique. Une réflexion – tardive – est en cours au Vatican.

Rouverte avec l'affaire du sida, la guerre entre les catholiques et la population homosexuelle s'est amplifiée avec la montée des revendications favorables aux unions de même sexe et à l'homoparentalité. La doctrine catholique ne souffre, là non plus, aucune exception, ni distorsion. Pour elle, comme disait Rocco Buttiglione devant le Parlement européen, l'homosexualité est un « péché ». L'interdit est commun aux trois religions monothéistes et figure en toutes lettres dans la Bible : *« Tu ne coucheras pas avec un homme comme on couche avec une femme. C'est une abomination »* (Lévitique 18, 22). Avec l'inceste, le tabou homosexuel est l'un des plus anciens de l'humanité. C'est pour corruption de la jeunesse que Socrate, quatre siècles avant Jésus-Christ, avait été condamné à boire la ciguë. Dans la plupart des codes de l'Orient ancien, les pratiques homosexuelles étaient aussi punies de castration. Dans son épître aux Romains, Paul vise les homosexuels quand il s'emporte contre les « passions déshonorantes » de la société de son temps (Romains 1, 26).

Depuis, avec constance, l'Eglise condamne les attitudes et « orientations » homosexuelles qualifiées, dans son *Catéchisme universel* de 1992, d'« objectivement mauvaises et désordonnées », tout en exigeant des siens le respect des personnes et le rejet de toute homophobie. C'est une vieille pratique de la morale catholique, jugée hypocrite par ses adversaires, de distinguer toujours entre les « actes », qui peuvent faire l'objet d'un jugement moral, et les « personnes » qui échappent au jugement sur l'acte. Quoi qu'il en soit, les actes homosexuels ne sont pas tolérés par le magistère catholique puisqu'ils sont dépourvus de toute visée procréatrice : « Ils ne procèdent pas d'une complémentarité affective et sexuelle véritable. Ils ferment l'acte sexuel au don de la vie », écrivent les documents venus de Rome, qui invitent à l'abstinence ceux qui ont une relation durable avec un partenaire de même sexe.

En 1994, le Parlement de Strasbourg approuve une résolution par laquelle les pays membres de l'Union européenne sont invités à « faire bénéficier les couples formés par des individus de même sexe des mêmes réglementations juridiques que les couples hétérosexuels ». Plusieurs pays s'engouffrent dans la brèche et commencent à légiférer sur cette question. Alors, les catholiques ne se limitent plus à des condamnations de principe. Ils usent de tous leurs moyens de pression et d'influence pour faire échouer ces projets. La hiérarchie et les associations familiales ont été – et restent – à la pointe des manifestations de rues hostiles à la reconnaissance légale des unions homosexuelles, qui va du PACS en France, jusqu'au mariage civil dans des pays comme les Pays-Bas, la Belgique, l'Espagne et dans certains Etats américains. En juin 2003, après la reconnaissance du mariage *gay* par les Pays-Bas et la Belgique, la Congrégation pour la doctrine de la foi renforce la pression : le respect dû aux homosexuels n'implique pas d'accepter les « unions » homosexuelles et encore moins leur reconnaissance juridique, sauf à fragiliser un peu plus la cellule familiale.

Sauver le mariage hétérosexuel et la famille, noyau dur de la société, tel est le sens du combat que mène parallèlement l'Eglise catholique contre la « théorie du genre », popularisée, surtout aux Etats-Unis, par les courants homosexuels et féministes. La *gender theory* nie l'importance de la différence des sexes, soutient que les rôles dévolus aux femmes n'ont toujours été que l'effet d'un conditionnement historique et culturel. Selon elle, la masculinité et la féminité ne correspondraient qu'à une construction sociale, appelée « genre », et non plus à une donnée biologique. Chaque personne peut donc s'affranchir des données de son sexe de naissance pour choisir le « genre » qui lui convient, à travers le modèle d'une sorte de sexualité à la carte. Concrètement, l'homosexualité, l'hétérosexualité et la transsexualité sont mises sur le même plan. La famille n'a plus à être nécessairement fondée par un homme et une femme.

Pour l'Eglise, la « théorie du genre » est une nouvelle épreuve, une atteinte à ses convictions les plus anciennes. Et un absurde défi contre l'expérience qui prouve que la sexualité marque l'ensemble de la personne sur le plan physique, psychologique et spirituel. Même si les conditionnements culturels ont pesé, dans toutes les sociétés, sur les rôles féminin et masculin, on ne peut pas balayer ou nier l'existence d'une différence sexuelle. Pour les catholiques rompus à l'exercice de l'*antilobbying gay*, c'est un autre combat qui est engagé. Pour eux, les modèles alternatifs de nuptialité et de parentalité créent inévitablement, chez les enfants, des confusions affectives et des troubles de la filiation, et une société qui met sur le même plan homosexualité et hétérosexualité ruine ses propres fondements [1].

4 – Coincés, les catholiques ?

Le malentendu semble sans issue entre une Eglise à qui on prête une morale aride, ennemie des libertés et du plaisir, et des « faiseurs d'opinion » qui se gaussent de catholiques soi-disant coincés. Conflit dont personne ne sort, où tout le monde tourne en rond, où les mots mêmes n'ont plus le même sens, selon le camp d'où ils viennent. Le Vatican est allé jusqu'à publier, en 2005, un *Lexique des termes ambigus sur la famille, la vie et les questions éthiques*, afin de rectifier les « manipulations de langage » qui rendraient anodines des réformes de mœurs, légalisées ou non, mettant

1. Dans *Documents-Episcopat* sur quelques aspects de la morale catholique (2006), l'historien Michel Rouche fait observer que « toutes les sociétés ont toujours buté sur le statut à donner à l'homosexualité comme critère de création sociale car, dès lors qu'elle le fait, la société accepte sa propre mort. Il n'existe pas de société qui, faisant de l'homosexualité une norme, ait connu une pérennité ».

en cause des équilibres profonds de la société. L'« interruption volontaire de grossesse » aurait fini par banaliser le mot d'« avortement » qui serait moins utilisé, la « pilule du lendemain » celui d'« abortif » qui ne l'est presque plus. L'« avortement thérapeutique » a remplacé l'« infanticide », et l'« aventure extraconjugale » le vieil « adultère ». Même chose pour l'euthanasie : on serait passé de la « compassion » pour le mourant au « droit à la mort digne ».

La « perversion » des mœurs serait donc coupable de la perversion même des mots. Et des actes qui, autrefois, étaient reconnus comme des délits et des crimes, dûment répertoriés et punis par le Code pénal – avortement, euthanasie, union homosexuelle –, sont non seulement passés dans les mœurs, légalisés, mais sont devenus synonymes de droits toujours nouveaux et de libertés à obtenir, de progrès à améliorer, d'esprit de conquêtes à assouvir. Autant dire que pour l'Eglise, la société moderne marche sur la tête. Elle serait passée d'un droit traditionnellement fondé sur des réalités objectives à un droit subjectif, fondé sur des requêtes individuelles et pragmatiques, au gré de l'air du temps et de majorités flottantes.

C'est sur ce terrain que s'exacerbent les différences de sensibilité et de pratique entre les catholiques eux-mêmes. Elles vont de l'indifférence relative pour les interdits visant le divorce, la contraception, la procréation médicalement assistée, voire l'avortement toléré dans des cas extrêmes, à de nouvelles attitudes de suivisme militant, voire provocateur : campagnes d'abstinence avant le mariage, notamment dans des groupes de jeunes catholiques d'Amérique ou d'Afrique ; activisme anti-homosexuel ou anti-avortement ; refus, comme on l'a vu en 2002 pendant la dernière campagne présidentielle aux Etats-Unis, du don du sacrement – la communion à la messe – aux responsables politiques catholiques qui appartiennent au courant *pro-choice* (pour le libre choix de l'avortement). Cette interdiction avait été formulée par des évêques conservateurs sous la pression du courant *pro-life* (interdiction de toute IVG) et visait en particulier John Kerry, le candidat démocrate, de confession catholique, qui se présentait contre le républicain évangélique George Bush.

Il est impossible d'établir ici des quantités et des classifications. Sans prendre trop de risques, disons toutefois que la grande majorité des fidèles catholiques adhèrent à une doctrine raisonnable de défense de la vie, conforme aux commandements élémentaires de la foi chrétienne : la vie est un don de Dieu qui doit être respecté. En aucune façon, il n'est permis de donner, ni de se donner la mort. Mais pour eux, cette protection de la vie ne se limite pas à l'interdit de l'avortement.

Dans les rares pays où elle est légalisée et encadrée, dans d'autres où elle est pratiquée clandestinement, l'euthanasie répond toujours à une situation d'échec dans le traitement des fins de vie, à l'insuffisance des politiques de soins palliatifs, à l'éloignement de la famille au moment d'accompagner un proche, à l'anonymat des morts à l'hôpital. Dans ces failles de la solidarité humaine, les catholiques militent en faveur des soins palliatifs. Mais ils n'admettent pas plus l'acharnement thérapeutique que l'euthanasie active. Si la souffrance a été souvent considérée comme rédemptrice, il y a longtemps que le Vatican recommande aux malades et aux médecins l'usage de tous les traitements contre la douleur. Réputé pour son dogmatisme, un pape comme Pie XII (1939-1958) se tenait très informé des progrès médicaux de son temps et a condamné le premier l'acharnement thérapeutique, approuvé les greffes d'organes et les antalgiques.

Défense de la vie aussi dans les combats pour l'abolition de la peine de mort. Des catholiques en nombre militent dans les mouvements de type Amnesty International ou

FIACAT (Fédération internationale des associations chrétiennes pour l'abolition de la torture et de la peine de mort). Un pape comme Jean-Paul II multipliait les pressions sur le gouvernement américain en vue d'empêcher des exécutions et d'abolir la peine capitale dans les Etats où elle est encore pratiquée, et son successeur, Benoît XVI, a pris le même chemin. Dans un autre ordre d'idées, l'Eglise condamne aussi le suicide, même si, après les avoir longtemps interdites, les prêtres acceptent aujourd'hui des obsèques religieuses pour les personnes qui ont mis fin à leur jour.

Le respect de l'embryon suscite aujourd'hui davantage de controverses dans les milieux de chercheurs et médecins catholiques. Ils sont généralement d'accord pour affirmer que l'embryon n'est pas ce magma de cellules juxtaposées et interchangeables que manipulent dans les laboratoires les apprentis sorciers de la science moderne. Mais beaucoup ne comprennent pas la fixation que fait le magistère romain sur un embryon sacralisé au-delà de toute mesure. Les progrès de l'échographie obstétricale (qui permettent de déceler *in utero* les handicaps et maladies congénitales), de la procréation assistée, de la médecine régénératrice et les perspectives ouvertes par les recherches sur les cellules souches sont à l'origine d'une révolution copernicienne devant laquelle le magistère romain se montre rétif. Parce qu'elle menace son corps de doctrine sur l'apparition de la vie et le vivant, sur le lien entre sexualité et procréation, sur la protection de l'embryon. Mais l'Eglise risque d'être demain à nouveau seule contre tous, contre les académies nationales de médecine ou les comités d'éthique qui, un peu partout déjà, approuvent les recherches sur les cellules souches, chez l'animal comme chez l'homme.

Sur la question du mariage, les divergences restent également grandes dans la population catholique. Que l'amour entre un homme et une femme doive passer par une union stable et un mariage constitué par le consentement libre des conjoints est une prescription très largement admise. S'il a été contracté devant la société civile (la mairie) et devant Dieu, il jouit d'une valeur sacramentelle et est indissoluble. Et il faut entrer dans des cas précis – union non consommée, troubles mentaux ou tromperie sur les intentions de l'un des conjoints –, pour que la « nullité » du mariage puisse être plaidée par des tribunaux ecclésiastiques. Cette nullité n'efface pas le sacrement, mais elle conclut à son invalidité.

La compréhension de l'amour et de la sexualité qui domine dans la société moderne représente toutefois un vrai défi pour la morale catholique. L'indissolubilité du mariage résiste de plus en plus mal à des pratiques où le mariage est un lien qu'on noue et qu'on dénoue par l'effet d'une volonté souveraine, une relation qui ne vaut d'être maintenue que si elle apporte aux partenaires le bonheur attendu. Dans les sociétés occidentales, le modèle dominant valorise le droit au plaisir et la volatilité des sentiments. Il est aux antipodes de celui que prône l'Eglise arc-boutée sur sa tradition. Qu'elle ne veuille reconnaître le divorce dans aucun pays au monde est source de souffrances.

Davantage encore quand le (ou la) divorcé(e) se remarie civilement. C'est un sujet de polémique ancien et brûlant. Les divorcés-remariés ne sont plus excommuniés comme autrefois. Mais parce qu'ils se trouvent, selon la discipline de l'Eglise, dans une situation irrégulière, ils ne peuvent recevoir de sacrements, notamment le plus important d'entre eux, la communion à la messe du dimanche – même si, en pratique, le prêtre ferme les yeux. Rome n'a jamais voulu céder aux pressions venues de beaucoup de pays, de mouvements de laïcs et de religieux, et même d'évêques, comme en Allemagne ou en France, qui plaident en faveur d'un assouplissement et d'un examen, au cas par cas, de la situation des couples divorcés-remariés. On peine à comprendre, en particulier, pourquoi l'Eglise continue de refuser la communion à une femme ou un homme remarié qui, abandonné par son conjoint, n'a pas voulu la séparation et n'a pas de responsabilité directe dans la rupture.

En ce qui concerne la pratique sexuelle du couple, la soumission des catholiques aux prescriptions de leur hiérarchie est à géométrie variable. Leurs pratiques ne se distinguent plus guère de celles des autres, au moins dans les pays développés où les femmes sont émancipées. Pour le seul cas de la France, trois catholiques sur quatre admettaient, en mai 2005, dans une enquête de la SOFRES, n'avoir jamais renoncé à quelque pratique sexuelle que ce soit « pour des motifs religieux ». Les deux tiers s'estimaient « libres de tout interdit » et, pour 67 % (69 % pour l'ensemble des Français), le sexe est qualifié d'élément « important » de leur vie. Ces chiffres confirmaient la conclusion d'un rapport de l'Institut national d'études démographiques affirmant, en juillet-août 2002, que « si la pilule contraceptive a pu être, au début de sa mise sur le marché, légèrement moins utilisée par les femmes déclarant accorder de l'importance à la religion, ce n'est plus du tout le cas aujourd'hui ».

Cliché donc que celui des catholiques sexuellement coincés. Ce qui ne veut pas dire qu'ils ne s'interrogent pas sur le décalage entre leurs pratiques et les normes de la hiérarchie catholique. Pour eux, tout semble se passer comme si le magistère de Rome était dans son rôle quand il rappelle au couple son idéal de fidélité et de sainteté, mais qu'il n'y a pas lieu de s'alarmer s'il y a manquement à l'obéissance. Cette situation est-elle, pour autant, satisfaisante ? Il ne le semble pas, ainsi que l'écrivent Catherine Grémion et Hubert Touzard, deux intellectuels catholiques militant en faveur d'un changement de discours sur la contraception : « Le fossé entre ce que vivent les fidèles et ce que dit l'Eglise est douloureux pour tout le monde. Pour les catholiques, soucieux de pratiquer selon les règles du magistère et qui culpabilisent quand ils n'y parviennent pas, et pour l'Eglise dans son ensemble qui se trouve déconnectée de la réalité [1]. »

Les catholiques ne sont pas les derniers à reprocher à leur Eglise une morale sexuelle réductrice du plaisir des couples et une position sur la contraception qui devient incompréhensible. L'interdiction de la pilule en Pologne et en Irlande a longtemps eu pour effet de faire de ces deux pays catholiques les champions de l'avortement en Europe ! La grande majorité des catholiques ne perçoit plus le lien entre les interdits de l'Eglise et la morale évangélique. Si le rejet de l'avortement et de l'euthanasie est instinctif, ils ne font plus de distinction entre les méthodes « naturelles » de contraception (continence périodique, Billings, Ogino) et les méthodes « artificielles » comme le stérilet et la pilule. Les prêtres ou les services de préparation au mariage ont tellement intégré cette donnée que les couples sont le plus souvent renvoyés à leur conscience. Aux fiancés qu'elle accueille, une conseillère conjugale parle en ces termes de l'encyclique *Humanae vitae* : « Nous leur expliquons que l'Eglise est favorable aux méthodes naturelles de contraception. Et nous les engageons à en parler, mais nous leur disons aussi que la meilleure méthode contraceptive est toujours celle qu'ils décident ensemble [2]. »

La liberté de conscience revendiquée pour le divorce, l'usage des contraceptifs ou la cohabitation hors mariage

1. Dans *L'Eglise et la contraception : l'urgence d'un changement,* de Catherine Grémion et Hubert Touzard, Bayard, 2006. Ce livre a fait l'objet d'une note critique de la commission doctrinale de l'épiscopat français.
2. Dans l'hebdomadaire catholique français *Pèlerin,* novembre 2002.

est donc typique d'une volonté d'autonomie qui croît dans la population catholique. Toutes les enquêtes montrent que les fidèles en prennent et en laissent dans un enseignement moral de l'Eglise, d'autant plus répétitif qu'il est de moins en moins suivi. Les notions de culpabilité et de péché liés à l'acte sexuel reculent. Elles ne se fondent plus sur des prescriptions imposées d'en haut, des dogmes ou des normes exprimés par une autorité extérieure, une loi divine ou naturelle. Le magistère romain souffre sans aucun doute ici d'une panne de légitimité. Les pratiques qu'il recommande, les certitudes qu'il prêche sont moins observées et, à cet égard, les malentendus ont été nombreux entre le pape Jean-Paul II, homme de foi robuste et de tradition, et une opinion rétive aux normes, aux rappels à la discipline et à l'ordre.

Son successeur, Benoît XVI, semble avoir tiré, pour partie, les leçons de ce divorce. La doctrine de l'Eglise sur l'amour doit être présentée de manière plus « positive », a-t-il insisté à quelques reprises depuis son élection. En juin 2006, dans une allocution à la basilique Saint-Jean-de-Latran, il en parlait avec des mots nouveaux : « Les jeunes doivent être libérés des préjugés diffus selon lesquels le christianisme, avec ses commandements et ses devoirs, oppose trop d'obstacles et empêche de jouir pleinement du bonheur que l'homme et la femme trouvent dans leur amour réciproque. L'éthique chrétienne ne veut pas étouffer, mais rendre plus fort et vraiment libre l'amour. »

En janvier, il avait publié sa première encyclique *Deus est caritas* (« Dieu est amour ») précisément sur ce thème. Avec, d'abord, cette mise en garde anxieuse au monde : « La façon d'exalter le corps à laquelle nous assistons est trompeuse. L'*éros* rabaissé au simple sexe devient une marchandise que l'on peut acheter et vendre. Plus encore, l'homme lui-même devient une marchandise. » Puis le pape réfutait les thèses de deux philosophes, deux Allemands comme lui, qui ont nourri l'antichristianisme moderne : Nietzsche (1844-1900) qui, dans *Par-delà le bien et le mal*, reprochait au christianisme d'avoir « empoisonné l'éros ». Et Marx (1818-1883), qui mettait en cause la « charité » de l'Eglise historiquement coupable, à ses yeux, d'avoir « soustrait les riches à leur devoir de justice et laissé leur conscience en paix ». Le pape dément. Il rappelle le progrès pour l'humanité qu'a représenté, par rapport à la philosophie grecque et sa « fausse divinisation » de l'éros, la conception de l'amour développée par le judaïsme et le christianisme sous le nom d'*agapê*. Pour lui, il ne peut y avoir de césure entre *éros* et *agapê*, mais continuité, unité menant à l'amour de Dieu.

Et, puisant dans la grande tradition théologique qui va de saint Augustin à Jean-Paul II, Benoît XVI s'efforce ainsi de prouver que le catholicisme n'est pas l'ennemi de l'éros, de l'amour charnel, du désir et du corps : « La foi chrétienne a toujours considéré l'homme comme un être dans lequel esprit et matière s'interpénètrent. Oui, l'éros veut nous élever en extase vers le divin, nous conduire au-delà de nous-mêmes. Mais c'est précisément pourquoi est requis un chemin de montée, de renoncements, de purifications et de guérisons. »

5 – Un siècle d'« enseignement social »

Ce serait donc caricature de réduire l'attitude de l'Eglise à une hostilité de principe au monde moderne, à un moralisme rigide et rétrograde, à une tentative de reconquête des consciences individuelles, voire de la morale des Etats. Son enseignement ne se limite pas aux comportements amoureux, à une défense crispée de la « loi naturelle », de l'embryon ou de la famille. Depuis un siècle, le magistère n'a cessé d'élargir le champ de ses interventions [1]. L'historien français René Rémond (décédé en 2007) faisait souvent observer que l'opinion tolère aujourd'hui les prescriptions de l'Eglise dans le champ de la morale collective – justice sociale, droits de l'homme, paix et solidarité –, mieux que dans celui de l'éthique personnelle ou conjugale. Autrefois, c'est l'inverse qui se produisait. On convenait que l'Eglise était dans son rôle quand elle faisait la leçon aux couples, parlait de la famille, de l'assistance sociale et de la charité. Mais à la fin du XIXe, son droit d'intervention sur des questions alors aussi passionnées que la propriété des biens de production lui était sévèrement contesté.

En 1891, l'encyclique *Rerum novarum* (« Des choses nouvelles ») du pape Léon XIII sonne comme la première – et tardive – prise en compte de la condition misérable de l'ouvrier. Pour la première fois, la plus haute autorité de l'Eglise affirme que ni l'économie, ni les relations du travail ne doivent échapper au jugement moral. Elles doivent être soumises à un ordre de valeurs supérieur au simple profit et au rendement. Léon XIII déplore la concentration « entre les mains de quelques-uns » de tous les revenus de l'industrie et du commerce, l'existence d'un « petit nombre de riches et d'opulents qui imposent un joug servile à l'infinie multitude des prolétaires ». Il réclame la rémunération du travail par un juste salaire, des horaires assouplis, un jour de repos hebdomadaire, des rapports nouveaux entre le patron et l'ouvrier.

Entendons-nous bien, *Rerum novarum* n'approfondit aucune des questions, ouvertes par le marxisme, sur le rôle historique des classes sociales, mais cette encyclique de Léon XIII rompt pour la première fois avec la langue de bois paternaliste qui faisait de la charité et de l'aumône le

1. *Compendium de la doctrine sociale de l'Eglise*, publié par le conseil pontifical Justice et Paix, Cerf, Bayard, Fleurus-Mame, 2006.

remède à tous les maux, l'inégalité, une loi de la nature, l'écart entre riches et pauvres, une fatalité. L'Église se met enfin à l'écoute de la classe ouvrière, reconnaît aux travailleurs le droit de s'associer, réclame une législation qui oblige l'État à protéger les plus faibles, et les plus fortunés à subvenir aux besoins des plus démunis. Mais son modèle ignore les conflits historiques d'intérêts – « Il ne peut y avoir de capital sans travail, ni de travail sans capital » – et ressemble aux « corporations catholiques » dans lesquelles s'unissaient les deux classes de propriétaires et de travailleurs.

Ne commettons pas d'anachronisme. Ne sourions pas devant un vocabulaire et des propositions aussi datés. A l'époque, l'audace d'un tel document est telle que les milieux patronaux se révoltent contre le pape. Mais *Rerum novarum* permet aussi l'éclosion d'une génération de « catholiques sociaux » qui, jusque-là, étaient méprisés, combattus par une hiérarchie épiscopale ou patronale hostile à toute forme d'encadrement de la liberté de l'économie et d'organisation ouvrière. Les générations suivantes lisent ce texte, méditent ses enseignements. La conscience catholique s'éveille à ses responsabilités à l'égard des plus démunis. On crée des syndicats ouvriers, des associations patronales, des coopératives, des syndicats agricoles, des mutuelles labellisées chrétiennes. A partir des années 1930, en France, en Allemagne, en Belgique, en Italie, l'Action catholique naissante apporte au « catholicisme social » ses bataillons militants qu'on va retrouver dans les combats antifascistes de l'entre-deux-guerres, dans ceux de la Résistance et de la reconstruction. Dans ces pays, le catholicisme social devient un vivier dans lequel naissent des générations de responsables politiques, sociaux, syndicaux.

Rerum novarum devient l'encyclique de référence pour tous les successeurs de Léon XIII qui reprendront, en les actualisant, ses intuitions. La logique d'une économie ultralibérale est rejetée, autant que celle de la lutte des classes et de la collectivisation des moyens de production. Le programme socio-politique de l'Eglise catholique est en forme de « ni-ni » : ni libéralisme exacerbé, indifférent à la souffrance sociale ; ni socialisme mutilant les libertés. On parlera de « troisième voie » entre le capital et le travail.

« De même qu'on ne saurait fonder l'unité du corps social sur l'opposition des classes, de même on ne peut attendre du libre jeu de la concurrence l'avènement d'un régime économique bien ordonné », écrivait lucidement Pie XI (1922-1939) dans l'encyclique *Quadragesimo anno*, rédigée quarante ans après *Rerum novarum* (1931). L'apport le plus original de ce pape mal connu s'exprime pourtant dans l'ordre international : Pie XI conteste le dogme d'une souveraineté absolue de l'Etat qui irait jusqu'à interdire tout jugement limitant sa volonté et ses excès de puissance. En germe, se trouve ici la lutte que ce pape va mener, courageusement mais dans la plus grande impuissance, contre la montée des totalitarismes, l'Italie de son adversaire Mussolini, l'Allemagne nazie et l'URSS bolchevique. Pie XI forme le vœu d'un nouvel ordre international qui substitue le droit à la force.

Il est aussi le père d'une notion qui va connaître une fortune imprévue dans maints secteurs de la vie publique de nombreux pays : le « principe de subsidiarité », selon lequel aucune instance supérieure ne doit s'arroger de compétence qui pourrait être aussi bien exercée par une collectivité de rang inférieur. C'est ce principe qu'invoquent encore de nos jours ceux qui cherchent à définir les relations entre l'Etat et les collectivités territoriales aussi bien que ceux qui réfléchissent à la répartition des attributions entre les Etats et les différentes communautés qui composent un territoire national.

Avec Jean XXIII (1958-1963) et le temps du concile, émergent, dans le discours catholique, le lien entre le sous-développement, les inégalités qui croissent entre pays riches et pauvres et les tensions internationales. Dans son encyclique *Pacem in terris*, publiée juste avant sa mort, le pape s'adresse à « tous les hommes de bonne volonté ». Signe des temps : l'Eglise n'entend plus seulement parler aux siens, mais au monde, et pour condamner la course aux armements à laquelle se livrent, au début des années 1960, les deux géants : USA et URSS. « Les relations internationales ne peuvent se régler par la force des armes », martèle Jean XXIII, alors qu'avec la crise des missiles de Cuba en 1961, le monde est au bord du gouffre. Il reprend le vœu d'une gouvernance mondiale et encourage l'ONU à jouer son rôle de gendarme de la paix. Pour la première fois aussi à Rome, ce vieux pape évoque les droits de l'homme : droit à un emploi, droit de réunion et d'association, droit à la garantie des soins médicaux, etc.

Son successeur Paul VI multiplie les marques d'estime pour les organisations internationales et se rend à la tribune de l'ONU à New York, le 4 octobre 1964, pour crier aux diplomates du monde entier réunis en assemblée générale : « Jamais plus la guerre. Jamais plus. » Déjà surprise par la tenue d'un concile dont la constitution finale *Gaudium et Spes* reconnaît, pour la première fois dans l'histoire du catholicisme, l'« autonomie des réalités terrestres », l'opinion mondiale prend conscience du rôle nouveau que l'Eglise entend jouer dans les affaires du monde.

Dans *Populorum progressio* (1967), encyclique référence pour tous les catholiques tiers-mondistes, Paul VI mondialise la question sociale : « La question sociale est la question mondiale. » Il dénonce les inégalités de développement entre des populations nanties et des populations « dépourvues du nécessaire, s'efforçant d'échapper à la faim, à la misère, aux maladies endémiques, à l'ignorance ». Ce pape propose des solutions novatrices, audacieuses, mais refuse la violence de type révolutionnaire. Le développement

« est le nouveau nom de la paix », écrit-il dans l'une de ses plus célèbres formules. Autrement dit, tous les aspects du catéchisme social de l'Eglise s'inscrivent désormais dans une vision globale de l'organisation du monde.

Dans le même temps, la parole des catholiques se fait plus modeste, moins arrogante. Elle se borne à énoncer des principes en dehors desquels, selon elle, il ne saurait y avoir d'ordre juste et respectueux de la dignité des hommes. A ceux-ci, ensuite, de concevoir des formules, d'expérimenter des solutions. Paul VI est le premier à rompre, d'une certaine façon, avec ce qu'on appelait jusque-là la « doctrine sociale » de l'Eglise – qu'il qualifiait lui-même de « modèle préfabriqué » – et à lui préférer un « enseignement » sur la justice, adapté à ses situations changeantes. En 1971, dans un texte plus connu sous l'appellation de *Lettre au cardinal Roy,* il écrivait qu'il n'est plus possible à l'Eglise de tenir un discours unique pour toutes les sociétés : la diversité des solutions mises en œuvre par les Eglises locales est le corollaire de leur enracinement.

A partir de ce moment, les conférences nationales d'évêques vont s'enhardir et prendre des positions sur les grandes questions de l'heure. Commence par exemple une époque d'épanouissement pour l'Eglise d'Amérique latine, réputée conservatrice et cléricale. Le concile a ouvert les yeux des évêques, des théologiens et des « communautés ecclésiales de base » sur la réalité du sous-développement et des régimes de dictature militaire dans cette région du monde. Les assemblées du CELAM (Conseil des épiscopats d'Amérique latine), qui se réunissent en 1968 à Medellin (en présence de Paul VI), à Puebla en 1979 (en présence de Jean-Paul II qui fait au Mexique son tout premier voyage), font émerger des personnalités comme les Brésiliens Helder Camara à Recife (Nordeste) et Paolo Arns à São Paulo, comme Oscar

Romero, archevêque de San Salvador qui paiera de sa vie en 1980 son engagement pour les plus démunis. Ils font adopter par leurs Eglises locales l'« option préférentielle pour les pauvres », dénoncent les atteintes aux droits de l'homme, les déportations et autres disparitions d'opposants, préconisent la réforme agraire, la lutte contre la drogue et la violence.

A la même époque, en 1972, les évêques de France adoptent un texte d'avant-garde intitulé *Pour une pratique chrétienne de la politique*, qui reconnaît pour la première fois le pluralisme politique des catholiques et admet que la notion de « lutte des classes » peut aider les militants chrétiens à « cerner les mécanismes structurels des inégalités et des injustices ». C'est l'époque où des dialogues publics entre marxistes et catholiques se nouent à Paris, mais aussi en Italie, en Amérique latine. Dans un tout autre domaine, au début des années 1980, au plus fort de la crise des « euromissiles », les épiscopats des Etats-Unis et de France énoncent des propositions dissemblables sur la sécurité nucléaire, les premiers pour dénoncer la politique de superpuissance des Etats-Unis, les Français pour justifier en partie la légitimité d'une politique de dissuasion et la stratégie défensive (dite « du faible au fort »).

Longtemps identifiée aux intérêts économiques les plus conservateurs, soupçonnée de vouloir défendre son pouvoir social et moral, l'Eglise catholique a donc opéré depuis un siècle une remarquable conversion. Elle a mis au centre de son éthique le respect du bien commun et des droits fondamentaux de la personne. De sa part, le phénomène associatif et le syndicalisme ont obtenu mieux qu'une reconnaissance de principe et, dans nombre de pays, un syndicalisme d'inspiration chrétienne s'est souvent montré à la pointe des actions collectives. Au nom de leur foi et des valeurs de l'Evangile, des militants se sont engagés dans des partis politiques de gauche, des syndicats, des associations. Les membres du clergé, les religieux, les papes eux-mêmes ont pris une part active à la défense des droits de l'homme, des grandes libertés et de la démocratie là où ils étaient absents, supprimés, bafoués. L'Evangile n'est pas neutre : l'Eglise reconnaît aujourd'hui la légitimité des options politiques et syndicales de ses fidèles, mais elle combat toujours toute tentation de violence révolutionnaire.

6 – L'empreinte de Jean-Paul II

Avec Jean-Paul II, s'affirme une variante de la « doctrine sociale » de l'Eglise, héritière des étapes franchies depuis un siècle, mais au service d'un projet plus large dit de « nouvelle évangélisation » du monde, c'est-à-dire de renforcement d'une identité catholique ballottée, en proie aux doutes, menacée par la sécularisation et le « relativisme ». Elle s'explique par l'extraordinaire destin de ce prêtre et évêque polonais qui a vécu les tragédies successives de son pays occupé par les nazis, puis soumis au joug communiste. Devenu chef de l'Eglise catholique, c'est l'être humain dans son « intégralité », c'est-à-dire le fruit libre d'une culture, d'une foi et d'une nation, que Karol Wojtyla a voulu placer au centre de son pontificat.

Pour ce pape, après la « mort de Dieu » décrétée par les philosophes du soupçon (Nietzsche, Freud, Marx), la mort de l'homme a été programmée à Auschwitz comme au Goulag. Après la chute du mur de Berlin en 1989, le danger n'a pas été écarté. En voulant construire un « monde sans Dieu », l'Occident sécularisé, rejoint par les pays ex-communistes, oubliant ses racines et son patrimoine chrétiens, serait en train de construire une « société contre l'homme ». Après la chute du Mur, Jean-Paul II se montre aussi sévère pour la société occidentale et le modèle capitaliste qu'il l'avait été pour la société communiste d'hier. Car, pour lui, les idéologies matérialistes et permissives risquent d'exclure toute référence à Dieu et à la transcendance, ouvrant par là même la voie à une sorte de néopaganisme et à des arbitraires capables de mutiler l'être humain. En d'autres termes, c'est la critique d'une société sans Dieu – qu'elle soit collectiviste ou libérale – qui fut la constante de son œuvre. D'où son combat contre les régimes athées, puis contre le matérialisme, l'individualisme, la course aux idoles (argent, pouvoir, sexe, drogue), identifiés comme autant de fruits pervers d'une hasardeuse modernité.

De la Pologne à Cuba, la plupart de ses voyages ont été inspirés par cette volonté de restaurer la liberté, la démocratie et les droits de l'homme là où ils étaient réprimés et menacés. De sa première encyclique *Redemptor hominis* (« Rédempteur de l'homme », 1979), dans laquelle il faisait de l'homme « la route de l'Eglise », jusqu'à *Splendor veritatis* (« Splendeur de la vérité », 1993), ce sont les mêmes signaux que ce pape adressait, aux individus comme aux Etats, sur les risques d'une liberté qui deviendrait à elle-même sa propre loi, sur les limites d'une démocratie qui se passerait de toute norme éthique et d'une culture d'où aurait disparu tout sens moral, c'est-à-dire toute capacité à distinguer entre le bien et le mal.

Dans son encyclique *Centesimus annus* (1991), il renvoyait dos à dos le collectivisme marxiste et le capitalisme libéral, en rappelant la primauté absolue de l'homme dans les choix économiques et sociaux. Pour lui, l'échec du socialisme réel et du système collectiviste n'exonère pas le système libéral de ses lacunes et de contradictions. Ne passons pas, supplie-t-il, de la *dictature du parti* à la *dictature du profit.* Il dénonce tout laxisme en matière économique et exprime son accord avec les actions qui vont dans le sens de la restauration de la dignité des conditions de salaire et de travail.

Ce pape fut aussi présent sur tous les fronts de la guerre. Dans tous les épisodes de l'interminable conflit israélo-palestinien, pendant la guerre civile du Liban (1975-1990), celle des Balkans, du Golfe (1991) et de l'Irak (2003), il a déployé des efforts considérables, se faisant le « mendiant de la paix », mettant en œuvre à plus d'une reprise sa machine diplomatique pour arrêter les belligérants. Avant la nouvelle guerre en Irak, avec des personnalités comme Jacques Chirac ou le chancelier allemand Schröder, sa voix s'est fait entendre – en vain – dans le camp de la non-intervention des troupes américaines et britanniques. La même idée fut martelée : la guerre est toujours une aventure sans retour, le moyen le plus détestable de résoudre les conflits. L'accumulation des armements amplifie la violence et gaspille les ressources qui pourraient être employées au service du développement. L'Eglise encourage le multilatéralisme et elle soutient les Nations unies dans ses efforts de règlement des conflits.

Avec lui, ressurgit une vieille question de théologie morale : la guerre peut-elle être « juste » dans certains cas ? L'Eglise reconnaît le droit pour chaque Etat à sa « légitime défense ». Mais elle soumet toujours le recours à la force militaire à de rigoureuses conditions dont celles-ci :

« que le dommage infligé par l'agresseur soit durable, grave et certain ;

que tous les autres moyens d'y mettre fin se soient révélés impraticables ou inefficaces ;

que l'emploi des armes n'entraîne pas des maux et des désordres plus graves que le mal à éliminer ».

A condition que ces préalables soient respectés, l'Eglise répète, dans son *Catéchisme universel* de 1992, œuvre majeure du pontificat de Jean-Paul II, qu'il est possible de parler de « guerre juste ». De même, reconnaît-elle la légitimité des obligations de défense nationale et du service militaire, mais défend l'objection de conscience. La paix est plus qu'un thème – inépuisable – de discours et d'allocutions pontificales. On peut en juger par la multitude des lieux de recherche, de débat, de médiation qu'ils ont suscités au cours des trente dernières années : citons le mouvement international Pax Christi, les commissions Justice et paix locales et pontificale, les efforts originaux de la communauté de Sant'Egidio.

A la mort de Jean-Paul II, en avril 2005, les commentateurs se sont interrogés sur la soi-disant schizophrénie de ce pape, « progressiste » sur les questions de la liberté politique, de la défense des droits de l'homme et de la morale sociale, et « hyper-conservateur » en matière de morale sexuelle et familiale. Pour lui, il n'y avait en fait pas de contradiction entre deux attitudes fondées – à égalité – sur la dignité de l'homme, sur la condamnation de tout ce qui porte atteinte à sa vie, de la guerre et du terrorisme, de l'avortement ou des manipulations génétiques.

Pour lui – et pour le cardinal Joseph Ratzinger, son responsable doctrinal devenu Benoît XVI –, la morale sociale et politique et la morale individuelle ne se séparent pas. Au nom de la défense de ce qu'il appelait, on se souvient, la « culture de la vie », il a mené un combat de tous les instants contre l'avortement et dénoncé la pauvreté, la guerre et toute violence. Il a récusé, et sanctionné, des « théologiens de la libération » en Amérique latine, en Afrique et en Asie, puis désavoué toutes ces formes d'« Eglises populaires » et ces prêtres et militants laïcs acceptant de hautes responsabilités politiques, accusés de ne proposer à l'homme qu'un modèle de libération sociale et politique, sous la forme de compromis avec des schémas intellectuels marxistes.

Ainsi est-ce une conception « intégrale » de la personne humaine – à la fois sociale et spirituelle – que des catholiques entendent aujourd'hui défendre en puisant dans les références du magistère. Face à la société « globale », à la mondialisation qui nivellent les identités et communautés, à un « relativisme » de plus en plus menaçant, à la progression d'un islam radical en Afrique ou en Asie, ils sont prêts à affirmer toujours plus sur la place publique une identité forte et « intégrale » du catholique. C'est le message central que Jean-Paul II leur a laissé en héritage et qui a été repris par son successeur.

Mais on se trouve là sur une ligne de fracture au sein même de la communauté catholique. Elle oppose, d'une part, des catholiques « intégralistes » pour qui l'Eglise est la référence, la doctrine des papes un passage obligé pour toutes les dimensions de la vie et, d'autre part, les « laïcs », c'est-à-dire ici les catholiques qui ont intégré la culture de la laïcité distinguant les sphères de la vie privée et publique.

Pour les « intégralistes » – qu'on va retrouver dans des organisations aussi diverses que l'Opus Dei, Communione e liberazione ou des communautés dites « nouvelles » décrites plus loin –, l'Eglise a la plénitude de la Vérité sur l'homme. Sa « doctrine sociale » propose « des principes de réflexion, dégage des critères de jugement et donne des orientations pour l'action [1] ». On les retrouve dans les débats précités sur la bioéthique ou l'avenir de la famille, mais aussi dans les actions concrètes contre la pauvreté et la guerre. Pour eux, l'Eglise joue un rôle salutaire d'avertisseur pour le monde et ils répètent mot à mot le discours des papes : les dérives morales individuelles, commises au nom d'une liberté sans limites, ont toujours des conséquences sociales.

---

1. *Catéchisme universel de l'Eglise catholique*, n°s 2419 et 1423.

Les mêmes dénoncent la griserie devant les progrès des sciences et des techniques et une modernité qui tenterait de substituer l'homme à Dieu. Et si crise du catholicisme il y a, elle est, pour eux, le reflet d'une crise plus large de la culture et de la société : perte de légitimité des autorités; ruptures dans toutes les formes d'engagement (couple, militantisme politique et associatif), dans tous les systèmes de transmission des savoirs et des valeurs; contestation de toute forme d'absolu, pluralisme moral et « dictature du relativisme », selon la célèbre expression du cardinal Ratzinger prononcée à la veille du conclave qui allait l'élire pape.

Ces militants, encore appelés « identitaires », qui ont été soutenus sans relâche par Jean-Paul II et le restent par son successeur, ne sont pas loin de vouloir reconstruire, sinon une nouvelle « chrétienté », au moins une contre-société, passant par des reconquêtes de pouvoir et d'influence dans les milieux politiques, dans les écoles et universités. Ils sont l'avant-garde d'une « évangélisation nouvelle » du monde qui ne craint pas de s'afficher comme telle. Loin de la génération militante qui les a précédés, celle du « levain dans la pâte » qui s'insérait modestement dans les partis et mouvements sociaux existants, ces nouveaux groupes investissent, à l'instar de ce que fit un Jean-Paul II, dans la communication et l'image.

Ce catholicisme de « l'attestation » a le vent en poupe. Il se substitue déjà à ce qu'on appelait, après le concile Vatican II, le catholicisme de « l'enfouissement ». Mais ce dernier n'a pas rendu les armes. Ses représentants entendent tirer la leçon des mutations de la société. Ils sont plus respectueux de la culture laïque environnante et s'inquiètent d'une recherche trop grande de visibilité des catholiques, jugée d'autant plus agressive qu'ils sont désormais minoritaires. Selon eux, la surdité opposée au magistère romain sur son discours moral isole l'Eglise catholique, altère tout ce que son témoignage social pouvait avoir, dans les années 1960 et 1970, de neuf et pertinent.

Ces militants « laïcs » se méfient d'un discours de « restauration » d'une hégémonie morale et politique, de la reconstruction de cette « Eglise-chrétienté » que pressentait, dès le début du pontificat de Jean-Paul II, le théologien Marie-Dominique Chenu [1]. Pour eux, dans un environnement pluraliste, la pertinence du discours éthique de l'Eglise, sa compétence, sa légitimité sont toujours à reprendre, à défendre, à re-démontrer. Elle n'y parviendra pas par un discours autoritaire et normatif.

Les catholiques n'ignorent pas leurs différences de sensibilité et d'option que nous réexaminerons de plus près dans « le jeu des sept familles » (chapitre VII) qui recouvrent le spectre des appartenances à l'Eglise. Certains donnent dans un suivisme inconditionnel par rapport au pape, d'autres dans une contestation systématique et parfois archaïque. Mais au moins ils en débattent. Tous reconnaissent que sont en jeu, sur la vie et la mort, sur le couple et la différence des sexes, sur la guerre et la paix, sur la richesse et la pauvreté, des données anthropologiques fondamentales.

---

1. Notamment dans *La doctrine sociale de l'Eglise comme idéologie*, Cerf, 1979.

CHAPITRE VI

RITUEL

Entre tradition et renouveau

1 – La prière, comme compagne de vie

2 – La messe, comme centre de vie

3 – Des sacrements, comme sources de vie

4 – Des fêtes, comme rythme de vie

5 – Les pèlerinages, comme mode de vie

6 – Les saints, comme modèles de vie

Dis-moi comment tu pries, et je te dirai quelle religion est la tienne... Entêtantes, les mélopées et les prières de la mosquée quand le fidèle invoque sans fin le nom de Dieu, le Miséricordieux, mains nouées ou croisées devant le visage, quand son corps se prosterne, s'agenouille, s'incline comme dans un ballet pieux et mécanique, le front touchant terre.

Bourdonnante de paroles murmurées, la synagogue quand les observants, *kippa* sur la tête, *talith* sur l'épaule, hommes et femmes séparés, se balancent devant, derrière, de côté, comme pour libérer leur corps et permettre à l'esprit de se concentrer dans l'acte de prier. Les bénédictions, les invocations fusent avant le *Shema Israël* (« Ecoute Israël ») qui commence et ponctue l'office.

Mystérieux, le rituel bouddhiste du temple ou de la pagode quand les moines, en robe couleur ocre ou safran, se prosternent ou sont en méditation assise ou que les nonnes semblent esquisser des pas de danse. Tout mot de trop ou de travers, toute expression de mal-être semblent ici bannis.

Sans doute y a-t-il autant de façons de prier que de religions. Et autant de façons de pratiquer que de fidèles. La règle vaut pour le catholique comme pour les autres. Il est debout quand il affirme haut et clair sa foi dans un cantique ou un répons [1]. Ou à genoux, en méditation devant le saint sacrement ou une statue de la Vierge. Ses lèvres marmonnent. Ses yeux sont mi-clos, ses mains jointes. L'une tient entre ses doigts un missel écorné ou laisse filer les grains d'un chapelet. L'autre caresse le visage émacié, le front plissé d'un malade. Rituel des mains... La main qui, lentement, fait le signe de croix sur le front et la poitrine. La main du prêtre qui, après avoir prononcé les paroles de Jésus le soir de la Cène, élève l'hostie et le calice au moment de l'eucharistie. La main qui, à la messe, serre celle du voisin, connu ou inconnu, quand le prêtre invite l'assistance à « échanger un geste de paix ». Les mains des mariés qui s'unissent en signe de consentement mutuel. La main qui frôle la cuve d'eau bénite ou allume un cierge à la sortie d'une église.

Les pratiques, les rites, les dévotions, les fêtes remplissent l'existence ordinaire du catholique comme de tout croyant, rythment son temps, donnent à sa foi sa dimension concrète et visible. Il y a autant de manières de chanter et de prier, de louer et de célébrer, de rendre grâces et d'invoquer Dieu que d'individus, de cultures, de pays. Il y a la prière de l'ermite dans son refuge, solitaire et en lien avec tous les hommes. Il y a la « liturgie des heures », qui roule chaque jour, comme une vague, sous les voûtes de l'abbaye. Il y a la messe trépidante et dansante des Africains au rythme des balafons et des tambours. Il y a la prière joyeuse des pèlerins arrivant au terme de leur longue marche. Celle des malades à l'hôpital ou au pied d'une statue de la Vierge dans les sanctuaires. Celle des groupes d'adolescents conjuguant silence, lectures, musique. Celle des familles qui, à l'église, accompagne les cérémonies de mariage ou de baptême.

Et pourtant, c'est la même foi qui est célébrée. Miracle de l'universalité. La foi est unique dans son contenu, plu-

1. Le « répons » est un chant alterné dans un office liturgique.

rielle dans son expression. A travers le monde, dans des langues multiples, les mêmes textes sont lus le même jour à la messe. Avec de légères adaptations locales, les mêmes gestes, les mêmes invocations, les mêmes prières reviennent sans cesse. Malgré la diversité des rites, les catholiques se reconnaissent à la fois comme différents et comme membres d'une même Eglise, d'une même famille. La liturgie rassemble. Elle ne cède pas à la fantaisie. Elle est rythmée par des « rituels » codifiés, se manifeste par des paroles, des louanges, des silences. Par des odeurs d'encens. Par des symboles comme l'eau, la lumière, le repas qui occupent une place centrale. Par la couleur des ornements du prêtre qui célèbre : blanc, couleur de la lumière; violet, de la pénitence et du deuil; rouge, du feu et du sang.

Des pratiques s'épuisent, d'autres renaissent. Les catholiques plus âgés se souviennent, avec un brin de nostalgie, des dimanches d'autrefois, des fidèles en costume suivant la messe le nez dans le missel, des hommes et des femmes séparés sur leurs bancs, des enfants de chœur en soutanes rouges et surplis blancs, des vêpres scandées par les superbes cantiques en latin, accompagnés par l'harmonium, du *Tantum ergo* ou du *Salve Regina.*

Un certain rite a sombré avec le faste catholique, riche d'un lexique aujourd'hui oublié : les jours de prière des « rogations » pour la fécondité des champs; les « ostensions » (expositions du saint sacrement) ; la récitation du « rosaire » le samedi soir ou le mois de Marie (mai) ; les processions des reliques d'un saint local; les veillées de prière ou les processions aux flambeaux au pied d'un calvaire; les « communions solennelles » avec les petites filles en robes et souliers blancs et les garçons étrennant leur premier costume gris rehaussé d'un brassard de soie blanche; les fêtes du « Sacré-Cœur de Jésus » proposé à l'adoration. Ou la fameuse « Fête-Dieu » quand, dans les odeurs d'encens et le vol des oriflammes, pleuvaient les pétales de roses devant le dais sous lequel le prêtre portait le saint sacrement, offert à la vénération des passants agenouillés, s'arrêtant au seuil des familles méritantes qui avaient décoré leur maison en « reposoir ».

Mais, dans l'univers sécularisé, d'autres pratiques, dont le sens originel s'est dilué avec le temps, ressurgissent de manière étonnante : les jeûnes et les confessions, la célébration des Rameaux, les chemins de croix du Vendredi saint dans les rues de grandes villes muettes de stupeur, les pèlerinages dans des sanctuaires qui ne désemplissent jamais, les nuits d'adoration devant le saint sacrement, les prédications de Carême, etc. Nombreuses sont les églises, les cathédrales, les monastères qui ressuscitent des groupes de prière, de récitation de psaumes ou de lectures bibliques. En quantité aussi renaissent les lieux de pèlerinages, les « pardons », les « fêtes patronales », liés à la mémoire d'un saint, qui rompent avec la grisaille de la vie des villages.

En ce début de XXIe siècle, les catholiques sont tiraillés entre tradition et renouveau. Si le rite tridentin (du concile de Trente) et la messe en latin font le bonheur des fidèles « traditionalistes », les batailles idéologiques autour de la liturgie, qui ont déchaîné les passions dans les années post-conciliaires, ont perdu de leur âpreté. C'est dans le rite que s'exprime le mieux le besoin de signes d'appartenance et d'attestation de l'identité catholique, à l'image d'un jeune clergé qui hésite moins que ses prédécesseurs à porter sa croix sur le revers de son veston, à ressortir le costume du clergyman et le col romain. En rupture avec les pratiques d'obligation répétitives et austères, comme la messe du dimanche, des fidèles préfèrent aussi les manifestations de dévotion plus ponctuelles, plus communautaires, plus ferventes, festives et décomplexées, au risque d'être plus éphémères.

Si les catholiques observent moins ce que la pratique implique de tradition et de routine – aller à la messe chaque dimanche, se confesser, jeûner –, ils continuent de prier, de retrouver le chemin de l'église pour les grandes occasions et étapes de la vie. Des fêtes religieuses comme Pâques et Noël font toujours le plein. Des rites comme le baptême, le mariage et les funérailles religieux résistent à la désaffection et à la sécularisation. Dans un pays comme la France, le nombre des baptêmes d'enfants diminue, mais celui des adultes augmente. Et si le nombre des élèves qui vont au catéchisme chute, l'enseignement religieux, au moins jusqu'à l'âge de la communion solennelle, reste dans la plupart des pays catholiques une activité qui mobilise des compétences et des énergies.

On se gardera donc de considérations hâtives sur la prétendue fin d'un modèle de dévotion catholique qui serait lié à l'effondrement de la civilisation rurale et paroissiale, aux nouveaux rythmes de travail et de loisirs, à un discrédit de l'Eglise comme institution, à son décalage avec les mouvements de la société, à la crise des vocations sacerdotales et religieuses. La baisse de la pratique n'est pas générale. La pratique se maintient dans beaucoup de pays et pas seulement dans les centres bourgeois des grandes villes. Elle ne se réduit plus à la fréquentation de la messe du dimanche. Elle se diversifie, se manifeste par d'autres signes, passe moins qu'autrefois par des rites d'obligation, mais davantage par des « temps forts », des rendez-vous exceptionnels, des rassemblements, des pèlerinages, des haltes spirituelles, des retraites dans des monastères, des pratiques de dévotion personnelle. Là aussi, il est temps de sortir des sentiers battus et de voir ce qui, dans la pratique catholique, résiste à l'épreuve du temps et ce qui évolue pour de bon.

1 – La prière, comme compagne de vie

Commençons par la prière, l'acte le plus ordinaire de tout catholique – comme de tout fidèle, à quelque religion qu'il appartienne. Elle se transmet de génération en génération, devient chaîne au-delà des époques, des frontières, des cultures, des confessions, des nations. La prière est définie comme une rencontre personnelle, silencieuse ou non, avec Dieu rejoint mystérieusement par un acte de foi, la conviction que, s'il a parlé aux hommes autrefois, il se manifeste encore dans l'instant et écoute ce qui lui est dit. La prière est la voie privilégiée d'accès à Dieu.

Prière de louange, prière d'offrande, prière d'intercession, prière d'action de grâces, prière d'adoration, prière d'abandon : il y a autant de formes de prière que d'attitudes de foi. Comme une musique, elle est une succession de libres variations autour d'un thème aussi vieux que le monde : l'homme cherche à rencontrer son Dieu pour le louer, l'écouter, l'interroger, parfois le supplier. Jusqu'à sa mort sur la croix, dans les moments de solitude et d'épreuve, Jésus-Christ a montré la voie : *« Il faut prier sans cesse, sans jamais se lasser »*, dit-il dans Luc (18, 1-8). *« Veillez et priez afin de ne pas entrer en tentation (...) Veillez et priez en tout temps »* (Luc 21, 36). La prière est d'abord une réponse à cette pressante invitation.

Comment prier ? La question était déjà posée par les disciples. Elle est encore l'une des plus stimulantes pour le fidèle affronté, sinon au doute, du moins aux contraintes de temps de la vie moderne. Le seul conseil donné par l'Evangile est le suivant : *« Quand vous priez, ne rabâchez pas comme le font les païens qui s'imaginent que c'est à force de paroles qu'ils se feront exaucer »* (Matthieu 6, 7). La prière catholique n'est pas nécessairement codifiée comme dans l'islam ou le judaïsme. Elle est au contraire l'expression la plus élémentaire de la liberté du croyant. Tout instant de sa vie, tout événement est occasion de prière : prière du soir, prière du matin, *benedicite* pour bénir une table au début d'un repas. Prière pour la famille, prière pour les moissons, prière pour une guérison, prière intérieure, prière d'oraison. Le catholique peut prier dans toutes les positions, à genoux, debout, devant une croix ou une icône, en marchant ou... en voiture au volant.

Elle est parfois « oraison » (du latin *oratio*, « parole », « prière »), mot du lexique catholique ancien qui revient à la mode et signifie prière prolongée et silencieuse, associant le cœur et l'esprit. L'oraison a la place première dans la vie des religieux contemplatifs et d'un nombre de plus en plus grand de laïcs. Elle est différente de la « prière récitée », parfois mécaniquement, dont le chapelet, les cantiques, les litanies, les psaumes sont les formes les plus pratiquées. Différente aussi de la « méditation » qui, au sens chrétien du terme – à distinguer de la « méditation » bouddhiste qui cherche à faire le vide en soi – part d'une réflexion, dans la solitude ou à l'aide d'un directeur spirituel, sur un point de doctrine ou un passage d'Evangile.

Un saint Paul et, à sa suite, de nombreux mystiques, identifiaient la prière à un combat intérieur contre les tentations du monde. Pendant longtemps, le jeûne ou d'autres disciplines de mortification, d'ascèse, de renoncement ont prédisposé le fidèle, par son corps, à entrer en relation avec Dieu. Ces pratiques demeurent, mais ont perdu de leur fréquence. Sans doute la prière est-elle le plus souvent intérieure, mais elle n'est pas retrait du monde. Au contraire, pour un catholique, elle est expression de la foi en un Dieu présent dans la vie de chaque jour. Entrer dans une église ou un oratoire, c'est faire silence en soi, chasser les pensées perturbatrices et inutiles, se confier et s'abandonner, offrir à Dieu les préoccupations, les angoisses du moment, les intentions pour soi et pour les autres.

Prier peut donc vouloir dire rester en silence, à l'écoute, en contemplation. Mais c'est aussi lire ou réciter un psaume (« psalmodier »), choisi dans ce livre de la Bible qu'on attribue au roi David et qui est resté pour le croyant, juif ou chrétien, le cri de l'homme vers Dieu quand il est dans la joie ou la douleur, le reproche ou la bénédiction, l'action de grâces ou la supplication.

Psaume de louange : *« Alléluia. Loue le Seigneur, mon âme. Je veux louer le Seigneur tant que je vis »* (Psaume 146).

Psaume de détresse : *« Des profondeurs, je crie vers toi Seigneur ! Ecoute mon appel, que mon oreille se fasse attentive au cri de ma prière »* (Psaume 130).

Psaume de supplication : *« Lève-toi, pourquoi dors-tu, Seigneur ? Réveille-toi. Pourquoi caches-tu ta face ? Oublies-tu notre oppression, notre misère ? Notre âme est effondrée en la poussière, notre ventre collé à la terre. Debout, viens à notre aide, Seigneur, à notre secours »* (Psaume 44).

Comme tout bon juif, Jésus nourrissait son enseignement de cette lecture quotidienne des psaumes. Après lui, le « psautier » a toujours été le premier livre des moines. Il reste très populaire chez les catholiques qui y découvrent une pédagogie de la rencontre avec Dieu.

Prier, c'est s'inscrire plus classiquement dans la tradition de l'Eglise en récitant ses principaux textes. A commencer par celui du *Notre Père* (*Pater Noster*), enseigné par le Christ lui-même, prière de base de tous les chrétiens, quelle que soit leur confession. A chaque messe, elle est récitée ou chantée dans toutes les langues du monde. Elle l'est aussi dans les rencontres œcuméniques comme signe et volonté d'union des confessions issues du même Père, mais séparées par leurs institutions. Sa traduction en français mérite ici d'être rappelée :

« Notre Père qui es aux cieux,
que ton Nom soit sanctifié,
que ton Règne vienne,
que ta volonté soit faite sur la terre comme au ciel.
Donne-nous aujourd'hui notre pain de chaque jour.
Pardonne-nous nos offenses comme nous pardonnons à ceux qui nous ont offensés.
Et ne nous soumets pas à la tentation,
mais délivre-nous du mal. Amen. »

Prier, c'est aussi choisir un verset de l'Evangile, le répéter sans fin sur les lèvres ou à haute voix. En méditer toutes les significations pour soi et aujourd'hui, comme une parole vivante. Les catholiques méditent les textes évangéliques comme autant de raisons de croire et de vivre. Prenons l'exemple des *Béatitudes,* qui rapporte le « sermon » prononcé par Jésus sur une montagne de Galilée. Ce texte dit mieux qu'aucun autre l'originalité de la foi chrétienne. Il ne retranche rien aux Dix Commandements (*Décalogue*) de la loi de Moïse, commune aux juifs et aux chrétiens : *Tu ne voleras pas, tu ne tueras pas, tu ne commettras pas l'adultère,* etc. Mais il s'exprime sur un mode positif, voire jubilatoire :

« Heureux les pauvres en Esprit, car le Royaume des cieux est à eux !
Heureux les affligés, car ils seront consolés !
Heureux ceux qui sont humbles, car ils hériteront la terre !
Heureux ceux qui ont faim et soif de justice, car ils seront rassasiés !
Heureux ceux qui témoignent de la bonté, car Dieu sera bon pour eux !
Heureux ceux qui ont le cœur pur, car ils verront Dieu !
Heureux ceux qui procurent la paix, car ils seront enfants de Dieu !

Heureux ceux qui sont persécutés pour la justice, car le Royaume des cieux leur appartient !
Heureux êtes-vous quand on vous insulte et qu'on vous persécute, et qu'on dit faussement toute sorte de méchanceté contre vous à cause de moi !
Oui, réjouissez-vous alors et soyez heureux, car votre récompense sera grande dans les cieux. » (Matthieu 5, 3-12).

A part le *Notre Père,* il n'existe pas de texte plus consensuel dans la communauté catholique. Les *Béatitudes* sont la lecture du jour de la fête de tous les saints (la Toussaint), le 1er novembre – fête qui n'appartient qu'à l'Eglise romaine. Celle aussi que choisissent parfois les couples pour leur cérémonie de mariage devant le prêtre. Les époux entendent par là signifier que la prédication de Jésus-Christ n'est pas cet Evangile de résignation au malheur et de consolation décrit par les stéréotypes, mais un programme de vie. Le bonheur promis est la libération de toutes les formes du mal, physique ou moral, pour le présent et dans une vie future, au-delà de la mort.

La Vierge Marie occupe une très large part dans la dévotion catholique. Elle est, de loin, en tête du cortège de tous les saints. Depuis des siècles, dans un mélange de religiosité populaire et de superstition, elle est invoquée contre la maladie, les détresses de la vie, les catastrophes naturelles, les périls de la mer, etc. Combien de sanctuaires marins ou terrestres, de chapelles, d'ex-voto, de lieux de pèlerinages lui sont consacrés à travers le monde ! Combien de Notre-Dame de la Garde, Notre-Dame du Bon-Port, Notre-Dame de la Délivrance, Notre-Dame des Sept-Douleurs, Notre-Dame de l'Espérance, Notre-Dame de Bon-Secours, Notre-Dame des Ardents, Notre-Dame du Bon-Pasteur, signalant à chaque fois le lieu d'une épidémie, d'une souffrance, d'une guérison.

Contrairement à une idée répandue, surtout en milieu protestant, le fidèle catholique ne prie pas la Vierge comme il prie Jésus. Il lui demande d'intercéder auprès de lui. Selon une pratique remontant au Moyen Age, il le fait en s'aidant d'un chapelet, ce collier de grains enfilés qu'il fait glisser entre les doigts en récitant cinq dizaines d'*Ave Maria* (« Je vous salue Marie »), chacune précédée par un *Pater* et suivie par un *Gloria*. Ces dizaines d'*Ave* sont ordonnées en *Mystères joyeux, Mystères douloureux, Mystères glorieux, Mystères lumineux*.

Quant au nom de « rosaire », il vient de l'usage répandu également au Moyen Age de couronner de roses les statues de la Vierge. Il désigne la récitation de trois chapelets de cinq « dizaines ». C'est une prière en usage dans toutes les églises et les sanctuaires, les communautés religieuses, les familles et les groupes de prière. Célébrée au mois d'octobre, « mois du Rosaire », une fête de Notre-Dame du Rosaire a été instituée par Pie V, pape de la Contre-Réforme (1566-1572), après la victoire chrétienne sur la flotte turque à la bataille de Lépante (1571). Comme aide mécanique à la méditation et à la prière, le chapelet est aussi répandu dans le bouddhisme. Ou dans l'islam où il est composé de 99 grains correspondant aux 99 noms ou attributs donnés à Dieu dans le Coran.

La dévotion mariale comprend bien d'autres prières qui, après des temps d'éclipse, reviennent puissamment dans les églises. Le *Salve Regina, Mater misericordiae* (« Salut ô reine, mère de miséricorde ») conclut la plupart des célébrations dominicales ou des offices religieux. Debout, les fidèles se tournent vers une statue de la Vierge. Célèbre et universel, le *Magnificat* s'inspire de l'évangile de saint Luc. Quand elle va rendre visite à sa cousine Elisabeth, Marie enceinte est accueillie comme *« bénie entre toutes les femmes »* et elle répond par un chant de reconnaissance à Dieu, inspirée de la tradition juive à laquelle elle appartient et qui commence par ces mots : *Magnificat anima mea Dominum* (« Mon âme exalte le Seigneur ! »).

« Mon âme exalte le Seigneur, exulte mon esprit en Dieu mon Sauveur.
Il s'est penché sur son humble servante, désormais tous les âges me diront bienheureuse.
Le Puissant fit pour moi des merveilles, Saint est son nom.
Son amour s'étend d'âge en âge, sur ceux qui le craignent.
Déployant la force de son bras, il disperse les superbes.
Il renverse les puissants de leur trône, il élève les humbles.
Il comble de biens les affamés, renvoie les riches les mains vides.
Il relève Israël son serviteur, il se souvient de son amour.
De la promesse faite à nos pères, en faveur d'Abraham et de sa race à jamais. » (Luc 1, 46-55)

Bien des indications convergentes (enquêtes, sondages) permettent de conclure à un renouveau, chez les catholiques en Occident, de la prière personnelle, de l'adoration du saint sacrement et des exercices spirituels. Un renouveau qui va de pair avec la recherche d'un sens à la vie, du silence, du beau, du temps gratuit, d'une direction spirituelle ou morale. Recherche d'un Dieu, recherche de Dieu. La « retraite spirituelle » fait partie de l'ordinaire de tout bon catholique. Elle passe par une période de quelques jours de l'année, consacrés à la réflexion, à la lecture, à l'oraison. C'est un temps de rupture. Celui qui veut « faire retraite » quitte ses occupations habituelles et son milieu de vie ordinaire pour tenter de rejoindre Dieu, se mettre en présence de lui, faire le point sur sa vie, prendre conseil, mûrir une décision.

A cet égard, il faut signaler la renaissance des « exercices spirituels » initiés par saint Ignace de Loyola (1491-

1556), fondateur de la Compagnie de Jésus. L'« exercice spirituel » a lieu en silence pendant une ou quatre semaines, dans un lieu retiré, le plus souvent une « maison » jésuite à l'architecture adaptée. Au moyen de la méditation de passages d'Evangile, à l'aide d'un « accompagnateur », l'exercice de saint Ignace entend donner un nouvel élan à la vie spirituelle du retraitant. Il l'aide à « discerner » la volonté de Dieu pour réorienter, au besoin, le cours de sa vie. Succès aussi des Foyers de charité, présents dans une quarantaine de pays, créés par Marthe Robin (1902-1981), une mystique française qu'on vénère à Châteauneuf-de-Galaure (Drôme), et par son ami Georges Finet, un prêtre lyonnais. Leurs retraites reposent sur le silence et la prédication.

Plus libres, bien d'autres types de « retraite », de direction spirituelle, de stages de formation sont ouverts aux catholiques, notamment dans le cadre de monastères, de groupes de prière, d'associations, de communautés charismatiques. A sa demande, le retraitant est logé à l'hôtellerie de la communauté. Il reste dans le silence, la solitude ou participe aux offices liturgiques des moines. S'il le désire, il peut se mettre en relation avec l'un d'eux, mais ne reçoit pas à proprement parler d'enseignement. Il est livré à lui-même. On ne compte plus la multitude des propositions faites aux catholiques de « haltes spirituelles », de pèlerinages, d'« adorations eucharistiques », de séjours monastiques, de sessions de couples, pour leur permettre d'acquérir ou retrouver des habitudes de prière, créer les conditions d'un retour à Dieu.

2 – La messe, comme centre de vie

La messe est le sommet de la vie du « pratiquant » – on le désignait autrefois comme « messalisant » –, le rendez-vous le plus régulier avec sa communauté. Elle est pour lui le « mémorial » de la vie, de la mort, de la résurrection de Jésus-Christ. Elle est « la source et le sommet de la vie chrétienne [1] ». Elle est célébrée par un prêtre – ou concélébrée par plusieurs prêtres – chaque jour, à chaque heure dans le monde, selon un calendrier liturgique et des rites codifiés. Les rites locaux – le rite « lyonnais », le rite « ambrosien » (de saint Ambroise) à Milan, le rite « dominicain », le rite « mozarabe », etc. – ont quasiment disparu. Ils se résument presque désormais à l'opposition entre un rite romain ou latin – dans les pays d'Occident – et un riche éventail de rites orientaux : rites byzantin ou grec-catholique, syrien, arménien, antiochien, copte ou alexandrin, chaldéen, maronite, syro-malabar en Inde, etc. Témoins de la splendeur des premières Eglises, toujours vivantes, les liturgies catholiques orientales utilisent des langues parmi les plus anciennes – y compris l'araméen qui était la langue du Christ – et sont proches de rites équivalents dans la tradition orthodoxe.

La messe – de plus en plus communément appelée par les fidèles « célébration eucharistique » – reste la manifestation la plus visible de l'unité et de l'universalité du catholicisme. Son rituel le plus courant en Occident – appelé « ordinaire » – est issu de la réforme de la liturgie opérée par Vatican II : la messe dite du pape Paul VI, officiellement établie en 1969, a succédé à la messe de Jean XXIII qui, en 1962, avait déjà réformé (partiellement) le rite « tridentin » inchangé depuis le concile de Trente (1545-1563). Les innovations introduites par le dernier concile – renoncement à la formulation latine obligatoire, emploi des langues vernaculaires, autel orienté vers le peuple, introduction de lectures de l'Ancien Testament – sont devenues le prétexte à

1. Dans la constitution conciliaire sur l'Eglise *Lumen Gentium,* n° 11.

d'intenses polémiques menées à l'initiative des catholiques « traditionalistes ».

Pour ceux-ci, la « nouvelle messe » de Paul VI est devenue le prétexte à un rejet plus général et radical des réformes de Vatican II, comme la reconnaissance pour tout homme de la liberté de religion ou le dialogue de l'Eglise catholique avec les autres confessions. En vue d'apaiser cette querelle, les papes Jean-Paul II et Benoît XVI ont autorisé, à certaines conditions, la pratique – qui, de fait, n'a jamais été interdite – de la messe en latin selon le rite tridentin. Avec plus d'insistance chez Benoît XVI, soucieux de préserver l'orthodoxie et le mystère de la tradition liturgique ancienne : selon un *motu proprio* (décret) en date du 5 juillet 2007, le rite tridentin a été restauré comme un « rite extraordinaire » de l'Eglise catholique que le prêtre est tenu de célébrer à la demande d'un « groupe stable » de fidèles. Le bruit suscité, surtout en France, par cette polémique ne rend pas compte de cette élémentaire vérité : le rite de la messe « moderne » codifié par Paul VI s'est massivement imposé dans tout le monde catholique et n'est pas remis en cause par l'immense majorité des fidèles.

Après l'accueil, la messe commence par une invocation à la miséricorde de Dieu dans l'une ou l'autre langue (*Kyrie eleison* en grec, *Seigneur prends pitié* en français), puis par une prière de louange (*Gloria in excelsis Deo* en latin, *Gloire à Dieu au plus haut des cieux*). Elle comprend ensuite un temps de lectures, appelé liturgie de la Parole, composée de textes de l'Ancien Testament (Genèse, récits prophétiques, etc.), puis de psaumes, pour montrer l'enracinement biblique de la foi catholique. Suit la lecture de l'Epître, le plus souvent prise dans saint Paul, et de l'Evangile, temps le plus fort de cette première partie : debout, les fidèles écoutent un passage tiré du Nouveau

Testament, dicté par le calendrier liturgique, lu à l'ambon (tribune surélevée à l'entrée du chœur) par le prêtre célébrant, exceptionnellement le diacre. L'homélie est toujours, en principe, le commentaire de cette lecture d'Evangile. Elle est suivie par la récitation du *Credo* et la « Prière universelle » aux intentions de l'Eglise, de l'assemblée, du monde, de la paix, des malades, des familles, etc. L'affirmation de la foi commune dans le *Credo* et la « Prière universelle » se veulent la réponse à la parole de Dieu. « Dieu parle à son peuple et son peuple lui répond », souligne Vatican II [1].

La deuxième partie de la messe est appelée liturgie de l'eucharistie, mot forgé à partir du grec *eucharisto* (« rendre grâces » ou « merci » dans le grec moderne). Elle commence par un temps d'offrandes, en prières ou en espèces. Puis est célébrée l'eucharistie proprement dite, c'est-à-dire la consécration du pain et du vin en mémoire du dernier repas du Christ avec ses disciples et de son « sacrifice ». A l'autel, le prêtre élève l'hostie et il prononce ces paroles : *« Jésus prit du pain et, après avoir rendu grâces, il le rompit et le donna à ses disciples en disant " Ceci est mon corps ". »* Ensuite, en levant le calice, il ajoute : *« Ceci est mon sang versé pour vous. C'est la coupe de la Nouvelle Alliance. Chaque fois que vous en boirez, vous le ferez en mémoire de moi. »* Depuis qu'elle existe, par la bouche et les mains du prêtre qu'elle a consacré pour cet exercice, l'Eglise rompt le pain et boit à la coupe pour « faire mémoire » de la vie du Christ, de sa mort, de sa résurrection.

Vient ensuite le temps de la « communion ». La récitation du *Notre Père,* suivie du baiser de paix, en sont les premières expressions. Après des prières de purification – *« Seigneur, je ne suis pas digne de te recevoir, mais dites seulement une parole et je serai guéri »* –, le fidèle baptisé reçoit dans la bouche – pratique traditionnelle depuis le

---

1. Dans la constitution conciliaire sur la liturgie *Sacrosanctum concilium.*

XIIe siècle – ou dans les mains – pratique moderne plus répandue – l'hostie consacrée par le prêtre. Depuis Vatican II, le fidèle peut aussi communier « au sang du Christ » par intinction, c'est-à-dire en humectant l'hostie dans le calice, mais cette communion au calice, quotidienne pour le prêtre, reste exceptionnelle pour le fidèle laïc. Ainsi, par la communion, le baptisé reçoit le Christ, se nourrit du don qu'il a fait de sa propre vie. Longtemps réservée aux adultes, elle est désormais plus fréquente et accessible aux enfants qui ont fait leur « première communion ». Les observances strictes d'autrefois pour pouvoir communier – s'être confessé et être à jeun – ont disparu, mais il est recommandé d'être bien préparé.

Pour les catholiques – à la différence des protestants –, l'eucharistie (la messe) n'est pas seulement un acte de mémoire. Elle est l'actualisation, au sens propre, de l'unique sacrifice du Christ, à chaque célébration recommencée. Le point de doctrine appelé « transsubstantiation », remontant à la période scolastique, est l'une des divergences majeures avec les confessions protestantes : la « substance » du pain et du vin, quand elle est consacrée, se change *réellement* en substance du corps et du sang du Christ. Le pain de l'hostie est la « présence réelle » du corps du Christ transmise au disciple, et le vin la « présence réelle » de son sang.

Selon saint Jean, le Christ aurait dit à ses apôtres : *« Qui mange ma chair et boit mon sang a la vie éternelle et je le ressusciterai au dernier jour. Ma chair est vraiment une nourriture et mon sang vraiment une boisson. Qui mange ma chair et boit mon sang demeure en moi et moi en lui »* (Jean 6, 54-56). A ces mots déjà, des disciples haussent les épaules et s'éloignent : *« Elle est dure cette parole. Qui peut l'écouter ? »* Devant le scepticisme général, Jésus interroge alors ses douze apôtres : *« Voulez-vous partir, vous aussi ? »* Et c'est alors que Simon-Pierre sort du silence et prononce ces paroles d'abandon qui résument le mieux ce qu'on appelle la confiance chrétienne : *« Seigneur, à qui irions-nous, tu as les paroles de la vie éternelle. Nous, nous croyons et nous avons reconnu que tu es le saint de Dieu »* (Jean 6, 67-70).

Seul le prêtre peut consacrer le pain et le vin. En Afrique ou en Amérique latine, le clergé manque aux besoins des communautés. Dans les campagnes ou les banlieues des grandes villes européennes, les prêtres ne sont pas non plus en nombre suffisant pour que chaque dimanche une messe soit célébrée dans chaque paroisse. Alors des communautés se regroupent autour d'un « catéchiste » ou d'un laïc responsable qui anime les lectures et les chants. Mais l'eucharistie ne peut y être consacrée. Ces « assemblées dominicales en l'absence de prêtre » sont l'un des signes tangibles de la crise numérique du clergé. Les pressions favorables à une révolution dans l'ordre des « ministères » – autour de l'ordination sacerdotale d'hommes mariés, voire de femmes – s'inspirent de ce constat de privation de l'eucharistie, le sacrement le plus important de l'Eglise catholique.

3 – Des sacrements, comme sources de vie

Le mot grec *mysterion*, qui a défini la religion chrétienne naissante comme « mystère » d'un Dieu incarné, a été précocement traduit en latin par *sacramentum*, qui a donné en français le mot « sacrement ». Ce terme désigne le signe visible et sacré d'une réalité cachée. En bonne doctrine chrétienne, le sacrement est un don de Dieu et une source de vie. Le Christ continue d'agir au milieu des hommes par son Eglise qui, comme disait Bossuet, est « le Christ continué et communiqué ». Il le fait au moyen de

« sacrements », un mot qui renvoie à tout cet univers de signes que l'Eglise propose au fidèle pour atteindre Dieu, mais que ses ennemis désignent comme des pratiques de superstition et de magie.

Le sacrement est intangible, définitif, ineffaçable. Dieu ne peut reprendre ce qu'il a donné. Le baptisé reste toute sa vie baptisé, même s'il décide de « sortir » (en cessant par exemple d'acquitter son impôt d'Eglise dans les pays où il existe) ou fait rayer son nom des listes de baptême (ce qui arrive en France). De même, le divorcé reste-t-il marié religieusement, s'il l'a été une fois, et il ne peut en aucun cas se remarier dans une église catholique. C'est l'un des points les plus contestés de la discipline romaine. Le prêtre qui a décidé de quitter son ministère reste aussi prêtre toute sa vie. Seul le pape peut le « réduire à l'état laïc » selon l'expression consacrée.

Les Eglises catholique – et orthodoxe – reconnaissent chacune sept sacrements : le baptême, la confirmation, l'eucharistie, la réconciliation (ou pénitence), l'onction des malades (extrême-onction), l'ordre et le mariage. Les Eglises qui s'inspirent de la Réforme protestante n'en retiennent que deux : le baptême et l'eucharistie appelée « Sainte-Cène ». Passons en revue ces sacrements, à l'exception de l'eucharistie déjà traité à propos de la messe dominicale.

Le *baptême* est le premier. Sans lui, aucun autre sacrement n'est possible, sauf « dispense » accordée par un prêtre, par exemple pour un conjoint non baptisé, lors d'un mariage. « Baptiser » un enfant ou un adulte signifie, au sens étymologique, le plonger dans l'eau. L'eau qui purifie et régénère est un thème symbolique majeur, présent tout au long de la vie et de l'enseignement du Christ. En versant de l'eau sur le front du futur baptisé – enfant ou adulte –, le prêtre prononce cette formule :

« Je te baptise au nom du Père, du Fils et du Saint-Esprit. » Ce sacrement est censé effacer le « péché originel » et toute faute personnelle. Il marque l'entrée du baptisé dans la communauté chrétienne.

A l'origine, le baptême se pratiquait par immersion totale dans l'eau. C'est encore le cas dans les Eglises d'Orient ou chez les chrétiens « baptistes ». Pour des raisons pratiques – par égard surtout pour les malades –, les catholiques de rite latin ont imposé le baptême par simple aspersion d'eau sur le front. Le nouveau baptisé reçoit du prêtre l'onction du « saint chrême », signe de force et de « royauté ». Vêtu d'un habit blanc (*« Vous tous qui avez été baptisés dans le Christ, vous avez revêtu le Christ »*, dit saint Paul dans Galates 3, 27), il reçoit un cierge, signe de lumière. Si le baptême comme tout sacrement doit être donné par une personne consacrée – un prêtre, éventuellement un diacre –, en cas de danger mortel, l'Eglise permet exceptionnellement à tout chrétien de baptiser un mourant. Il suffit de lui verser de l'eau sur la tête en prononçant la formule baptismale.

Le baptême est donc un rite dit « de passage » : l'enfant ou le catéchumène adulte [1] passe de l'ignorance de Dieu à la communion avec lui et avec les autres baptisés, du monde païen à l'Eglise, de la « mort à la vie ». On ne naît pas chrétien : on le devient par un acte de foi volontaire, accompli au nom de l'enfant par des parents, confirmé par la présence d'un « parrain » et d'une « marraine ». Pour celui qui le reçoit, le baptême équivaut donc à une « nouvelle naissance ». Ce sacrement fait l'objet, pour les parents, d'une préparation par un prêtre ou une équipe

1. Remontant à l'Eglise des origines, le « catéchumène » est le converti adulte qu'on initie dans la foi chrétienne avant d'être baptisé. Depuis Vatican II, lié aux baptêmes d'adultes, le catéchuménat (d'une durée de deux ou trois ans) connaît une nouvelle vigueur. Chaque année en France, on compte environ 3 000 baptêmes d'adultes, célébrés le plus souvent la nuit de Pâques.

spécialisée de laïcs, et le baptême est parfois l'occasion pour des couples de renouer avec une pratique plus régulière à l'église.

La *confirmation* est le deuxième sacrement dit d'« initiation ». Reçue le plus souvent à l'entrée dans l'adolescence, la confirmation ratifie le choix du baptême fait par les parents dans les premières années de l'enfant. Le « confirmant » reçoit l'Esprit-Saint et ce sacrement ne peut être célébré que par l'évêque ou son délégué. Sur le front du jeune homme ou de la jeune fille, l'évêque, en ornement rouge, fait une onction de « saint chrême », pose sa main sur l'épaule du confirmant en déclarant : *« Sois marqué de l'Esprit-Saint, le don de Dieu. »*

Ce sacrement de la maturité religieuse fait l'objet d'une préparation adaptée à la recherche spirituelle des adolescents et connaît un certain regain de faveur dans beaucoup de pays. L'âge moyen, qui était autrefois celui de l'« âge de raison » (7 ans), a tendance à s'élever. Il est aujourd'hui de 15 à 18 ans. L'« initiation » chrétienne est complétée par le sacrement de l'eucharistie quand le jeune baptisé fait sa « première communion », autrefois appelée « communion privée » (à partir de 7 ans). La « communion solennelle », appelée plus souvent aujourd'hui « profession de foi », a lieu vers les 12 ans. Elle n'est pas un sacrement, mais marque la fin de la première étape de l'éducation religieuse (le catéchisme) de l'enfant. En portant l'aube et le cierge, l'adolescent renouvelle les promesses de son baptême. La « profession de foi » est restée l'occasion d'une grande fête de famille.

Le sacrement de *pénitence* – appelé traditionnellement « confession » et plus rarement « réconciliation », mot qui peine à s'imposer – est celui qui permet au pécheur d'obtenir du prêtre l'absolution de sa faute et de retrouver ainsi une relation harmonieuse avec Dieu. Ce sacrement s'appuie sur l'enseignement du Christ à ses disciples : *« Ceux à qui vous remettrez leurs péchés, ils leur seront remis. Ceux à qui vous les retiendrez, ils leur seront retenus »* (Jean 20, 22-23). C'est le sacrement dit de la miséricorde de Dieu et de la guérison du pécheur. Saint Ambroise (340-397) aimait dire que, grâce à l'Eglise, l'homme trouvait toujours « l'eau et les larmes : l'eau du baptême et les larmes de la pénitence ». Ce sacrement passe par l'aveu du péché à un confesseur qui est toujours un prêtre. Celui-ci absout le pécheur, en échange d'un acte de contrition et de la promesse d'observer une « pénitence » : soit un acte concret de charité, soit une prière devenue plus légère avec le temps.

Le degré de culpabilité du pécheur ne peut être apprécié indépendamment de son histoire personnelle. Aussi la doctrine catholique a-t-elle évolué avec le temps et s'est mise à distinguer deux catégories de péchés selon leur gravité : les péchés légers, appelés « véniels », c'est-à-dire « excusables », et les péchés « mortels », qui mettent en danger la relation à Dieu [1]. Le catholique a obligation de confesser ses péchés graves et de se confesser au moins une fois l'an – ce qu'il fait à la veille de la fête de Pâques. L'aveu des péchés a quitté le confessionnal traditionnel et peut se faire dans des lieux désormais moins sinistres, plus accueillants. De même, la « réconciliation » est-elle de plus en plus souvent célébrée sous une forme communautaire, appelée « liturgie pénitentielle », l'absolution de la faute restant individuelle.

Le poids du péché est responsable d'une longue tradition de culpabilisation individuelle au sein du catholicisme [2]. Mais, à l'époque moderne, le péché se résume à

1. Le « péché mortel » est à distinguer des fameux « péchés capitaux » – orgueil, avarice, envie, colère, impureté, gourmandise, paresse – remontant à... Aristote, Evagre, redéfinis par Augustin et Thomas d'Aquin.

2. *La peur en Occident*, de Jean Delumeau, Fayard, 1987.

un manque d'amour de Dieu qui se manifesterait par la désobéissance à l'un de ses commandements, à une atteinte grave portée au devoir de charité et d'amour du prochain. Signe des temps, la « pénitence » est le sacrement dont la pratique décline sans doute le plus, surtout dans les sociétés occidentales, mais il reste en usage dans des pays comme ceux d'Afrique où les habitudes de « correction fraternelle » restent vivaces.

L'*onction des malades* est le sacrement qu'on appelait autrefois, avec terreur, « extrême-onction » ou « dernier sacrement », donc réservé aux agonisants. Très ancienne, cette pratique s'adressait au malade apprenant que sa maladie était incurable. Elle s'est étendue aujourd'hui à tout fidèle dont la santé est déclinante, à celui ou celle qui doit, par exemple, subir une opération grave, à tout malade qui exprime un besoin de paix et de courage pour vivre une épreuve de santé.

Ce sacrement est célébré en présence de la famille. Il est proposé parfois sous forme de célébration communautaire, par exemple à la fin d'une messe dominicale de paroisse. Après des lectures de textes et des chants, le prêtre impose ses mains sur l'épaule du malade, puis marque d'une onction son front et ses mains, en disant : *« Que le Seigneur, dans sa grande bonté, vous réconforte. Ainsi, vous ayant libéré de tout péché, qu'il vous sauve et vous relève ! »* Selon la doctrine catholique, ce sacrement accorde au malade le pardon de ses fautes et lui donne des forces pour surmonter sa souffrance et préparer son passage vers la mort.

L'*ordre* est le sacrement réservé à l'évêque, qui est nommé par le pape, consacré par un évêque, obligatoirement assisté de deux autres ; puis au prêtre et au diacre, nommé et ordonné par l'évêque. Ce sacrement est donc réservé à ceux qui vont devenir dans l'Eglise les « ministres » du culte et de la parole. Le sacrement de l'ordre leur donne le pouvoir de communiquer à leur tour les sacrements, le droit d'enseigner et d'exercer l'autorité dans la communauté catholique.

Selon une pratique qui remonte aux toutes premières années du christianisme, l'ordination – épiscopale, presbytérale, diaconale – se fait par imposition des mains. L'évêque reçoit « la plénitude du sacrement de l'ordre », ce qui lui permet d'être partie prenante du collège épiscopal et fait de lui le chef visible de l'Eglise « particulière » (le diocèse) qui lui est confiée par le pape. Le prêtre est également « ordonné » à être le collaborateur de son évêque dans la « sanctification » de ses fidèles, par son enseignement et la célébration des sacrements. Quant au diacre, il est « ordonné » pour assurer certaines tâches au service de l'Eglise : ministère de la parole (lecture des textes à la messe, prédication), animation de la liturgie, actions caritatives dont il a la charge dans le ressort de sa paroisse. Il peut aussi célébrer le baptême, présider un mariage, mais pas l'eucharistie. Il est au « service », et n'est jamais le président, de sa communauté.

Malgré ses trois niveaux hiérarchiques – épiscopal, sacerdotal, diaconal – l'ordination manifeste l'unité sacramentelle des « ministres » du culte et du sacrement avec l'évêque. Elle est la transmission d'un pouvoir reçu directement des apôtres du Christ. L'ordination sacerdotale et épiscopale est « strictement réservée » à des hommes célibataires puisque, en célébrant l'eucharistie, le prêtre et l'évêque agissent *in persona Christi* [1], « à la place du Christ ». C'est en ce sens qu'il faut donc comprendre les controverses sur la question de l'ordination sacerdotale d'hommes

1. Le prêtre célèbre *in persona Christi,* « selon la personne du Christ ». Il doit en avoir tous les traits, notamment sa masculinité. Dans la constitution apostolique *Ordinatio sacerdotalis* datée de 1994, Jean-Paul II réserve « exclusivement aux hommes » l'exercice du sacerdoce.

mariés ou de femmes que l'Eglise romaine interdit par respect de la tradition. Le diaconat d'hommes mariés a été rétabli après le concile. Pourtant proches des catholiques en doctrine et en liturgie, les anglicans admettent le sacerdoce d'hommes mariés et de femmes, et même l'épiscopat féminin dans certains pays de la Communion anglicane (Eglise épiscopalienne des Etats-Unis).

Le *mariage* est le sacrement que se donnent mutuellement deux fiancés, homme et femme, qui souhaitent s'unir à l'église devant Dieu. C'est un engagement entre deux personnes, assistées de témoins. Ce sacrement est apparu assez tardivement et progressivement dans l'histoire de l'Eglise (XIIe siècle) pour la simple raison que les sociétés anciennes ne distinguaient pas entre mariage civil et religieux. Même célébré au domicile des époux – ce qui était très fréquent –, le mariage comprenait toujours une bénédiction religieuse.

Pour être valide, le mariage catholique doit être « libre, fidèle et fécond », selon le rituel. La première question posée par le prêtre est toujours la même : *« Est-ce que vous vous unissez librement ? »* Pour l'Eglise en effet, le mariage est un engagement personnel et libre entre deux époux, et non l'alliance de deux familles. C'est ainsi que le mariage chrétien a rompu avec des pratiques antérieures comme celle qui, à Rome, pour s'en tenir à ce seul exemple, autorisait le mari à enlever sa fiancée ou à répudier sa femme. L'Eglise est restée fidèle à cet idéal matrimonial. A toute époque et dans les lieux où les unions étaient décidées par les pères de famille, elle a défendu la valeur du consentement des jeunes fiancés. Un mariage qui n'aurait pas été consenti librement peut être encore aujourd'hui frappé de nullité.

L'insistance sur le libre échange des consentements entre les deux fiancés a conduit l'Eglise (dans sa tradition latine, pas celle de l'Orient) à considérer que ce sont eux qui se donnent le sacrement, même si, dans son dernier rituel sur le mariage, elle rétablit un certain équilibre en faveur du prêtre qui préside la cérémonie. C'est ce qu'on appelle la bénédiction nuptiale : le prêtre étend la main sur les futurs conjoints, ratifiant et bénissant leur consentement, symbolisant le lien sacré qui les unit. Ainsi le sacrement de mariage est-il censé donner aux époux la force de vivre pleinement l'union conjugale et de s'aimer dans le bonheur comme dans l'épreuve. L'échange des consentements précède celui des alliances bénies par le prêtre.

Le mariage devant Dieu est indissoluble. Il était déjà considéré par les juifs comme institué par Dieu et son caractère sacré et intangible a été souligné par le Christ : *« Ce que Dieu a uni, que l'homme ne le sépare pas ! »* (Matthieu 10, 9). Saint Paul voit dans l'union des époux chrétiens le signe de l'union du Christ et de l'Eglise (Ephésiens 5, 28-33). Le mariage ne prend donc fin qu'avec la mort de l'un des deux époux, qui peut se remarier à l'Eglise.

S'il est indissoluble, le mariage peut être reconnu comme « nul » auprès des tribunaux de l'Eglise : le tribunal diocésain ou interdiocésain (appelé « officialité ») qui juge en première instance et, de plus en plus souvent, en seconde instance ; le tribunal de la Rote à la Curie qui intervient pour les causes matrimoniales de chefs d'Etat ou leurs enfants, afin d'éviter toute pression sur les juges locaux. Les motifs doivent être graves et certains : contraintes avant le mariage non décelées à temps ; immaturité et maladie mentale de l'un des deux conjoints ; impuissance à accomplir l'acte conjugal (mariage non consommé). Ces causes de nullité font l'objet d'enquêtes minutieuses et longues. On estime à quelque 70 000 le nombre de requêtes en nullité introduites chaque année par les tribunaux diocésains, dont la moitié sont reconnues fondées. Un pape rigoureux sur la discipline du mariage comme l'était Jean-Paul II a forcé la main aux tribunaux ecclésiastiques pour qu'ils limitent les procès et jugements de nullité.

4 – Des fêtes, comme rythme de vie

Le calendrier des premiers temps chrétiens a gardé le rythme hebdomadaire du calendrier juif, qui était celui de toutes les civilisations anciennes de l'Orient, inscrit dans le récit biblique de la Création : « *Il y eut un soir, il y eut un matin : ce fut le premier jour* » (Genèse 1, 3). Le septième et dernier jour est le plus sacré de la semaine. Pour les juifs, c'est le jour du *shabbat,* jour de repos décrété par Dieu après la création du monde. Le christianisme a déplacé ce jour du samedi au dimanche – qui était jour d'adoration du soleil dans le cycle gréco-romain –, devenu ainsi le premier de la semaine.

L'Eglise primitive a fait du *dimanche* le jour de la résurrection du Christ, trois jours après sa mort sur la croix, un vendredi. Celui où Jésus se montre pour la première fois aux apôtres, chemine avec deux disciples sur la route d'Emmaüs. Celui où les apôtres dans le Cénacle de Jérusalem reçoivent l'Esprit-Saint (Pentecôte). Dans les pays chrétiens, le dimanche est donc le « jour du Seigneur » – *dies dominica,* qui a donné en français le mot « dimanche ». Héritière de la tradition juive, l'Eglise demande à ses fidèles ce jour-là de s'abstenir de travailler, de prendre du temps pour prier, se rassembler, proclamer et célébrer leur foi. Les conditions de la vie moderne (travail, loisirs, commerce) dans les pays développés ont changé de nature le jour du dimanche et, malgré les efforts de l'Eglise pour le sauver, ce sens premier a été largement perdu.

Le « jour du Seigneur » s'est donc inscrit dans un « calendrier liturgique » qui a été conçu dès l'origine comme un moyen d'aider le chrétien à commémorer les événements de l'histoire du salut. Ce calendrier combine deux cycles, couvrant chacun l'ensemble de l'année : un cycle de base appelé « temporal », centré sur les principaux épisodes de la vie du Christ tels qu'ils sont rapportés par les Evangiles; le cycle « sanctoral » qui remonte à l'habitude prise par les premières communautés d'honorer, à date fixe, l'anniversaire de la mort de leurs martyrs ou des hommes et femmes faisant déjà l'objet d'un culte et reconnus comme des saints. Les « missels », qui collectent les textes de prières et les lectures tirés des Ecritures, aident le fidèle à participer aux offices du calendrier et lui servent aussi pour sa méditation personnelle.

L'« année liturgique » de l'Eglise catholique s'ouvre le premier dimanche de l'Avent – qui est la période précédant la fête de Noël – et elle court jusqu'au dernier dimanche du « temps ordinaire » après Pâques. La fête de *Noël,* à date fixe le 25 décembre, est de loin la plus populaire en Occident, même si son importance théologique est moindre que celle de Pâques. Elle commémore la naissance à Bethléem, selon les évangiles de Luc et de Marc, de l'enfant Jésus, événement fondateur de l'histoire chrétienne. Elle a été fixée au 25 décembre, date à laquelle les païens romains fêtaient la renaissance du soleil au solstice d'hiver. A l'ère chrétienne, elle est devenue le jour de la fête de la lumière, celle du *« Christ qui éclaire tout homme venant au monde »* (Jean 1, 9).

Toutes les lectures liturgiques des quatre semaines du temps de l'Avent sont centrées sur le thème de l'attente du « Messie », qui remonte aux Prophètes (notamment Isaïe). Pour le catholique, même recouverte par la voix des marchands, cette période précédant Noël est celle d'une attente joyeuse marquée par l'allumage de bougies ou la composition de crèches, qui sont des symboles populaires assez tardifs. La fête de Noël est suivie d'un temps dit d'« action de grâces », marqué par d'autres fêtes qui, dans les sociétés chrétiennes d'autrefois, étaient fériées, et le sont restées dans certains pays : le 26 décembre, fête de saint Etienne, premier martyr ; le 28 décembre, jour des saints Innocents, nom donné aux enfants, contemporains de Jésus, massacrés par le roi Hérode ; au début de janvier, jour de l'Epiphanie qui célèbre l'adoration des rois mages venus à la crèche pour voir l'enfant – d'où son nom de fête des Rois. Puis le 2 février, la fête de la Présentation de Jésus au Temple, popularisée sous le nom de « Chandeleur » (bénédiction de cierges) ; enfin le 25 mars, l'Annonciation, soit l'annonce faite à Marie qu'elle sera la mère du Messie.

La fête de Noël n'a plus le sens religieux qu'elle avait autrefois dans des sociétés modelées par la tradition chrétienne. Elle est restée une grande fête familiale mais, aux yeux de nombreux catholiques, son sens religieux a été défiguré pour des motifs commerciaux. Une autre menace pèse à terme sur cette fête populaire dans les sociétés multiculturelles d'Occident. Pour ne pas risquer de choquer la sensibilité des croyants des autres religions, des initiatives, en nombre encore limité, sont prises aux Etats-Unis, en Angleterre, en Espagne ou en Allemagne contre un affichage trop voyant de la fête chrétienne de Noël. Au nom du vivre ensemble et de la laïcité, l'affichage des symboles, des rites, des fêtes propres à une tradition religieuse doit-il être considéré comme de nature à encourager les communautarismes et les signes de crispation identitaire ? Faudra-t-il un jour désacraliser Noël ? La question n'est pas farfelue.

Pour sa part, la fête de Pâques commémorant la Résurrection suscite d'autant moins de controverses que croît l'ignorance de sa signification d'origine dans les pays sécularisés. Pâques est précédée du Carême, cette période de pénitence et de conversion – parfois appelée dans des bouches ignorantes ou cyniques le « Ramadan des chrétiens » – d'une durée de quarante jours. Le mot de Carême vient du latin *quadragesima dies* (quarantième jour). Il s'ouvre le mercredi des Cendres : ce jour-là, le prêtre célébrant marque de traces de cendres le front du fidèle pour lui rappeler sa condition de pécheur. Le bon pratiquant jeûne le jour des Cendres, puis chaque vendredi de Carême jusqu'au Vendredi saint.

Si les obligations alimentaires ont été allégées, le Carême reste un temps fort de détachement et de dépouillement – pas de cloches, pas d'*alléluias* –, en souvenir des quarante années que le peuple hébreu dut attendre dans le désert avant d'atteindre la Terre promise et des quarante jours de jeûne du Christ, avant le début de sa vie publique et de sa prédication. C'est un temps de silence, de retraite, de solidarité active, marqué dans les paroisses – aussi bien catholiques que protestantes – par des actions ou campagnes caritatives (quête pour des associations de lutte contre la faim), des célébrations pénitentielles ou des initiatives plus intellectuelles : nées à Notre-Dame de Paris au XIXe siècle à l'initiative du père dominicain Henri Lacordaire (1802-1861), la tradition des « conférences de Carême » s'est maintenue et tend même à s'élargir.

La dernière semaine du Carême est appelée la Semaine sainte, sommet de l'année liturgique, qui retrace les derniers jours de la vie du Christ : son entrée à Jérusalem, son dernier repas avec ses disciples, son arrestation, sa condamnation, sa mort sur une croix et sa Résurrection. Venant de la ville proche de Béthanie, Jésus arrive à Jérusalem, selon les Evangiles, en triomphateur, au milieu de fidèles enthousiastes qui agitent des branches de palmier coupées et l'acclament : « *Hosanna au plus haut des cieux.* » Triomphe bien précaire : Jésus sait que son enseignement déplaît aux autorités juives du Temple et que l'heure de son procès et de sa mort est arrivée. Cet événement est commémoré par les chrétiens dès le IVe siècle à Jérusalem. Il l'est plus tard en Occident sous le nom de *dimanche des Rameaux*, marqué dans toutes les églises par des processions. Le prêtre célébrant bénit les rameaux, branches de buis ou de laurier brandies par les fidèles qui iront ensuite décorer le crucifix de la maison ou la tombe des défunts. Cette tradition s'est maintenue. Elle revit même là où elle semblait épuisée.

Quatre jours plus tard, le *Jeudi saint* commémore le dernier repas partagé par Jésus avec ses apôtres et son « agonie » au jardin des Oliviers. C'est au cours de cette « cène » que, selon le seul récit de l'évangéliste Jean, Jésus lave les pieds de ses disciples, en signe d'humilité et de service. Devant eux, il prononce les paroles de consécration du pain et du vin : « *Ceci est mon corps... Ceci est mon sang...* » Il évoque sa trahison par Judas, avant d'être arrêté, puis jugé.

La célébration du Jeudi saint est l'une des plus appréciées des fidèles catholiques. Elle est la reprise d'une pratique juive, celle du *seder*, commémorant la libération des Hébreux de l'esclavage subi en Egypte et le repas qu'ils ont pris hâtivement pour fuir Pharaon et gagner le désert. Le Jeudi saint célèbre le dernier repas du Christ, du « lavement des pieds », tradition qui connaît un étonnant regain de pratique, à l'institution du sacrement de l'eucharistie. C'est la fête de la communauté rassemblée par le prêtre dans la célébration quotidienne de la messe, c'est-à-dire le souvenir de la dernière Cène du Christ. Ce jour-là, une lettre est adressée par le pape à tous les prêtres pour les soutenir dans leur mission.

Le *Vendredi saint* est le jour où l'Eglise commémore, sous le nom de Passion, l'arrestation, le procès, la condamnation du Christ et sa mort sur une croix. C'est un jour de deuil dans l'ensemble du monde chrétien. Dans toutes les églises, lecture est faite de ce long récit évangélique de la Passion. Le « chemin de croix », à l'intérieur des églises et dans les rues, évoque les quatorze stations de la montée au calvaire du Christ, sa crucifixion, ses ultimes paroles et sa mort. Cette pratique est l'une des plus enracinées dans l'histoire chrétienne. Dès le IVe siècle, la famille du premier empereur chrétien Constantin aurait découvert à Jérusalem la croix sur laquelle le Christ avait été supplicié et celle-ci fut exposée au recueillement des fidèles. Cette tradition s'est développée dans tout l'Empire et a été progressivement intégrée à la liturgie romaine.

Elle aussi connaît un renouveau conforme à un catholicisme qui entend sortir d'un excès de discrétion et renouer avec des traditions qui n'ont plus guère de signification pour la majorité de la population aujourd'hui. Dans certains pays, des manifestations sanguinolentes (flagellations) ont encore lieu que la hiérarchie s'emploie à condamner comme elle le fait pour toute forme de mysticisme quelque peu dévoyée.

Le Vendredi saint est le seul jour de l'année où aucune messe n'est célébrée. Elle est remplacée à l'église par des temps de silence, de recueillement et d'adoration de la croix. Les fidèles communient avec des hosties consacrées la veille. Ensuite, ils vont solennellement, un par un, avec gravité, vénérer la croix. Le Vendredi saint, la règle est de jeûner. Les fidèles sont invités à s'abstenir de tout aliment et de toute boisson.

Le *Samedi saint* est un jour de recueillement et d'attente. Puis dans la nuit, la « vigile pascale » tient une place ancienne et de plus en plus centrale dans la liturgie catholique. A l'extérieur de l'église, un feu de bois est préparé, appelé « feu nouveau », béni par le célébrant qui allume un cierge pascal, symbole de la Résurrection. Celui-ci restera présent dans l'église pendant tout le cycle liturgique. L'entrée dans l'église se fait ensuite en procession, à la fois grave et joyeuse, signifiant la sortie des ténèbres et l'entrée de l'humanité dans la lumière. A trois reprises, l'officiant s'écrie *« Lumière du Christ »* et l'assistance répond : *« Nous rendons grâces à Dieu. »* La lumière du cierge pascal se transmet de fidèle en fidèle et inonde de clarté toute l'église.

Après l'office du « feu » et de la « lumière », suit l'office de l'« eau » qui est bénie à son tour par le célébrant et servira aux baptêmes de l'année. Puis la célébration proprement dite peut commencer. L'Evangile de la Résurrection est lu. Le fidèle laisse éclater sa joie de « ressuscité ». Peuvent retentir à nouveau les cloches et les *Alléluias.* Selon une tradition orientale qui s'introduit peu à peu dans les églises d'Occident, des exclamations fusent de l'assemblée : *« Christ est ressuscité »... « Oui, il est vraiment ressuscité. »* Elles se renouvellent lors des offices chantés le dimanche de Pâques, solennité la plus importante de la chrétienté.

La fête chrétienne de *Pâques* est directement inspirée de la Pâque des hébreux (*Pessah*) qui commémore la délivrance du peuple juif de son esclavage en Egypte et son passage à travers la mer Rouge. Le repas juif autour de l'agneau pascal marque le renouvellement, chaque année depuis la Révélation de Moïse au mont Sinaï, de l'alliance qui unit à Dieu le peuple juif élu. La tradition chrétienne a conservé cette fête et lui a donné son sens propre : le Christ est le nouvel *« agneau pascal »*, marquant la Nouvelle Alliance avec Dieu, incarné dans Jésus le Messie, sacrifié, puis revenu à la vie. Les chrétiens reconnaissent dans la mort et la résurrection du Christ l'accomplissement de ce que préfigurait la sortie d'Egypte du peuple juif : la libération du mal et de la mort et l'entrée dans une vie toute nouvelle.

Le temps liturgique de Pâques dure une cinquantaine de jours, marqué par deux autres fêtes dont les enquêtes d'opinion révèlent que le sens, dans la plupart des pays, a été oublié et perdu : l'Ascension, qui commémore, quarante jours après Pâques, la montée du Christ au ciel, et la Pentecôte qui, dix jours après l'Ascension, célèbre cette fois la « venue » de l'Esprit-Saint sur les apôtres et marque officiellement, selon la tradition catholique, le début de l'Eglise. D'autres fêtes se sont ajoutées au temps pascal en Occident comme la Sainte-Trinité ou la Fête-Dieu longtemps marquée par des processions de rues où le saint sacrement était exposé, aujourd'hui tombées en désuétude.

Pâques et les fêtes qui la suivent sont dites « mobiles », car elles changent chaque année dans le calendrier. Mais Pâques a toujours lieu un dimanche. Dès 325, le concile œcuménique de Nicée décréta que la fête de Pâques serait célébrée le dimanche suivant la première pleine lune à l'équinoxe de printemps. Mais cette mesure fut délicate à mettre en œuvre et la date de Pâques restera un sujet de discorde entre Eglises qui, aujourd'hui encore, ne fêtent pas toutes le même jour l'événement le plus important de leur histoire du salut, celui de la Résurrection du Christ. Cette situation est due principalement au changement de calendrier opéré par le pape Grégoire XIII en 1582 : selon le « calendrier grégorien », Pâques est célébré chaque année un dimanche dans la fourchette du 22 mars au 25 avril. Mais un certain nombre d'Eglises orthodoxes – Russie, Serbie, Jérusalem – ont gardé le vieux « calendrier julien » et les dates ne correspondent plus [1]. Que les chré-

1. Le calendrier « julien » remonte à Jules César. Il inscrit l'année dans un cycle de 365 ou 366 jours (bissextile). Le calendrier julien (encore appelé « vieux calendrier ») a été réformé par Grégoire XIII en 1582 pour rétablir la concordance entre le calendrier et les saisons. Une dérive de 10 jours s'est ainsi produite du fait que l'année n'est pas exactement égale à 365,25 jours.

tiens ne célèbrent pas tous en même temps la fête la plus remarquable de leur calendrier reste un scandale aux yeux de beaucoup d'entre eux.

Dans le calendrier des fêtes, la Vierge Marie tient aussi une place éminente. Outre la Présentation au Temple de son fils le 2 février et l'Annonciation le 25 mars, les catholiques célèbrent le 15 août la fête de l'Assomption de Marie, c'est-à-dire de sa montée au ciel à la fin de sa vie terrestre ; le 8 septembre sa Nativité ; le 8 décembre son Immaculée Conception. Saint Jean-Baptiste, qui précéda la venue de Jésus, occupe aussi une place de choix dans le calendrier. Les apôtres ne sont pas absents : Pierre et Paul, les deux « colonnes », fondateurs martyrisés de l'Eglise de Rome, sont fêtés ensemble le 29 juin.

5 – Les pèlerinages, comme mode de vie

Démodée au siècle dernier, la tradition du « pèlerinage » recouvre un regain de jeunesse et de faveur. On pourrait en dire autant d'autres pratiques de piété populaire – les processions de reliques, les « pardons », les « fêtes patronales », les « neuvaines » – qui n'ont jamais vraiment cessé avec le temps et la laïcisation des sociétés modernes, mais retrouvent une vigueur inattendue. Tout un renouveau de la foi catholique s'exprime par ces pratiques que certains esprits qualifient de folkloriques, mais qui résistent à la modernité, à la diversité des cultures, des classes, des confessions. Le succès des pèlerinages n'est pas bien sûr une spécialité catholique. Les grandes *melas* hindoues sur le fleuve sacré du Gange, les pèlerinages à La Mecque défient aussi l'imagination par la ferveur et la masse des fidèles engagés.

Cent cinquante millions de catholiques ont transité sur les routes du monde au cours de l'année 2006 (derniers chiffres connus). Les sites les plus visités sont les sanctuaires mariaux, réputés pour des apparitions de la Vierge et les miracles par milliers – pas tous reconnus par l'Eglise, loin s'en faut – qu'elles auraient suscités. Le sanctuaire de Notre-Dame de Guadalupe, près de Mexico – avec 10 millions de visiteurs en 2006 – détient le record du monde de fréquentation : c'est en 1531 qu'une Vierge métisse, la *Morena del Tepeyac,* serait apparue à un jeune Indien, Juan Diego Cuauhtlatoatzin, qui fut canonisé au Mexique par le pape en juillet 2002. Mais dès 1737, Notre-Dame de Guadalupe avait été proclamée patronne du Mexique et, en 1910, patronne des Amériques.

La ville de Lourdes (France), un siècle et demi après les apparitions de Marie (en 1858) à une paysanne, Bernadette Soubirous, attire aussi chaque année de 5 à 8 millions de pèlerins ou touristes. Le sanctuaire de Fatima (Portugal), pour des apparitions remontant à 1917, en a accueilli, en 2006, 4,5 millions. Celui de la Madone de Lorette (Italie), 4 millions. Citons aussi, en tête des affluences, Notre-Dame de Czestochowa (Pologne), Notre-Dame de Walsonghma (Angleterre), Notre-Dame de La Salette (France), la Vierge de Kibeho (Rwanda), la prétendue Vierge de Medjugorge (Bosnie), lieu d'apparitions non reconnu par les autorités épiscopales ni par le Vatican, mais qui attire 5 millions de visiteurs par an.

Sur les premiers lieux saints chrétiens – Jérusalem, Bethléem (Nativité), Nazareth où Jésus passa son enfance avant de commencer sa prédication –, le « tourisme spirituel » est également en plein essor, animé par des congrégations religieuses qui sont en nombre sur place et proposent aux pèlerins des formules de catéchèse et de retraitc itinérantes. En 2006, 6 millions d'étrangers ont visité la Terre sainte, où des baisses de fréquentation peuvent pourtant se produire, liées à l'insécurité et au conflit israélo-palestinien.

L'autre destination de choix des catholiques est bien sûr la ville de Rome, qui fut visitée par 7 millions de pèlerins l'année 2006. Toujours considérable dans la ville de Pierre, l'affluence a subi une hausse très sensible depuis la mort de Jean-Paul II : les fidèles vont se recueillir sur sa tombe dans la crypte des papes à la basilique Saint-Pierre, puis vont voir et entendre son successeur, Benoît XVI, qui donne ses enseignements lors de l'audience générale du mercredi sur la place Saint-Pierre ou, l'hiver, dans l'*aula* édifiée par Paul VI qui peut accueillir des milliers de visiteurs. Restent les pèlerinages traditionnels à Assise (Italie), la ville de saint François, l'un des saints préférés des catholiques. Et les plus récents : Cracovie et Wadowice (Pologne), lieux de naissance et de formation de Jean-Paul II. Ou San Giovanni Rotondo (Italie), la ville du bienheureux Padre Pio (6 millions de visiteurs).

L'un des plus anciens pèlerinages est celui de Saint-Jacques-de-Compostelle (Espagne) qui, vrai phénomène de foi, de foule et de mode, draine chaque été sur ses routes des milliers de marcheurs, appelés « jacquets » (mot forgé à partir de « Saint-Jacques »), de tout âge, de tout pays, de toute condition. Ce pèlerinage a pour destination la sépulture et les reliques, découvertes à Compostelle (Galice) vers l'an 800, de l'apôtre Jacques le Majeur qui, comme les autres disciples du Christ, avait emprunté les routes connues de son temps pour annoncer l'Evangile et serait parvenu jusqu'à la péninsule ibérique. Compostelle est devenu un lieu de pèlerinage lors des années de la « Reconquête » des territoires espagnols sur les Maures. A l'époque, le saint apôtre – qui n'en méritait pas tant – était appelé « Jacques le Matamore » (le tueur des Maures). Ce pèlerinage a également bénéficié de l'élan de religiosité suscité dans toute l'Europe médiévale par les départs en croisades.

Quatre routes conduisaient le pèlerin – identifiable au « bourdon », son bâton de marche, et à la célèbre

« coquille » portée sur son vêtement –, encore connues sous le nom de « chemins de Saint-Jacques ». Le premier part de Paris, passe par Chartres, Orléans, Tours, Bordeaux, avant de franchir la frontière espagnole. Le deuxième s'ouvre à l'abbaye de Vézelay, haut lieu de pèlerinage bourguignon, puis passe par Limoges, le Périgord et le midi de la France. Le troisième démarre du Puy-en-Velay et traverse le Massif central et les Pyrénées. Enfin, à partir d'Arles, la quatrième route longe la Méditerranée et rejoint Toulouse avant d'obliquer vers le Sud. Chargées de reliques, de nombreuses abbayes et églises, étapes obligées du pèlerin, ont été bâties au long de ces routes [1].

A cause des guerres – guerre de Cent Ans, guerres de religion – et de l'insécurité des routes, le pèlerinage de Compostelle a connu un long déclin. Mais depuis les années 1980, une spectaculaire renaissance se manifeste. Chaque année au départ de la France, on compte en moyenne 200 000 marcheurs qui, en récitant le chapelet ou les psaumes à haute voix, en faisant des étapes de lectures bibliques, suivent les pas de leurs ancêtres dans la foi. Les routes de Compostelle sont plus accessibles. Elles ont été retracées, aménagées, des bâtiments ont été construits, plus hospitaliers que les anciennes « hostelleries ». Mais, dans la vogue actuelle pour Compostelle, il reste malaisé de distinguer quelle est la part de l'acte de foi du pèlerin et celle de la randonnée pédestre, sans autre but et prétention que l'effort physique et la découverte de paysages superbes.

Le pèlerinage est de tout temps, de toute culture, de toute religion. Il a été longtemps identifié à l'imagerie médiévale et, pour les philosophes des Lumières, passait pour une démarche obscurantiste. La mentalité du pèle-

1. Les « chemins de Saint-Jacques » ont été déclarés premier itinéraire culturel européen par le Conseil de l'Europe en 1987.

rin moderne n'est bien sûr plus celle du pénitent qui attirait les foules sur les routes de Jérusalem, la porte du salut éternel, vers Rome pour y gagner des « indulgences », ou Saint-Jacques-de-Compostelle. Attachée pendant des siècles à l'idée de croisade, la mentalité de « reconquête » chrétienne a également disparu. Des pèlerinages ont pu incarner un idéal de résistance à l'oppression, comme celui de Czestochowa en Pologne où, pendant la période communiste – la tradition s'est largement maintenue depuis –, des flots de centaines de milliers de pèlerins polonais continuaient à gravir la colline de la Vierge noire de Jasna Gora, haut lieu symbolique des luttes d'indépendance nationale autant que de ferveur mariale.

Ainsi le pèlerinage est-il devenu ludique, compassionnel, sportif ou exotique. Au-delà des facilités des transports, du goût du dépaysement ou de l'exploit physique, du besoin d'aventures, son renouveau chez les catholiques semble d'abord manifester une volonté d'affirmation tranquille de leur foi, autour de lieux de culte historiques et de sanctuaires mariaux. Comme un besoin de se reconnaître en famille au-delà des frontières, de s'inscrire dans une filiation d'où émergent des figures de saints, leurs tombeaux, leurs reliques.

La foi catholique ne s'exprime plus de manière statique ou, dans une église, sous la forme d'obligations rituelles. Partir en quête d'un saint, retrouver son tombeau, vénérer ses reliques, fussent-ils d'origine douteuse et légendaire, est une pratique constante dans l'histoire. C'est celle qui exprime le mieux l'originalité d'un catholicisme qui cherche à aller plus loin dans l'exploration de ses racines, à marcher sur les traces de ses aînés, à répéter des gestes longtemps moqués comme archaïques, à exposer tous les signes de son identité. Le pèlerinage renaît comme l'une des pratiques premières de l'humanité religieuse dite « post-moderne ».

6 – Les saints, comme modèles de vie

Qui sont les saints ? Des moines, des confesseurs, des prédicateurs, des bâtisseurs, des martyrs, des théologiens, des mystiques, des papes, des évêques, mais aussi des laïcs. Des hommes et des femmes. Catherine de Sienne et Thérèse d'Avila, Thomas d'Aquin et François d'Assise, Bernard de Clairvaux et Ignace de Loyola, Vincent de Paul et Thérèse de Lisieux. Vénérés, appelés dans les prières et les célébrations, les saints et les saintes sont réputés pour avoir été visités par Dieu. Pour les fidèles, spécialement ceux qui peinent, ils sont des repères ou des modèles de vie et de fidélité chrétiennes. Leurs noms figurent au calendrier. Leurs statues et leurs reliques sont vénérées dans toutes les églises.

Le culte des saints est typiquement catholique et orthodoxe. Il remonte à l'usage des premières communautés chrétiennes qui, à Rome, tenaient à jour la liste de leurs martyrs et celle de leurs évêques, la date et le lieu de leur mort. Peu à peu, ces listes vont se combiner dans un calendrier unique, sur lequel on ajoutera d'autres noms, d'autres fêtes, d'autres commémorations. Cette habitude s'est perpétuée. Chaque canonisation décrétée par le pape à Rome s'accompagne d'une inscription du nom du nouveau saint au calendrier, ainsi devenu très bousculé. Son culte devient alors public et universel.

Aussi loin que remonte l'historiographie, on tombe sur une littérature considérable consacrée aux saints, à leurs reliques, à leurs mérites, aux ex-voto (marques de remerciement pour les faveurs reçues), mais aussi à la vigueur des attaques contre ce culte confondu, dans les milieux positivistes ou protestants, avec celui des idoles païennes. Les fêtes des saints rythmaient autrefois les cycles agraires, les cérémonies de villages, le calendrier des jours chômés.

Les plus populaires sont les saints patrons de corporations : saint Médard pour les agriculteurs, saint Joseph pour les charpentiers, saint Hubert pour les chasseurs, saint Matthieu pour les banquiers. Un Thomas More a été promu par Jean-Paul II patron des hommes politiques [1]. Les animaux aussi avaient leurs saints protecteurs : saint Eloi pour les chevaux, saint Ambroise pour les abeilles, saint Blaise pour les bovins... Et comment oublier les saints qu'on invoquait aussi en cas de maladie : saint Marcou pour guérir des écrouelles, saint Avertin pour les migraines, saint Jovin pour les coliques, saint Léonard pour faire marcher les enfants plus vite [2]. Jusqu'à la guerre, on priait en Bretagne contre les orages sainte Barbe et sainte Fleur : *« Sainte Barbe, sainte Fleur, / Par la couronne de Notre Seigneur / Quand le tonnerre tombera, / Sainte Barbe nous protégera. »* Il fallait réciter la prière trois fois rapidement entre l'éclair et le coup de tonnerre l'accompagnant.

Le temps est révolu où l'Eglise ne sélectionnait comme saints ou bienheureux que des maîtresses d'ordres ou des ermites, de grands évêques ou des vierges consacrées, des rois, des reines et empereurs qui, par leurs vertus de tempérance et de charité, de chasteté ou de bonne gouvernance, avaient vécu la perfection chrétienne. Si l'accès à la sainteté reste un parcours du combattant, celle-ci n'est plus seulement au bout du martyre, de la discipline et du jeûne, du cilice et des nuits d'adoration. Elle est à la portée de tous, simples laïcs, humbles prêtres, hommes ou femmes, européens, africains, américains, océaniens. « Tous les hommes sont appelés à la sainteté », affirmait

1. Thomas More (1478-1535), chancelier du roi d'Angleterre Henri VIII, resté catholique, mais ouvert à une réforme de l'Eglise, fut emprisonné et exécuté pour avoir désapprouvé le divorce du roi, fondateur de l'Eglise anglicane.
2. Dans *Rassurer et protéger,* Jean Delumeau, Fayard, 1992.

Vatican II au début des années 1960, mot qui fut répété à satiété par un Jean-Paul II si soucieux de dévotion populaire et de revitalisation de la foi, pour qui le monde moderne avait besoin d'intercesseurs et d'exemples de vie chrétienne.

Jamais l'ascenseur pour le Ciel ne fut aussi promptement activé que sous son règne. En un peu plus d'un quart de siècle, le pape polonais a signé 482 décrets de canonisation – contre 23, en quinze ans, pour Paul VI, son prédécesseur. Il a proclamé quelque 1 338 bienheureux (dont 197 Français), soit un rythme de soixante-cinq saints ou bienheureux par an. Ces canonisations et béatifications ratifiaient parfois des cultes déjà très populaires comme celui du dévot prêtre italien, Padre Pio (1887-1968) ou d'une icône mondiale de la charité comme Mère Teresa en Inde (1910-1997). D'autres choix furent plus contestés : Jose Maria Escriva de Balaguer (1902-1975), fondateur espagnol de l'Opus Dei, canonisé en un temps record (27 ans). Edith Stein (1891-1942), juive allemande convertie, devenue carmélite et assassinée à Auschwitz, dont la béatification en 1987 avait fait l'objet de quelques réactions juives, apaisées lors de sa canonisation en 2000. Mère Teresa fut béatifiée cinq ans seulement après sa disparition. Une Thérèse de Lisieux (1873-1897) fut « élevée sur les autels » 28 ans après sa mort, alors que Jeanne d'Arc (1412-1431), patronne de la France, canonisée en 1920, a dû attendre cinq siècles un tel honneur. Vincent de Paul (1581-1660) a patienté 77 ans, le curé d'Ars 66 ans !

Comment devient-on saint ? La procédure obéit à des règles depuis longtemps éprouvées par l'Eglise romaine, actualisées selon les époques et l'art de gouverner des pontifes. La minutie des contrôles, la qualité des experts consultés, hommes de loi, médecins, théologiens montrent que rien n'est laissé au hasard. La moindre suspicion peut entacher une réputation de sainteté, enterrer une cause, la renvoyer pour complément d'enquête. Toutes les tentatives de manipulation et de pression sont traquées. Avant que Rome n'intervienne, c'est l'évêque du diocèse où est mort celui qui est pressenti comme saint (le « serviteur de Dieu ») qui a tous les pouvoirs. C'est lui qui, dans un délai de cinq ans après la mort (contre cinquante ans avant Jean-Paul II qui a fait accélérer les choses), reçoit les promoteurs de la « cause » (une association ou une congrégation religieuse), puis nomme le « postulateur » (clerc ou laïc) qui va enquêter et réunir les éléments biographiques, les écrits publiés et non publiés, les témoignages oraux. La « réputation » de sainteté doit être durable, établie et argumentée.

L'évêque préside ensuite un tribunal, nomme un « promoteur de justice » – autrefois appelé « avocat du diable » – dont le rôle est de s'assurer de l'exactitude des preuves de sainteté réunies. Le tribunal auditionne les témoins, se transporte en justice jusqu'à la sépulture du « serviteur de Dieu » pour vérifier qu'il ne jouit pas déjà d'un culte populaire, car les juges doivent statuer à l'abri de toute pression, en toute impartialité. Deux copies du jugement sont adressée à la Congrégation de la cause des saints à Rome, qui nomme un rapporteur chargé de rédiger la *positio*, ce document de milliers de pages qui remet en forme l'enquête diocésaine, passe au crible des « vertus » de l'Eglise toute la vie du candidat à la sainteté. La *positio* est examinée par des historiens, des « consulteurs » théologiens qui se prononcent sur l'« héroïcité des vertus » du serviteur de Dieu. Si celui-ci déjoue tous les pièges, il devient « vénérable », mais il ne peut encore bénéficier du culte public réservé au bienheureux ou au saint.

Pour devenir bienheureux, un miracle doit lui être attribué, un deuxième pour être canonisé. Double barrière infranchissable pour le commun des mortels... On connaît la prudence de l'Eglise pour qualifier de « miracle » une guérison inexpliquée par la médecine. A Lourdes par exemple, sur des centaines de guérisons constatées en un siècle et demi, seules soixante-sept ont été reconnues officiellement comme « miracles » par l'Eglise. Même soin pour les bienheureux et les saints. Selon les normes toujours en vigueur de Prospero Lambertini (1675-1758), pape sous le nom de Benoît XIV, il ne peut y avoir de « miracle » que si le diagnostic et le pronostic du malade guéri étaient gravissimes, si aucune thérapie n'avait été suivie et si la guérison avait été « instantanée, totale et durable ». A cet égard, la *Consulta medica* de Rome est redoutable, tout comme le Bureau des vérifications médicales de Lourdes, et les pressions sont fortes pour assouplir la règle : avec la médecine moderne, comment admettre qu'aucune thérapie n'a été jamais suivie par celui qui est guéri ? Et si guérison d'un cancer il y a, à la suite de l'invocation d'un futur saint, comment prouver son « instantanéité » ?

Cette procédure trouve une exception s'il s'agit d'un « martyr », dispensé de tout miracle pour accéder à l'état de bienheureux ou de saint. Mais sa situation n'est pas pour autant plus simple. Pour accéder à ce titre, le « martyr » doit avoir été tué par « haine de la foi » chrétienne (*odium fidei*). Mais comment établir avec certitude la preuve d'un tel martyre ? Le procès de béatification de l'ermite Charles de Foucauld, ancien officier de l'armée française converti, mystique éprouvé, assassiné par des pillards à Tamanrasset dans le désert algérien en 1916, n'a abouti qu'en 2006. Etait-il mort par haine de la France ou par haine de sa foi ? Les sept moines trappistes de Tibhirine, égorgés le 21 mai 1996 par des terroristes musulmans algériens, dont les supérieurs religieux demandent l'ouverture d'un procès en béatification, se heurteront au même obstacle. Or, dans ce genre d'affaires, plus le temps passe, plus les témoins s'éloignent et disparaissent et plus les circonstances du martyre deviennent difficiles à évaluer.

La prière régulière, dont les formes évoluent vers une intériorité toujours plus grande, reste le premier signe d'appartenance à la communauté catholique. La messe a, de fait, perdu son caractère d'obligation, mais demeure le pilier autour duquel se rassemble la communauté. Les sacrements subissent des déficits de régularité, mais les baptêmes, les mariages, les ordinations – sans parler des obsèques qui ne sont pas un sacrement – donnent lieu à des rassemblements privilégiés de la famille catholique. Les principales fêtes chrétiennes – Noël et Pâques – restent aussi très fréquentées dans les églises.

Les catholiques se signent moins qu'avant. Les femmes ne se couvrent plus la tête comme autrefois en pénétrant dans une église ou en allant communier, mais beaucoup d'hommes et de femmes, croyants ou non, pratiquants ou non, continuent d'y entrer pour allumer un cierge ou réciter une prière. Le rameau bénit reste accroché au crucifix de la maison, la médaille de la Vierge pendue au cou de la jeune fille. Où est la part du rite, celle de la magie et de la tradition ? Beaucoup de signes catholiques ont été simplifiés ou ont disparu sous l'effet de la sécularisation des mœurs, mais aussi sous l'impulsion du concile Vatican II, soucieux de relier la foi à l'intelligence plutôt qu'à la superstition. La foi catholique ne se résume plus à des rites, qui n'ont pas perdu de leur vigueur autant qu'on le dit et qui connaissent même des retours de flamme surprenants. Comme si, chez les catholiques, la nouveauté ne pouvait jamais être complètement délestée de ses éléments de tradition.

CHAPITRE VII

TRIBUS

Au jeu des sept familles

1 – Les « traditionalistes »
2 – Les « fantassins »
3 – Les « inspirés »
4 – Les « silencieux »
5 – Les « engagés »
6 – Les « observants-zappeurs »
7 – Les « rebelles »

L'exercice de la typologie religieuse est l'un des plus malaisés qui soit. On ne fait pas rentrer sans mal dans des cases plus d'un milliard de catholiques. Ils ont en commun des croyances, des rites, une morale, des pratiques, des engagements. Aucune autre institution n'est aussi « mondialisée » que l'Eglise catholique. L'universalité qui la définit englobe une infinité d'individus regroupés en communautés de conviction et d'appartenance.

Mais l'Eglise n'est pas un moule uniforme, encore moins un ordre, une ONU des croyants dont le centre serait Rome. Son universalité n'est pas la résultante d'une somme d'individus et de communautés, mais l'expression d'une pluralité voulue et organisée. Les sensibilités des catholiques, leurs modes d'appartenance et d'engagement, leurs expressions et convictions sont aussi divers que leurs cultures, leurs races, leurs langues, leurs choix de vie et itinéraires personnels.

Essayons toutefois d'y voir clair, de tracer quelques frontières, fussent-elles mouvantes, sans souci de géométrie, de proportionnalité ou d'exhaustivité. L'exercice paraîtra arbitraire, mais il est possible de distinguer sommairement sept grandes « familles » de catholiques dans le monde.

La première est la famille des *traditionalistes,* dont l'importance numérique, minime à l'échelle des cinq continents, est inversement proportionnelle au tapage qu'elle fait et aux passions qu'elle soulève. Les traditionalistes sont ceux qui, au nom d'une conception plutôt fixiste de la « tradition » catholique, ne se résignent pas à l'idée qu'on ait pu changer à Vatican II, dans les années 1960, la seule religion qui vaille, « leur » messe, « leurs » prêtres, et la foi « de toujours ».

Les *fantassins* : ceux qui ne se posent pas de questions quant à leur fidélité chrétienne, agissent corps et âmes au nom de la sainte foi catholique et pour le bien de l'Eglise, obéissent au pape sans état d'âme, mettent en œuvre un projet militant de « réévangélisation » du monde. La frontière qui sépare cette « tribu », encore appelée « identitaire », de celle des « traditionalistes » est de plus en plus poreuse. Les « fantassins » s'en distinguent par leur sens de la discipline absolue vis-à-vis de Rome et leur loyauté dans l'application des changements adoptés par le dernier concile et transmis, depuis, dans l'enseignement des papes.

Les *inspirés* : ceux qui croient que l'esprit de Pentecôte est à nouveau à l'œuvre et sauvera l'Eglise de ses scléroses et de ses crises. Ce courant traverse la diversité des confessions. On l'appelle « charismatique » chez les catholiques, « évangélique » chez les protestants. Mais la fascination est la même pour la pureté des origines chrétiennes idéalisées. A quelque Eglise qu'ils appartiennent, ils partagent la même spontanéité fervente dans l'expression de la foi, la même croyance dans les charismes de « prophétie » ou de « guérison », la même propension aussi à disqualifier la société moderne, la même volonté de se convertir soi-même et de convertir le monde.

Les *silencieux* : ceux qui consacrent leur vie à la contemplation de Dieu, en particulier ces moines et moniales qui perpétuent, depuis les « Pères du désert » orientaux (à la fin du IIIe siècle) ou saint Benoît en Occident (VIe siècle), cette tradition de l'oraison, de l'ascétisme et de la louange qui est la sève de la foi chrétienne. On y joindra les contemporains, de plus en plus nombreux, qui cherchent Dieu dans le silence d'un désert ou à l'ombre d'un monastère, arpentent les routes d'un pèlerinage, cherchent dans la Bible, les livres ou le conseil spirituel des raisons de croire et de vivre.

Les *engagés* : ceux qui, comme les moines, ont répondu à un appel de Dieu, mais mènent leur apostolat, non pas retirés du monde, mais plongés dans l'arène. Ils sont « religieux » ou « religieuses », ont aussi prononcé des vœux, appartiennent à un ordre ou une congrégation dite « apostolique », c'est-à-dire active, vivant comme les apôtres dans le monde et cherchant à le transformer. A cette famille des « engagés », on joindra la foule des prêtres et laïcs mobilisés dans l'animation des paroisses, cellules de base du catholicisme, dans la diversité des mouvements éducatifs, familiaux, sociaux, caritatifs qui sont comme le trésor de l'Eglise.

Les *observants-zappeurs* : la grande masse de ceux qui pratiquent, avec plus ou moins de régularité, prient, vont à la messe le dimanche ou, moins assidus au rendez-vous hebdomadaire, restent toutefois fidèles aux grandes fêtes chrétiennes (les pratiquants dits « occasionnels »). Pour eux, le catholicisme se résume à un ensemble de rites, de croyances, d'obligations, de pratiques. Mais moins motivés, moins réguliers et engagés que les précédents, ils font le tri dans les normes morales, les prescriptions dogmatiques de leur Eglise et peuvent « zapper » vers d'autres traditions. Des spiritualités de type New Age ou orientales, des modes nouveaux d'engagement (pentecôtistes) recrutent dans ce vivier.

Enfin, les *rebelles*, ces « progressistes » qui n'ont plus le vent en poupe comme dans les années 1960. Ils remâchent leur déception vis-à-vis d'un concile, celui de Vatican II, qu'ils jugent inachevé. Ils s'inquiètent devant les formes de restauration de l'identité catholique qu'ils confondent avec de l'arrogance, déplorent la « centralisation » romaine qui ne leur paraît plus adaptée au mouvement du monde, pleurent les mouvements militants d'antan, la mise au pas des théologiens d'avant-garde. Ils affirment que le salut de l'Eglise passe par moins d'apparat et de pompe, par des réformes au sommet, par moins de repli, d'isolement, toujours plus de dialogue avec les autres confessions chrétiennes et non chrétiennes. Pour eux, l'Eglise a plus à gagner qu'à perdre dans les combats du monde.

1 – Les « traditionalistes »

Chez les catholiques traditionalistes, l'horloge du temps s'est comme arrêtée. La Rome qu'ils vénèrent est celle du XIXe siècle, montagne d'arrogance et d'intransigeance dressée contre les idées révolutionnaires, bastion du dogme le plus conservateur opposé au rationalisme du temps, citadelle de la seule foi légitime, la foi catholique, élevée contre les aventures du monde moderne.

Hasard ? Leurs papes préférés sont tous de la lignée des Pie : Pie V (1566-1572), pontife béni et sanctifié de la Contre-Réforme, père de la « messe tridentine » (du concile de Trente, 1545-1563), la seule que les « tradis » reconnaissent aujourd'hui ; Pie IX (1846-1878), le dernier « pape-roi » de Rome qui réprima dans le sang les patriotes de l'unité italienne, défendant, en 1870, sans effet et sans gloire, jusqu'à la dernière gâchette, le pouvoir pontifical sur sa ville ; puis Pie X (1903-1914), saint dévot, curé de campagne promu pape grâce au mérite ecclésiastique ; enfin Pie XII (1939-1958), diplomate d'origine patricienne. Les deux derniers ont mené une chasse impitoyable aux théologiens soucieux d'acclimater l'Eglise et son message au monde moderne.

La foi ne se réduit pas à un rite. Mais pour les traditionalistes, le rite « tridentin » est le seul légitime, issu d'une tradition catholique figée de Contre-Réforme. C'est lui qui oriente leur vision de l'Eglise et du monde, dominée de toute sa hauteur par la figure du prêtre, l'homme en charge du sacré, celui qui sait, qui enseigne, qui ordonne, qui distribue les sacrements, qui célèbre la messe dans une langue latine incomprise de la majorité des fidèles, qui, à l'autel, le dos tourné au peuple, ou du haut de sa chaire, incarne l'autorité divine.

La liturgie solennelle à l'ancienne est le centre de la vie de ces catholiques traditionalistes. Jusqu'au concile « renégat » (Vatican II), c'est celle que le prêtre célébrait, dans des envolées de chasubles, de bannières et d'oriflammes, quand les cuivres sonnaient dans les églises et les cathédrales, les orgues ronflaient, les chantres épuisaient leur répertoire de grégorien. Dans le chœur de l'église, autour de l'unique officiant – le rite ancien abhorre la « concélébration », innovation conciliaire –, une armée de diacres, de sous-diacres, de porte-insignes en surplis blanc et soutane, archétype d'une Eglise autoritaire et hiérarchisée, exécutait un ballet compris des seuls initiés.

Les traditionalistes rêvent à la « restauration » de cette Eglise d'autrefois qui était, croient-ils, écoutée par le monde et régentait les mœurs et les consciences. Ils sont nostalgiques d'un rite ancien dont ils font la voie unique vers le sacré, le mystère, l'émotion, la beauté surnaturelle qu'ils disent ne plus trouver dans les églises et les offices modernes. Nostalgiques du catéchisme à l'ancienne, qui était le petit manuel – par questions-réponses apprises par cœur – d'une foi fondée sur la morale et la discipline. Nostalgiques des petits et grands séminaires d'antan, aux murs élevés, dressés contre les tentations du monde, et qui formaient de grosses fournées de séminaristes en soutane chaque année conduits à l'ordination.

Nostalgiques enfin d'un ordre social et religieux révolu, ils sont les héritiers de toutes les résistances catholiques des derniers siècles : contre la Réforme protestante du XVIe siècle, contre la Révolution française et ses imitatrices en Europe contre le « modernisme » théologique, contre le concile Vatican II qui aurait introduit dans l'Eglise, comme disait Mgr Marcel Lefebvre, évêque rebelle, âme damnée des traditionalistes, le « loup dans la bergerie », c'est-à-dire l'esprit corrompu du temps.

Contre la Réforme, ils n'ont jamais admis l'ouverture du dialogue œcuménique avec les protestants qui sont toujours, pour eux, des « hérétiques ». Ils estiment même que l'Eglise de Vatican II s'est « protestantisée » : par son rite, par sa manière libérale de penser et de vouloir se réformer, de pactiser avec la société moderne, de laisser la conscience l'emporter sur l'autorité et l'individu sur les normes imposées par le clergé.

Contre la Révolution et le « modernisme », ils sont restés dans le droit fil de l'enseignement des papes pour qui les devoirs et obligations de l'homme envers Dicu passent avant ses propres droits. Leur référence doctrinale est double : le *Syllabus* de Pie IX, « bombe » fulminée par le pape en 1864 contre le catalogue de toutes les « erreurs du monde moderne », dûment mentionnées, comme la liberté de pensée et de presse, les droits de la raison, la science et le progrès, la possibilité pour tout homme d'embrasser la religion de son choix. Puis l'encyclique *Pascendi* de Pie X qui condamne, en 1907, le « modernisme », ce « rendez-vous de toutes les hérésies » devenu l'ennemi numéro un du catholicisme. Ce document va cautionner toutes les entreprises de délation et d'intimidation menées, pendant des décennies, contre les exégètes, biblistes, historiens accusés de mettre en doute l'historicité de la Bible et l'autorité de l'Eglise. Inquisition, quand tu nous tiens !

Avec les « tradis », le rite n'est jamais loin de la politique. On trouve dans leurs rangs les orphelins de la vieille Action française de Charles Maurras (1868-1962) – condamnée par Pie XI dès 1926 – pour qui le catholicisme romain était le seul facteur d'ordre et de défense de la civilisation et qui voulait asservir l'Eglise à un programme politique (« Politique d'abord »). On y croise les nostalgiques des anciennes monarchies ou « autocraties » catholiques, celles de Mussolini, de Franco, de Salazar ; puis des régimes militaires latino-américains comme celui d'Augusto Pinochet au Chili qui faisait torturer ou disparaître ses opposants, avant d'aller chaque matin à la messe et communier. Ou comme du général Jorge Videla qui avait fait censurer comme subversif, dans les églises argentines, un verset du *Magnificat* : *« Il* (Dieu) *renverse tous les puissants de leur trône ! »* Ces catholiques de la Tradition sont les éternels revenants des combats de l'extrême droite, du fascisme et du populisme, jusqu'au Front national en France, auxquels il faut rajouter les figures d'un catholicisme prosélyte nord-américain, illustré par un cinéaste comme Mel Gibson, l'auteur d'une *Passion du Christ* en 2004, dégoulinante de sang et aux forts relents d'antisémitisme.

L'histoire d'une rébellion

Ce sont enfin les adversaires les plus résolus de Vatican II. C'est au cours de ce concile que Mgr Marcel Lefebvre (1905-1991) donna le signal de la rébellion, avec la minorité ultra-conservatrice de cette assemblée (Ruffini, archevêque de Palerme, et quelques cardinaux de Curie), mais lui ira jusqu'à la rupture. Comme de Gaulle et Pétain, à qui ses biographes l'ont parfois comparé, Marcel Lefebvre était de cette race des hommes du nord de la France dotés d'un franc-parler et d'une intransigeance qui les conduisent jusqu'à l'extrémité. D'autres, en revanche, déploraient son esprit limité et borné.

C'est en Afrique, où il avait été missionnaire du Saint-Esprit (les « spiritains ») et archevêque de Dakar (nommé en 1948), cherchant à convertir – comme l'époque le voulait – les musulmans, les protestants, les sectes déjà nombreuses, que Marcel Lefebvre avait mûri sa révolte. Il interprétera les ouvertures faites par Vatican II en faveur de l'œcuménisme avec les protestants et du dialogue avec les religions non chrétiennes (judaïsme, islam) comme autant de formes de renoncement et de trahison. Quand, juste avant sa clôture en 1965, le concile vote la déclaration *Dignitatis humanae* (sur la liberté religieuse) par laquelle l'Eglise renonce à sa prétention de détenir à elle seule la vérité, il s'étrangle d'indignation. Pour lui, c'est une déclaration de guerre contre la « foi de toujours » : « L'Eglise en Afrique était respectée parce qu'elle disait la Vérité. Mais Vatican II a donné l'impression qu'une Vérité pouvait être aussi bonne qu'une autre. Il s'en est suivi une sorte de dissolution générale. »

Tout le reste de son opposition en découle. Mgr Lefebvre se bat contre la réforme de la liturgie qui remplace l'ancienne messe de saint Pie V par la messe moderne de

Paul VI (1969) ; contre les facilités vestimentaires et disciplinaires accordées aux prêtres (abandon de la soutane) et aux religieux (assouplissement de la clôture) ; contre la « collégialité » des évêques qui, selon lui, écorne la primauté du pape ; contre la constitution conciliaire *Gaudium et Spes* (« Joie et espérance ») qui invite les chrétiens à s'engager dans le monde pour le transformer dans un sens de plus grande justice et de paix.

La minorité battue de Vatican II va amalgamer tous les courants de mécontentement et de peur, issus de ces réformes dans l'Eglise et du séisme de Mai 68. En 1969, Marcel Lefebvre crée la Fraternité sacerdotale Saint-Pie X, à Ecône dans le Valais suisse où il s'est replié, dont il fera, jusqu'à sa mort en 1991, le bastion de sa résistance et qui lui survivra. En 1974, il reçoit deux envoyés du Vatican, mais les éconduit : « Nous refusons de suivre la Rome de tendance néo-moderniste et néo-protestante. » Un an plus tard, il franchit le Rubicon sacré et commence à ordonner des diacres et des prêtres. La sanction de Paul VI, dont ces dissensions assombrissent la fin du pontificat, est immédiate : en juillet 1976, il frappe le supérieur d'Ecône d'une mesure de suspension *a divinis.* Mgr Lefebvre ne peut plus célébrer la messe, ni administrer les sacrements, ni prêcher.

Mais l'évêque déchu n'est pas homme à se rendre. Il passe outre à la sanction, célèbre, dans tous les pays où il passe, la messe dans le rite tridentin qui n'a officiellement plus cours. Il ordonne chaque année des dizaines de prêtres et de diacres, implante aux Etats-Unis et en Amérique latine des filiales de la Fraternité Saint-Pie X, relance des pèlerinages traditionnels (comme celui de Chartres), rachète des prieurés désaffectés, ouvre des maisons d'études en France, en Angleterre, en Allemagne, aux Etats-Unis. A Paris, l'église Saint-Nicolas-du-Chardonnet est occupée de force, un dimanche de février 1977, par un « faucon » de la dissidence « lefeburiste », Mgr Paul Ducaud-Bourget, suivi de fidèles qui refusent la messe moderne et qui, depuis, font de cette église le bastion français du rite ancien. L'archevêque de Paris ne donnera jamais l'ordre de l'évacuer et cette situation de non-droit s'est perpétuée.

En 1978, la mort de Paul VI et la désignation de Jean-Paul II, homme d'ordre et de tradition, laissent espérer une trêve. Le nouveau pape reçoit, un mois après son élection, le supérieur d'Ecône. Peine perdue. Marcel Lefebvre procède à une nouvelle vague d'ordinations illicites et la crise repart de plus belle. Le pape polonais, qui ne supporte pas l'indiscipline, ne veut pas négocier dans un climat de chantage. Sa fermeté dans le gouvernement de l'Eglise contraste avec le flottement qui marqua la fin du règne de Paul VI et jeta des fidèles dans les bras lefeburistes. « Je préfère être dans la vérité sans le pape que me tromper avec lui », répète le fondateur d'Ecône dans une période de doutes, d'abus et de dérives dans l'application des réformes conciliaires, de grosse hémorragie du clergé (7 000 prêtres en France quittent leur ministère dans les années 1970 et beaucoup se marient).

Mgr Lefebvre est l'avocat d'une théologie attardée plus qu'un visionnaire inspiré. Ses fréquentations et ses provocations le desservent. Il s'affiche en France avec des amis de Jean-Marie Le Pen, en Italie avec des dirigeants du mouvement néofasciste MSI, clame son opposition aux droits de l'homme, aux régimes démocratiques et livre son penchant pour l'Espagne franquiste ou le Chili de Pinochet, des régimes qui « se fondent sur les lois de Dieu ». Il finit par être excommunié, le 30 juin 1988, quand il pose les piliers d'une contre-hiérarchie et consacre à Ecône quatre évêques, appelés à lui succéder.

Un acte grave et inacceptable pour Jean-Paul II. L'évêque rebelle avait plaidé « l'état de nécessité » pour une Eglise qu'il disait « dévoyée par les papes modernistes ». Jusqu'au bout pourtant, le Vatican – notamment Joseph Ratzinger, préfet de la Doctrine, déjà connu pour son combat en Allemagne contre les fantaisies de la nouvelle liturgie – avait multiplié les efforts pour éviter le schisme, signant le 5 mai 1988 un accord qui reconnaissait canoniquement la Fraternité de Mgr Lefebvre, mettait fin aux sanctions et promettait la nomination par le pape d'un évêque successeur sorti de ses rangs. Mais, sous la pression de ses conseillers les plus durs, le fondateur d'Econe était revenu sur sa signature.

Après les sacres épiscopaux de 1988, Rome connaîtra des fortunes diverses dans ses tentatives d'apaisement et de ralliement de la famille traditionaliste. En juillet 1988, juste après les excommunications, une commission spéciale est nommée à la Curie romaine par Jean-Paul II, appelée *Ecclesia Dei*, chargée de créer les conditions d'un retour au bercail des brebis perdues : ouverture d'une Fraternité concurrente, appelée Saint-Pierre, pour les séminaristes et prêtres attachés à l'ancienne liturgie, mais ne voulant pas suivre Mgr Lefebvre dans le schisme ; « indult » de Rome (permission exceptionnelle) accordant au prêtre le droit de célébrer pour les fidèles qui le désirent, avec l'accord de son évêque, la messe selon le rite ancien de saint Pie V, etc. Ces premières concessions aux fidèles de la tradition soulèvent des contestations dans les milieux catholiques les plus attachés à Vatican II.

Des dizaines de prêtres et séminaristes, des communautés réputées pour être des fiefs intégristes – comme les moines bénédictins de dom Gérard Calvet au Barroux (Vaucluse) – se montrent vulnérables aux propositions de Rome. Ils rompent avec Mgr Lefebvre, se rallient au pape et obtiennent en échange le bénéfice, à titre exceptionnel, de pouvoir célébrer la messe et les offices selon l'ancien rite. Mais ce n'est pas le retour espéré vers Rome.

La majorité des fidèles traditionalistes garde ses habitudes, continue de fréquenter les églises, les chapelles et les prieurés de rite latin. La Fraternité Saint-Pie X persiste à former des séminaristes, à ordonner des prêtres – pas loin de 600 aujourd'hui. Au fil des ans toutefois, elle est victime des déviations familières à tout groupuscule qui, assuré d'avoir raison contre tout le monde, incapable de la moindre autocritique, s'enferme dans des impasses et n'a plus que la voie de l'exclusion pour régler des comptes claniques.

Le paradoxe des « tradis »

Il existe un paradoxe « tradi » dans la planète catholique. Cette « famille » est peu nombreuse, marginale, éparpillée en France, en Allemagne, en Suisse, un peu en Argentine et au Brésil, aux Etats-Unis. Les estimations les plus favorables les situent à quelque 150 000 fidèles, soit une poussière à l'échelle du milliard de catholiques. La victoire posthume imaginée par Mgr Lefebvre et ses adeptes n'a pas eu lieu. Le discours romain ne s'est pas aligné sur leurs thèses, même s'il lui arrive de flirter avec elles. Mais le mouvement lefeburiste n'est pas non plus devenu cette petite « secte » promise par ses ennemis à une mort à petit feu.

Les traditionalistes occupent des églises, mais aussi les esprits, plus qu'ils ne le méritent. La question du rite de la messe, qui n'est pas mineure, mais n'est pas l'essentiel de la foi catholique, de même que celle du maintien de la soutane et de l'usage du latin ne sont que des prétextes à des désaccords autrement plus sérieux sur l'orientation de l'Eglise catholique. Les « tradis » sont donc au cœur de stratégies menées, avec plus ou moins de transparence et de succès, par le Vatican. Ils sont la cible d'un jeu, apparemment sans fin, d'attraction et de répulsion dans des milieux catholiques qui n'ont pas digéré tous les changements du dernier concile et pour qui les « tradis » incarnent une sorte de mauvaise conscience.

Les manœuvres d'approche ont redoublé après l'élection de Benoît XVI, un pape qui leur est présumé favorable, de même que les effets d'annonce d'un règlement global toujours imminent, toujours repoussé. Benoît XVI n'a jamais fait mystère de son aversion pour les dérives libérales dans l'interprétation du dernier concile, pour les abus d'une réforme « qui a fait dégénérer la liturgie en show ». En 1987, il écrivait dans *Le sel de la terre* (Flammarion) : « Je suis d'avis que l'on devrait accorder beaucoup plus généreusement à tous ceux qui le souhaitent le droit de conserver l'ancien rite. » Sa parfaite orthodoxie romaine lui a en outre toujours valu la sympathie du camp traditionaliste, dans lequel son élection de 2005 fut accueillie comme une divine surprise [1]. Depuis, les « tradis », les chefs et les fidèles, les durs et les mous, croient tenir l'occasion historique de régler le schisme de 1988.

Plusieurs gestes de Benoît XVI les encouragent dans cette idée. Dès le mois d'août 2005, dans sa résidence estivale de Castel Gandolfo, le pape reçoit Bernard Fellay, l'un des quatre évêques consacrés par Mgr Lefebvre et excommuniés, supérieur – de nationalité suisse – de la Fraternité Saint-Pie X. Au mois de décembre suivant, pour le quarantième anniversaire de Vatican II, il prononce devant la Curie romaine un discours dans lequel il confirme son attachement à une interprétation du concile « en continuité » avec la tradition de l'Eglise, non plus « en rupture » [2]. Il approuve, en septembre 2006, la

1. *Benoît XVI et les traditionalistes*, de Grégoire Célier et Olivier Pichon, Entrelacs, 2007.
2. In *La Documentation catholique*, 15 janvier 2006.

création à Bordeaux (Gironde) d'un institut religieux autonome pour accueillir quelques curés de choc, principalement français, faux repentis, conduits par l'abbé Philippe Laguérie, ancien curé de Saint-Nicolas-du-Chardonnet (Paris), subitement « converti » – après avoir été exclu de la Fraternité Saint-Pie X ! –, à la « Rome moderniste » qu'ils n'avaient jamais cessé de dénoncer depuis quarante ans.

Enfin, en juillet 2007, Benoît XVI répond à une vieille revendication des traditionalistes : il « libéralise » la pratique du rite ancien. Dans un *motu proprio* (décret), il autorise la célébration du rite « tridentin », partout où elle est demandée par un « groupe stable » de fidèles, sans attendre, comme c'était jusque-là la règle, que soit donnée l'autorisation de l'évêque. Celui-ci est privé d'une partie de son pouvoir, même s'il est sollicité comme arbitre en cas de désaccord local. Cette mesure a semé la panique dans une partie du clergé et de l'épiscopat de pays comme l'Allemagne, les Etats-Unis et surtout la France où les affrontements sur la réforme de la liturgie ont été les plus sérieux et où le clergé conciliaire est harcelé depuis longtemps par les curés et milieux « tradis » qui n'ont jamais fait de la charité leur première vertu chrétienne.

Quel sera le prix de ces concessions ? C'est la question que posent inlassablement ceux qui ne comprennent pas pourquoi le Vatican consacre tant d'énergie à vouloir réintégrer des traditionalistes qui n'ont jamais manifesté qu'un discours de rejet et de haine. Et qui continuent d'opposer un refus tenace aux initiatives qui, depuis quarante ans, ont mis en évidence une Eglise plus proche des hommes, acceptant plus sereinement la liberté de croyance et de conscience, dialoguant avec les athées, les protestants, les orthodoxes, les juifs, les bouddhistes et, dans des conditions plus difficiles, les musulmans. Comment oublier que les « lefeburistes » avaient traité de « carnaval » l'historique rencontre pour la paix du monde de chefs religieux à l'initiative de Jean-Paul II en 1986 à Assise ?

Ils ne risquent pas, demain, de faire pénitence et de s'amender. Ce n'est pas dans le style de la tribu « tradi ». Malgré les concessions faites par ce pape, aucun observateur sérieux ne doute qu'ils vont continuer leur guerre d'usure contre les évêques et prêtres « modernistes », leur critique d'un concile qu'ils ont toujours détesté. Ils vont chercher à récupérer ceux, de plus en plus nombreux, qui, dans les autres « familles » catholiques, regrettent aussi que le clergé et l'épiscopat semblent avoir perdu leur autorité, peinent à attirer de jeunes prêtres, font trop de politique, ne défendent plus assez de certitudes théologiques, morales et dialoguent trop avec les juifs, les musulmans ou même les protestants. Au lieu de chercher, comme autrefois, à les convertir !

2 – Les « fantassins »

Les catholiques « fantassins » n'ont pas d'état d'âme. Leur foi est d'une pièce. Elle est leur vie, leur honneur, leur combat, leur bonheur. Au XIXe siècle, ils auraient été *zelanti,* ne voulant connaître de l'Eglise que sa puissance, son autorité, sa tradition, ne comprenant que le langage de la dévotion et de la subordination, n'ayant de référence qu'à une papauté visible, rayonnante, centralisatrice. Leurs certitudes dogmatiques et morales, leur conception d'une Eglise hiérarchisée jusqu'en haut, le besoin qu'ils ont de décliner à tout bout de champ leur identité de catholique les rapprochent de la famille « traditionaliste ». Il y a toutefois entre elles plus qu'une feuille de papier à cigarettes. Les « fantassins » se distinguent des

« tradis » par une obéissance quasi militaire au pape et aux enseignements du dernier concile, un concile selon l'interprétation la moins fantaisiste.

Chez eux, l'intransigeance dans la défense de la foi se double d'une discipline de fer. Elle s'exprime par une recherche de la perfection individuelle, un idéal de sainteté méticuleusement cultivée par des habitudes de dévotion quotidiennes – messe, chapelet, adoration de l'eucharistie, confession – et par des pratiques de mortification qui peuvent aller du jeûne, de l'abstinence sexuelle jusqu'au port du cilice. Leur priorité est la formation intellectuelle et doctrinale, pour eux-mêmes et pour les autres. Elle est assurée et garantie dans des collèges et universités de haut niveau, mise au service de Dieu, de l'Eglise, de l'évangélisation. Ces « fantassins » aiment l'encadrement, le règlement, la méthode, au besoin la sanction. Ils ont des directeurs de conscience, possèdent à la fois une spiritualité laïque de conversion du monde et un besoin jamais assouvi d'aller chercher des cautions dans les milieux les plus cléricaux, jusqu'à Rome.

Ils ont le vent en poupe. On les rencontre dans des organisations structurées, dans des associations ou communautés régies par des règles de vie stricte, un fondateur ou un leader charismatique qui énoncent le « savoir », le « croire vrai » et agrègent autour d'eux des esprits parfois fragiles. Ils n'ignorent pas la crise du catholicisme, mais l'attribuent à une crise plus large de la culture et de la société. Une crise qui se traduit par la perte de légitimité de toute forme d'autorité, par la contestation de tout absolu, par des ruptures dans toutes les formes d'engagement (couple, militantisme politique et associatif), dans les modes de transmission des savoirs et des valeurs. Pour eux, la réponse à la crise de la foi chrétienne passe par la production de normes et la répétition d'interdits. Ils ont adhéré sans réserve au programme d'un Jean-Paul II pour maintenir un discours de prescription et d'autorité contre une opinion rétive que les rappels à l'ordre n'impressionnent plus.

Ces fantassins rêvent non pas d'une nouvelle « chrétienté », mais d'une contre-société moderne, passant par des reconquêtes de pouvoir et d'influence dans les milieux politiques, dans les écoles et universités. Ils sont l'avant-garde d'une « évangélisation nouvelle » du monde qui ne craint pas de s'afficher. Loin de la génération militante qui les a précédés, active dans les partis et mouvements sociaux existants, ces nouveaux groupes investissent, à l'instar de ce que fit Jean-Paul II, dans la communication et l'image.

On dit d'eux qu'ils seraient des « jésuites » du XXIe siècle : même soumission au pape, même radicalisme dans l'engagement, même folie évangélisatrice, même recrutement dans les bons milieux – classes moyennes, cercles influents dont les plus jeunes et brillants éléments sont dirigés vers des collèges d'élite. Accusés parfois, mais à tort, de se conduire comme des sectes, on leur prête un goût pour l'intrigue et beaucoup d'habileté pour « noyauter » les milieux – entreprises, partis, voire gouvernements – où ne pénètre pas facilement l'Eglise. A des fins, selon les mauvaises langues, d'influence, de pouvoir et d'enrichissement. Mais, malgré les rumeurs et les calomnies, le secret bien gardé sur l'identité, la qualité et les engagements de leurs membres ne permet pas d'aller très loin dans la connaissance de ces entreprises d'infiltration. Tout au plus peut-on deviner et comptabiliser des sympathies.

Sans doute ne prête-t-on qu'aux riches, mais on les dit aussi infiltrés à tous les étages des palais du Vatican. Ils répondent au garde-à-vous aux appels du pape et ils sont les principaux zélateurs de la « nouvelle évangélisation » du monde. Ils savent se rendre indispensables, sont toujours prêts à proposer leurs services aux évêques là où ils les savent démunis, mais leur offre n'est jamais désintéressée, gratuite. Ils cultivent le cavalier seul, aiment les statuts d'exception, peinent à se mouler dans les structures de l'Eglise diocésaine qui repose sur l'autorité locale de l'évêque, dans les formes classiques de la catéchèse et de l'apostolat militant.

On trouvera peut-être abusif d'amalgamer, sous ce nom de « fantassins », des mouvements aussi différents que la prélature de l'Opus Dei, la congrégation des Légionnaires du Christ, le Chemin néo-catéchuménal, les laïcs italiens de Communione et Liberazione ou les Frères de la communauté de Saint-Jean, d'origine française. Mais, sous des statuts différents, ces « ordres » ont nombre de traits en commun : ils sont de fondation récente et entretiennent, avec dévotion, le culte de leur fondateur, défendent les positions de l'Eglise dans les médias ou la politique, ont une conception « intégraliste » de la foi chrétienne. Du vivant de Jean-Paul II, ces mouvements ont bénéficié de faveurs inestimables de la part d'un pape qui en faisait ses troupes d'élite. Son successeur, Benoît XVI, leur marque un peu moins d'empressement. Ces fantassins pratiquent assez peu la transparence et cherchent à s'imposer dans l'Eglise par des stratégies d'expansion, parfois des astuces de *lobbying*. Certains suscitent la jalousie. Ils ont plutôt mauvaise réputation et défraient régulièrement la chronique.

L'*Opus Dei* est présente dans les cinq continents (80 000 membres). Jean-Paul II l'a érigée, en 1982, en « prélature personnelle », un statut sur mesure – néanmoins prévu par le droit de l'Eglise. Ce même pape a canonisé en 2002, à une allure record, son fondateur et prélat, l'Espagnol Jose Maria Escriva de Balaguer (1902-1975). Il a fait élever sa statue de marbre grandeur nature au pied de la basilique Saint-Pierre. L'Opus Dei (la *Obra*) est puissante en Espagne, en Amérique latine, dans quelques métropoles d'Asie, brassant des affaires, créant des écoles, collèges, universités, hôpitaux, fondations. Mais elle traîne comme un boulet une réputation de « sainte mafia » que ne démentent pas ses faux amis catholiques. Qu'un auteur comme Dan Brown soit allé puiser dans l'Opus Dei matière à intrigue pour son roman *Da Vinci Code* n'a pas vraiment fait scandale en dehors de ses rangs. Mais, après le succès planétaire de cette fiction et du film qui l'a suivie, l'Opus Dei a fait campagne et bénéficié, par ce biais, d'un surcroît de notoriété inespérée.

Dès sa naissance en 1928 à Madrid, l'Opus Dei – l'« Œuvre de Dieu » – fait l'objet de passion et de suspicion. Dans l'Espagne ultracléricale de l'époque, la fondation par un jeune prêtre inconnu, Jose Maria Escriva de Balaguer, d'une association de « laïcs » vivant en communauté, appelés à exercer leur apostolat dans la vie quotidienne et l'exercice d'une profession, est une démarche radicalement neuve et provocante. Depuis ce temps, l'Opus Dei excite les convoitises et les imaginations, aiguise les controverses et les oppositions. A preuve, cette identification qui perdure avec la Phalange, alors que pendant la guerre civile d'Espagne les livres du saint fondateur furent brûlés à Barcelone par des troupes franquistes. Cette précoce hostilité conduira Escriva de Balaguer à aller chercher des cautions en dehors de l'Espagne, notamment à Rome auprès des papes, à commencer par Pie XII.

La *Obra* n'est pas une congrégation religieuse comme une autre, ce qui contribue à sa légende noire. Elle n'exige ni vœux, ni promesses, mais ses membres – laïcs ou prêtres –, appelés « numéraires » et « agrégés », sont soumis à des obligations de célibat (dont les « surnuméraires » sont dispensés) et d'obéissance. Les hommes et (rares) femmes engagés le sont par libre consentement, mais des membres qui ont rompu avec elle, devenus témoins à charge, assurent que l'aspirant doit passer par un rituel initiatique, s'engager à tenir secrètes les règles de l'organisation, s'infliger des pénitences sévères, jeûnes, mortification, autoflagellations, port du cilice comme le fait l'assassin Silas dans *Da Vinci Code.* Les associations anti-sectes décrivent l'Opus Dei comme une société occulte, placée sous le joug de son gourou, appelé le « fondateur » ou le « prélat [1] ». Elles n'ont toutefois jamais réussi à la faire condamner, ni même figurer dans les listes noires de sectes visées par les législations nationales.

Groupe de pression dans l'Eglise, l'Opus Dei aurait aussi manipulé les derniers papes et pris le pouvoir au sommet de la hiérarchie. La réalité est plus décevante. Elle a certainement une volonté d'expansion et d'influence mais, contrairement aux stéréotypes, elle compte assez peu d'évêques membres en exercice (sauf au Pérou) ou de cardinaux à la Curie. En Espagne, elle traîne comme un péché historique la participation de sept hauts fonctionnaires, membres déclarés de l'Œuvre, dans des gouvernements franquistes de 1957 à 1972. Dans son pays d'origine, comme au Mexique et dans quelques pays d'Amérique latine, elle reste présente dans l'appareil de l'Etat, l'armée, les banques, l'industrie, la presse.

« L'Œuvre n'est liée à aucun groupe, à aucun régime, à aucun idéal politique (...). Elle n'a aucune philosophie temporelle. Elle est de nature exclusivement spirituelle », répétait son fondateur [2]. Mais son nom a trempé dans des

---

1. Mgr Alvaro del Portillo (1914-1994) fut le premier successeur de Jose Maria Escriva de Balaguer, fondateur, et le premier « prélat » de l'Opus Dei, qui a déjà réussi à engager à Rome, sur son nom, une cause de béatification. L'actuel prélat est Mgr Javier Echevarria Salvatore.

2. Dans *Au pas de Dieu, Jose Maria Escriva,* de François Gondrand, 1991.

scandales politiques, bancaires et immobiliers. Chaque membre de l'Opus Dei est libre de sa participation à un parti politique ou à une association, mais elle a toujours prospéré sous des régimes et des partis de droite. Pour des raisons d'efficacité, ses cibles sont les élites mondaines, partisanes et intellectuelles. L'objectif est d'évangéliser les milieux d'ingénieurs, de médecins, de professeurs, de fonctionnaires coupés de l'Eglise. Mais ces bons apôtres en paient le prix. Ils sont accusés de prosélytisme et d'endoctrinement. Que d'excès au final, dus à la culture du secret autant qu'à la propagation d'erreurs visant l'Œuvre et qui, même répétées cent fois, n'ont jamais fait une vérité.

Autre symbole d'un catholicisme aujourd'hui conquérant, en Espagne et sur le continent américain (Nord et Sud), les *Légionnaires du Christ.* Ils ont été fondés en 1941 par un prêtre mexicain du nom de Marcial Maciel. Congrégation reconnue par le Vatican depuis 1965, la Légion compte quelque cinq cents prêtres, des milliers de séminaristes et draine dans son sillage près de 50 000 laïcs regroupés dans une association appelée Regnum Christi, qui est le bras séculier de la Légion. Ce nom étrange de Légion remonte au pape Pie XII qui, le premier, avait reconnu l'intuition du fondateur par ces mots : « Vous serez comme une armée rangée pour la bataille » ! Les Légionnaires possèdent aussi de riches établissements scolaires, une quinzaine d'universités – deux à Rome, trois au Mexique – et une quantité de petits séminaires, noviciats au Mexique, dans le Connecticut (Etats-Unis), en Italie, au Brésil, en Colombie, de « centres d'humanité » et grands séminaires près de New York, à Salamanque (Espagne), à Rome.

Quatorze années de formation sont requis du futur Légionnaire, membre d'une élite cléricale recrutée jeune, formée à la théologie la plus traditionnelle et à une discipline quasi militaire. Le service de l'Eglise, du pape et du Christ exige, en effet, des athlètes complets de la foi. Avant de s'engager, les Légionnaires font cinq vœux : chasteté, obéissance, pauvreté, charité, humilité. Malgré les apparences, ils se défendent de toute volonté de puissance, mais prônent un christianisme qui ose s'affirmer, s'affichent comme les artisans de l'Eglise de demain, intercontinentale, plus colorée que blanche, soumise au pape, dévouée à la Vierge Marie, attelée à la défense de la seule « vérité catholique » et à la « nouvelle évangélisation » du monde.

Jean-Paul II aimait le père Maciel et ces missionnaires de la vraie foi et de la morale catholique. Eux aussi visent l'élite intellectuelle et politique, soi-disant écartée de l'Eglise par le discours « progressiste » des années 1960-1970. De grandes fortunes mexicaines et américaines financent sans compter la Légion et, avec ses moyens, celle-ci étend sa toile dans une Amérique latine dévorée par les sectes évangéliques et la pauvreté. Tout collège construit dans un quartier huppé du Mexique, du Chili ou d'Irlande fait l'objet d'un investissement identique dans des quartiers pauvres et populaires : c'est une règle de base de la Légion, qui s'étend aussi aux Etats-Unis où le catholicisme est dominé par les courants libéraux, dans une Europe qui se déchristianise, comme en Irlande, en Espagne, en Allemagne, en Italie, en France où de jeunes Légionnaires tentent par exemple de relancer les « patronages » d'adolescents, sur la base de l'activité sportive et catéchétique.

Mais eux aussi sont accusés de mégalomanie, d'obsession du secret et de *lobbying*. Ils sont toujours aux premiers rangs pour applaudir le pape lorsqu'il est en voyage ou préside une cérémonie sur la place saint-Pierre, sont aux petits soins avec les cardinaux de la Curie et de la

« famille » (les plus proches collaborateurs) du pontife. Eux aussi sont en butte aux campagnes des associations anti-sectes pour motifs d'endoctrinement de jeunes garçons et de discipline sévère. Leurs sources d'enrichissement sont sujettes à caution. Et le vent s'est mis à tourner. Les Légionnaires ont été rattrapés par le scandale de la pédophilie du clergé. En mai 2006, le Vatican a relevé de ses fonctions leur fondateur, Marcial Maciel, vénéré comme un saint vivant, à qui Jean-Paul II n'avait jamais ménagé son soutien. Il a été accusé d'abus sexuels qu'il aurait commis, dans les années 1940 à 1960, sur de jeunes séminaristes. Maciel n'a jamais cessé de proclamer son innocence, mais il a été pressé par Benoît XVI de se retirer et mener une vie discrète de pénitence et de prière. Il est décédé en 2008.

Le *Néo-Catéchuménat* n'est pas un ordre religieux, mais selon sa propre définition un « Chemin de conversion ». Fondé en 1965 dans les faubourgs de Madrid par un peintre, Francisco Argüello (« Kiko » pour les intimes), le Chemin néo-catéchuménal propose un itinéraire de formation au christianisme par une catéchèse d'adultes (« catéchuménat ») et des étapes d'initiation au baptême. Par la rigueur de son encadrement, par l'importance qu'il accorde à la conversion et à la redécouverte de la vie baptismale du chrétien, le Néo-Catéchuménat a connu un succès foudroyant dans des communautés chrétiennes affaiblies. Il compte quelque dix mille communautés dans une centaine de pays et des équipes de mission itinérantes, soit 250 000 militants environ.

Reconnu et encouragé par les autorités catholiques, dans des pays comme l'Espagne, l'Italie et en Amérique latine, le Chemin néo-catéchuménal suscite toutefois des controverses. On reproche à ses membres un soutien trop bruyant au pape, de nombreuses irrégularités de fonctionnement, un engagement exclusif de type sectaire, des méthodes d'initiation particulière et une certaine prétention à être la seule voie de conversion.

On les appelle les « Petits-Gris » en raison de leur jeune âge et de leur habit monastique, ce qui, avec le crâne rasé de près, n'a pas peu contribué à leur réputation de moines-soldats. La *communauté des Frères de Saint-Jean,* fondée en 1975 en France par le père Marie-Dominique Philippe (1912-2006) et étendue à l'étranger, est au cœur de tensions liées, dans l'Eglise romaine, au recrutement de jeunes, qu'ils soient issus d'un milieu traditionnel ou incroyant, attachés à l'affirmation d'une identité catholique forte.

Après Vatican II, Marie-Dominique Philippe prend ses distances avec l'ordre des dominicains, dont il n'épouse pas les options réformatrices. Avec cinq étudiants de l'université de Fribourg où il enseigne la philosophie, il crée sa propre communauté, d'abord reconnue en France par l'évêque d'Autun et installée à Rimont (Saône-et-Loire), avant d'être promue par le Vatican comme congrégation religieuse autonome. Le succès est immédiat. Cette communauté ouvre des prieurés, ordonne des prêtres, se voit confier des paroisses en déclin, des centres de pèlerinages, une maison de rééducation de drogués, des centres spirituels comme La Chaise-Dieu (Haute-Loire) ou l'abbaye de Sénanque (Vaucluse), des aumôneries dans de prestigieux collèges, Stanislas à Paris ou Passy-Buzenval à Rueil (Hauts-de-Seine). D'origine franco-suisse, elle s'exporte de plus en plus loin à l'étranger, aux Pays-Bas, en Lituanie, au Sénégal, au Cameroun, à Taiwan, au Texas. Des évêques, pauvres en vocations, écrivent du Congo-Kinshasa, du Cameroun, du Sénégal, du Togo et font appel à ce réservoir.

Les chiffres de recrutement des « Petits-Gris » font pâlir d'envie les supérieurs de grands séminaires, les pères abbés de monastères et autres responsables de grands ordres en panne de vocations. Les Frères de Saint-Jean ordonne une quinzaine de prêtres par an, soit presque le total des ordinations dans les trois grands diocèses de Paris, Lyon et Marseille. Elle compte jusqu'à 530 frères – dont près de 200 prêtres ordonnés – issus de 35 pays et présents dans une vingtaine de pays et quelques centaines de religieuses.

Cet engouement s'explique par l'ajustement entre le mode de vie religieuse proposé par cette communauté – mi-contemplative, mi-active – et la mentalité de minoritaires cernés, répandue chez les jeunes catholiques. Elevés dans la foi ou convertis et néophytes, ils viennent de milieux populaires ou de filières éducatives de haut niveau (pour la France HEC, Polytechnique, recherche), passent par les scouts d'Europe qui militent pour la défense de valeurs catholiques fortes et ont une conception enthousiaste de leur foi et de leur mission. L'un d'eux a cette formule : « Nous sommes une génération de fêlés. Nous ne supportons pas les chrétiens qui ne vivent pas concrètement et radicalement leur foi [1]. »

Comme les Légionnaires du Christ, comme les membres de l'Opus Dei, les « Petits-Gris » ont une vénération sans fard pour leur fondateur. Ils aiment sa philosophie traditionnelle et la rigueur de sa doctrine. Leur formation repose sur le soupçon avoué que la bonne philosophie néo-thomiste n'est plus enseignée dans les séminaires et que si Vatican II a épousé le monde, il n'a guère touché le cœur et l'intelligence des hommes. Avant sa mort en août 2006, le père Philippe pouvait aussi se prévaloir du soutien de Rome : « Vos jeunes frères sont les religieux de la deuxième évangélisation de l'Europe », lui avait dit Jean-Paul II.

1. Cité dans *Le Monde* du 29 avril 1988.

Mais des tensions vives sont nées autour de cette communauté, comme d'autres du même type. Cette mentalité de « fantassins » est bien comprise d'un jeune clergé, venu d'un monde incroyant ou sceptique, qui a soif de certitudes et de visibilité, mais elle cadre mal avec les références qui sont celles de mouvements et d'un clergé plus âgés, formés par le concile et la théologie de l'« enfouissement ». On reproche à la communauté des Frères de Saint-Jean de vouloir créer un clergé parallèle, élitiste et identitaire, de « faire du chiffre » dans le recrutement. Beaucoup sont ordonnés, prononcent des vœux perpétuels de chasteté, de pauvreté, d'obéissance, mais craquent et s'en vont au bout de quelques années.

Ces moines-soldats n'échappent pas non plus aux dérives de type sectaire propres à toute nouvelle communauté : culte de la personnalité du fondateur, repli sur soi et distance – sinon ignorance – avec le clergé et l'autorité du diocèse, discipline de fer dans les établissements sous contrôle, théologie conservatrice, méthodes d'évangélisation directe. A la suite de plaintes de parents, le cardinal Jean-Marie Lustiger, archevêque de Paris, avait dû retirer à la communauté de Saint-Jean la direction de l'aumônerie du collège Stanislas. Le malaise perdure au sujet de cette jeune fondation et, en février 2006, pour ses trente ans, le pape Benoît XVI lui avait envoyé un message en forme d'avertissement et exigé du père Philippe « un discernement plus profond des vocations », ainsi qu'« une collaboration confiante avec les responsables des Eglises locales ».

Dans un autre contexte national, celui de l'Italie, un mouvement de prêtres et de laïcs, *Communion et Libération* (CL), a épousé la même conception vigilante et militante de l'identité catholique. Il a été fondé dans les années 1960 par un prêtre de Milan, Luigi Giussani (1922-2005), très actif dans un milieu universitaire alors en proie à la séduction marxiste ou existentialiste. En 1973, il se dote d'un bras politique, le Mouvement populaire, chargé de contester le monopole idéologique du marxisme sur l'université. Le Mouvement populaire deviendra la courroie de transmission de l'Eglise italienne dans la vie politique du pays. L'expansion de Communion et Libération a bénéficié du déclin de l'Action catholique italienne, de l'effondrement de la Démocratie chrétienne et de tout le système de références politiques et culturelles issu de l'après-guerre.

Convaincu que le christianisme est le « seul véritable instrument de la libération de l'homme contre l'idolâtrie du monde moderne », dom Luigi Giussani, qui deviendra une personnalité sur la scène publique italienne, poursuit cet ancrage de l'Eglise dans tous les secteurs de la culture, à l'université, dans les associations et les partis. Ses membres (environ 100 000, en Italie principalement) se répartissent dans des groupes de formation, fréquentent des sessions annuelles d'« exercices spirituels », montent d'ambitieux projets caritatifs, missionnaires et artistiques. Le mouvement CL compte des vedettes politiques, comme Giulio Andreotti, ancien président du Conseil, Roberto Formigoni, qui préside la région de Lombardie (Milan), ou Rocco Buttiglione, ancien ministre des Affaires européennes du gouvernement Berlusconi. Il possède des journaux influents et tient chaque année en août à Rimini, sur la côte adriatique, un meeting de masse couru par les grands noms de la politique, de la science et des idées.

Ce mouvement propose une vision « intégraliste », dans laquelle l'engagement politique ne se distingue pas de l'appartenance catholique. Il repose sur un « intransigeantisme fortement critique du monde moderne [1] », en

---

1. Dans *Communion et Libération. Identité catholique et disqualification du monde,* de Salvatore Abbruzzese, Cerf, 1989.

phase avec le modèle de « restauration » catholique encouragé par Jean-Paul II, dont CL et Buttiglione ont épousé toutes les positions contre l'avortement et l'homosexualité. Très implanté à Milan, il a longtemps indisposé le cardinal Martini, ancien archevêque de la ville, au profil plus progressiste. Sans convaincre, ses militants se défendent d'attitudes anti-laïques et d'ingérence confessionnelle dans le débat public. Ils entendent juger de la réalité politique en fonction des catégories morales du catholicisme. Mais, face à une société sécularisée devenue méfiante devant toute idéologie, fût-elle religieuse, les disciples de Giussani passent en Italie, selon les uns, pour des idéalistes, selon les autres, pour des fanatiques.

3 – Les « inspirés »

Inspirés... par l'Esprit-Saint, cette force divine, promesse de vie nouvelle dont les Evangiles écrivent qu'à l'image du vent, « *il souffle où il veut. On ne sait pas d'où il vient, ni où il va* » (Jean 3, 8). On aurait pu les appeler par le nom plus souvent en usage de « *charismatiques* » (les « charismes » sont les dons et œuvres de l'Esprit) ou de « pentecôtistes » (mus par l'esprit de Pentecôte) ou, dans une mouvance protestante aujourd'hui grossissante, d'« *évangéliques* ». On aurait pu aussi les définir sous le nom, un peu passe-partout, de « *communautés nouvelles* » – mais toutes les communautés nouvelles ne sont pas charismatiques : certaines ont été recensées chez les « fantassins ». On en retrouvera d'autres dans la famille des nouveaux « engagés ».

Leurs étiquettes varient comme dans un jeu de piste. Leur mode d'organisation et de regroupement, leur stratégie ne sont pas non plus uniques. Ce qu'ils ont en commun, c'est leur foi fervente et quelque peu débridée, leur zèle spirituel, leur fréquentation assidue d'une Bible inspirée, le charisme reconnu à leur fondateur, appelé le « berger » ou le « pasteur », à la fois directeur spirituel, exorciste et thérapeute ; puis leur confiance un peu naïve dans le merveilleux et le miraculeux, leur prosélytisme, la diversité de leurs engagements dans des groupes de prière, des réunions d'évangélisation, des actions humanitaires ou caritatives.

Ces catholiques sont tout feu et flamme. Ils portent leur foi en sautoir, renversent les montagnes, adorent et prient Dieu de la manière spontanée qui était celle des toutes premières communautés chrétiennes. Devant l'autel, ils s'embrassent, se signent, chantent, dansent, louent Dieu dans des forêts de bras levés et des sons inarticulés (le « parler en langues » ou glossolalie) qui sont, pour eux, la manifestation la plus directe du souffle divin. Leur culte n'est jamais triste. Pleurs et rires cohabitent, sur fond de guitare électrique ou de batterie. Mains jointes, visage extatique, ils s'agenouillent, se frappent la poitrine et demandent à Dieu de leur obtenir les « grâces » de guérison, de conversion, d'effusion de l'Esprit. Les traite-t-on d'illuminés, avec leurs sourires d'ange et leurs *alléluias*? « Il y a tant de déprimes, répondent-ils. Les gens ont soif d'amour et il y a des *alléluias* qui font vivre [1]. »

C'est dans le récit de Pentecôte que ces baptisés de l'Esprit puisent leur engagement. Selon les Actes des apôtres, ce jour-là, le cinquantième (*pentekostos* en grec) après Pâques, le dixième après l'Ascension, l'Esprit est descendu sur les douze disciples de Jésus réunis à Jérusalem, transis de peur. Ils sont désormais apôtres, chargés de la prédication de la parole, assurés d'être éclairés, dirigés, soutenus, envoyés en mission dans le monde jusqu'aux

1. Témoignage au cours d'un rassemblement de 10 000 charismatiques au stade Charléty à Paris le 26 septembre 1998.

extrémités de la terre : *« Allez donc, de toutes les nations faites des disciples »* (Matthieu 28, 16-20).

Ces « inspirés » incarnent la conviction, aussi tenace qu'ancienne, que la foi chrétienne, loin de mourir, est toujours prête à ressusciter. Qu'à chacun des tournants de son histoire, y compris les plus douloureux – persécutions sous l'Empire romain, conflits médiévaux avec l'empereur, schismes et guerres, révolutions européennes, sécularisation contemporaine –, l'Eglise a pu paraître condamnée à disparaître, mais que Dieu ne l'abandonne jamais. Plutôt que de mourir, elle bourgeonne... autrement. Il s'est toujours trouvé des prêtres, mais aussi des laïcs, hommes et femmes, pour incarner un Renouveau (« Réveil » en milieu protestant).

Devant la menace de la Réforme, le renouveau catholique du XVIe siècle est celui des « sociétés », « fraternités », « oratoires » et « congrégations mariales » qui surgissent en nombre. Au XIXe, c'est la floraison des congrégations religieuses et missionnaires, des associations caritatives ou éducatives : citons les conférences de Saint-Vincent de Paul fondées en 1833 par Frédéric Ozanam (1813-1853), les patronages de jeunes d'un Jean Bosco (1815-1888) en Italie, l'action éducative et sociale du bienheureux Adolphe Kölping (1813-1865), encore vivante en Allemagne. Au XXe siècle, le Renouveau désigne des vagues nouvelles de croyants apparues aux Etats-Unis au début du siècle, dans les Eglises protestantes d'abord (les « pentecôtistes »), puis dans l'Eglise catholique des années 1960-1980.

Cette manière de conjuguer, d'un côté, une façon différente de vivre la foi et, de l'autre, l'héritage de Mai 68, avec son besoin de liberté et de spontanéité, a brisé les frontières, essaimé, bousculé – dans les pays occidentaux, en Amérique latine, en Afrique et en Asie – les cadres établis de l'évangélisation, les schémas tout faits, les rentes de situation. En 1975, après les batailles conciliaires et les controverses d'*Humanae vitae* (1968), le pape Paul VI salue comme une délivrance et une bénédiction, au cours du premier grand rassemblement charismatique à Rome, l'arrivée de ce nouveau courant d'air frais, dont l'Eglise parle encore comme d'une grâce, d'une nouvelle avant-garde, d'« un nouveau Printemps ».

Une religion de l'émotion

Le succès de cette famille d'« inspirés » – plus manifeste encore chez les pentecôtistes protestants – s'explique par une sorte de réaction instinctive et massive à la religion réduite à un code de disciplines et de rites. C'est un mode d'attestation de la foi dressée contre la sécularisation galopante et le « désenchantement » du monde. Selon les sociologues de la religion, la floraison des mouvements charismatiques et pentecôtistes contredit les pronostics de mort de la religion, de triomphe de l'absurde et du tragique, de l'homme sans Dieu et de la rationalité scientifique. Une « religion de l'émotion » est née : les croyances y sont flottantes et éphémères. L'expérience religieuse personnelle y compte plus que l'adhésion collective, le sentiment plus que la raison, la mystique plus que l'éthique, l'aventure intérieure plus que l'engagement social dans le monde [1].

De ces communautés charismatiques, l'Eglise a voulu faire des « laboratoires de la foi », des « écoles de sainteté et de mission ». A dire vrai, à leurs débuts, elles ont agacé beaucoup de monde en se présentant comme le seul

1. On lira sur ce thème central de la sociologie religieuse l'ouvrage *De l'émotion en religion. Renouveau et traditions,* dirigé par Françoise Champion et Danièle Hervieu-Léger, Centurion, 1990 ; et *Le pèlerin et le converti* de Danièle Hervieu-Léger, Flammarion, 1999.

avenir possible. On a haussé les épaules devant ce catholicisme sûr de lui et émotionnel. On a cru à un feu de paille, avant de le trouver envahissant. On a pris ces groupes pour des sectes, désigné à la vindicte leurs « gourous », subodoré que le pape, les évêques, cédant à leur originalité de façade, se faisaient manipuler. Mais elles ont tenu le coup, ont duré, survécu au scepticisme et aux sarcasmes, aux utopies et aux campagnes de dénigrement. Après la piété effervescente des commencements – effusions de l'Esprit, chants en langues, conversions subites, guérisons spectaculaires –, elles se sont assagies, en se moulant dans les structures d'Eglise, selon un phénomène de « routinisation » (Max Weber) de l'émotion première, fondatrice de tout parcours religieux.

Ces « inspirés » savourent un parfum de revanche. Ils sont devenus, dans le catholicisme mondial, une force de renouvellement et d'appoint, comme le courant pentecôtiste dans le protestantisme, force de frappe prise au sérieux par les médias qui raffolent des formes spectaculaires de leur dévotion ; par les évêques et les clercs qui ont senti le vent tourner et les suivent après les avoir critiqués ; par les sociologues qui leur consacrent des livres entiers ; par les « traditionalistes » à qui ces communautés enlèvent une partie de leur clientèle. Ils recherchent et obtiennent toutes les onctions possibles, sont couvés, protégés. Une éclaircie dans la grisaille d'une Eglise vieillissante et déclinante, une mine d'or à la richesse insoupçonnée. « Avec leur façon radicale d'être chrétiens, ils remettent en cause le christianisme fatigué de bien des baptisés, un christianisme de simple façade, confus et plein de compromis », affirmait le futur cardinal Stanislas Rylko, président du Conseil pontifical pour les laïcs [1].

1. En mars 2006 en Colombie, pour le premier congrès des « communautés nouvelles » d'Amérique latine.

Ces catholiques, dits « inspirés », se retrouvent dans des « groupes de prière », aux dénominations multiples, réunis dans des églises de paroisse ou des chapelles de quartier, dans des associations de fidèles laïcs, des groupes de jeunes ou dans des communautés charismatiques qui, elles, disposent de véritables règles de vie commune. Au-delà du tissu des paroisses, mouvements et congrégations classiques en perte de vitesse, ils veulent offrir de nouveaux espaces d'échange et de prière, répondre à la variété des états de vie, célibataires ou mariés, jeunes ou vieux, hommes et femmes, prêtres, religieux, religieuses ou laïcs. Ils veulent épouser la diversité des attentes des catholiques : la demande de formation, le goût de la vie communautaire, la ferveur spirituelle, l'annonce de la Parole de Dieu, l'appel aux vocations sacerdotales. Ce sont des communautés qui se veulent à la fois libres, indépendantes dans leur apostolat, leur gouvernement propre, et en même temps se montrent obéissantes, font assaut de bonne volonté et de fidélité aux évêques et au pape.

Elles veulent faire découvrir à des milliers d'hommes et de femmes, en dépit des vents contraires, la beauté d'être chrétiens et la joie de la communiquer aux autres. Elles touchent des générations de croyants, jeunes ou pas, intellectuels ou non, éloignés de l'Eglise ou ignorant tout d'elle, d'autant moins critiques par rapport à elle qu'ils n'en connaissent pas bien les rouages, ni les contestations d'autrefois. Des générations qui ont besoin de repères, de modèles de vie, soif de formation, de lectures bibliques ou spirituelles. Qui se disent attirées par des personnalités phares, des modèles de sainteté anciens ou actuels, de Thérèse de Lisieux à Mère Teresa ou Jean-Paul II. Qui sont moins mobilisées par l'engagement social et politique que par la contemplation et la prière, plus attirées par l'action concrète, caritative, ponctuelle que par des projets à long terme.

Ces groupes cultivaient un certain isolement dans l'Eglise de crainte d'être cléricalisés. Ils y ont désormais trouvé leurs marques. A la différence des mouvements d'action catholique d'antan, imaginatifs, généreux, mais indépendants et provocateurs pour la hiérarchie, les « communautés nouvelles » cherchent des reconnaissances officielles dans les épiscopats, tentent de s'insérer dans les plans de pastorale des diocèses, font des offres de services. Mais leurs vieux réflexes ont la vie dure : faire cavalier seul, ne pas rendre de comptes, rivaliser avec l'autre, chercher des positions d'influence. Sans parler des dérives sectaires qui ont été ici et là dénoncées [1]. Ou d'une complaisance dans une sorte de dénonciation du monde moderne avec ses opacités et ses perversités.

L'enthousiasme l'emporte souvent sur les règles. D'où les efforts des autorités épiscopales ou romaines pour tenter non de les embrigader, mais de les faire marcher d'un train plus homogène, de les aider à organiser des actions communes. Ainsi des rassemblements de « communautés nouvelles » ont-ils eu lieu à Rome en 1998, puis en juin 2006, où 400 000 membres, venant de 120 mouvements et communautés étaient présents. Benoît XVI leur a donné une « feuille de route » qui souligne l'originalité de cette « tribu », sa vocation et l'assurance de son avenir : « Eclairez l'obscurité d'un monde désorienté par les messages contradictoires des idéologies. Il n'y pas de beauté qui vaille s'il n'y pas une Vérité à reconnaître et à suivre, si l'amour s'abaisse en un sentiment passager, si le bonheur devient un message insaisissable, si la liberté dégénère en

1. L'un des premiers ouvrages consacrés aux dérives sectaires dans les communautés charismatiques s'intitule *Les naufragés de l'esprit. Des sectes dans l'Eglise catholique*, Seuil, 1996. Il est écrit par Thierry Bafoy, Antoine Deleste et Jean-Paul Sauzet, anciens charismatiques en rupture avec leur communauté. Leur mise en cause porte sur l'abus de pouvoir du leader, son autoritarisme et la perte d'autonomie des individus.

instinctivité. Portez à ce monde troublé le témoignage de la liberté par laquelle le Christ nous a libérés. »

Quelques cas français

L'esprit souffle où il veut... Chacune de ces communautés ou groupes d'inspirés a son style, son charisme, sa pédagogie, son champ d'action, sa stratégie d'implantation, ses méthodes d'évangélisation et de conversion. Certaines peuvent être de caractère monastique, plutôt fermé, comme la communauté des Béatitudes. D'autres, comme L'Emmanuel ou le Chemin Neuf, également nées en France mais présentes dans les pays voisins et en Afrique, sont ouvertes à la vie sociale et urbaine [1].

Voici quelques exemples de communautés charismatiques reconnues par le Vatican sous le statut d'« association privée internationale de fidèles ». Ils ont été choisis en France, où les neuf principales communautés, en raison de leur extension internationale, fédèrent, de manière plus ou moins lâche, quelque 100 000 « disciples ». La France compterait aussi 1 200 groupes de prière informels dans les paroisses. La période de grande floraison (années 1970-1990) y est toutefois terminée. Le mouvement semble s'essouffler.

La communauté internationale de *L'Emmanuel* est née autour des « écoles d'oraison » d'un prêtre, Henri Caffarel, fondateur, en mai 1972 à Paris, de l'un des tout premiers groupes de prière français. Après une visite à des charismatiques américains, est fondée la « communauté de vie » de L'Emmanuel, à l'initiative de Pierre Goursat

1. On lira notamment *Les charismatiques*, de Monique Hébrard, Cerf-Fides, 1991.

(1914-1991) et d'une mère de famille, Martine Lafitte-Catta. La communauté regroupe tous les états de vie : couples et familles, célibataires, prêtres et personnes consacrées ayant fait des vœux religieux. Ils vivent en « maisonnées » autour d'engagements fermes : temps de prière personnelle, eucharistie quotidienne, adoration du saint sacrement, mais aussi évangélisation à l'extérieur, actions de charité, etc.

L'Emmanuel s'est étendue rapidement en France, en Italie, en Belgique, en Allemagne, en Autriche, en Afrique. Elle est aujourd'hui présente dans plus de 60 pays et est, de loin, la première communauté charismatique avec 6 000 membres (dont la moitié en France), comprenant des dizaines de « frères et sœurs » consacrés, de prêtres, de diacres permanents. Elle est implantée dans les zones de forte pratique religieuse, mais aussi dans les banlieues déchristianisées de Paris ou de Lyon. Elle s'est vu confier par des évêques l'animation d'une vingtaine de paroisses (par exemple à Paris). Devenue en 1998 association de fidèles de droit pontifical, L'Emmanuel a aussi en charge les sessions d'été du sanctuaire de Paray-le-Monial (Saône-et-Loire) qui attirent chaque année 30 000 pèlerins.

La communauté internationale du *Chemin Neuf* est le fruit de la rencontre d'un jeune jésuite, le père Laurent Fabre, avec des charismatiques américains de l'Eglise épiscopalienne (anglicans des Etats-Unis). Ce qui va donner un style œcuménique à ce groupe de prière fondé en 1971, l'un des premiers en France. Deux ans plus tard, des membres de ce groupe décident de vivre en communauté au 49, montée du Chemin-Neuf, à Lyon. La communauté naissante prend le nom de cette rue et se développe en France, en Suisse, avant d'essaimer dans quelques pays d'Afrique. Elle compte environ 700 personnes engagées dans une quinzaine de pays, entourées d'un réseau de 6 000 fidèles aux liens plus lâches (la « communion du Chemin Neuf »).

Le Chemin Neuf est inspiré par la spiritualité d'Ignace de Loyola et de Thérèse d'Avila. Elle accueille des militants d'autres confessions chrétiennes, s'organise en « fraternités de quartier » (on vit dans un même quartier et on se rassemble pour prier) ou en « fraternités de vie » (on partage le même immeuble). Le partage des revenus y est total. La vocation de cette communauté est l'évangélisation, l'œcuménisme, le « service de l'Eglise » et des plus démunis, la formation chrétienne et l'accompagnement spirituel (retraites), le soutien proposé aux couples (sessions Cana).

La communauté *Fondacio* compte 3 500 membres et un réseau proche de 10 000 personnes, dans 24 pays. En 1974, à l'initiative de Jean-Michel Rousseau, naît la communauté d'abord appelée Fondation pour un monde nouveau. Mais une longue crise autour de la personnalité du « Fondateur » aboutit, en 1991, à la création de Fondacio, présidée par Gérard Testard, communauté également reconnue au Vatican comme association privée de fidèles. Fondacio n'est pas une « communauté de vie », mais une « communauté d'alliance », réunissant ses membres en petites « fraternités ».

Sa vocation est « apostolique » : ouverture au monde, au milieu politique et économique. Ses cibles d'évangélisation sont les chefs d'entreprise ou responsables politiques, mais aussi les couples et les jeunes (avec des écoles de formation de « disciples du Christ » à Angers, à Lomé au Togo, à Manille aux Philippines). Fondacio compte aussi une trentaine de projets sociaux : écoles de brousse au Togo, orphelinats en Roumanie, dispensaires, écoles de réhabilitation de drogués, etc.

La communauté des *Béatitudes,* d'abord connue sous le nom de « Lion de Juda et de l'Agneau immolé », a été fondée en 1973 dans la région d'Albi (Tarn) à l'initiative d'une personnalité contestée, un ancien pasteur protestant appelé Frère Ephraïm. Celui-ci avait tenté plusieurs expériences communautaires (hippies, kibboutz) avant de fonder, avec sa femme et un autre couple, cette communauté radicale dans son mode de vie et son rapport à la société. Elle fait cohabiter des prêtres célibataires, des moniales et des moines qui ont fait vœu de chasteté, des couples et des enfants. Elle pratique l'adoration « perpétuelle » (jour et nuit) du saint sacrement, l'office de nuit, le jeûne le jeudi soir et le *shabbat* le vendredi soir.

Les Béatitudes sont implantées dans une soixantaine de diocèses en France et représentées à l'étranger. Comptant environ 2 000 membres, elles font l'objet d'attaques régulières pour dérives sectaires. L'élection en 2002 du père François-Xavier Wallays, ancien père blanc, comme nouveau « modérateur général » a provoqué une grave crise. Les responsables sont accusés de méthodes autoritaires, de chantage affectif sur leurs « disciples », de graves carences en matière de formation intellectuelle et théologique, de confusion entre le spirituel, la psychanalyse et les thérapies de guérison. Nombre de membres sont partis. Des « maisons » ont été fermées. La communauté est sous surveillance de l'épiscopat français et du conseil pontifical pour les Laïcs, puisqu'elle est aussi reconnue, depuis 2002, comme association de fidèles. Cette crise témoigne de toutes les difficultés de fonctionnement de ces communautés d'inspirés qui ont perdu une partie de leur enthousiasme des origines et peinent à trouver leur vraie voie...

4 – Les « silencieux »

Silence en eux, silence en Dieu. Moines et moniales ont tout quitté, renoncé à tout et à tous pour se consacrer à la louange des cieux. Silence pour la prière, silence dans la prière. Silence habité du cloître, silence de la nef, silence des cellules, silence du réfectoire, interrompu par les « pauses », ces temps de respiration et de convivialité pour la communauté, par la réunion quotidienne du « chapitre », par le moine « semainier » qui, à l'heure du repas, lit à tour de rôle pendant une semaine, à voix haute, des ouvrages édifiants de spiritualité sur le mode *recto tono* de la psalmodie qui est la prière de l'âme. Le corps et l'âme se nourrissent à égalité dans la vie du moine.

Silence comme signe d'ascèse, de disponibilité, d'hospitalité. Comme règle absolue d'une communauté d'hommes et de femmes qui prie, étudie, travaille, écoute la parole de Dieu, autant que celle du monde qui vient la visiter. Lisons la Règle des chartreux : « Notre vocation est de vaquer au silence et à la solitude de la cellule. Là, l'âme s'unit au Verbe de Dieu, l'épouse à l'Epoux, la terre au ciel, l'humain au divin. » Avant le concile Vatican II, qui a consenti à un assouplissement des règles, les moines ne communiquaient que par signes et par gestes. Le père abbé était désigné par deux doigts sur le front.

Ermites des déserts ou de la montagne, moines et moniales des villes et des campagnes, ils ont tout quitté à la suite de Jésus-Christ, accepté les disciplines les plus rudes de la vie communautaire ou de la solitude. On en a fini avec les pratiques de mortification plutôt barbares – bains d'eau glacée, nuits sans sommeil, pauses les bras en croix – qui font encore partie de l'imagerie d'Epinal. Mais une litanie de mots justes défile à leur sujet : contemplation, renoncement, inutilité apparente, gratuité, beauté, parole donnée, jamais reprise. Ils peuvent entrer jeunes au monastère, mais il y a aussi des vocations tardives, d'ouvriers ou d'ingénieurs, de fils de militaires ou d'agriculteurs. Enarque, Achille Mestre a travaillé à Paris dans des cabinets ministériels, avant d'entrer à 45 ans dans la communauté bénédictine de Hautecombe, transférée à Ganagobie (Hautes-Alpes) : « Si on vient au monastère pour fuir le monde, on ne tient pas longtemps. On y vient pour suivre le Christ. Ici, il n'y a rien d'autre pour se raccrocher [1]. »

Dans la diversité de leurs vocations, ces « silencieux » sont, d'abord, une provocation pour une société qui fait une consommation prodigieuse d'images et de sons. Au monastère, n'entre qu'une petite radio qui guette les grosses nouvelles, un lecteur DVD ou un magnétoscope pour suivre des émissions dûment sélectionnées et préenregistrées. La télévision ne s'allume que de manière très exceptionnelle, avec la permission du père abbé, pour suivre... les funérailles d'un pape ou une soirée d'élections.

Le monastère est une contre-société aussi pour la gestion du temps. La prière dite des « heures » structure la vie du moine. Elle ne se tait ni le jour ni la nuit. Prière permanente, comme un murmure résonnant en écho sur les murs nus d'une église ou d'une abbaye. Saint Benoît avait prescrit de prier sept fois par jour. Chaque journée se découpe donc selon le rythme des « offices » : prières de « matines », de « prime », de « tierce », de « sexte », de « none », de « vêpres » et de « complies ». Parfois aussi, là où il a été maintenu, office de « vigile » au milieu de la nuit, à l'heure où des hommes travaillent déjà, où les boulangers pétrissent leur farine, où des femmes accouchent, où des agonisants meurent. Quelques heures plus tôt, les complies avaient précédé l'entrée dans le « grand

1. Cité dans *Le Monde* du 1er juin 1992.

silence », évocation de la nuit du sacrifice du Christ, prière encore avec et pour ceux qui n'ont pas d'horizon, le chômeur qui s'angoisse, le SDF qui vaque, le jeune qui cherche un sens à sa vie. La prière du moine est un va-et-vient perpétuel entre la parole de Dieu et la rumeur du monde.

Chaque office est une offrande à Dieu. Quand, dans le chœur de l'église abbatiale, l'orgue ou l'harmonium ronfle et que commence la récitation ou le chant des psaumes, les moines, en coule et scapulaire noirs [1], se lèvent de leur stalle avec une synchronie parfaite, se prosternent, joignent leurs mains sous le menton, font un quart de tour vers l'autel, vers la croix, vers le cierge pascal qui troue la pénombre, vers l'évangéliaire qui attend son lecteur. Ils chantent dans leur langue ou en latin. Leurs lèvres marmonnent, l'encens monte vers la voûte. Selon l'heure de la journée, les vitraux percent les murs en éclats de couleurs bleue, grise, rose ou blanche. Des temps de prière offerts pour ceux qui n'ont, dans leur vie, ni temps, ni prière.

Autre signe pour un monde qui « zappe », le moine et la moniale font des vœux définitifs. Un monastère peut être plein de vocations tortueuses, d'allers-retours, d'entrées soudaines et de sorties aussi brutales. Mais la vocation religieuse peut être aussi droite, de l'ordre du coup de foudre, sans explication rationnelle. Appelé par Dieu, le moine est comme retourné par lui. Conversion totale, radicale. Il n'a pas choisi d'être moine, c'est Dieu qui l'a séduit, appelé, convaincu est-il que les actes les plus profonds de la vie humaine sont toujours des actes de consentement. Mais on n'entre pas au monastère la fleur au fusil. On est d'abord postulant, ensuite novice au

1. Le scapulaire est le vêtement porté par certains religieux, composé de deux larges bandes d'étoffe, tombant des épaules sur la poitrine et dans le dos. Le moine porte aussi la coule, manteau à capuchon et larges manches.

moins pendant deux ans, dans l'ombre d'un « maître » qui aide à discerner la vocation. Puis on prend un premier engagement, appelé « profession simple » (le moine est alors appelé « profès »), avant la profession solennelle, l'énoncé des vœux de stabilité, d'obéissance, de chasteté, de pauvreté.

Les quatre vœux

Vœu de *stabilité*. Il est au cœur de la règle bénédictine primitive. En choisissant la voie monastique, le moine a choisi un lieu qu'il ne quittera plus, une communauté de frères qu'il n'a pas choisis, mais qui vivent avec lui, nuit et jour, derrière une clôture qui n'est ouverte qu'exceptionnellement, pour une promenade en forêt, une session de formation, une visite d'adieu à un parent malade. La stabilité est le seul vœu spécifique de la Règle de saint Benoît (vers 480-547), qu'il a introduit plutôt par méfiance envers les ermites de son temps et les moines vagabonds (appelés « gyrovagues ») chez lesquels il percevait les risques d'un zèle mystique incontrôlé.

Vœu d'*obéissance*. Le moine la doit au père abbé (de *abba*, père en araméen) et la moniale à la mère abbesse, qui ont la responsabilité matérielle, administrative, spirituelle de leur communauté. Elu à vie, assisté par un « prieur », le père abbé est pour les siens le pivot, le « signe du Christ ». Des abbés se révèlent de bons pères de famille, d'autres de parfaits autocrates. Sans avoir rang d'évêques, ils peuvent porter ses insignes comme la mitre, la crosse et l'anneau. L'abbé a charge d'âmes, celles de ses frères moines et de ces hommes et femmes, nombreux et fervents, agnostiques ou croyants, qui frappent chaque jour à la porte des monastères. En « chapitre », c'est lui qui parle d'abord, commente les événements de la communauté, de l'Eglise et du monde. Mais à l'entrée du réfectoire, c'est lui aussi qui accueille l'hôte du jour, en signe d'humilité, parfois avec une cruche d'eau et un carré de tissu blanc. La Règle de saint Benoît énonce : « Les hôtes doivent être accueillis comme le Christ, car celui-ci dira un jour : j'ai demandé l'hospitalité et vous m'avez reçu. »

Vœu de *chasteté*. Le moine ou la moniale la vit dans l'offrande de son être, corps et âme, à Dieu. Le moine se dit aimé d'un amour sans mesure. Celui-ci n'est pas une assurance tous risques, mais il exige un sacrifice et un don total de soi. « Ma drogue, c'est le Christ, commente un jeune moine. C'est à lui que je donne ma vie. Je vis, mais ce n'est pas moi qui vis. C'est le Christ qui vit en moi. » Scandale pour le monde, le célibat volontairement accepté, dépassé par l'amour infini de Dieu, n'est pas une mutilation, mais une voie d'accès à une qualité d'amour, un équilibre humain, en fait guère différent de celui d'un couple marié. Le célibat consenti est un moyen de se sentir plus proche des solitaires, des veufs, des divorcés, des malades.

Vœu de *pauvreté*. Ce vœu s'exprime dans le renoncement du moine à tout bien, à tout héritage, qui est remis à sa communauté. S'il rompt avec le monde, il ne se soustrait pas pour autant à sa condition d'homme et il subvient à ses propres besoins. Le moine ne vit que de ses propres ressources. *Ora et labora*, « prie et travaille », énonce une formule tardive (qui n'est pas dans la Règle de saint Benoît). Mais au stéréotype du moine qui travaille le champ à la sueur de son front, ont succédé de vrais systèmes d'économie locale et de petit artisanat qui permettent à un ou plusieurs monastères de vivre.

La patine du temps ne semble pas avoir de prise sur eux. Les moines sont les professionnels du silence. Ils sont séparés du monde. Les bruits de l'extérieur viennent se briser par vagues sur les murs de leur cloître. En même temps – paradoxe de la situation –, ils intriguent le monde. Ils ont sur lui une puissance d'attraction. Des flots d'hommes et de femmes, pèlerins d'un jour ou d'un week-end, simples visiteurs, frappent à la porte des monastères, âmes pieuses, chrétiens fervents, mais aussi routards, zonards, SDF venus chercher un matelas ou une piécette. Des hommes et des femmes, croyants ou agnostiques, bouleversés par un drame, un deuil, une séparation, des étudiants qui viennent, à peu de frais, chercher une concentration, préparer un examen. Eux aussi veulent vivre en retrait du monde, ne serait-ce que quelques jours, rester en silence avec eux-mêmes, comme autant de moyens pour faire le point, prendre du recul, lâcher prise, gagner en lucidité.

Des tabous se libèrent. Une nouvelle ère spirituelle s'ouvre devant les questions de sens et d'éthique, dont les monastères, un peu partout, se disent les témoins. Ils accueillent des hommes d'affaires, des entrepreneurs, des jeunes. Certains deviennent des « centres d'éthique » ou, dans un tout autre genre, entretiennent des liens avec des monastères bouddhistes. Leur fréquentation est « une réaction de santé par rapport à la désertification des raisons d'être et de vivre », explique Robert Le Gall, ancien père abbé de Kergonan, devenu archevêque de Toulouse [1]. On y vient parce qu'il est plus facile d'y méditer et d'y prier, ou pour y trouver une consolation et un conseil. « Ce n'est pas nous qui allons au monde, c'est le monde qui vient vers nous. »

1. Entretien avec l'auteur en juillet 2001.

Des « pères du désert » à Cluny

Les « silencieux » sont les vrais piliers de la tradition catholique. Ils prient sans esbroufe, ne transigent pas, appelés à devenir des modèles de fidélité et de sainteté. Ils n'ont pas de stratégie de pouvoir et sont issus de lignées parmi les plus anciennes de l'histoire.

Dès les origines chrétiennes, le *monachos* (en grec) est celui qui mène une vie en solitaire de renoncement, ne consomme ni vin, ni viande. Il a vu le jour en Orient, dans l'Egypte du IVe siècle, grâce à des hommes d'exception, sanctifiés depuis longtemps, tout entier consacrés à Dieu comme Antoine, Macaire, Pacôme, Basile, etc. A l'époque, nourris de cette première tradition d'ascétisme rigoureux, ils mettent l'accent sur la pauvreté, la chasteté, la charité fraternelle. Des principes qui vont inspirer tout le développement de la vie monastique en Orient.

Le monachisme passe ensuite en Occident : en Italie, grâce à saint Ambroise de Milan ; en Gaule à saint Martin de Tours, qui fonde à Ligugé, dès 340, le premier monastère d'Europe, ou à saint Honorat qui édifie le monastère de Lérins ; en Irlande, grâce au très ascétique saint Colomban. La dignité des moines est alors égale à celle des prêtres du clergé séculier. Mais le vrai « père » du monachisme en Occident, reconnu par les derniers papes comme l'un des « patrons » de l'Europe chrétienne, est saint Benoît de Nursie (480-547). Il fonde, en 520 à Subiaco, son premier monastère, puis, trente ans plus tard, s'installe au Mont-Cassin où il rédige la fameuse Règle encore en usage dans tous les monastères bénédictins. Elle reste un modèle de sagesse et de mesure, adapté à la diversité des situations locales.

C'est elle qui préconise le recours au travail manuel des moines et instaure l'élection du père abbé par l'ensemble de sa communauté, ce qui établit un lien filial entre lui et ses moines, évite les pressions extérieures et les nominations simoniaques. Elle note que tout moine « est d'abord et avant tout un vivant, quelqu'un qui désire vivre et vivre mieux. C'est pour vivre que l'on entre au monastère et non pour mourir. Si la vie monastique ne nous fait pas vivre, si elle ne nous dilate pas le cœur, c'est qu'elle n'est pas faite pour nous ».

Le Moyen Age est une période de prospérité et d'authentique ferveur monastique. L'abbaye bénédictine de Cluny est fondée en 910 en Bourgogne avec le rare privilège de l'« exemption », c'est-à-dire qu'elle échappe à la suzeraineté féodale et à la juridiction de l'évêque. C'est sous l'abbatiat de saint Hugues (1049-1109) que Cluny est à son apogée (8 000 moines et 16 000 moniales), devenant le phare de la chrétienté médiévale. En moins de deux siècles, Cluny est à la tête de 1 184 monastères dans toute l'Europe. Elle va décliner au profit des « ordres mendiants » (franciscains, dominicains), avant de sombrer avec la guerre de Cent Ans (1337-1453), la Grande Peste (XIVe siècle) et les guerres de religion. Il faudra attendre le XIXe siècle pour assister à la restauration de la vie bénédictine traditionnelle, grâce à l'abbaye de Solesmes (Sarthe), construite au XVIe siècle et réformée par son père abbé, Prosper Guéranger (1805-1875). Qu'en est-il aujourd'hui [1] ?

Les *bénédictins* restent l'ordre le plus nombreux et prestigieux, présent dans de nombreux pays du monde. Il n'existe pas d'ordre bénédictin à proprement parler, au sens d'une organisation unifiée et centralisée. Les monastères de bénédictins et de bénédictines sont regroupés en « congrégations » ou « branches », chapeautées par une « confédération bénédictine », dirigée par un abbé primat

1. *Guide de la vie monastique,* de Pierre Chavot, Perrin, 2005.

qui siège au collège Saint-Anselme de Rome. Cette confédération rassemble à l'échelle mondiale 21 congrégations masculines et une soixantaine de congrégations ou fédérations (840 monastères) féminines qui reconnaissent pour patronne sainte Scholastique, du nom de la sœur de saint Benoît.

On compte aujourd'hui près de 1 200 monastères dans le monde, abritant 8 000 moines bénédictins et le double de moniales. Ceux-ci se répartissent en trois branches principales : la congrégation de Solesmes, fondée en 1837, qui comprend, en France par exemple, les monastères de Solesmes, Fongombault, Kergonan, Ligugé, Saint-Wandrille, Wisques, Ganagobie, etc. ; la congrégation de Subiaco, présente en France à Belloc, En-Calcat, Saint-Benoît-sur-Loire, Landévennec, La Pierre-qui-Vire, Tournay ; ou en Espagne, le célèbre monastère Saint-Michel de Monserrat (Catalogne) ; enfin la congrégation du Mont-Olivet à laquelle se rattachent les moines ou moniales « olivétains » du Bec-Hellouin et du Mesnil-Saint-Loup.

Les *cisterciens* : à l'époque féodale, le train de vie des monastères a rompu avec l'esprit et de la Règle de saint Benoît. Robert, abbé de Molesmes (1029-1111), se retire en Bourgogne, à Cîteaux, pour y fonder, en 1074, une abbaye dans laquelle sera restauré l'esprit bénédictin : moins de luxe, retour à la pauvreté et au dépouillement des origines. La tradition du travail manuel y est renforcée. Il est rejoint par Bernard de Fontaine qui fonde une communauté à Clairvaux, dans l'Aube : saint Bernard de Clairvaux (1091-1153), organisateur hors pair, auteur de nombreux traités et sermons, deviendra l'une des grandes consciences de l'Europe médiévale. A Vézelay, c'est lui qui donne l'impulsion pour la deuxième croisade en 1146 sous le règne du pape Eugène, également cistercien. A la fin du Moyen Age, les cisterciens comptaient 1 700 monastères dans toute l'Europe.

Eux aussi vont se réformer dans le sens d'une austérité plus grande (ordre des cisterciens de la stricte observance), à l'initiative notamment du fameux abbé Armand de Rancé (1625-1700), ce moine de Notre-Dame de la Trappe à Soligny (Orne), dont la vie fut racontée par Chateaubriand. D'où le nom de « trappistes » donné à cette branche réformée de l'ordre cistercien. Les trappistes sont quelque 3 200 aujourd'hui dans le monde, contre moins de la moitié de cisterciens, dits de la « commune observance ».

Les *chartreux* : cet ordre contemplatif est l'un des plus anciens, fondé en 1084 par saint Bruno (vers 1030-1101) dans le massif de la Grande-Chartreuse (entre Chambéry et Grenoble). Ils ont donné le nom de « chartreuses » à ces maisons-forteresses qui regroupent des moines qui prient, dorment, mangent, travaillent derrière une clôture rigoureuse. La vie y est faite d'ascèse et de dénuement extrêmes. Les chartreux n'ont pas de règle spécifique, mais des « Coutumes » rédigées en 1127. La maison-mère est à la Grande-Chartreuse (Isère). L'ordre est représenté auprès du Vatican par un procureur général, qui réside à la chartreuse de Serra San Bruno (Calabre). La vie très retirée des moines chartreux n'autorise pas l'accueil ou l'apostolat extérieur. Actuellement, 18 maisons de moines et 4 de moniales hébergent sur trois continents 335 religieux.

Les *carmes* et *carmélites* : l'ordre du Carmel tient son nom du mont Carmel (dans le nord d'Israël) qui aurait été le lieu de retraite du prophète Elie. Le mont Carmel attira précocement des ermites. Une communauté carmélite s'y installe en 1226, reconnue par le pape, mais elle doit quitter la Terre sainte après les croisades et gagne l'Occident. D'abord exclusivement masculin, l'ordre du Carmel devient aussi féminin au milieu du XVe siècle et il s'implante dans les villes, comme beaucoup de monastères à l'époque.

Il retrouve une étonnante modernité en Espagne sous l'impulsion de la carmélite Thérèse d'Avila (1515-1582), aidée par son ami, le « carme » Jean de la Croix (1542-1591). Sainte Thérèse, l'une des plus grandes mystiques de l'histoire chrétienne, fonde à Avila, en 1562, le premier carmel réformé dans un esprit de retour aux sources de l'ordre : pauvreté, silence, contemplation, travail, oraison. Ainsi naissent les carmels appelés « déchaussés », allusion aux sandales que les sœurs portent à la place de chaussures... Thérèse d'Avila, Jean de la Croix et Thérèse de Lisieux, elle aussi issue du Carmel, sont tous les trois de grands saints catholiques et docteurs de l'Eglise. L'ordre compte aujourd'hui 2 000 carmes chaussés, 3 500 « déchaux » et quelques milliers de carmélites.

Les *prémontrés* : l'histoire de cet ordre de « chanoines » né au XIIe siècle remonte en fait à saint Augustin qui, dans le diocèse d'Hippone (Algérie d'aujourd'hui) dont il était l'évêque, s'entourait de « chanoines » (du latin *canonicus,* « soumis à une règle »). Avec le temps, deux catégories de chanoines vont se distinguer : les chanoines « séculiers », nommés par les évêques, qui ne prononcent pas de vœux religieux. Les chanoines « réguliers » prononcent des vœux, vivent en communautés, se réunissent au sein de congrégations dont celle des augustins (à laquelle appartenait le moine réformateur allemand Martin Luther) et celle des prémontrés.

L'ordre des Prémontrés est fondé en 1115 par Norbert de Xanten (1080-1134), un seigneur germanique converti, délaissant ses biens, s'engageant dans le sacerdoce et la prédication. Le nom de « prémontré » vient du lieu-dit Prémontré, dans l'Aisne, où il a créé sa première communauté. A une époque de renouveau monastique (Cîteaux, chartreux), son œuvre se répand. Elle comptera au XIIIe siècle près de 600 monastères répartis en Occident. En France, comme les autres ordres, les prémontrés ont connu les secousses de la Révolution, mais font toujours partie d'une famille internationale, dont le siège est à Rome. En France, ils comptent des prieurés et deux abbayes, dont celle de Frigolet (Bouches-du-Rhône) rendue célèbre par Alphonse Daudet dans *Les lettres de mon moulin.*

5 – Les « engagés »

Ils sont prêtres, religieux « apostoliques » ou laïcs engagés dans l'Eglise ou la société. D'où ce grand nombre d'hommes et de femmes, dont chacun a une histoire singulière, mais qui ont en commun d'avoir répondu à un appel de Dieu et affirment vouloir lui consacrer tout ou partie de leur existence.

Ce sont ceux pour qui la foi ne se résume pas à un héritage de naissance ou une conversion subite, encore moins à des habitudes de pratique ou à un rite.

Ceux qui, sans l'avoir forcément cherché ou demandé, se sont découvert une vocation pour le service de l'Eglise et la diffusion du feu brûlant de l'Evangile.

Ceux pour qui l'exemple des apôtres lâchant leurs filets pour suivre Jésus-Christ a encore un sens aujourd'hui.

Ceux pour qui la foi représente un engagement exclusif, inspiré par un désir de faire partie d'une « communauté » : soit un ordre religieux, soit une paroisse, soit un mouvement militant.

Ceux qui n'hésitent pas à s'engager au loin sur les lignes de fracture du monde ou qui acceptent les tâches, plus modestes, de la catéchèse des petits enfants ou de l'animation des liturgies du dimanche.

Comme les « silencieux », les religieux et les prêtres risquent toute leur vie pour un homme appelé Jésus-Christ, renoncent à des carrières, résistent à des conformismes, acceptent de quitter des entourages, des familles, des amis, prononcent, le jour de leur « profession » de vie religieuse ou de leur ordination sacerdotale, des vœux d'obéissance, de pauvreté, de chasteté qui, pour eux, ne sont pas des limitations de leur liberté, mais leur ouvrent au contraire des chemins de fidélité. Ils s'engagent de façon définitive, car ils savent que l'amour appelle toujours la durée et que ce qui fait la grandeur du chrétien, c'est son détachement. *« On ne peut servir plusieurs maîtres à la fois »*, dit l'Evangile (Matthieu 6, 24). Leur attachement est à la fois exclusif et libre. Liberté intérieure, liberté créatrice.

Cette vie religieuse se définit par un lien fraternel entre des hommes et des femmes qui ont choisi de vivre ensemble pour un Autre qu'eux-mêmes. Elle n'existe pas comme telle dans le récit de l'Evangile, qui n'a pas inventé de clergé proprement dit, ni de congrégations religieuses, mais il est impossible de l'en distinguer. L'enseignement du Christ est une invitation au changement et au renoncement. Le religieux abandonne tout, comme les disciples l'ont fait pour le Christ, et il marche à sa suite. Le renoncement n'est pas recherché pour lui-même, comme dans le bouddhisme, pour mieux guérir les tensions intérieures, apaiser le corps et l'esprit. Ruptures et arrachement sont la conséquence d'un engagement pour une personne.

Mais à la différence des moines, les « engagés » religieux, prêtres et laïcs en mission ont choisi de vivre leur vocation dans le monde. Ils sont engagés là où ils se sentent appelés, là où le Christ les envoie pour « labourer », là où des hommes souffrent, ont besoin d'écoute, de compassion, de soin ou d'éducation.

Ils sont curés de campagne ou aumôniers de jeunes, missionnaires du bout du monde, aumôniers de prison ou de lycée, accompagnateurs de malades à l'hôpital, animateurs de « communautés de base » dans des bidonvilles, frères des campagnes ou des écoles, etc. Leurs engagements sont aussi divers que les missions que leur confie l'évêque diocésain ou le charisme de leur congrégation. D'ailleurs, toute l'histoire du catholicisme est modelée par celle des « instituts » ou « congrégations » religieux dont l'éclosion a toujours répondu aux besoins du temps. Ils ont toujours été présents dans les failles de la société, créant des écoles, des hospices, des hôpitaux, allant porter au loin la « Bonne Nouvelle » de l'Evangile.

Ces nouveaux « apôtres » se donnent pour tâche de faire connaître l'Evangile autour d'eux, de mettre leur foi au centre de leur vie et d'en témoigner dans le quotidien. Ils se veulent fidèles au pape et à l'Eglise, mais cultivent une certaine indépendance – à la différence des « fantassins » déjà nommés –, veillent comme un trésor à leur liberté d'action, de mouvement et de parole. Ils sont moins « activistes », respectent la pluralité des voies d'annonce de l'Evangile et les procédures concertées de l'Eglise. Pour eux, l'annonce de la parole de Dieu ne peut pas être immédiate et directe, à la manière des charismatiques. Elle passe par des médiations plus longues et plus discrètes : la rencontre des hommes, le témoignage personnel, la lecture d'un texte biblique, l'enseignement, la prédication, l'intelligence cultivée de la foi, le partage de la prière, la direction de conscience.

Pour eux, l'évangélisation ne se calcule pas au moyen d'indices de performance. Elle ne consiste pas à asséner des vérités, des dogmes, des normes, mais à entrer en conversation avec les hommes, les femmes, les couples, à se laisser toucher par l'expérience de l'autre. « Qu'ai-je à leur dire qui ne soit dit avec lui, avec elle, avec eux », dit l'Anglais Timothy Radcliffe, ancien maître général de l'ordre des dominicains [1].

Ordonnés prêtres, ils sont « incardinés » (« inscrits ») dans un diocèse : c'est le clergé « séculier ». Prêtres ou frères, ils peuvent faire partie d'un ordre ou d'une congrégation : c'est le clergé dit « régulier », c'est-à-dire soumis à l'application de règles.

Les *prêtres* sont ceux qui assurent l'intendance, le service public du rite – les offices, les baptêmes, les communions, les mariages, les enterrements –, tout en animant des réseaux de catéchèse, d'éducation, de solidarité. Et, dans de nombreux pays où l'Eglise est séparée de l'Etat, ces « smicards de l'Evangile » n'ont souvent d'autre ressource que le denier de leurs fidèles. Pour la population de leur ressort paroissial, ils assurent la proximité, l'écoute, la disponibilité. Eux aussi ont rendu service à la « société » en formant des générations de militants chrétiens pour le syndicalisme et la politique. Dans les patronages d'autrefois ou les mouvements dits d'« action catholique », ils ont joué un rôle d'encadrement des jeunes, ont été les responsables de leurs loisirs et de leur éducation religieuse. Dans les banlieues « chaudes », des associations ont parfois la nostalgie de ces méthodes qu'il serait injuste de réduire à un insupportable prosélytisme.

Dans les pays déchristianisés comme ceux d'Europe occidentale, les prêtres ne voient pas venir la relève [2]. Ils

---

1. Entretien dans *Le Monde* du 17 avril 2001.

2. En France, 96 prêtres diocésains ont été ordonnés à la fin juin 2007. Au début des années 1950, ils étaient plus d'un millier... Le nombre des ordinations se stabilise, mais pour un nouveau prêtre par an, il en meurt 7 ou 8. Entre 1996 et 2005, 161 auraient quitté le ministère. Sur 20 000 prêtres, 13 000 seulement sont encore actifs. A l'horizon de 2014, le nombre de prêtres de moins de 65 ans devrait être de 4 500. Source : Ifop-*La Croix* du 14 août 2006, *Le Monde des religions* de janvier-février 2007.

souffrent d'une hémorragie et d'un épuisement qui se fait sans doute moins sentir dans des pays de plus jeune chrétienté où des séminaires sont parfois pleins à craquer. L'Eglise tient debout grâce à des prêtres qui restent en fonction jusqu'au troisième, parfois quatrième âge. La jonction avec les générations de jeunes prêtres plus soucieux d'affirmer leur fonction cléricale ne se fait pas ou mal. En Europe, aux Etats-Unis, des milliers de prêtres ont renoncé à leur sacerdoce au cours des années 1970 et, dans la pyramide des âges du clergé, le grand creux est celui de la génération des quarante-soixante ans.

Mais cet amenuisement est compensé par une prise de responsabilité de plus en plus grande de *laïcs* engagés. L'une des grandes mutations des années d'après concile est en effet cette présence de laïcs – hommes et surtout femmes – permanents ou à temps partiel, formés et parfois salariés, dans la gestion des paroisses et des services d'Eglise, un certain nombre étant même titulaires d'une « lettre de mission » de leur évêque, précisant leur responsabilité.

Ainsi, le modèle traditionnel de la paroisse reposant sur le prêtre, solitaire et autoritaire, et des fidèles muets, a-t-il, depuis longtemps, disparu. Dans tous les pays, l'enseignement du catéchisme est assuré par des laïcs, comme le sont de plus en plus les aumôneries de lycées, d'hôpitaux, de prisons, l'enseignement dans les écoles catholiques, les services de communication, la préparation au baptême, au mariage et même, depuis une évolution récente, la présidence des funérailles. Cette présence désormais banalisée de laïcs dans l'animation des communautés paroissiales et la gestion des « services » d'Eglise a eu pour effet indirect d'appauvrir les mouvements d'action catholique spécialisée – ouvriers, agriculteurs, cadres – qui, dans des pays comme l'Italie, la Belgique, la France, avant et après la

Seconde Guerre mondiale, ont été des viviers de responsables pour l'Eglise et la société civile [1]. A bout de souffle aujourd'hui, ce mode d'évangélisation par milieu social n'a pas non plus résisté à la crise du militantisme, aux mutations de la vie sociale et à des orientations missionnaires bien différentes de celles d'autrefois.

Dans la tribu des « engagés », il faut aussi inscrire toutes les familles de « religieux » ou « religieuses apostoliques ». « Religieux » est le terme générique. Ils sont *franciscains, dominicains, jésuites, salésiens, assomptionnistes, eudistes, rédemptoristes, frères des écoles chrétiennes, petites sœurs des pauvres, missionnaires de la charité,* etc. Chacune de ces congrégations – qui souvent en satellisent d'autres (la « famille » dominicaine, la « famille » jésuite, la « famille » franciscaine) – est unie par une spiritualité commune, des règles de vie, le plus souvent appelées « Constitutions », qui doivent être approuvées par Rome (pour une congrégation pontificale) ou par l'évêque local (pour une congrégation diocésaine). Tous les fondateurs et fondatrices d'ordres (ou congrégations) ne se sont pas également préoccupés des suites à donner à leur intuition. C'est par exemple à son corps défendant, poussé par ses partisans, qu'un François d'Assise, fondateur des franciscains, a rédigé des « Constitutions ». D'autres, comme Jean de la Croix ou Ignace de Loyola, l'ont fait pour assurer la continuité de leur œuvre. D'autres encore, comme Charles de Foucauld, ont tracé des plans précis d'avenir destinés à d'éventuels disciples qu'il n'a jamais vus de son vivant.

Tous se réclament de l'Evangile, d'un engagement à vie pour le Christ et l'Eglise, mais le religieux dominicain, par

1. Citons les mouvements de jeunes : Jeunesse agricole chrétienne (JAC) devenue en France Mouvement rural de la jeunesse chrétienne (MRJC), Jeunesse ouvrière chrétienne (JOC), Jeunesse étudiante chrétienne (JEC).

exemple, n'est pas la réplique à l'extérieur du bénédictin cloîtré dans son monastère et le jésuite la transposition, à l'époque moderne, du franciscain « mendiant » de la fin du Moyen Age. L'Evangile ne s'incarne pas de la même façon dans des sociétés et des époques différentes. Les XIIIe, XVIe ou XIXe siècles ont été ceux de la plus grande fécondité spirituelle et des principales « fondations » religieuses. La mission évolue en fonction des modes de vie, des types de société, des urgences du moment. Les « fondateurs » et « fondatrices » avaient en commun qu'ils étaient toujours à l'affût des besoins de leur temps. Les ordres et congrégations naissent, meurent, renaissent. Limitons-nous à trois exemples.

L'ordre des *franciscains* a été fondé par François d'Assise (1181-1226) en 1208. François regroupe autour de lui quelques disciples et rédige une brève Règle de douze articles, marquée par un esprit de pauvreté mendiante, l'obligation de travailler ou vivre d'aumônes, de se consacrer à la prière et à la prédication itinérante. Aux « frères mineurs », comme ils s'appelaient d'abord, s'ajoute, en 1212, un ordre de femmes, les « pauvres dames » ou « clarisses », du nom de Claire d'Assise (1193-1253).

La famille franciscaine compte plusieurs branches. La première est celle des franciscains proprement dits, encore appelés « frères mineurs » (19 000 dans le monde, dont près de 13 000 ordonnés prêtres), habillés d'un habit de couleur marron, une corde autour de la taille. La deuxième est celle des frères mineurs « conventuels », plus tournés vers la vie intellectuelle (4 200 religieux) et des frères mineurs « capucins » (11 800), nés d'un retour, au XVIIe siècle à une pratique itinérante de l'Evangile. Il faut y ajouter les sœurs « clarisses », ordre de contemplatives cloîtrées. Puis un « tiers ordre », appelé Fraternité séculière de saint François, qui comprend des fidèles laïcs voulant vivre selon l'esprit franciscain.

De grandes figures de la théologie et des saints sont sortis de leurs rangs : Guillaume d'Occam, Duns Scot, Antoine de Padoue, etc. Ce sont les franciscains qui ont aujourd'hui la responsabilité de la protection (la « custodie ») des lieux saints de Jérusalem.

L'ordre des *dominicains,* ou ordre des frères prêcheurs, fondé par Dominique de Guzman, devenu saint Dominique (1170-1221), est voué à la prédication, à l'enseignement, à la recherche théologique. Le dominicain porte un habit blanc, mène une vie d'étude et d'oraison dans des « couvents ». Grâce surtout à la mixité que propose l'ordre dominicain entre vie contemplative et vie apostolique, il est l'un de ceux qui attirent le plus de jeunes vocations. Il compte dans le monde environ 40 « provinces » et 7 000 membres, prêtres ordonnés ou frères. Plusieurs congrégations féminines dominicaines sont engagées dans leur sillage.

Quelques-uns parmi les plus grands noms de l'histoire et de la pensée chrétiennes viennent de cet ordre : Thomas d'Aquin, Albert le Grand, Fra Angelico, Maître Eckhart, Savonarole, Lacordaire qui, dans la France du XIXe siècle, a restauré l'ordre après la rupture de la Révolution, puis des maîtres de la théologie du XXe siècle, comme Marie-Dominique Chenu et Yves Congar.

Il compte aussi des personnalités aussi dissemblables qu'un Bartolomé de Las Casas, défenseur des Indiens de la nouvelle Amérique, et Torquemada, grand maître de l'Inquisition espagnole. La devise des dominicains est la « défense de la Vérité ». Défendre la vérité, pour un Las Casas, c'était défendre le Christ crucifié sur le visage de l'Indien persécuté par le colon espagnol. Pour Torquemada, c'était lutter contre l'hérésie par tous les moyens, y compris ceux de l'Inquisition. « Le défi est double, explique Timothy Radcliffe. On doit être absolument confiant dans la vérité révélée par le Christ. En même temps, on doit rester le plus humble possible devant la vérité de l'autre. Si on n'a pas cette foi dans la vérité du Christ, alors on est tenté par le relativisme. Et si on n'a pas cette humilité devant la vérité de l'autre, alors on risque de tomber dans l'intolérance et les insupportables erreurs des inquisiteurs [1]. »

Des *jésuites*, on a fait une sorte d'armée de l'ombre. Sans doute à cause de leur nom – la « Compagnie » de Jésus – et du « général » qui la dirige, en réalité le « préposé général », encore appelé le « pape noir », élu à vie et souverain [2]. Tout concourt à la légende : la discipline, la soumission à toute épreuve *perinde ac cadaver* (« ainsi qu'un cadavre »), l'obéissance sans faille au pape, le rôle d'avant-garde armée qu'ils ont jouée dans les guerres de religion en Europe, dans l'éradication des hérésies protestante ou janséniste, dans la volonté d'influencer les élites bourgeoises dûment sélectionnées et encadrées dans des collèges de choc. Ajoutez la maigreur ascétique et le regard de braise.

La Compagnie de Jésus a été fondée à Paris, en 1534, par un aristocrate basque converti, Ignace de Loyola (1491-1556), qui rêvait d'un nouveau type de vie religieuse, différent des ordres de son temps, monastiques (bénédictins) ou mendiants (franciscains, dominicains). Ses membres se lient par les vœux traditionnels, s'inventent même un « quatrième vœu », celui de la fidé-

1. *Le Monde* du 17 avril 2001.
2. Les deux derniers « généraux » de la Compagnie ont été le père Pedro Arrupe (Espagne), ancien missionnaire au Japon (1965-1991), et le père Peter-Hans Kolvenbach (Pays-Bas), ancien missionnaire au Proche-Orient (1983-2008). L'actuel « général » est le père Adolfo Nicholas (Espagne), élu en janvier 2008, lui aussi ancien missionnaire en Asie.

lité absolue au pape à une époque où, à Rome, régnaient les Borgia. Mais la découverte des voies maritimes, la conquête de l'Amérique, le développement des villes et de l'instruction les jettent sur les routes du monde.

Les premières générations de jésuites sont les « fantassins » de l'époque. Des François Xavier, Matteo Ricci, Roberto Da Nobili mènent des actions d'évangélisation en Inde, au Japon, en Chine. Depuis, la « spiritualité » jésuite est restée la même : le goût de l'universel, la priorité à la formation des élites, la lutte contre les situations d'injustice et de conflit, le lien entre action et contemplation, entre l'attention à Dieu et le souci des hommes, entre une indépendance jalousement défendue, une extrême liberté d'engagement et un attachement quasi militaire à la hiérarchie romaine [1].

Jamais, en cinq siècles, les jésuites – aujourd'hui 19 000 dans 150 pays, mais ils ont été le double après guerre – n'auront été aussi largement répartis sur toute la surface du globe. Ils ont changé d'hémisphère et de couleur. Ils sont 4 000 en Inde et au Sri Lanka, 3 000 en Amérique centrale et latine, 3 000 aux Etats-Unis, 1 500 en Afrique, 6 500 en Europe. Les entrées dans les noviciats sont plus nombreuses en Asie – près de la moitié des « scolastiques » (jésuites en formation) de 2005 – et en Amérique du Sud qu'en Europe.

Aux Etats-Unis, la Compagnie possède les universités prestigieuses de Georgetown à Washington ou Fordham à New York. Elle bondit numériquement ailleurs qu'en Occident, où elle s'est pourtant illustrée au XXᵉ siècle avec des figures commes Henri de Lubac, Jean Daniélou ou Pierre Teilhard de Chardin. En 1974 la 32ᵉ congrégation génerale à Rome, tenue à l'instigation du « général » Pedro Arrupe (1907-1991), basque comme Loyola, ancien

1. *Les jésuites*, de Jean Lacouture. En deux volumes : *Les conquérants, Les revenants*, Seuil, 1991.

missionnaire au Japon, adopte le « décret 4 » : option première pour la justice sociale, priorité à ceux qui n'ont ni maison, ni papiers, ni patrie. Depuis, on trouve les jésuites dans les zones les plus déshéritées des mégalopoles d'Afrique, d'Asie, d'Amérique latine. Dans le Kerala et le Tamil Nadu (sud de l'Inde), ils vivent auprès des populations tribales et militent pour la défense des droits des *dalits* (intouchables). Mais le réseau jésuite le plus actif aujourd'hui est le Jesuit Refugees Service (JRS), présent dans les camps du Cambodge et de Thaïlande, au Darfour, au Rwanda, au Burundi. Toujours sur les lignes de fracture.

6 – Les « observants-zappeurs »

Aurions-nous le sentiment d'avoir fait le tour de la diversité des « tribus » catholiques, qu'il nous faudrait aller voir du côté de celle qui, de loin la plus nombreuse, apparemment sans histoire, ne manifeste guère d'excès de dévotion, ni de contestation. Celle qui ne fait guère parler d'elle, qu'on risquerait d'oublier tant elle appartient au paysage, se montre fidèle à la foi catholique définie par le pape et les évêques, remplit les églises les dimanches et jours de fête, pratique sa religion par tradition, routine ou conviction. C'est la force tranquille du catholicisme, à la fois troupeau docile et vivier dans lequel puisent à l'occasion les paroisses, les mouvements militants, les services d'Eglise (catéchèse) pour leur fonctionnement.

Dans le passé, on a pu qualifier de « consommateurs » ces fidèles qui pratiquent sous la pression sociale ou familiale. Convenons que ce terme péjoratif est de moins en moins pertinent et justifié. Car le conformisme social joue désormais à l'envers. Dans les sociétés appelées autrefois chrétiennes, il était de bon ton de se rendre à l'église, de fréquenter ses rites, par convention ou convenance. Mais, dans les sociétés sécularisées où dominent l'indifférence et le scepticisme, où la pratique religieuse devient étrange, voire étrangère, l'observance obéit à un effort personnel, exige un acte de foi et de courage volontaire.

Appelons donc *« observants »* ces fidèles, pratiquants « réguliers » du dimanche, ou ceux qui, moins assidus, pratiquants « occasionnels » répondent présent aux rendez-vous du calendrier, les fêtes de Noël, de Pâques, de l'Assomption, de la Toussaint, etc.

Ceux pour qui la messe donne un sens à la vie et la prennent au sérieux.

Ceux qui fréquentent les sacrements de base de la vie chrétienne, comme la communion (eucharistie), sans ignorer les autres dont la pratique est plus exceptionnelle.

Ceux pour qui le catholicisme est un ensemble de repères, de références, d'habitudes, un lieu de mémoire, une somme de rites, de croyances, d'obligations, de pratiques.

Ceux pour qui l'Eglise est une famille et l'église un lieu d'appartenance, de convivialité, où l'on se reconnaît, où le vocabulaire est le même, où les valeurs partagées sont fortes et communes.

« Observants » ceux qui ne se posent pas tous les jours des questions sur leur foi, mais s'informent de la vie de leur Eglise, ressentent le besoin d'approfondir tel point de doctrine, participent éventuellement à des sessions, des cours, des conférences, des cercles bibliques.

Ceux pour qui les questions adressées de l'extérieur aux catholiques, dans un monde de mixité plus grande entre croyants et non-croyants, entre catholiques et fidèles d'autres religions, sont provocantes, déstabilisantes et les obligent à s'interroger, à aller plus loin.

Ceux qui connaissent les principes de la morale catholique, mais vivent avec elle, plus ou moins librement, sans se sentir des obligations excessives.

Ceux qui ont renoncé à une pratique régulière, mais ont gardé des réflexes, des souvenirs, des attitudes, des gestes généreux et charitables et se présentent à un prêtre ou un laïc responsable pour une démarche occasionnelle : le baptême d'un enfant, une maladie grave, un deuil.

Ceux qui ont le souci de transmettre à leurs enfants une bonne éducation catholique et se désespèrent parfois quand les relais ne passent pas, que les transmissions ne se font plus.

Ceux qui ne supportent pas que leur foi soit suspectée ou fasse l'objet de dérision dans des émissions de radio ou de télévision à succès.

Elle est là la grande masse des catholiques de tradition, mais non traditionalistes, ouverts, capables d'admettre que la foi, la pratique doivent évoluer avec le temps. Ceux qui ont accepté et toléré les mutations de leur Eglise au tournant des années 1960. Ceux qui s'inquiètent de la diminution du nombre de prêtres, de la fragilité de l'institution, mais qui suivent, plus ou moins de bon gré, les changements d'habitude qui leur sont proposés. Des hommes et des femmes catholiques qui sont convaincus, le disent, l'expriment ou le cachent, ou sont en attente, en recherche, comme cette grande partie de la jeunesse coupée de l'héritage chrétien et façonnée par la culture médiatique et marchande.

Ils sont impossibles à chiffrer – en progression ou en diminution selon les pays et les continents. Nous y viendrons dans le chapitre suivant. Mais de cette population, les enquêtes d'opinion vont prendre régulièrement le pouls pour mesurer le niveau de pratique, d'implication et d'audience. Les instituts de sondage l'auscultent régulièrement pour connaître le sentiment de la majorité de ceux qui se déclarent « catholiques », mesurer leur place dans la société et l'évolution de leur influence.

Depuis le concile de Trente, la pratique religieuse – messe dominicale, confessions, baptêmes, mariages, enterrements, enfants catéchisés – est l'unique repère quantifiable de la vitalité catholique. Depuis un demi-siècle, les sociologues se sont emparés de ces indicateurs pour mesurer l'état de la foi d'un pays, l'évolution de ses « valeurs ». Ils ont identifié et, d'une certaine manière, réduit la réalité de la vie religieuse à son encadrement par l'Eglise. D'où les diagnostics de la plupart d'entre eux, concluant au recul de l'influence catholique, en termes de pratique ou d'emprise du catholicisme sur les habitudes et les mœurs.

Cette recherche d'indices « quantitatifs » méconnaît la réalité sociale de l'expérience religieuse. La pratique de la messe et des sacrements qui, on l'a dit, ne sont plus vécus comme des obligations formelles, est le seul moyen de quantifier la foi, mais la foi ne se limite pas à des pratiques rituelles, plus ou moins régulières. Elle est aussi mémoire et appartenance, mode de vie, tradition familiale, identité culturelle, insertion dans une communauté.

Pour prendre la mesure de ce déplacement, citons le cas de la France qui se déclarait, il y a un siècle, massivement catholique et allait à la messe, « faisait » ses Pâques, baptisait ses enfants, se mariait à l'église, fréquentait le confessionnal, réclamait les derniers sacrements. Les laïcs instruits de leur foi, les militants, membres d'organisations charitables, spirituelles ou apostoliques, formaient un « noyau dur » de catholiques fervents et conscients, mais qui ne dépassait guère, en moyenne nationale, selon les enquêtes de l'époque, 5 à 10 % de la population.

Ce pourcentage n'est plus aujourd'hui que celui des... pratiquants très réguliers. Ce qui souligne assez l'effondrement de la pratique. Mais beaucoup s'en consolent ou s'en accommodent, en pensant que la participation massive d'autrefois à la messe et aux sacrements n'était pas le meilleur indicateur de la santé spirituelle du pays et que la pratique régulière, devenue résiduelle, témoigne probablement d'une authenticité plus grande.

L'attrait des spiritualités sans Dieu

Comme la pratique, la foi n'est plus monolithique. Au risque de polariser excessivement le tableau, les enquêtes montrent aussi la progression d'une « clientèle » de croyants qui font le « tri » dans ce que propose l'Eglise, voire sont tentés d'aller vers d'autres traditions pour des « tours de piste » plus ou moins longs. Les catholiques « observants », plus ou moins réguliers et motivés, peu engagés, sont les plus vulnérables à ce mouvement de « zapping ». Appelons donc *« zappeurs »* ceux dont les croyances sont sélectives et clignotantes ou se disent à la recherche d'une « spiritualité » qui ne se limite pas à une tradition religieuse précise. Ils n'excluent pas la spiritualité catholique, mais s'en éloignent, quitte à y revenir, comme dans une sorte de va-et-vient, de *turn-over* typique, selon les sociologues spécialisés, de la manière de croire des sociétés post-chrétiennes.

Les catholiques « zappeurs » ne voient guère d'avenir à l'institution stable et hiérarchisée qui, hier, régulait les rapports sociaux. Alors ils se composent une religion « à la carte », voire flirtent avec d'autres traditions, le bouddhisme par exemple dans lequel certains voient une rupture avec la discipline catholique jugée trop stricte, une autre manière de canaliser leurs émotions, leurs énergies. En témoigne ce propos d'un militant catholique rencontré dans un monastère tibétain : « Prendre refuge dans le *dharma* ne veut pas dire renoncer à ma religion d'origine. C'est prendre conscience qu'au lieu de vivre dans l'attente d'un paradis hypothétique, on peut vivre heureux dans le monde présent. Je n'ai renoncé à rien. Je me délivre seulement de mes peurs, de mes angoisses, de ma culpabilité. Je redécouvre dans le bouddhisme le sens de l'autre auquel Jésus, le premier, m'avait convié [1]. »

Les « zappeurs » sont ceux qui préfèrent, au catholicisme d'obligation, des modes d'appartenance souples et fluides, partagent avec d'autres des expériences spirituelles ou des émotions, fréquentent des communautés d'« élection ». Ils ont pris acte du pluralisme des manières de croire et de vivre et ne fondent plus leur conduite personnelle sur des dogmes ou des normes imposées d'en haut. Ils revendiquent la liberté de conscience comme premier critère de jugement. De même qu'ils trient dans les obligations de pratique et les prescriptions morales, ils manifestent un désengagement par rapport aux vérités de foi proclamées par l'Eglise. Pour eux, croire à des dogmes comme la Résurrection ou la définition de Jésus-Christ comme Fils de Dieu ne va plus de soi.

En France, dans un sondage de 2007 mené auprès de la population catholique [2], la moitié seulement des personnes interrogées (52 %) jugeaient « certaine » ou « probable » l'existence de Dieu. Une minorité (18 %) disait croire en un « Dieu personnel », vérité fondamentale du christianisme, contre une grosse majorité (79 %) qui identifiait Dieu à une notion vague de « force, énergie ou esprit ». 58 % disaient croire à la résurrection du Christ et 38 % à la virginité de Marie. Seules résistaient à peu près

---

1. Entretien avec l'auteur, en juin 2001, au « village des Pruniers » (Dordogne), lieu d'implantation bouddhiste célèbre en France depuis l'installation du moine vietnamien Thich Nat Than.

2. Dans *le Monde des religions*, « Les catholiques français », janvier-février 2007, nº 21.

les croyances aux miracles (64 %), au diable (33 %), à l'idée que la mort n'est pas « l'étape ultime » (74 %).

L'intérêt du grand public pour des ouvrages portant sur la seule « humanité » de Jésus et un patrimoine chrétien devenu prétexte à toutes les fantaisies, sarcasmes et fictions, manifeste que le sens même de la Révélation biblique est en cause. La « démythologisation » des Ecritures bibliques et évangéliques a sans doute accru ce « bricolage » dans l'adhésion aux dogmes et aux normes. Les catholiques « sécularisés » contestent la glose qui a surchargé le dogme. Ils se passent volontiers d'articles de foi comme le péché originel ou la conception virginale de Jésus. Dans le meilleur des cas, ils cherchent à éclairer leur foi par les acquis de la science, de l'archéologie, de l'histoire, de l'exégèse. Ils s'en tiennent à une croyance simplifiée, purifiée, réduite au noyau dur de la foi (le « kérygme ») des premières communautés chrétiennes : l'incarnation d'un Dieu proche des hommes, sa mort et sa résurrection.

Cette clientèle « zappante » est attirée par trois types de courants : la nébuleuse du Nouvel Age, le pentecôtisme, les spiritualités sans Dieu, de type oriental. Le Nouvel Age puise à la fois à la contre-culture américaine des années 1960 et à des traditions ésotériques nées en Europe ou en Orient. La spiritualité et la mystique y cohabitent avec les techniques modernes de la concentration et de la relaxation. Chacun y cherche son maître intérieur. Vendu à des dizaines de millions d'exemplaires dans le monde, des livres comme *L'alchimiste* de Paulo Coelho ou le *Da Vinci Code* de Dan Brown ont exprimé cette quête du contemporain ouvert à tous les systèmes philosophiques ou religieux. Cette soif de spirituel se confond parfois avec ce que les sociologues appellent un néo-paganisme diffus : recherche d'une fusion avec la nature et le cosmos, d'énergies cachées, transfert du divin vers une sorte d'énergie primordiale de l'univers. Le Nouvel Age est une manière de réenchanter la pensée, l'homme, la nature, Dieu lui-même.

Le « pentecôtisme » sera, de l'avis des spécialistes, la religion du XXIe siècle et elle concurrence déjà, dans les pays et grandes agglomérations déshéritées, l'Eglise catholique [1]. Il se définit par la jonction d'un piétisme protestant ancien et d'une modernité religieuse qui réclame de l'émotionnel, de la chaleur, de la ferveur, de l'affectif. C'est une religion peu intellectuelle qui privilégie l'expérience personnelle ou collective. « C'est la religion des opprimés et des déracinés, explique Danièle Hervieu-Léger, de ceux qui subissent chaque jour des situations de violence et n'ont rien à exprimer qu'une foi brute et immédiate dans un Dieu qui guérit de toute souffrance [2]. » Elle attire des couches pauvres, mais aussi des couches plus éduquées et blanches de croyants qui ne supportent plus la pauvreté des émotions, la sécheresse dogmatique des religions historiques, en particulier du catholicisme tout-puissant en Amérique latine.

Dans les pays sécularisés, le mot de « religion » est plutôt suspect, alors que celui de « spiritualité » est à la mode... La sécularisation n'a pas plus apporté le bonheur à l'homme que la raison orgueilleuse et sûre d'elle même. La mythologie du progrès à tout prix a trouvé ses limites. Les inquiétudes demeurent face à l'épuisement des ressources énergétiques, à l'accumulation des armements, aux catastrophes écologiques ou financières. Les grandes

---

1. *Effervescences religieuses dans le monde*, numéro spécial de la revue *Esprit*, mars-avril 2007. Avec notamment les contributions de Jean-Pierre Bastian et Blandine Chélini-Pont sur la vague pentecôtiste en Amérique latine, en Afrique, en Asie. Cette vague avait été annoncée par l'universitaire américain Harvey Cox dans *Retour de Dieu. Voyage en pays pentecôtiste*, traduit chez Desclée de Brouwer, 1995.
2. Entretien avec l'auteur en 1999.

traditions religieuses et les idéologies ont été impuissantes à stopper les tragédies de l'histoire. Les religions elles-mêmes, sous leurs formes extrémistes, sont à l'origine de nouvelles tragédies. Dans ces conditions, une troisième voie s'ouvrirait aux « zappeurs » vers les « spiritualités sans Dieu ».

Spécialiste du dialogue entre les religions, avocat d'une nouvelle théologie du « pluralisme religieux [1] » le dominicain français Claude Geffré observe le développement de spiritualités qui « répugnent à confesser un Dieu personnel, mais ont un sens aigu de la transcendance ». C'est vrai de l'hindouisme, du bouddhisme, du taoïsme qui franchissent les rives de l'Occident chrétien. La foi en la « réincarnation » apparaît depuis des années dans les sondages. Ces religions admettent des réalités dernières, transcendantes, mais elles n'entendent pas, comme le fait la foi chrétienne, la dualité entre l'âme et le corps. Aussi peuvent-elles fasciner des Occidentaux qui manifestent une allergie croissante à l'égard des religions normatives et aspirent à un monde meilleur, harmonique, « holistique ».

Ces religions sans Dieu placent au centre l'expérience individuelle. Elles ne reposent pas sur un dogme intangible, proposent une morale humaniste sans référence à une révélation divine. Et elles rejoignent l'attrait pour des spiritualités laïques, immanentes qu'on observe parfois à travers l'influence des organisations humanitaires. C'est le retour à un agnosticisme engagé contre la déshumanisation de la société. La seule « transcendance », c'est l'altérité de l'autre homme quand cet homme est en train de souffrir. Soit une sorte de mystique et de compassion laïques, une vocation permanente à vouloir apaiser la violence de l'histoire et sauver une certaine

1. Auteur de l'ouvrage intitulé *De Babel à Pentecôte. Essais de théologie interreligieuse,* Cerf, 2006.

image de l'homme. Soit l'émergence d'une nouvelle foi dans les valeurs humanistes et d'une nouvelle morale laïque.

7 – Les « rebelles »

« Rebelles » sera ici le mot générique pour désigner ceux qu'on appelle, selon les pays ou les époques, les « catholiques libéraux » (au XIXe siècle), les « cathos de gauche » (dans la France de l'après-guerre), les « progressistes » (Amérique latine), les catholiques « contestataires » ou « critiques » (Allemagne, Pays-Bas, Autriche, Suisse, Etats-Unis). Francs-tireurs, ils ont ceci de commun qu'au lieu de quitter l'Eglise, comme tant d'autres, sur la pointe des pieds, de « zapper » vers d'autres formes de pratiques ou de « flirter » avec d'autres traditions, c'est à l'intérieur de l'Eglise qu'ils entendent rester et militer pour hâter sa transformation. Combat déprimant, tant ils savent qu'ils n'ont plus le vent en poupe comme dans les années d'après concile, qu'ils sont identifiés aux combats d'hier et à des réformes « structurelles » de l'Eglise dont il est de bon ton de dire qu'elles n'intéressent plus du tout les jeunes générations de catholiques.

Si les « traditionalistes » se prétendent les héritiers de Jeanne d'Arc, de la chrétienté médiévale et de l'« intransigeantisme » des papes, ces « rebelles » sont plutôt les fils des Lumières, de la Révolution, de ces catholiques sociaux et libéraux qui, depuis la fin du XIXe siècle, ont semé des graines d'Evangile dans des milieux éloignés de l'Eglise, lutté à la fois contre la déchristianisation de leur pays et identifié l'Evangile à la justice.

Ce sont les nostalgiques de ces aventures collectives auxquelles ont participé, jusqu'aux avant-postes, des militants catholiques plaçant la morale de l'action au-dessus de la politique, dénonçant tout totalitarisme, nazi, stalinien, l'antisémitisme, le fascisme italien, la terreur franquiste.

Nostalgiques de l'âge d'or des mouvements et réseaux d'intellectuels qui ne craignaient pas de s'afficher comme catholiques et rêvaient d'une cité laïque d'inspiration chrétienne qui apporterait aux hommes une espérance temporelle

Nostalgiques des figures militantes de l'entre-deux-guerres en Europe qui voulaient sortir le catholicisme des ornières du cléricalisme. D'écrivains comme Bernanos ou Mauriac qui ont fait émerger une littérature catholique qui n'a pas toujours été que cléricale ou bien-pensante. Des mouvements d'action catholique, qui ont formé des générations de militants à l'heure de la Résistance et de la reconstruction de la France. A l'image de cet abbé belge Léon-Joseph Cardjin (1882-1967), fondateur de la Jeunesse ouvrière chrétienne, qui clamait que « l'âme d'un jeune ouvrier vaut plus que tout l'or du monde ».

Nostalgiques des théologiens, évêques et papes qui, à Vatican II, ont imposé des tournants aussi audacieux que la modernisation de la liturgie, la relecture des sources de la Révélation, la définition de l'Eglise comme « peuple de Dieu », un fonctionnement moins centralisé, plus « collégial » de l'institution, une prise de responsabilité des communautés et des mouvements de laïcs, le dialogue œcuménique et interreligieux, l'engagement des fidèles dans les luttes sociales, syndicales, politiques.

Ces « rebelles » ont été de tous les combats au sein de l'Eglise catholique. Solidaires des chercheurs, historiens et exégètes « modernistes » sanctionnés par le pouvoir romain au début du XXe siècle.

Solidaires des prêtres-ouvriers à qui Pie XII interdit, en 1954, d'exercer leur ministère. Des « théologiens de la libération » assommés dans les années 1980 par les « oukases » romains. Des Jacques Gaillot et autres évêques qui ne se résignaient pas à être de simples exécutants de la politique romaine et ont été punis.

Solidaires des théologiens soupçonnés, sanctionnés, des militants remis au pas, des prêtres écartés pour crime d'audace évangélique. Des couples ou des homosexuels blessés dans leurs convictions catholiques par des prises de position radicales du magistère.

Solidaires des Eglises qui, en Afrique, dans le sous-continent américain, en Inde, en Chine cherchent, dans des contextes indifférents ou hostiles, de nouvelles formes d'apostolat.

Leur foi s'inscrit dans une histoire collective. Une histoire qui est toujours à reprendre et sollicite un engagement qui n'est pas seulement ecclésial. Dans un pays comme la France, ces militants catholiques, sous des étiquettes diverses, ont participé aux combats de la Résistance et réconcilié l'Eglise avec la gauche syndicale et politique. Ailleurs, ils ont milité contre toutes les formes d'oppression, de mensonge et de viol de conscience, participé aux batailles pour la justice du tiers-monde, soutenu la naissance du syndicat libre Solidarnosc en Pologne, défendu la cause des Palestiniens, etc. Ils ont identifié leur lutte à des figures emblématiques comme Helder Camara, Oscar Romero ou Jerzy Popieluszko, ces deux derniers assassinés au Salvador et en Pologne à cause du lien qu'ils faisaient entre l'Evangile, la justice et le respect des droits de l'homme.

On peut toutefois se demander si le concept même de « catholique progressiste » a aujourd'hui encore une justification intellectuelle et une insertion sociologique. Les raisons de leur effondrement, notoire depuis le début des années 1980, sont multiples. Outre la réaffirmation autoritaire de l'orthodoxie romaine, il faudrait évoquer le désintérêt pour les débats internes à l'institution ecclésiastique, la disparition ou la faillite des modèles mobilisateurs : les croyants de l'Est ont été libérés du joug communiste ; les Eglises latino-américaines hier idéalisées comme « prototypes » d'un renouveau catholique sont aujourd'hui face à la menace des évangéliques extrémistes.

La vraie raison est que les temps de l'espérance et de l'expression collectives sont dépassés. L'époque est au repli frileux et à la défense des intérêts particuliers. Ces catholiques qui veulent changer leur Eglise sont devenus impuissants face à ce que les philosophes appellent la « privatisation » ou la « désinstitutionnalisation » de la foi. Après le concile, des générations de fidèles avaient conçu leur engagement social comme le prolongement de leur foi, de leur lecture de l'Evangile, de leur appartenance à l'Eglise. Aujourd'hui, ce serait plutôt l'inverse. Les nouvelles générations pratiquantes et militantes viennent d'un monde qui ignore tout de la foi catholique et sont à la recherche de repères et de valeurs qu'ils disent ne plus pouvoir trouver que dans leur Eglise.

Marginaux

Par la force des choses, ces catholiques « de gauche » se sont donc progressivement repliés dans des combats internes, apparemment dépassés. Marginaux, ils se regroupent autour de journaux et revues microscopiques (comme *Golias* en France) ou dans des réseaux internationaux, fluides et groupusculaires, dont ces quelques noms soulignent assez la vocation : Nous aussi sommes l'Eglise ; Réseau européen Eglises et libertés ; Femmes et hommes en Eglise ; Chrétiens et sida ; David et Jonathan ; Prêtres en foyer ; Droits et liberté dans les Eglises, etc. Il faudrait y ajouter les associations de prêtres mariés, de femmes-prêtres et de femmes de prêtres, de théologiens dissidents. Ils militent pour l'ordination des femmes [1], pour la défense des droits des homosexuels, pour la remise en cause de l'enseignement de l'Eglise en matière sexuelle, pour un nouvel élan à donner à son engagement social. Peu de personnalités neuves émergent de leurs rangs, mais ils comptent néanmoins quelques « gourous » comme le sociologue américain Andrew Greeley ou le théologien suisse Hans Küng, en France le théologien Joseph Moingt, des prêtres comme Henri Denis, Jean Cardonnel, etc. En Espagne, le prêtre Juan José Tamayo, En Inde, le jésuite Michael Amaladoss, etc.

Ce sont des purs, des idéalistes, des bretteurs impénitents. Ils sont contre la centralisation du pouvoir romain. Contre la « mise aux normes » du message évangélique. Contre la « compromission » de l'Eglise avec toutes les formes de privilège temporel ou politique. Contre les raidissements de la doctrine et de la discipline romaines. Contre le climat de « restauration » qu'ils ont imputé à Jean-Paul II et à son successeur. Contre les « adulateurs » du pape qui ne retiennent de son message que l'affirmation explicite de la foi catholique, en évacuant tout le reste, c'est-à-dire l'engagement pour les pauvres, la lutte pour les droits de l'homme, le dialogue avec les non-chrétiens.

D'ailleurs, ils trouvent qu'il y a « trop de pape et de pouvoir central » dans l'Eglise ! Ils sont contre toutes les manifestations catholiques de masse – du style des Journées mondiales de la jeunesse –, contre la concentration

1. Des ordinations « sauvages » de femmes ont eu lieu en Allemagne, en Autriche, en France, aux Etats-Unis et au Canada. D'autres s'y préparent en Suisse ou aux Pays-Bas. Une soixantaine de femmes ont été ordonnées prêtres ou sont séminaristes. Les femmes ordonnées ont été aussitôt excommuniées par leur évêque.

des discours, des analyses, des images, des débats sur l'activité du pape et sa personne, accentuée par la mise en scène des médias. Ils dénoncent les entreprises de séduction de Rome pour ramener au bercail la clientèle de droite traditionaliste, protestent contre les empiètements du Vatican sur des Eglises locales et des conférences épiscopales remises au pas. Pour eux, les laïcs ne jouent pas leur rôle et les prêtres ne savent plus où ils vont...

Ces catholiques critiques ne sont pas loin de penser que l'Eglise n'a pas fini de solder tous ses comptes de l'après-concile. Ou qu'elle n'est pas sortie de la dépression de Mai 68. Ils ne se résignent pas au déclin de la vitalité intellectuelle catholique dans beaucoup de pays – davantage en Allemagne ou en France qu'aux Etats-Unis ou en Inde –, à l'atonie qui frappe la recherche théologique encadrée par Rome, à la désaffection de l'activité militante sous surveillance épiscopale. Et déplorent que la parole publique de l'Eglise soit monopolisée par les clercs – le pape, quelques cardinaux –, que les laïcs soient écartés des médias, que les intellectuels catholiques ne jouent plus comme autrefois leur rôle de ferment.

C'est une question d'orientation, mais aussi de méthode. Pour eux, le plus important n'est pas la conservation et la transmission intacte du « dépôt de la foi » catholique, d'une « Vérité » transcendante sur laquelle il n'y aurait rien à dire. C'est, au contraire, le partage d'expériences qui authentifient la foi de chacun. La « Vérité » se présente moins comme une parole venue d'en haut que comme une parole qu'on élabore et qu'on exprime ensemble, une parole qui se cherche, se vit dans le dialogue, une vérité qui se trouve dans la solidarité des êtres.

Aussi ces catholiques rebelles se montrent-ils très méfiants devant ce qu'ils appellent les ambiguïtés de la « réaffirmation identitaire » promue par Rome, par les fantassins aux ordres du pape, éclatantes selon eux dans les polémiques régulières sur l'identité catholique de l'école ou la messe en latin, dans la formation des séminaristes, le regain de faveur pour les pèlerinages, le poids de l'Opus Dei et des mouvements charismatiques... Ils aiment faire observer que la croyance au démon, aux miracles, la dévotion mariale reviennent en force. Que le modèle, par exemple, d'une Mère Teresa, sainte admirable, mais ayant prêché une piété à l'ancienne et milité toute sa vie contre la contraception et l'avortement, a de loin supplanté celui de dom Helder Camara, apôtre vigoureux de réformes économiques et sociales en Amérique latine.

Leur crainte est donc celle d'un repli général du catholicisme, voire d'un retour à des comportements préconciliaires : soumission totale à l'autorité hiérarchique, méfiance à l'égard de la recherche intellectuelle et du progrès scientifique. Et ils mesurent les handicaps auxquels il est aujourd'hui confronté dans sa mission d'évangélisation. La crise des vocations sacerdotales et religieuses mine un grand nombre d'Eglises. L'encyclique *Humanae vitae* sur la régulation des naissances et tout le discours moral, irréaliste et utopique, du magistère romain qui s'en est suivi coupent l'Eglise de secteurs entiers de la société. Le célibat obligatoire des prêtres, le statut inférieur des femmes et celui des couples divorcés-remariés sont de plus en plus mal vécus. Les fidèles manquent de vrais espaces de dialogue et ne sont pas associés aux décisions qui les concernent.

Le salut passe, pour eux, par de puissantes réformes des structures : un exercice plus modeste et collégial du pouvoir au sommet; une autolimitation du pouvoir du pape et de la Curie; une « décentralisation » réelle du gouvernement de l'Eglise; une autonomie plus grande des Eglises locales. Ils y ajoutent la fin de l'obligation du célibat des prêtres, l'ordination sacerdotale d'hommes mariés qui ont fait leurs preuves dans l'animation des communautés (*viri probati*), l'ouverture aux femmes de nouveaux ministères (diaconat, sacerdoce), une plus grande audace dans le dialogue œcuménique avec les protestants et les orthodoxes, une insertion fidèle, mais plus authentique, de l'Evangile dans les cultures proches ou lointaines. Des innovations d'autant plus nécessaires et explosives pour eux qu'elles ont été trop longtemps retardées.

Nous ne prendrons qu'un exemple, celui de « Nous sommes l'Eglise » : en 1995, un petit groupe de laïcs et de prêtres autrichiens, réunis à Innsbruck, lance une pétition pour le renouveau dans l'Eglise. C'est le début d'un mouvement qui donnera naissance à *Wir sind Kirche* et plus tard à une structure internationale des groupes « Nous sommes l'Eglise » (IMWAC). Celle-ci compte des représentants dans une vingtaine de pays et elle est reliée en réseau aux groupes réformateurs de même tendance.

Ces groupes « Nous sommes l'Eglise » se signalent surtout dans les pays germaniques par des campagnes de signatures. Cinq cent mille ont été collectées à la fin des années 1990 en Autriche, un million en Allemagne pour appuyer la « Requête du peuple de l'Eglise » qui était ainsi exposée en cinq points : participation des laïcs au processus de nomination des évêques ; accès des femmes au diaconat permanent ; fin du célibat des prêtres ; accueil des divorcés-remariés et des prêtres mariés en rupture de ministère.

CHAPITRE VIII

GÉOGRAPHIE

Ces catholiques qui changent de couleur

1 – Asie : l'heure de l'Inde et de la Chine
2 – En Afrique, ils avancent dans la douleur
3 – L'Amérique latine entre conservateurs et prophètes
4 – Amérique du Nord : la montée des « hispanos »
5 – L'Europe guettée par l'apostasie
6 – Le destin tragique des catholiques d'Orient

Les catholiques ont changé d'hémisphère et de couleur. Ils ont basculé dans un autre monde. Le milliard de fidèles que compte l'Eglise, gouvernée depuis Rome, est désormais réparti sur toute la surface du globe, jusqu'aux territoires les plus lointains de l'Extrême-Orient ou de l'Océanie. Né dans le berceau méditerranéen, implanté pendant un millénaire et demi en Orient et sur le sol européen, le christianisme a bénéficié des vagues colonisatrices et missionnaires venues du nord et s'est progressivement déplacé vers le sud, les tropiques et l'équateur. Comme la planète économique, il a ses pays « émergents ». Le chrétien de demain, *a fortiori* le catholique, sera de moins en moins blanc, européen, américain sauf sous sa forme hispanique. Il sera de plus en plus noir ou métissé, africain, brésilien, mexicain, philippin, coréen, indien, chinois peut-être.

En un peu plus d'un quart de siècle – de 1978 (début du pontificat de Jean-Paul II) à 2004 –, la population catholique dans le monde a augmenté de 45 %. *Elle est passée de 757 millions en 1978 à 1,098 milliard de fidèles en 2004* [1]. Cette

1. Cette évolution se traduit dans les chiffres régulièrement fournis par le Bureau des statistiques du Vatican, qui compte les baptisés de confession catholique dans chaque pays, en dehors de toute considération de pratique religieuse. Les derniers chiffres connus à l'heure de la publication de ce livre sont de 2004.

hausse correspond moins à son dynamisme propre qu'à l'expansion démographique. Dans la même période, en effet, la croissance de la population mondiale a été de 4,2 milliards à 6,4 milliards d'habitants.

En Afrique, la population catholique a été multipliée par trois. Elle a aussi grossi en Asie, mais à partir d'un niveau qui reste très bas (3 %), ainsi que dans le continent américain – Nord et Sud – où les fidèles de Rome représentent près des deux tiers de la population (62 %). C'est en Europe que la situation se montre la moins favorable. Les catholiques n'y sont plus que 280 millions, soit moins de 40 % de la population du Vieux Continent. C'est le paradoxe d'un catholicisme qui reste très « européocentré » dans son rite, son gouvernement, ses usages et son droit, mais perd ses fidèles en son centre et les trouve dans des continents périphériques et lointains.

L'Europe et l'Amérique du Nord n'ont donc plus le monopole des grands nombres, des théologiens, des intellectuels, des militants, des religieux, des prêtres et des saints. Dans des pays comme l'Espagne, les Pays-Bas, la France ou le Canada, les chiffres de fidèles, mais aussi les pratiques à l'église (messes, sacrements), les vocations religieuses et sacerdotales ont connu de spectaculaires effondrements. Ceux-ci pèsent sur les statistiques du Vatican qui font état d'une baisse mondiale du nombre de prêtres diocésains et religieux : près de 4 % entre 1978 et 2005. Entre ces deux dates, l'effectif du clergé est passé de 420 971 à 405 891. La faute à l'Europe où le nombre des prêtres est tombé sous la barre des 200 000 (contre 250 498 en 1978). En revanche, l'Afrique et l'Asie connaissent une poussée de vocations forte et régulière : dans le continent noir, le nombre des prêtres a presque doublé, passant de 16 926 en 1978 à 31 259 en 2004. Il a crû en Asie de 32 291 à 48 222. Et si l'effectif des séminaristes est globalement en hausse – de 77 % en un quart de siècle –, c'est grâce, une fois de plus, aux continents asiatique, africain et américain.

Contrairement à beaucoup d'idées reçues dans les pays européens, la religion chrétienne ne court pas à sa perte. Au contraire, elle distancera demain l'islam, essentiellement pour des raisons démographiques, et cela sans aucun doute possible. Elle sera, en 2050, la religion des trois quarts de l'humanité. Son centre de gravité glisse déjà inexorablement vers ce qu'on appelait autrefois le « tiers-monde ». L'heure du « tiers-christianisme » a sonné, dominé par une pluralité de couleurs, de races et de cultures, une prédilection pour des pratiques spectaculaires, affectives, émotionnelles, pour un prosélytisme actif, des discours doctrinaux peu élaborés – la *fast-religion* – et des tendances syncrétiques. Le « standard » chrétien sera demain africain ou « latino » : dévotion populaire, accent sur les charismes, christianisme de certitude et non plus de contestation, pratiques de guérison, réseaux d'entraide qui exhortent, éduquent, soignent, promeuvent les adeptes.

Mais les Eglises dites « historiques », comme l'Eglise catholique ou les confessions protestantes (luthérienne, réformée, méthodiste ou anglicane), tirent un moindre profit de cette croissance démographique globale que les Eglises de type évangélique ou pentecôtiste, indépendantes, souples dans leurs obligations et leur fonctionnement, moins exigeantes et « cérébrales ». Elles croissent comme réponse à la misère et la précarité des masses urbaines. L'envol des communautés évangéliques et pentecôtistes dans toutes les grandes métropoles d'Asie, d'Afrique, d'Amérique latine – il faudrait ajouter l'Europe de l'Est et les villes hispanophones des Etats-Unis – sera le phénomène religieux le plus spectaculaire du siècle [1].

1. Dérivé d'un piétisme protestant longtemps marginal en Amérique latine, nourri par des courants évangéliques venus des Etats-Unis, le premier

Autour d'un « pasteur » peu formé théologiquement, le plus souvent « autoproclamé », apte à brasser des affaires, elles garantissent aux fidèles une protection et une confiance fraternelle contre les tragédies de la violence, de la drogue, du sous-emploi, du sida. Elles privilégient l'expérience personnelle et ne se formalisent pas dans des matériaux théologiques et des rites compliqués. La « Bible seule » réunit des fidèles qui n'ont à se soumettre à aucun dogme ni appareil clérical. Elles rompent avec l'intelligence et l'ordre symbolique des Eglises catholique et protestantes et développent une religiosité en affinité avec la culture populaire des grandes villes. Puisés dans les registres les plus sophistiqués de la communication ou de la musique, leurs pratiques sont à la fois archaïques – glossolalie, thaumaturgie, exorcisme – et modernes.

Moyennant quoi, le Sud reste l'horizon à venir des fidèles de foi catholique. Avec toutes les contradictions que cela suppose entre une tradition, une gouvernance, des filières de financement et de formation encore très largement monopolisées par l'Europe, et des masses de fidèles de cultures et de modes de vie très différents. Des risques d'éclatement ne sont pas minces pour l'avenir. Si le catholicisme s'affermit ici, recule là, la question de son unité, de son identité, de son adaptation à la diversité des cultures est soulevée de manière toujours renouvelée. Elle suscite bien des crispations chez les théologiens asiatiques,

---

« pentecôtisme » est né, au début du XXe siècle, au Chili, au Mexique et au Brésil. Il est atomisé autour de « pasteurs » à la fois gourous et chefs d'entreprise. Le néo-pentecôtisme est apparu à partir des années 1980, et la figure la plus connue en est l'Eglise universelle du Royaume de Dieu de l'« évêque » brésilien autoproclamé Edir Maceido. Pour les néo-pentecôtistes, Dieu est celui qui assure un emploi, guérit de la maladie, garantit contre le malheur, offre la sécurité contre la violence, développe une idéologie du succès social appelée « théologie de la prospérité » et contracte des alliances politiques. Il prolifère sous la forme de petites entreprises religieuses autonomes, qui se mettent de plus en plus en réseau autour de quelques télévangélistes connus

africains, latino-américains et la vigilance du Vatican. Ce ne sera pas la moindre des tâches à venir de l'institution catholique que de gérer, depuis Rome, cette diversité, de veiller à la relation entre le centre et la périphérie d'une Eglise que la mission, comme le prescrit l'Evangile de la Pentecôte, doit conduire « jusqu'aux extrémités de la terre ».

1 – Asie : l'heure de l'Inde et de la Chine

Des clochers d'églises au milieu de rizières au vert scintillant... On pourrait les confondre avec des temples ou pagodes bouddhistes aux toits retroussés, si l'on n'y distinguait une croix. Ou le carillon qui annonce, remplacé parfois par un tambour, l'office du dimanche ou des fêtes de Pâques et de Noël. On est au Vietnam. Jean-Paul II a un jour déclaré que si, lors du premier millénaire, la croix avait été plantée en Orient (le christianisme est né au Proche-Orient, donc en Asie) et en Europe, au cours du deuxième millénaire en Amérique et en Afrique, l'Asie du Sud serait pour le christianisme le continent du troisième millénaire, ajoutant qu'« une grande moisson de foi sera recueillie dans ce vaste et vivant continent [1] ».

Propos largement incantatoire. Pour les catholiques, l'Asie est à la fois le continent de la grande inconnue et d'une espérance quasi mythique. De loin le plus peuplé – 4 milliards d'habitants, soit plus de la moitié de l'humanité –, il abrite, outre l'islam, les traditions les plus anciennes et vénérables de l'histoire de l'humanité : le bouddhisme, l'hindouisme, le taoïsme, le confucianisme.

1. Dans l'exhortation *Ecclesia in Asia*, document de référence qui trace les conclusions du synode des évêques d'Asie réuni à Rome au printemps 1998 et que le pape est allé remettre en novembre 1999 aux catholiques indiens.

Quant au christianisme, il n'a jamais pu prendre pied en Asie autrement que sous la forme de petites implantations, très disséminées, de convertis et d'étrangers. Comment expliquer les progrès fragiles et aussi les échecs de l'évangélisation de ce continent ?

Selon une tradition très ancienne – qui n'a laissé aucune trace archéologique –, l'apôtre Thomas serait arrivé en Inde dès le milieu du Ier siècle et il aurait fondé des communautés chrétiennes sur la côte sud-ouest du pays, dans l'actuel Kerala, qui se réclament encore de lui. En Chine – et là une stèle (la stèle de Xi'an), découverte en 1623, l'atteste –, un moine syrien nestorien, du nom d'Alopen, a débarqué en 635 dans la capitale Chang'an, aujourd'hui dans la province du Shaanxi. Il y a construit plusieurs monastères et églises. Mais c'est à partir du XVIe siècle, à la faveur des explorations venues d'Espagne et du Portugal, que le christianisme a atteint, pour de bon, la terre asiatique et ouvert l'une de ses plus belles pages d'épopée missionnaire.

En 1542, un jésuite de Navarre, Francisco de Azpilcueta y Xavir, futur saint François Xavier (1506-1552), arrive à Goa, en Inde, poursuit sa route en Indonésie et jusqu'au Japon, avant de mourir devant les côtes chinoises. L'Italien Matteo Ricci (1552-1610) récupère son héritage dans la Chine des Ming en 1601, et Roberto Da Nobili (1577-1656), à son tour, accoste en Inde. A l'époque, ces premiers missionnaires de la foi chrétienne en Asie passent pour des illuminés, des aventuriers bénéficiant de la chance que représentent la nouvelle route du Cap et l'accès par mer à l'Extrême-Orient. Ils ont une idée fixe : pour annoncer la foi chrétienne aux populations autochtones, il faut respecter leurs cultures, leurs langues, leurs rites.

En Inde, Nobili apprend le tamoul, le sanscrit, s'initie à l'hindouisme, s'habille en brahmane. Il baptise les populations autochtones, mais n'exige pas des convertis l'abandon de leurs coutumes. En Chine, Ricci fait mieux : il rédige un catéchisme en chinois, en mandchou, en coréen, en japonais. Il tente d'expliquer aux populations locales la création du monde par Dieu, l'immortalité de l'âme, l'existence d'un paradis et d'un enfer. Quand il meurt à Pékin en 1610, la Chine compte 2 000 chrétiens convertis. A la fin du XVIIe siècle, ils sont 150 000, aujourd'hui une trentaine de millions. Nous y reviendrons.

Ce respect des cultures locales n'appartient pas qu'aux jésuites. Aux vicaires apostoliques qu'il envoie en Asie pour y fonder des Eglises locales, déjà dotées d'un clergé autochtone, le pape Alexandre VII, en 1659, donne ces instructions : « Quoi de plus absurde que de transporter chez les Chinois la France, l'Espagne, l'Italie ou quelque autre pays d'Europe... N'introduisez pas chez eux nos pays, mais la foi. Ne mettez jamais en parallèle les usages de ces peuples avec ceux de l'Europe, bien au contraire, empressez-vous de vous y habituer... » Ce premier rendez-vous du christianisme avec l'Asie ne produit cependant pas tous ses fruits, en raison de l'interminable « querelle des rites » qui va contribuer à la crise avec la Compagnie de Jésus jusqu'à sa suppression en 1773 [1].

Accusé de se compromettre avec des croyances locales idolâtriques, Roberto Da Nobili comparaît devant le tribunal de l'Inquisition de Goa. Les partisans de l'ancienne méthode d'évangélisation dite de la « table rase » – défendue par les dominicains portugais – militent contre les pratiques inaugurées par les jésuites. En Chine, les rites

1. Outre l'Extrême-Orient, la Compagnie de Jésus a développé des missions en Amérique du Sud (Paraguay) et du Nord (Canada). Elle a participé aux grandes controverses théologiques du XVIIe siècle contre le jansénisme ou le gallicanisme. Son engagement dans les conflits politiques du temps a provoqué une méfiance croissante et sa suppression au Portugal (1759), en France (1764), en Espagne (1767), puis sa suppression totale en 1773. Elle fut rétablie par le pape Pie VII à son retour à Rome en 1814.

chrétiens en l'honneur des ancêtres et de l'empereur sont supprimés. En 1724, un édit impérial chasse tous les missionnaires étrangers. Une vision fortement occidentale de la mission chrétienne – dans la formulation de la foi et son enseignement, dans le clergé et la hiérarchie épiscopale, dans la liturgie – triomphera donc et s'imposera jusqu'au XXe siècle. L'inculturation pacifique dont rêvaient les premiers missionnaires a échoué.

Outre ces querelles sur la stratégie d'évangélisation, la cohabitation avec des traditions ancestrales de l'Asie qui imprègnent la vie quotidienne, les cultures, l'art, la littérature, la morale, la philosophie, se révèle délicate. Le christianisme bute sur des conceptions de l'homme et du monde très éloignées de ce qu'elles sont en Occident. Elles ne distinguent pas le spirituel et le temporel, ignorent l'idée même de transcendance divine (sauf chez les musulmans), recherchent le « perfectionnement de l'être », préféré à la quête d'un incompréhensible salut de l'âme.

Le christianisme asiatique restera donc identifié à la religion de l'étranger, de l'Occident, du colonisateur et il connaît, du XVIIe à la fin du XIXe siècle, lors des guerres avec les puissances coloniales, de violentes vagues de persécution au Japon, en Corée, au Vietnam, en Chine. L'Asie est le continent qui compte le plus de martyrs chrétiens. En 1984 à Séoul, Jean-Paul II a canonisé plus d'une centaine de Coréens et missionnaires étrangers (notamment français) torturés et mis à mort pour leur foi ; en 1988 à Rome, 117 Vietnamiens morts par le feu ; le 1er octobre 2000, à Rome encore, 120 martyrs chinois, ce qui donnera lieu à une violente polémique avec Pékin.

Les îlots de christianisme sont donc rares dans un continent qui ne compte que 120 millions de catholiques, soit 3 % de la population. De taille très différente, 484 diocèses catholiques s'étendent de... Tokyo à Djakarta, de Séoul à Novossibirsk. Les places fortes restent les pays anciennement colonisés par l'Espagne, comme les Philippines, ou par la France, comme le Vietnam – même si, dans ce dernier pays, les premiers missionnaires, avec Alexandre de Rhodes (1591-1660), sont arrivés deux siècles avant le début de la colonisation française.

Avec 59 millions de fidèles (85 % de la population), les Philippines sont le seul pays, avec le Timor-Oriental, à majorité catholique. Au Vietnam, les catholiques sont 8 millions, soit 9 % de la population. Inscrite dans la Constitution, la liberté de culte et d'enseignement religieux souffre dans ce pays communiste de sérieuses entorses, mais les catholiques vietnamiens investissent le champ social, à la faveur de la politique d'ouverture (*doi moi*) concédée par le régime : création de petits ateliers, jardins d'enfants, dispensaires, soins aux handicapés et aux malades du sida.

Quant à la Corée du Sud, où la foi chrétienne a été introduite au XVIIIe siècle par des lettrés confucéens venus de Pékin et plus librement exercée, elle est aujourd'hui le troisième pays chrétien d'Asie, après les Philippines et l'Inde, avant le Vietnam. Elle compte plus de 10 millions de fidèles, dont un gros tiers de catholiques. Au Japon, les catholiques sont 500 000 (0,35 % de la population), en Indonésie, le plus grand pays musulman du monde, seulement 3,5 %.

Dans ce quasi-désert de la foi chrétienne que demeure l'Asie, les catholiques de Chine et de l'Inde, deux puissances démographiques, partenaires d'une mondialisation triomphante, incarnent parfaitement ce changement de couleur et de style de l'Eglise romaine du XXIe siècle. A la taille de la Chine, le catholicisme reste une infime minorité, mais son destin le dépasse. De son statut à venir, dépend, pour une bonne part, l'image, la respectabilité de la Chine, sa crédibilité internationale sur la question des libertés et des droits de l'homme.

Les catholiques chinois coupés en deux

Selon les statistiques du Vatican, la Chine compterait entre 10 et 12 millions de fidèles, répartis dans 145 diocèses, surtout dans le nord du pays (les provinces du Shaanxi et du Hebei), tiraillés entre la fidélité au pape et l'allégeance aux autorités de leur pays. Eglise tragiquement coupée en deux : Eglise « officielle » et Eglise « clandestine » ou « souterraine ». Selon l'Association patriotique des catholiques chinois, sous contrôle des autorités communistes, l'Eglise « officielle » rassemblerait quelque 4 millions de croyants, environ 80 évêques et 2 200 prêtres ordonnés, pour la plupart, depuis les années 1990. De son côté, l'Eglise « souterraine », restée d'une intransigeante obéissance au pape, compterait de 3 à 5 millions de fidèles, une cinquantaine d'évêques, peut-être davantage, mais, par définition, ils ne se font pas connaître. Les chiffres de « clandestins » sont fluctuants. Quand un prêtre ou un évêque officiel est reconnu par le Vatican, des fidèles sortent de la clandestinité pour le suivre.

La question des relations entre la Chine et le Saint-Siège dépasse de très loin l'horizon diplomatique commun. Elle en dit long sur la situation de ce pays, son désir de « normalisation » à l'occasion des Jeux olympiques de 2008 à Pékin et la volonté de Rome de sortir d'un tunnel, long d'un demi-siècle, d'ignorance mutuelle, synonyme, pour les croyants, de marginalisation. La rupture a eu lieu en 1951, deux ans après la victoire de la révolution maoïste. Un an plus tôt, le nonce apostolique avait été expulsé, trouvant refuge à Taïwan, une hérésie pour les communistes qui considèrent l'île nationaliste comme une province rebelle. La vraie rupture intervient cependant en juillet 1957 avec la création de cette Association patriotique des catholiques chinois (APCC), devenue un organe de surveillance quasi policière entre les mains du régime.

Les années de la Révolution culturelle (1966-1976) sont traversées par des campagnes de persécutions visant tous les croyants, par des arrestations de prêtres et d'évêques, tués, emprisonnés, au mieux assignés à résidence. Les années 1980, celles du début de l'ouverture et des premières réformes économiques, marquent un répit. Mais les arrestations et les emprisonnements n'ont jamais vraiment cessé depuis [1]. Bien qu'il soit impossible de livrer des chiffres précis, les observateurs estiment à une quarantaine le nombre de prêtres et d'évêques qui étaient encore incarcérés en 2007. Statistiques fluides, car si certains sont relâchés assez vite, d'autres sont à leur tour arrêtés.

En surface, rien ne semble bouger. Les dirigeants de Pékin, qui avaient salué l'élection de Benoît XVI en avril 2005, élèvent deux préalables au rétablissement de relations normales : la rupture du Saint-Siège avec Taïwan et la « fin des ingérences » de l'Eglise catholique dans les affaires intérieures chinoises. L'« ingérence » signifie pour Pékin la volonté du pape de nommer librement des évêques en Chine. Si le Vatican ne fait plus un absolu de la présence de son représentant diplomatique dans l'île de Taïwan, le deuxième point n'est pas pour lui négociable. Conformément à la pratique et au droit le plus élémentaire de l'Eglise, le pape veut garder la haute main sur la désignation des évêques, aujourd'hui nommés par les

1. « L'Eglise en Chine : 25 ans de renouveau », de Jean Charbonnier, des Missions étrangères de Paris, publié dans *Eglises d'Asie*, mai 2004.

autorités gouvernementales, parfois – pas toujours – en concertation avec Rome. Au cours de l'année 2006, quatre nominations ont été décidées par Pékin sans aucune consultation.

Le principal obstacle à une réconciliation demeure la présence de l'APCC qui, avec ses milliers d'employés, n'entend pas abandonner ses prérogatives. Dans une émouvante lettre aux catholiques de Chine, en date du 30 juin 2007, Benoît XVI a fermement rappelé qu'il n'entendait pas reconnaître cette administration écran entre les croyants et l'Eglise universelle, ni le prétendu « collège épiscopal » de Chine, une autre fabrication du pouvoir communiste. Il a renouvelé son souhait que l'Eglise de ce pays soit enfin indépendante par rapport à l'Etat, que les deux entités – « clandestine » et « officielle » – actuellement séparées ne fassent plus qu'une et que sa liberté de nomination des évêques soit totalement préservée. En même temps, la machine diplomatique du Vatican s'efforce de garder des liens avec Pékin.

Sur cette toile de fond, où alternent espoirs et déceptions, une série de phénomènes indiquent toutefois un vrai tournant. Les catholiques sont désormais bien visibles dans la société chinoise. De plus en plus d'évêques, nommés par le pouvoir et reconnus par Rome, osent se référer au pape dans leur enseignement et leurs publications. Comment ne pas citer ici l'exemple du cardinal Joseph Zen de Hong Kong, militant des droits de l'homme en Chine, détesté par le régime, et avocat actif de la normalisation des relations entre Pékin et Rome [1] ? Les églises sont remplies les dimanches, les jours de Noël et de Pâques. Dans une ville comme Shanghaï, la mort de Jean-Paul II en 2005 fut le prétexte à de nombreuses célébra-

1. *Mgr Joseph Zen, un homme en colère,* de Dorian Malovic, Bayard, 2007. Dorian Malovic est aussi l'auteur d'un portrait de Mgr Jin Luxian, ancien évêque de Pékin pour l'Eglise officielle de Chine, intitulé *Le pape jaune, Mgr Jin, soldat de Dieu en Chine communiste.*

tions. Les séminaires – une vingtaine sont autorisés – et les noviciats de religieux et de religieuses (au nombre de plusieurs milliers) ne peinent pas à recruter. Le christianisme est enfin perçu avec de plus en plus de sympathie dans les milieux intellectuels, « car il fait appel à la conscience personnelle et paraît en prise avec la modernité [1] ». L'ouverture du pays favorise les séjours de prêtres et séminaristes chinois à l'étranger. Jamais les communications n'ont été aussi étroites entre les chrétiens de Chine et les Eglises ou les universités en Occident. Le rétablissement des relations entre le Vatican et la Chine serait un signal sans précédent adressé aux 30 millions de chrétiens – en comptant les protestants dont le nombre progresse aussi – et au monde entier.

Le haut potentiel de l'Inde

L'Inde est l'autre grand espoir du catholicisme mondial. Les pratiquants n'y sont que 15 millions (2 %), concentrés dans le sud : 5 millions dans le seul Etat du Kerala où la tradition chrétienne remonte au Ve siècle, les autres dans le Tamil Nadu, l'Andhra Pradesh et à Goa. Plus on monte vers le nord, moins on a de chances d'y rencontrer des chrétiens, sauf à Bombay – 700 000 catholiques, dans une ville de 18 millions d'habitants –, puis dans la région de Ranchi ou à Calcutta, célèbre pour l'œuvre de Mère Teresa, fondatrice des Missionnaires de la charité. Dans leur grande majorité, les catholiques indiens sont de condition modeste ou pauvre. Ils appartiennent à la catégorie des *dalits* (« opprimés », « écrasés »), les fameux « intouchables ». Ils sont ouvriers

1. « L'Eglise en Chine : 25 ans de renouveau », de Jean Charbonnier, article cité.

agricoles ou, sans ressource, vont grossir la population des bidonvilles des grandes métropoles. Mais des familles catholiques appartiennent aussi aux castes moyennes, par exemple dans le Tamil Nadu.

Si l'Eglise exerce quelque influence en Inde, c'est surtout grâce à son organisation et à ses institutions d'éducation et de santé. Dans ses 143 diocèses, de taille très diverse, elle possède un réseau serré d'écoles, de lycées, d'établissements universitaires, dont le Saint John's Medical College de Bangalore. Quelque 5 millions de jeunes – majoritairement non chrétiens – sont éduqués dans ces institutions catholiques. L'Eglise compte aussi plus de 700 hôpitaux et un nombre plus grand encore de dispensaires, d'orphelinats, de léproseries, de centres de réhabilitation pour drogués ou d'accueil de handicapés. Elle manifeste ainsi son souci des faibles, des basses castes, des malades, sans oublier sa mission spirituelle, qui se veut première dans un pays où la religiosité tient une si grande place.

Elle est riche en prêtres – 30 000, plus 8 000 séminaristes en 2005 – et en religieux. Les jésuites, par exemple, sont 4 000 en Inde et au Sri Lanka, soit le cinquième de l'effectif jésuite dans le monde, très insérés dans les mouvements éducatifs et caritatifs. Ils sont avocats ou sociologues et, à l'image du père Pierre Ceyrac, vivent auprès des *adivasi* (populations tribales) et militent pour la défense des droits des *dalits.* Ils dirigent une vingtaine d'établissements scolaires, dont le Loyola College de Madras, ouverts aux jeunes de basses castes. Mais tous les grands ordres – franciscains, capucins, dominicains, salésiens, Missions étrangères de Paris, etc. – sont également représentés en Inde, sans compter les congrégations d'origine locale. La formation donnée dans les séminaires (Bangalore, Bombay, Pune, etc.), les facultés de théologie, les instituts sociaux et pastoraux de l'Eglise, est réputée de très bonne qualité.

L'Eglise indienne dispose ainsi d'un potentiel envié dans d'autres continents. Il y a plus de docteurs en théologie et en Ecritures saintes en Inde qu'en France [1]. Chaque année, des dizaines de prêtres, religieux ou religieuses indiens s'expatrient pour l'Afrique, l'Amérique latine, l'Europe et l'Amérique du Nord. On croise de plus en plus d'Indiens dans les paroisses ou les universités d'Occident, les congrégations romaines et les maisons générales d'ordres religieux. Grâce à la richesse de ses théologiens, l'Eglise indienne occupe une place à part dans le concert de l'Eglise universelle.

Ce pays est à la pointe de la nouveauté en matière d'inculturation de la foi catholique. Les communautés d'Asie ont longtemps utilisé les formules et les rites empruntés à l'Europe, sans lien avec la culture locale, d'où leur difficulté d'intégration. Mais, comme en Afrique, après le concile Vatican II, les choses ont commencé à changer dans la liturgie. L'objectif n'était pas seulement d'utiliser la langue vernaculaire pour la messe, mais aussi de trouver de nouvelles façons de prier et de célébrer en harmonie avec les pratiques des voisins non chrétiens.

Une douzaine d'aménagements, assez mineurs, dans le rite de la messe ont été ainsi approuvés par Rome : le célébrant peut dire la messe en position assise, remplacer les bougies par des lampes à huile, l'encensement par l'*arati* (mouvement circulaire avec un plateau sur lequel se trouvent des baguettes d'encens allumées et des fleurs), la génuflexion par l'*anjali hasta* (prostration), etc. Mais d'autres demandes, comme l'introduction de lectures tirées des Ecritures hindoues se sont heurtées à des refus de Rome. Ce début d'indianisation de la liturgie n'a toutefois pas fait l'unanimité, surtout chez les *dalits* chrétiens

1. Raymond Rossignol, des Missions étrangères de Paris, dans *Eglises d'Asie*, février 2000.

qui y ont vu une identification entre la culture indienne et celle des hindous de haute caste. Il a été mieux toléré dans les régions du Nord que dans les communautés du Sud, plus nombreuses et plus anciennes, et la conférence épiscopale de l'Inde a laissé au niveau régional le soin d'appliquer ces nouvelles normes liturgiques.

D'autres efforts sont faits pour acclimater au pays la foi catholique. Les habits religieux importés de l'Occident sont remplacés par des tenues vestimentaires en harmonie avec celles du pays. L'art religieux aussi s'est « indianisé », ainsi que le style de vie des prêtres et autres personnes consacrées. Dans les programmes de formation, le patrimoine culturel et religieux de l'Inde est davantage pris en compte. Des « ashrams » catholiques naissent qui s'inspirent du style de vie et des méthodes de prière locaux. Si les résultats sont encore insuffisants et diversement appréciés, l'Eglise en Inde porte le souci de l'inculturation de l'Evangile dans le terreau local et certains prêtres ou théologiens n'hésitent pas à prendre des risques.

Jésus-Christ, « unique médiateur »

Car comment concilier le respect des cultures asiatiques avec le devoir de les évangéliser ? Comment présenter l'Evangile à des traditions aussi puissantes et anciennement enracinées que l'hindouisme, le bouddhisme ? La question ne cesse de tourmenter les catholiques indiens [1], accusés de vouloir convertir les populations locales par des extrémistes hindous qui entretiennent la confusion entre catholiques et évangéliques et qui voient d'un mau-

1. En se référant à l'exhortation apostolique *Evangeli nuntiandi* du pape Paul VI sur l'évangélisation du monde moderne, publiée en 1975.

vais œil l'œuvre de promotion humaine et sociale réalisée par l'Eglise en faveur des hors-castes et des basses castes.

La consigne officielle reste celle du respect et du dialogue, mais jusqu'où ? Comment concilier un mode d'annonce de la foi, selon lequel Jésus-Christ est le « seul médiateur » entre Dieu et les hommes, et le respect de partenaires hindous ou bouddhistes pour lesquels cet exclusivisme chrétien constitue une forme de mépris de leurs propres croyances et pratiques ? La question est souvent posée par l'un des meilleurs théologiens asiatiques, Michael Amaladoss, jésuite indien : « Comment dire le mystère de la foi chrétienne en dehors d'une culture sémitique ? Comment se familiariser avec la vie de Jésus sans avoir recours aux mots Messie ou Fils de Dieu, sans utiliser le concept de la Trinité ou les notions d'infini et d'absolu ? » Pour lui, cette manière de penser est propre à la culture occidentale. Elle ne convient pas à la culture extrême-orientale. « Pour que le Christ soit compris en Asie, ajoute-t-il, il est nécessaire de passer par des images de Jésus, des symboles. » Et de donner des exemples de figures précieuses en Asie : le sage, la voie, le gourou, l'avatar, le serviteur, le compatissant, le danseur, le pèlerin, adaptables selon lui au message chrétien [1].

Les théologiens asiatiques travaillent sans relâche sur la question du rôle des religions non chrétiennes dans « l'économie du salut ». Ils s'appuient sur les documents du dernier concile qui reconnaît les valeurs positives propres aux autres religions, encouragent – et pratiquent – le dialogue avec les musulmans sur le thème de la volonté de Dieu, avec les hindous sur les diverses formes de méditation, de contemplation et de renonciation, avec les bouddhistes sur l'esprit de la non-violence, le détachement et la compassion. Les plus progressistes de ces théologiens – Anthony Di Mello, Michael Amaladoss, Raimon

1. *Jésus asiatique*, de Michael Amaladoss, Presses de la Renaissance, 2007.

Panikkar, Jacques Dupuis (décédé en 2004) – doutent du bien-fondé d'un enseignement chrétien classique. Ils explorent des hypothèses comme celle qui consisterait à distinguer entre le « logos universel » (le « Verbe ») et la personne même de Jésus-Christ. La théologie romaine officielle refuse catégoriquement ce type de séparation et réaffirme avec force l'existence d'un seul médiateur et sauveur, Jésus-Christ.

Ces tensions sont le revers de la médaille d'un réel dynamisme de cette jeune chrétienté indienne. Elles font l'objet de multiples débats dans les établissements universitaires et dans les revues du pays. Rome est souvent intervenu, soit par des mises en garde d'ordre général, soit pour sanctionner certains auteurs. Un tel affrontement souligne les limites de l'inculturation et du dialogue entre les catholiques et les traditions asiatiques. La partie la plus conservatrice de l'épiscopat indien, dont la personnalité phare est le cardinal Ivan Dias – diplomate du Saint-Siège, puis archevêque de Bombay, avant de revenir à la Curie appelé par Benoît XVI –, a longtemps déploré le laxisme de ses compatriotes théologiens. Pour les moins conservateurs, il faut soutenir, au contraire, des hommes auxquels échoit la tâche difficile de faire comprendre la foi chrétienne dans un pays où beaucoup, non seulement ne la partagent pas, mais s'en méfient.

2 – En Afrique, ils avancent dans la douleur

L'église Notre-Dame de Yopougon, dans la banlieue d'Abidjan, déborde de fidèles qui se pressent autour de l'autel. Les chorales et le tam-tam couvrent les cris des enfants qui s'invitent aussi à la messe du dimanche. D'un pas martial, le prêtre fend la foule en l'aspergeant d'eau bénite. L'assistance claque des mains, se déhanche, chante et danse. On est en Afrique et on s'assied pour écouter l'Evangile. Au moment du sermon, des femmes interrompent par instants le prédicateur qui traverse les rangs. Festives, bruyantes, colorées, les célébrations dominicales en Afrique font pâlir d'envie les assemblées austères et clairsemées d'Europe. Les prêtres et les évêques alignent les chiffres de conversions, de baptêmes, de catéchumènes, de groupes de prière, d'associations caritatives. A croire que la religion serait la dernière activité qui marche dans un continent toujours au bord de la faillite et du désespoir.

Les catholiques d'Afrique sont les plus « jeunes » de la planète, même si l'un des premiers pays à accueillir l'Evangile fut l'Egypte, où Jésus enfant aurait séjourné quelque temps avec ses parents pour fuir les persécutions d'Hérode. L'Evangile se diffusa d'abord jusqu'en Ethiopie et en Nubie – actuel Soudan –, pays chrétiens parmi les plus anciens au monde. Comme l'Afrique du Nord qui, sous l'Empire romain et jusqu'aux conquêtes musulmanes, fut un actif foyer de vie chrétienne, comptant au ve siècle jusqu'à six cents évêchés et quelques-uns des plus célèbres « Pères » de l'Eglise : Tertullien, Cyprien et surtout Augustin (354-430), évêque africain d'Hippone (aujourd'hui Annaba). L'Algérie contemporaine, à la recherche de ses racines pré-islamiques, reconnaît aujourd'hui l'influence que ses *Confessions* et sa *Cité de Dieu* ont exercée en Occident.

Le catholicisme est revenu sur le continent noir à partir des XVe et XVIe siècles grâce aux premiers colons portugais qui explorent alors les côtes occidentales de l'Afrique. En 1622, en vue de soustraire ces communautés naissantes au droit de « patronat » exercé par les pouvoirs occidentaux (ici le Portugal), Rome crée l'organe de la Propagation de la foi. Deux siècles plus tard, un grand nombre de congrégations vont se créer et attacher leur nom à l'œuvre des missions : Société des missionnaires d'Afrique (« pères blancs ») ; Missions africaines de Lyon ; congrégation du Saint-Esprit (les « spiritains ») ; les pères maristes, les pallotins (Allemands, Polonais), les comboniens (Italiens), etc. Venues d'Europe, des générations de missionnaires ont formé sur place des catéchistes, des maîtres d'école et un clergé qui ont contribué à l'essor de l'éducation et de la foi en Afrique. Mais ils ont aussi répandu un modèle européen de vie chrétienne dont ils ont vu tardivement les limites et mesuré les excès.

Depuis cette épopée missionnaire, les catholiques africains sont passés par des phases successives d'espoir et de désillusion. Les chiffres semblent aujourd'hui plaider en leur faveur. L'Afrique subsaharienne est le continent où la population chrétienne – toutes confessions confondues – augmente le plus rapidement : 360 millions de chrétiens, au total, pour une population de 800 millions d'habitants. En 2005, la seule Eglise catholique a passé le cap des 150 millions de fidèles, soit un triplement en un quart de siècle, ce qui est une sorte de record. Un Africain sur sept est aujourd'hui baptisé dans la religion catholique. C'est le continent le plus dynamique pour l'Eglise, en dépit de l'extrême pauvreté et de l'instabilité politique – de la guerre civile en République démocratique du Congo (ex-Zaïre), au Burundi, du génocide au Rwanda – des pays où elle est bien implantée.

C'est en Afrique centrale en effet que les catholiques sont les plus nombreux, en République démocratique du Congo avec 30 millions de fidèles recensés (sur 50 millions d'habitants) et dans l'Afrique dite des Grands Lacs (Burundi, Rwanda). Au Nigeria, pays noir le plus peuplé, ils sont 18 millions, malgré des rapports conflictuels avec les musulmans du Nord et de fréquents affrontements. En Afrique australe, en Afrique du Sud, au Zimbabwe, en

Zambie, en Angola, au Mozambique, les catholiques sont numériquement au coude à coude avec les fidèles de confessions protestante ou anglicane. Ils cohabitent avec l'islam, dans des proportions à peu près équivalentes, en Côte d'Ivoire, au Ghana, au Bénin, au Cameroun, au Kenya, en Tanzanie. En revanche, ils sont très minoritaires dans la zone subsaharienne où les musulmans sont de loin les plus nombreux, comme au Niger, au Mali, au Tchad, au Sénégal, en Gambie, en Guinée, au Burkina Faso, au Soudan et en Somalie.

A la croissance des fidèles se joint celle d'un clergé encore européen pour partie, mais de plus en plus autochtone. L'Afrique compte 630 évêques, 20 000 prêtres diocésains, dont la majorité sont des Africains, 10 000 religieux, 57 000 religieuses et surtout 380 000 « catéchistes », véritable armée de « chefs de villages » religieux. En raison du nombre insuffisant de prêtres et de la superficie des paroisses de brousse, ce sont ces « catéchistes » qui assurent les principaux services d'Eglise : la célébration du dimanche (sans eucharistie), la formation religieuse, la préparation des sacrements, l'animation de cercles bibliques ou de groupes de jeunes, etc.

Dans la plupart des pays, les noviciats, les petits et les grands séminaires sont pleins. Les séminaires sont presque aussi nombreux qu'en Europe pour une population catholique deux fois moindre. Des familles se saignent aux quatre veines pour y envoyer leurs enfants, car ce sont des lieux d'études réputés. Mais les responsables s'interrogent sur la sincérité de telles vocations religieuses qui peuvent être socialement intéressées. Les prêtres et séminaristes issus de ces établissements viennent souvent chercher un complément de formation en Europe, mais nombre d'entre eux ne rentrent jamais en Afrique.

Les catholiques africains sont donc loin d'être une portion négligeable dans la géographie mondiale de l'Eglise catholique. A l'effet mécanique de la démographie, d'autres raisons expliquent cette dynamique des chiffres : le recul des croyances traditionnelles dans les villes et les jeunes générations ; l'image plutôt bonne d'un christianisme très présent dans l'éducation, la santé, la lutte contre la corruption, les campagnes pour le développement ou la promotion de la femme, le soutien aux réfugiés et aux personnes déplacées. Dans des sociétés dominées par la peur de la maladie, du manque de subsistance, de la guerre, de la violence, les églises sont des pôles plutôt rassurants. Dans les pays en conflit, les écoles, les séminaires, les dispensaires sont parfois les seuls lieux qui garantissent une sécurité physique. La vitalité de la foi est réelle en Afrique, mais, loin de crier victoire, théologiens et évêques tentent d'y démêler le sérieux et le superficiel, la conviction durable et la consolation provisoire, le christianisme vrai et les habitudes syncrétiques qui demeurent.

Dans beaucoup de pays, l'Eglise est l'institution qui a le plus de crédibilité et d'autorité morale. Elle permet à des populations de vivre et d'espérer des jours meilleurs, de fournir de l'assistance, de garantir une certaine coexistence. Les catholiques – hiérarchie épiscopale comprise – sont partie prenante des campagnes pour la justice, la défense des droits de l'homme et la restauration de l'Etat de droit. Ils ont contribué à la démocratisation de régimes en pleine décomposition, devenant parfois la seule force d'opposition organisée et contribuant à la mise en place d'évolutions pacifiques.

Ce fut le cas dans l'ex-Zaïre, par exemple, où Mgr Laurent Monsengwo, aujourd'hui archevêque de Kinshasa, fut appelé à présider la « table ronde » de la transition soldant les comptes du régime Mobutu. En 2007, dans le même pays devenu République démocratique du Congo (RDC), c'est encore un prêtre, Apollinaire Malumalu, qui dirigea la commission indépendante chargée de contrôler l'élection présidentielle. Dans des pays comme le Bénin ou le Congo-Brazzaville qui, dans les années 1970-1980, ont fait des expériences marxistes, des évêques se sont mobilisés pour le retour à des élections libres. Comme ils l'ont fait dans l'Afrique du Sud post-apartheid, participant aux campagnes de « Vérité et réconciliation ».

Autrement dit, en un demi-siècle, l'Afrique est passée d'une conception quantitative de l'évangélisation (nombre de baptêmes, de mariages, etc.), qui était celle des instituts missionnaires anciens, à une foi qui inclut des activités de promotion humaine, de lutte pour la justice et les droits de l'homme, de dialogue entre religions concurrentes. Avec, bien sûr, des échecs retentissants : au Rwanda, proches du régime hutu alors tout-puissant, plusieurs évêques et une partie du clergé ont été gravement impliqués dans les massacres de 1994.

Dans un tout autre domaine, si des fidèles laïcs, des religieux et des religieuses sont très actifs dans l'accompagnement des malades du sida, qui frappe des millions de personnes en Afrique, nombre d'évêques et de théologiens continuent de clamer que les campagnes de prévention fondées sur le préservatif ne sont pas adaptées à la culture africaine et que les moyens prophylactiques (préservatif) ne font qu'encourager une sexualité débridée.

L'inculturation, défi numéro un

Dans les années 1970, un artiste zaïrois chantait : « Pourquoi Dieu est-il blanc, les anges, des blancs, les saints, des blancs ? Et pourquoi, seul, le diable est noir ? » Un théologien du Bénin, Alphonse Quénum, se souvient des cantiques qu'on chantait dans les églises de son enfance : « Jeanne d'Arc, la France te prie ! Protège de là-haut notre chère patrie ! » C'était l'époque où le bateau débarquait au port d'Abidjan des harmoniums en pièces détachées qu'on transportait ensuite jusque dans les « missions » du Nord. Les instruments locaux, comme le tam-tam, le tambourin ou le balafon, étaient méprisés. Il faudra bien du temps pour que Rome comprenne que le tam-tam est plus qu'un instrument de musique et le tambourin un support de la poésie africaine.

Les Eglises « noires » ont fait la critique d'une évangélisation de type missionnaire qui se résumait à une transplantation du modèle catholique établi en Europe [1]. Il n'y a pas de thème plus débattu en Afrique que celui de l'« inculturation », mot qui désigne l'enracinement souhaité de l'Evangile dans la diversité des cultures locales, comprenant des expressions rituelles, liturgiques, linguistiques, indépendantes de la culture européenne. L'inculturation est considérée par les théologiens africains comme une question de vie ou de mort pour un christianisme qui, s'il ne demeurait qu'un « greffon » sur des pratiques locales ancestrales, serait à terme condamné. Comme l'ont été les communautés chrétiennes d'Afrique du Nord balayées, au VIIe siècle, par les invasions arabes. Ce sont les chrétientés les mieux enracinées – copte et éthiopienne – qui avaient alors le mieux résisté.

En 1969, Paul VI, en visite à Kampala (Ouganda) devant le Symposium des évêques d'Afrique et de Madagascar, avait eu cette formule : « Vous, Africains, vous avez le droit de vivre le christianisme africain. Vous êtes vous-mêmes vos propres missionnaires. » A la même époque, le cardinal Joseph-Albert Malula, archevêque de Kinshasa, mort en

---

1. *Des prêtres noirs s'interrogent. Cinquante ans après...* Après la publication, en 1956 aux éditions du Cerf, du livre *Des prêtres noirs s'interrogent*, considéré comme l'acte de naissance d'une théologie africaine, une réédition en 2006, sous la direction de Léonard Santedi Kinkupu, Gérard Bisainthe et Meinrad Hebga, présentée par le dominicain René Luneau, est parue dans la collection Mémoires d'Eglise, Karthala, 2007.

1989, s'enflammait : « Jadis les missionnaires européens ont christianisé l'Afrique. Désormais, les Africains vont africaniser le christianisme. » Mais, près de quarante ans après, si tout le monde reste d'accord sur l'objectif, les divergences demeurent quant au rythme, à l'ampleur, aux applications d'une méthode susceptible de mettre en cause, à terme, le modèle centralisé du catholicisme romain.

Il aura fallu, par exemple, près de vingt ans de discussions avant que la Curie romaine n'autorise, à la fin des années 1980, un premier « rituel » africain, dit « rite zaïrois ». Les messes sont célébrées dans les langues africaines. Les rituels, les missels, les catéchismes ont presque tous été traduits dans les langues locales. Mais des gestes, des mots, des signes hérités du passé missionnaire apparaissent toujours décalés. « Se battre la poitrine est en Afrique un signe d'orgueil, dit un évêque ivoirien. Ici, pour demander pardon, on se tape plutôt sur la main ou on s'attrape par le pied. » Toute une littérature sur le « Sacré-Cœur » n'a aucun sens en Afrique, où c'est le « ventre » – et non le cœur – qui est le lieu du sentiment. Pour signifier la communion des croyants, on préfère en Afrique le concept de « famille » ou de « fraternité », plutôt que celui de « corps mystique » ou de « peuple de Dieu ». La terminologie de la parenté est très différente de celle de l'Occident. En Afrique, on est toujours le « frère » de quelqu'un. Le mot « cousin » n'existe même pas dans certaines langues africaines. Et quand on dit que Jésus a eu des « frères », il n'y a aucun étonnement chez les Africains, et ceux-ci gardent une très grande dévotion pour Marie.

La formation et le statut du clergé, la structure des ministères, les processus de décision dans l'Eglise, la « pastorale » des sacrements restent calqués sur l'Occident. La formation des prêtres est la même à Kinshasa, à Abidjan qu'à... Rome et à Paris. La théologie enseignée dans les établissements supérieurs est celle de saint Thomas d'Aquin, de Karl Rahner, d'Yves Congar, d'Henri de Lubac. Des coutumes aussi enracinées que le mariage par étapes et la polygamie heurtent de front la discipline de l'Eglise. Si le baptême est généralement refusé aux enfants de couples polygames, des accommodements avec le droit de l'Eglise sont autorisés pour baptiser des enfants de couples mariés selon la coutume, mais qui vivent dans la fidélité. Le droit de l'Eglise se heurte aussi à la pratique de la cohabitation juvénile qui est fréquente en Afrique et souvent un point de passage obligé avant tout mariage. Même si la virginité de la fiancée est importante dans certains pays.

Le modèle de « paroisse », fondé sur le prêtre et les « catéchistes », ne répond plus aux besoins des communautés. Ni le modèle romain d'autorité : « Le responsable d'une communauté africaine ne peut être qu'élu. Il est homme ou il est femme. Il a un foyer, car comment être une référence en Afrique si on n'exerce pas la responsabilité de père et de mère ? », explique un théologien. Des voix s'élèvent donc pour repenser la structure des ministères, ordonner prêtres des laïcs compétents, même mariés, renoncer à la règle du célibat obligatoire qui conduit à tant d'hypocrisies. Si les évêques en certains pays sanctionnaient des prêtres menant une double vie, leur clergé serait vite en difficulté.

La plupart des évêques, prêtres, théologiens répètent qu'il ne faut pas faire de l'inculturation par mode ou folklore. Mais presque tous sont convaincus qu'il n'est plus possible d'annoncer l'Evangile dans le continent noir sans tenir compte des spécificités d'une culture qui se heurte à des dispositions juridiques inspirées par la seule Eglise latine d'Occident [1]. Des théologiens réclament un droit particulier des Eglises africaines, comme il y a déjà un droit des Eglises orientales. Archevêque de Bobo-Dioulasso

---

1. *Dogme et inculturation en Afrique. Perspectives d'une théologie de l'invention*, de Léonard Santedi Kinkupu, Paris, Karthala, 2003.

(Burkina Faso), Mgr Anselme Sanon est l'un des plus écoutés en Afrique, sinon à Rome. Comme lui, bien des responsables pensent que, devant l'épuisement du « modèle » latin, on assiste à la fin d'une « période culturelle » de l'Eglise catholique. « Ne dit-on pas que l'Eglise a perdu en Europe la classe ouvrière ? demande Mgr Sanon. Elle n'a pas le droit aujourd'hui de perdre la culture négro-africaine. »

Face aux sectes et à l'islam

L'Afrique, « continent de l'espérance » pour l'Eglise ? C'est le leitmotiv de tous les documents romains, notamment *Ecclesia in Africa*[1]. Continent de l'espérance Pour partie oui, si on regarde les chiffres croissants de la population catholique. Mais comment faire abstraction du sous-équipement éducatif, de la carence des services sanitaires et alimentaires, du sida, de la dette, des guerres civiles et des massacres, des marchés d'armements, du spectacle des colonnes de réfugiés et de personnes déplacées ? La mortalité infantile demeure très élevée, l'accès à l'eau potable difficile. « Dans un continent saturé de mauvaises nouvelles, comment le message chrétien est-il entendu ? Au milieu d'un désespoir qui envahit tout, où sont l'espérance et l'optimisme qu'apporte l'Evangile ? », s'interrogeait Jean-Paul II dans cette charte de la nouvelle évangélisation de l'Afrique.

Si l'Eglise est vivante, ses structures sont pauvres et fragiles. Elle vit *sous perfusion,* dépendant financièrement du Vatican et des anciens pays missionnaires. Plus de la moitié

1. « Exhortation apostolique » de Jean-Paul II, publiée en 1995, en conclusion du premier synode des évêques africains tenu, un an auparavant, à Rome.

du budget des diocèses dépend des subsides de Rome, des congrégations missionnaires, de puissantes organisations caritatives comme Caritas (Secours catholique en France), Misercor en Allemagne, le Comité catholique contre la faim et pour le développement (CCFD) en France. Sans eux, des séminaires, des écoles, des dispensaires seraient asphyxiés et menacés de disparaître. Cette pauvreté s'aggrave à une époque où redouble la concurrence des sectes, des religions traditionnelles et de l'islam.

Car si les lieux de culte catholiques se remplissent, ils se vident aussi dans une sorte de va-et-vient qui n'appartient qu'à l'Afrique. Les « sectes » explosent, importées comme les Témoins de Jéhovah, ou d'origine locale comme le Christianisme céleste au Bénin et en Côte d'Ivoire. Il faut les distinguer des Eglises évangéliques, Assemblées de Dieu ou Eglises indépendantes (Eglise kibanguiste au Congo-Kinshasa ou Eglise harriste en Côte d'Ivoire) qui, avant les autres, ont su faire de l'évangélisation directe, intégrer la lecture de la Bible et la musique locale, répondre aux besoins des gens. Les plus actives font du porte-à-porte, achètent les conversions par des promesses de guérison et d'exorcisme, par des rites magiques et des séances de transe collective.

Leur succès est lié à l'insécurité, à la violence, au poids des coutumes. En ville, les enseignes de marabouts et de féticheurs fleurissent à chaque coin de rue. Dans les villages, des lieux sacrés sont vénérés, comme ces arbres où, pour se protéger des mauvais esprits ou obtenir une faveur, on vient déposer de la volaille, des œufs, des ignames, des moutons, de la banane écrasée. Dès qu'un malheur arrive dans la famille – un deuil, une maladie, un accident –, que l'on soit chrétien, musulman ou adepte d'une secte, on va consulter le marabout. Une maladie n'est jamais le fruit du hasard. Le marabout désigne un ou des responsables, exige une mise à l'épreuve, voire un sacrifice animal. Tout se passe comme si le christianisme et l'urbanisation n'avaient touché qu'une partie marginale de la population, et de manière superficielle.

La montée de l'islam est aussi une stimulation et un péril. Dans des pays de vieille implantation musulmane, comme le Sénégal, le Mali, le Niger, le Nigeria, le Nord-Cameroun, la Côte d'Ivoire, se nouent des relations de méfiance ou d'intérêt. Un dialogue se fait par le canal d'associations, comme au Sénégal où la hiérarchie catholique et les confréries soufies mènent des actions communes. Mais la guerre de vingt ans livrée au Soudan par le Nord islamique contre les minorités chrétiennes et animistes du Sud a montré la vulnérabilité des Eglises. L'islam est aussi travaillé, dans des pays musulmans modérés, par des courants extrémistes. De jeunes musulmans qui vont faire des études à Al Azhar ou à La Mecque en reviennent avec d'autres manières de prier et un peu plus d'intolérance. Leur presse est agressive. Elle confond les catholiques africains avec le dynamisme missionnaire des Eglises évangéliques. Pour eux c'est la même Eglise chrétienne dont l'ambition serait de diriger le monde.

Dans des pays où les relations religieuses sont apaisées comme au Sénégal, au Mali ou au Burkina, cette montée de l'islam trouble les épiscopats et les responsables du clergé. Les moins pessimistes constatent qu'en cherchant à encadrer la jeunesse, à approcher les élites, à ouvrir des « séminaires » ou des dispensaires, à faire du quadrillage social, les musulmans ne font, somme toute, qu'imiter les méthodes de l'Eglise catholique. Les réalistes admettent qu'il y a autant d'islams que de pays en Afrique et qu'il faut se garder de généraliser. Mais ils font remarquer que l'islam n'oblige pas le fidèle à rompre avec le culte des ancêtres et que, grâce à la polygamie par exemple, il s'adapte mieux aux cultures locales que le christianisme, identifié à la religion des Blancs et des riches Européens.

A cet égard, le catholicisme a pris du retard et la principale menace qui pèse sur lui en Afrique est une « évangélisation » restée en surface [1]. Comment oublier que les Tutsis et les Hutus, qui se sont fait la guerre au Burundi et au Rwanda, ont été formés par les mêmes missionnaires chrétiens et ont fréquenté les mêmes églises avant de s'entre-tuer ? Ils se sont massacrés en oubliant qu'ils étaient « frères », fils d'un même Dieu qu'ils appellent « Père »...

3 – L'Amérique latine entre conservateurs et prophètes

500 millions : c'est la moitié catholique du monde – ou presque – et elle se trouve en Amérique latine. Cette réalité massive ne peut être masquée par l'explosion des groupes évangéliques et pentecôtistes : l'Amérique latine est un continent catholique, par son histoire, ses références, ses équipements sociaux et éducatifs, par la place que prend l'Eglise – hiérarchie et « communautés de base » – dans l'espace public. La langue espagnole est la première dans le catholicisme mondial et la langue portugaise n'est pas mal placée. Le Brésil – 155 millions de fidèles (85 % de la population) – est le plus grand pays catholique au monde. Il compte à lui seul 269 diocèses, plus de 400 évêques, 10 000 paroisses, 37 000 centres pastoraux, sans compter les œuvres sociales, les dispensaires, les orphelinats, les écoles. Après le Brésil, le Mexique (92 millions), la Colombie (40 millions), l'Argentine (34 millions), le Pérou (26 millions) réunissent les plus grosses concentrations catholiques du sous-continent.

1. « La religion africaine réhabilitée. Regards changeants sur le fait religieux africain », dans la revue *Histoire et missions chrétiennes*, Karthala, 2007.

La foi des « latinos » est populaire, émotive, dévotionnelle, active et l'Evangile est pris au sérieux dans la vie quotidienne. Les tensions nées autour de la « théologie de la libération » dans les années 1980 démontrent que la foi est synonyme d'engagement, associée à tous les débats de la société civile dans des pays qui, depuis un demi-siècle, ont subi tour à tour des régimes de dictature militaire sanglante, des expériences marxistes, des guérillas violentes et souffrent encore de toutes les contradictions liées à un néo-libéralisme sauvage, à un accroissement phénoménal des disparités, à une dette qui étouffe les capacités d'investissement (éducation, santé), à la violence des villes, à des expériences populistes au devenir incertain.

Eglise riche d'une histoire qui a commencé avec le colonisateur espagnol ou portugais, et fut tragique, conflictuelle, cruelle. La célébration, en 1992, du cinquième centenaire de la découverte de l'Amérique par Christophe Colomb et des débuts de son « évangélisation » a provoqué éclats et contestations. Cette année-là, le pape Jean-Paul II avait tenu à être présent à Saint-Domingue, où Colomb avait planté pour la première fois la croix sur un continent inconnu et fait célébrer la première messe. « Comment ne pas remercier Dieu pour les abondants fruits de la semence plantée sur cette terre en 1492 et tout au long de ces cinq siècles par de si nombreux et intrépides missionnaires », avait lancé le pape. Les théologiens progressistes avaient sèchement répliqué : « 1492 n'est pas le souvenir d'une bénédiction, mais du cauchemar d'un génocide. » Jean-Paul II en avait tiré les conséquences et, en l'an 2000, avait associé à l'effort de « repentance » collective la souffrance des populations indiennes, victimes de l'intolérance des premiers missionnaires catholiques.

Quinze ans plus tard, en mai 2007, en visite au sanctuaire Notre-Dame d'Aparecida au Brésil, Benoît XVI reprenait à son compte la légende rose de la première évangélisation, contestant que « l'annonce de Jésus-Christ ait comporté une aliénation des cultures pré-colombiennes ou cherché à imposer une culture étrangère ». Pour lui, « les Indiens cherchaient le Christ, sans le savoir, dans la diversité de leurs riches traditions. Le Christ, qui est le sauveur auquel ils aspiraient silencieusement. Avec l'eau du baptême, l'Esprit-Saint est venu féconder leurs cultures, les purifiant et développant les nombreuses semences que le Verbe incarné avait mises en eux ». Une thèse aussitôt contestée par les descendants des communautés indiennes colonisées dans le sang. Le pape a dû faire des semi-excuses.

Les crimes commis au nom de la croix, dans le sous-continent américain, font partie des pages les plus cruelles de l'histoire de l'Eglise. Par le *requerimento* (la sommation), les « conquistadors » ne laissaient le choix aux populations indiennes colonisées qu'entre la conversion et l'esclavage. Les missionnaires dominicains et franciscains baptisaient à tour de bras. En douze ans, quatre millions d'Indiens ont été convertis de force. Il faudra des hommes comme le dominicain espagnol Bartholomé de Las Casas (1474-1566) pour dénoncer les atrocités et tempérer l'ardeur de cette première évangélisation. « Un Indien païen vivant est toujours préférable à un Indien chrétien mort » : ce mot a longtemps résonné dans le Nouveau Monde où soumettre les habitants à la Couronne (espagnole ou portugaise) et les évangéliser furent longtemps les deux faces d'une même réalité.

Qui pourra jamais connaître avec exactitude le bilan terrifiant des victimes de cette évangélisation au fil de l'épée ? Au drame des Indiens dépossédés de leurs terres, de leurs enfants, de leurs croyances, s'était ajoutée la traite des Noirs, qui, de la fin du XVe siècle à l'abolition de l'esclavage, aura conduit à la déportation de plus de dix millions d'Africains dans le nouveau continent américain. « Des ruines de l'humiliation, de la destruction totale de millions d'hommes, a surgi un peuple, le peuple latino-américain qui est fait de pauvres solidaires qui, au fond de leur agonie et de leur crucifixion, annoncent le salut aux descendants de ceux qui les ont humiliés », a dit un jour un évêque brésilien.

La page héroïque des années 1960-1980

Quand commence le concile Vatican II à Rome, en 1962, l'Eglise latino-américaine est comme une belle endormie, cloîtrée dans ses églises d'un baroque flamboyant, ses sanctuaires mariaux bondés et ses palais épiscopaux. Une Eglise puissante, conservatrice, ultracléricale. Les débats qui agitent alors les intellectuels catholiques européens ne sont pas connus en Amérique latine ou ne la touchent guère. Seuls quelques évêques comme le Chilien Manuel Larrain ou le Brésilien Helder Camara comprennent ce que leur Eglise et la cause des pauvres auraient à tirer de ce concile. A Rome, dom Helder, future star du catholicisme progressiste, a ce cri : « C'en est assez d'une Eglise qui veut être servie, qui exige d'être toujours la première, qui proclame qu'elle a le monopole de la vérité [1]... » Vatican II fut en Europe le point d'orgue de réformes liturgiques et théologiques déjà engagées. En Amérique latine, c'est un début, un coup de fouet pour des communautés catholiques encadrées par des hiérarchies frileuses et rivées sur leurs privilèges.

Nous sommes au seuil des années 1960. Fidel Castro est au pouvoir à Cuba et des guérillas se lèvent en Colombie, en Bolivie, au Pérou, au Nicaragua, etc. Des régimes

1. *Lettres conciliaires* de Mgr Helder Camara (1962-1965), classées et mises en forme par José de Broucker, Cerf, 2007

militaires s'installent au Brésil, au Chili, bientôt en Argentine qui, au nom de la « sécurité nationale », font régner la répression. L'Amérique latine s'engage dans un processus de violences radicales et, dans ce climat, les catholiques ne peuvent rester inactifs. Le Conseil des épiscopats latino-américains (CELAM) se réunit en assemblée générale à Medellin en Colombie en 1968, en présence du pape Paul VI, puis à Puebla au Mexique en 1979 – où se rend Jean-Paul II, à peine élu – et ils adoptent là des orientations qui provoquent un séisme dans cette Eglise et un choc politique.

L'Amérique latine, écrit la charte de Medellin, « se trouve dans une situation de violence institutionnalisée qui appelle des transformations globales, audacieuses et profondément rénovatrices (...). Un cri profond jaillit de millions d'hommes demandant à leurs pasteurs une libération qui leur vient de nulle part ». Des évêques se disent « scandalisés par le cri des pauvres », comme le cardinal Paulo Arns, autre figure progressiste, alors archevêque de São Paulo. Ils dénoncent « l'appauvrissement dont sont victimes les millions de frères plongés dans une misère extrême », décrètent « l'option prioritaire pour les pauvres » dans leurs choix pastoraux et défendent la démocratie contre les systèmes de dictature.

Ces orientations courageuses font se lever des générations de militants catholiques et une nouvelle théologie dite de la « libération ». En marge des paroisses, se mettent en place des « communautés ecclésiales de base » (CEB), courroies de transmission entre l'Eglise et les milieux les plus déshérités, lieux d'éducation populaire, de catéchèse, voire de résistance politique. Elles sont animées par des « agents pastoraux » – prêtres, religieuses, religieux, laïcs – qui sont à la pointe des campagnes pour la défense des exclus, des paysans sans terre, des populations indigènes et qui mettent en place des « liturgies populaires ». Ces

« communautés de base » sont engagées dans la plupart des luttes de « libération » au Brésil, au Pérou, au Mexique, face à des régimes autoritaires de gauche, comme celui des sandinistes au Nicaragua, ou de droite comme dans le Chili de Pinochet.

Née en Amérique latine au milieu des années 1960, mais exportée en Afrique, en Asie, la « théologie de la libération » s'enracine dans l'opposition des classes et une lecture engagée de l'Evangile. Elle est popularisée par le théologien péruvien Gustavo Gutierrez, son fondateur (*Théologie de la libération*, 1971), par les frères brésiliens Clodovis et Leonardo Boff, l'Espagnol Jan Sobrino, les Mexicains Pablo Richard et Enrique Dussel. La « théologie de la libération » est une manière de relire la Bible comme l'histoire d'une libération – celle du peuple hébreu – appliquée aux luttes des pauvres en Amérique latine. Elle déplaît à la majorité de la hiérarchie des évêques qui y voit une réduction de l'Evangile et au Vatican où les sanctions vont tomber. Mais à cette époque, les catholiques latino-américains font l'admiration, à l'étranger, de tous les courants progressistes et libéraux des années 1960-1980. La mode est « tiers-mondiste » et, dans ce contexte, le catholicisme latino-américain apparaît comme un réservoir d'hommes, d'idées, un pôle de renouveau.

Avec des « modèles » forts. Au Brésil, les catholiques innovent dans la « pastorale de la terre » et se heurtent aux grands propriétaires terriens, les « latifundiaires ». Des évêques, qualifiés de « rouges », « subversifs », « marxistes » paient de leur personne . Helder Camara, archevêque de Recife (Nordeste), Paulo Arns (São Paulo), Pedro Casaldiga (Sao Felix de Araguaia), Aloisio Lorscheider (Fortaleza), etc. Au Chili, le cardinal Silva Henriquez fonde le Vicariat pour la solidarité, devenu l'une des forces de contestation de la dictature Pinochet. Pour eux, l'Eglise est un lieu de célébration et de lecture de la Bible, ainsi qu'un espace de résistance lié à l'expérience des couches les plus pauvres de la société. Ces évêques soutiennent les mouvements qui militent pour la réforme rurale et le respect des cultures indiennes. Ils luttent contre les arrestations, les disparitions, les tortures, les assassinats.

Des catholiques paient au prix du sang cette contribution à la lutte contre les régimes militaires, les dictatures de droite et de gauche au Chili, en Argentine, au Brésil, en Haïti, au Salvador, au Guatemala, au Nicaragua. « Je pars à Puebla avec quatre cadavres de prêtres sur les bras », disait Oscar Romero, archevêque de San Salvador, en janvier 1979, à la veille de l'assemblée du CELAM à Puebla. Un an plus tard, le Salvador comptait de nouveaux assassinats de prêtres : Oscar Romero lui-même tombait sous les balles le 24 mars 1980, en célébrant la messe. Ignacio Ellacuria et six autres jésuites de l'Université centraméricaine étaient aussi assassinés, le 16 novembre 1989, à San Salvador. Ce martyrologe des catholiques latino-américains compte des évêques, des prêtres, des militants laïcs, des religieux et des religieuses, comme Alice Domont et Léonie Duguet, religieuses françaises « disparues » dans les années de plomb de la dictature militaire en Argentine commencée en 1976.

Cette époque héroïque du catholicisme latino-américain est révolue. L'environnement politique, idéologique, théologique a changé. L'effondrement du communisme, l'échec de la plupart des guérillas révolutionnaires, l'isolement de Cuba ont porté des coups au modèle marxiste. La violence et la corruption sont restées dans beaucoup de pays le lot quotidien et la crise financière a aggravé la détresse, mais les régimes militaires sont tombés. A ce tournant, les fractions conservatrices des épiscopats, les hiérarchies timorées d'Argentine, de Colombie, du Pérou (qui a compté jusqu'à sept membres de l'Opus Dei), du Guatemala se sont redressées, ont mis en cause, avec plus de liberté, les risques de confusion idéologique ou la tentation de la violence chez les catholiques engagés.

La Conférence des épiscopats latino-américains (CELAM) et le Conseil latino-américain des religieux (CLAR) ont été repris en main, dans les années 1980, sous la pression du Vatican. Des prêtres et des religieux ont été désavoués pour leur engagement. Dans le Nicaragua sandiniste, quatre prêtres-ministres ont été rappelés à l'ordre par Jean-Paul II lui-même, en visite dans le pays (1983), à cause de leurs fonctions politiques jugées incompatibles avec leur état sacerdotal. Des théologiens de la libération, comme le Péruvien Gustavo Gutierrez ou le Brésilien Leonardo Boff, ont été suspectés et, pour certains, condamnés au silence par leurs évêques et le Vatican.

L'Amérique latine est devenue un champ de bataille entre « progressistes » et « conservateurs ». Des épiscopats ont été coupés en deux. L'« Eglise populaire » a été accusée de prêcher un « Evangile social » ou de détourner les fidèles vers des sectes et mouvements pentecôtistes qui cherchent moins à éveiller la conscience politique des populations pauvres qu'à répondre à leurs besoins spirituels et matériels. Avant de mourir en 1999, Helder Camara lui-même assistera à la destruction de son œuvre dans son propre diocèse du Nordeste brésilien. Un symbole : son successeur s'est réinstallé dans le palais épiscopal que l'« évêque des *favelas* » avait accepté de quitter pour vivre dans des banlieues plus modestes. Le grand diocèse de São Paulo, l'un des plus grands au monde avec Milan, est découpé pour affaiblir l'influence du cardinal Paolo Arns, aujourd'hui à la retraite. C'est l'époque où des instituts comme l'Opus Dei ou les Légionnaires du Christ ont commencé à gagner du terrain en Amérique latine, créant des universités, s'infiltrant dans les milieux culturels, intellectuels, politiques...

Face à la vague évangélique et pentecôtiste

L'Eglise latino-américaine a longtemps servi de modèle avec le nombre record de ses fidèles, son inventivité théologique, son engagement dans les luttes sociales. Elle jouissait hier d'un quasi-monopole religieux. Elle est confrontée aujourd'hui à une grave hémorragie, sévèrement menacée par l'expansion des Eglises évangéliques, pentecôtistes et néo-pentecôtistes. Au Brésil, l'Eglise catholique a perdu le quart de ses fidèles en vingt-cinq ans. En Argentine, en vingt ans, quatre millions l'ont désertée pour aller grossir les rangs de groupes évangéliques. Au Mexique, depuis 1970, la population catholique a chuté de dix points : elle ne compte que 14 000 prêtres, soit 1 pour 90 000 habitants, alors que les pasteurs évangéliques ont triplé leur effectif. En Amérique centrale, le boom des Eglises évangéliques, qui recrutent dans les populations indiennes, est encore plus spectaculaire. Au Nicaragua, au Honduras, au Salvador, elles fleurissent.

Des « partis évangéliques » voient le jour et des groupes de pression surgissent au sein des Parlements nationaux. Au Brésil, la *« bancada evangelica »* rassemble une cinquantaine de députés [1]. Au Chili, les pentecôtistes (15 % de la population) ont obtenu, en 2000, le statut de corporation de droit public, au même titre que l'Eglise catholique qui en jouissait seule jusque-là. C'est un scénario qui se répète dans toute l'Amérique latine. Le catholicisme perd son monopole officiel. Face à un multiconfessionnalisme de fait, des gouvernements de gauche – au Chili, en Uruguay, en Argentine – développent une vision de « séparation

1. « Quand la pluralité religieuse change la donne politique en Amérique latine », de Jean-Pierre Bastian, *Esprit,* n° spécial : *Effervescences religieuses dans le monde,* mars-avril 2007.

Eglise-Etat » qui déroute les catholiques longtemps tenus pour interlocuteurs uniques et qui doivent faire face désormais à des élites laïques, voire anticléricales. Les hiérarchies locales sont contestées pour leurs positions contre la contraception et l'avortement. Cette donne politique nouvelle et la montée des groupes évangéliques représentent le défi le plus considérable pour les catholiques latino-américains.

Deux lignes les divisent aujourd'hui. D'abord, une ligne « néoconservatrice » qui a le vent en poupe, représentée par des mouvements inégalement puissants – Opus Dei, Légionnaires du Christ, nés au Mexique, Néo-Catéchuménat, Focolaris, Communion et libération –, par une nouvelle génération d'évêques appuyés sur l'orthodoxie romaine, par des prédicateurs du Renouveau charismatique comme le célèbre prêtre brésilien Marcelo Rossi qui, à la mode pentecôtiste, remplit des stades au Brésil. Pour eux, c'est la « politisation » de l'Eglise des années 1960-1990 qui serait responsable de l'érosion numérique d'aujourd'hui. L'Eglise des temps héroïques avait sans doute réussi à toucher les forces d'opposition, les classes moyennes, intellectuelles, mais elle avait négligé les besoins spirituels des populations pauvres. Cela aura profité aux groupes évangéliques, plus prompts à former des « pasteurs », à quadriller les quartiers pauvres avec leurs réseaux d'entraide, à promettre des bienfaits immédiats en termes de santé, de lutte contre l'alcool ou la drogue.

Pour ce courant conservateur, la « théologie de la libération » est morte avec la chute du mur de Berlin en Europe. Au lieu de tirer de l'Evangile des messages politiques, il faut « réévangéliser la politique », réorienter la théologie dans le sens d'une plus grande fidélité à la tradition et à la Parole de Dieu. Sa stratégie consiste à reconstruire un catholicisme dégagé des schémas politiques, mieux enraciné dans la réalité culturelle des masses populaires, mettant l'accent sur des pratiques liturgiques plus rigoureuses et plus chaleureuses, l'enseignement biblique, une catéchèse traditionnelle, une formation plus stricte du clergé, une discipline ecclésiale et une théologie plus conformiste.

Dès la conférence du CELAM à Saint-Domingue en 1992, ces courants conservateurs et le Vatican avaient imposé ce rééquilibrage, une ligne de « nouvelle évangélisation des cultures », avec un investissement massif dans la communication, la formation – à destination des zones urbaines et sécularisées – et un engagement plus important dans le « combat pour la vie » (anti-avortement). Cette inspiration a été largement confirmée par la suite, jusqu'à la conférence du CELAM à Aparecida au Brésil en mai 2007 en présence de Benoît XVI. Mais les documents de ces deux dernières conférences épiscopales, à Saint-Domingue et à Aparecida, font encore leur place à « l'option préférentielle pour les pauvres » et confiance aux « communautés ecclésiales de base » qui, même diminuées, impulsent le travail d'une Eglise engagée. Si la « théologie de la libération » n'est pas spécifiquement mentionnée dans ces documents épiscopaux, elle n'a pas disparu.

Une nouvelle génération de théologiens fait volontiers son autocritique. Elle reconnaît que « le rêve caressé par les communautés de base et notre théologie, selon lequel la masse des chrétiens en Amérique latine adopterait le christianisme de libération, a été mis en déroute [1] ». Mais ces néo-théologiens de la libération et beaucoup de militants engagés, prêtres et laïcs, héritiers des combats d'hier, ne désespèrent pas du rôle d'avant-garde que les catholiques sont encore appelés à jouer, selon eux, dans les luttes écologiques, auprès des populations indiennes, des

1. Selon le théologien brésilien Jung Moi Sung, dans la revue de son pays *Adital* de février 2007.

femmes, des laissés-pour-compte des économies néo-libérales.

Cette deuxième ligne, dite « néo-prophétique », est donc celle qui ne renonce pas à l'idée que les catholiques ont toute leur place à prendre dans la construction d'une société plus juste, tout en admettant que le contexte a changé. Au Venezuela, en Argentine, au Chili, des mouvements catholiques militent – hiérarchie comprise – au premier rang des luttes contre la corruption politique, manifestent dans les rues, rejoignent d'autres forces sociales dans les combats contre la précarité. Les mouvements de « Pastorale de la terre » sont restés vivants, actifs, engagés.

L'Eglise apparaît comme l'institution la moins corrompue, la plus crédible. Au Venezuela, les rapports sont tendus entre le régime d'Hugo Chavez et la hiérarchie qui met en cause les atteintes à la démocratie et entend protéger son indépendance de parole et de mouvement. En Argentine, ils étaient aussi délicats entre l'ex-président Nestor Kirchner et le cardinal jésuite José Maria Bergoglio, archevêque de Buenos Aires, célèbre pour ses homélies engagées et ses visites dans les quartiers pauvres de la capitale argentine.

Les catholiques « latinos » n'ont donc pas tout perdu de leur héritage des années 1960-1980. Il reste que la concurrence des évangéliques et des pentecôtistes les oblige à se placer, plus qu'ils ne le voudraient, sur leur terrain. Ils avaient toujours su contrôler les manifestations religieuses dissidentes, mais, à présent, la frontière est de plus en plus poreuse entre catholiques et évangéliques. Certaines communautés catholiques paraissent débordées, « pentecôtisées ». Le catholicisme traditionnel de dévotion – pèlerinages, culte de la Vierge et des saints – résiste, mais les références théologiques changent. Des modèles d'animation liturgique – par des laïcs ou des prédicateurs charismatiques – sont directement importés de cette croissance pentecôtiste. En attaquant les groupes évangéliques sur leur propre terrain, le risque est en effet de les imiter, c'est-à-dire de faire le jeu d'intérêts qui maintiennent sous leur contrôle la force prophétique et libératrice du religieux.

4 – Amérique du Nord : la montée des « hispanos »

Dans les années 1950, les catholiques d'outre-Atlantique se demandaient comment devenir de bons Américains. Les Américains se demandent aujourd'hui comment on peut être un bon catholique ! Ce jeu de mots s'est répandu aux Etats-Unis après le scandale des prêtres pédophiles qui a éclaté en 2002. Pendant plus d'un siècle, les « papistes » irlandais, italiens, polonais, allemands avaient mis toute leur énergie à s'intégrer à la société majoritairement protestante et à dégager le catholicisme de son étiquette de religion d'immigrants. A cet égard, l'élection à la Maison-Blanche, en 1960, de John Kennedy, d'origine irlandaise, premier président catholique de l'histoire du pays, avait été un puissant symbole. Mais la crise qui a frappé l'Eglise catholique américaine après la révélation des affaires de pédophilie du clergé a miné, pour une grande partie, la confiance qu'elle avait su nouer avec le pays.

Les catholiques restent une force outre-Atlantique. Numérique d'abord : ils sont 69 millions, sur 300 millions d'Américains. Un Américain sur quatre est catholique et, compte tenu de l'émiettement des Eglises issues du protestantisme, ils restent le groupe confessionnel le plus nombreux, loin devant les baptistes (15 %) et autres groupes évangéliques et pentecôtistes. L'Eglise catholique américaine est la troisième au monde, après celles du Brésil et du Mexique, à égalité avec celle des Philippines. Elle a débordé de ses fiefs traditionnels de Boston et du Nord-Est, de Chicago et, mis à part le « Sud profond », elle est présente de la côte Est à la côte Ouest. La dernière immigration catholique à avoir réussi son intégration est celle venue d'Irlande, qui reste un réservoir de vocations religieuses.

L'image des familles catholiques pauvres débarquant d'Europe avec prêtres et valises, timorées, frileuses à l'ombre d'églises protestantes hostiles, appartient aux feuillets jaunis de l'histoire américaine. Les catholiques se confondent désormais avec l'Amérique moyenne. Ils ont intégré les règles de la « religion civile [1] » et, avec les confessions protestantes historiques (luthériens, anglicans, méthodistes), ils appartiennent au *mainstream* – courant central – d'Eglises modérées, éloignées de la « droite religieuse » évangélique, conservatrice et inconditionnellement pro-bushiste. Ils sont influents, riches de leurs réseaux d'écoles, universités, hôpitaux et œuvres sociales qui ont permis l'accès des familles catholiques aux élites. Les universités de Georgetown à Washington, de Notre Dame dans l'Illinois, de Fordham à New York sont catholiques. La Compagnie de Jésus possède à elle seule vingt-cinq collèges et universités aux Etats-Unis.

L'arrivée de plus en plus massive, depuis le milieu des années 1960, des immigrants du Mexique et d'Amérique centrale a toutefois bouleversé la composition et le visage du catholicisme américain. 900 000 hispaniques, catho-

1. La « religion civile » est l'une des bases du consensus national américain. Elle exclut toute suprématie d'une confession sur une autre ou toute supériorité de l'Etat sur une confession. Malgré un régime confessionnel de « séparation » religions-Etat, la « religion civile » autorise toutes les marques du patrimoine religieux américain sur la vie publique du pays (billet vert, serment sur la Bible du président entrant en fonction, etc.).

liques pour la très grande majorité, passent chaque année (légalement) la frontière du Mexique en provenance de tous les pays d'Amérique centrale. Ajoutée à un taux de natalité élevé, cette immigration a produit un choc démographique : les « hispanos » représentent déjà plus de 40 % de la population catholique et, dans les années 2020, selon les projections de la conférence épiscopale des Etats-Unis, ils seront plus de la moitié et même 85 % en 2050. Ils sont déjà 80 % de la population catholique à Los Angeles, 61 % à Houston, 40 % à Chicago [1].

Choc culturel ensuite : un écart s'est creusé entre un catholicisme blanc, éduqué, riche, bien intégré, et ce catholicisme de pauvres, basanés ou métissés, moins ou peu éduqués, plutôt rejetés, attirés par des formes de religion populaire, émotionnelle, plus respectueux de la discipline catholique romaine que le premier. Les hispaniques attendent principalement de leur Eglise qu'elle réponde à leurs besoins sociaux et spirituels et ne participent guère aux controverses qui divisent les catholiques blancs, libéraux et conservateurs, sur la place des laïcs ou l'ordination des femmes.

Malgré les appels des évêques à accueillir ce « sang neuf providentiel », les hispaniques sont sous-représentés dans le clergé, dans la hiérarchie épiscopale – un évêque sur dix seulement vient de leurs rangs – et parmi les laïcs responsables des diocèses américains. On parle peu espagnol dans les paroisses et les séminaires. Les « hispanos » se sentent au fond marginaux et créent leurs propres associations et mouvements, ce qui fait d'eux une sorte d'Eglise parallèle. Pour ces raisons, ils se montrent les plus vulnérables à l'attraction des communautés évangéliques. Les

1. Ces chiffres sont fournis par Laurence Monnot dans la revue *Etudes*, juin 2003.

jeunes en particulier se disent assez peu concernés par le destin de cette Eglise catholique blanche qui leur semble étroite, rigide et fermée.

Historiquement orientés à gauche et électeurs du parti démocrate, les catholiques américains, encouragés par les prises de position de Jean-Paul II et de leur hiérarchie locale, ont été majoritairement hostiles à la guerre en Irak. Mais ils sont divisés sur des thèmes de société comme l'avortement ou le mariage homosexuel. Cette variable « morale » avait été décisive lors du dernier scrutin présidentiel de novembre 2004. John Kerry, catholique pratiquant et rival démocrate de George Bush, n'a pas réussi à soulever de dynamique, comme l'avait fait Kennedy en 1960. Dans l'électorat catholique, George Bush, de confession évangélique, a même devancé son adversaire démocrate. L'option *pro-choice* (pour le droit à l'avortement) de John Kerry, divorcé-remarié, a fait reculer nombre d'électeurs catholiques.

Des évêques conservateurs avaient fait campagne contre lui. A la suite de débats agités, ils avaient même voulu interdire l'accès à la table de communion à tout homme politique favorable au droit d'avorter, au mariage homosexuel ou aux recherches sur l'embryon. On sait l'extrême sensibilité de ces questions dans les électorats religieux des Etats-Unis. Pour la partie conservatrice de l'épiscopat, l'interdiction de la communion était conforme à la bonne doctrine catholique : le respect du sacrement de l'eucharistie exige qu'il soit reçu par le fidèle dans une totale loyauté. Un homme politique, plus qu'un autre, ne peut pas « coopérer avec le mal ». La décision finale a toutefois été laissée à la discrétion de chaque évêque dans son diocèse, mais la polémique visait bien John Kerry et les leaders catholiques *pro-choice*. Elle avait été aggravée par des déclarations du Vatican approuvant cette fermeté, mais avait heurté cette partie de l'opinion rétive à une telle instrumentalisation politique du principal sacrement de l'Eglise [1].

Reprise en main épiscopale

L'épiscopat majoritairement conservateur donne encore le ton à cette Eglise américaine. Les évêques classés libéraux, nommés dans la foulée du concile Vatican II [2], ont fait place à de nouvelles générations de responsables, choisis à Rome sur des critères d'orthodoxie et de conformité aux normes morales de l'Eglise. Cette reprise en main a succédé à une longue période de tensions entre les catholiques américains et le Vatican sur des questions encore débattues, mais avec moins d'acuité que dans les années 1970-1980, comme l'autorité du clergé, la morale sexuelle, le rôle des femmes, la place des laïcs dans l'Eglise.

Epoque qui a laissé des traces. De 1965 à 1980, 55 000 religieuses américaines ont quitté leurs congrégations. Certaines d'entre elles avaient pris position dans la presse en faveur du droit à l'interruption de grossesse. La majorité des prêtres qui, dans le monde, ont quitté le ministère, pour se marier ou pas, étaient américains. Des groupes favorables à l'ordination sacerdotale de femmes (Women's Ordination Conference) se sont donné comme programme de lutter contre le « système romain patriarcal ». Des théologiens progressistes ont été sanctionnés comme Charles Curran, privé en 1986 par le Vatican de sa

1. Revue *Conscience (The Journal of catholic opinion). Communion matters*, été 2004.

2. Jean Jadot, délégué apostolique à Washington, de nationalité suisse, après Vatican II, avait été à l'origine de nominations « libérales ». Son successeur, le futur cardinal de Curie Pio Laghi, devait impulser un complet renversement de tendance.

chaire à l'université de Washington pour des prises de position jugées trop tolérantes sur l'homosexualité, l'avortement ou le divorce. Contraint au silence dès 1973 pour un livre sur l'homosexualité, le jésuite John Mac Neill a également été évincé de la Compagnie de Jésus. Une désaffection a fini par se produire dans des secteurs entiers de la vie de l'Eglise à l'égard d'un Vatican désarçonné par la contestation féministe et l'attitude d'un épiscopat jugé imprévisible.

Dans les années 1980, cet épiscopat avait frappé l'opinion mondiale par des « Lettres pastorales », toujours précédées de longues consultations internes dans les rangs catholiques, contre l'armement nucléaire américain, contre les injustices de l'économie capitaliste, en faveur de l'égalité hommes-femmes ou de la dignité des plus pauvres. Une forme d'autonomie épiscopale assez rare dans le catholicisme. Cet épiscopat était alors illustré par des personnalités célébrées dans les médias, disparues depuis, comme les cardinaux John O'Connor, archevêque de New York, ou Joseph Bernardin, de Chicago, qui ont longtemps incarné ce catholicisme orthodoxe au plan doctrinal, mais libéral dans son rapport à la société. Cette époque est révolue. Les conservateurs ont pris le dessus et observent avec docilité les orientations venues de Rome. Ils sont soutenus par des intellectuels catholiques, dont certains furent des proches de Jean-Paul II : Michael Nowak, George Waigel [1], Richard Neuhaus, ancien pasteur protestant converti, éditeur de la revue *First Things*. Leur idée est de serrer les rangs et de « refabriquer » de l'identité catholique.

Quant aux catholiques libéraux, leurs voix restent isolées. L'un de leurs principaux porte-parole, Thomas

1. Auteur d'une grande biographie autorisée du pape polonais (*Jean-Paul II*, traduite et publiée en France en 2003 chez J.-Cl. Lattès), George Waigel a bénéficié de toutes les entrées au Vatican.

Reese, a été écarté, en 2006, de la direction de la prestigieuse revue jésuite *America.* Ils ne comprennent pas le système d'autorité qui règne à Rome. La transparence, la communication, l'expression de désaccords, la non-application des normes touchant à la contraception, à l'avortement, au divorce sont considérées comme normales et conciliables avec une appartenance à l'Eglise romaine. Les sondages indiquent régulièrement qu'une majorité de catholiques américains revendique le droit d'être en désaccord avec le pape sur les questions de morale sexuelle.

Les catholiques des Etats-Unis sont plus pragmatiques qu'idéologues, écartelés entre, d'une part, des courants libéraux et progressistes hostiles par exemple à la guerre en Irak, abolitionnistes dans le débat sur la peine capitale, militants solidaires de tous les combats pour les déshérités et, d'autre part, des conservateurs qui se retrouvent sur des positions voisines de celle des évangéliques contre l'avortement et contre le mariage homosexuel.

Le séisme des prêtres pédophiles

La discrétion des catholiques américains tient aujourd'hui au scandale des prêtres pédophiles qui, après les premières révélations de 2002 touchant le diocèse de Boston (Massachusetts), a miné la réputation et les finances de l'Eglise. Quelque 3 000 prêtres – sur un total de 42 000 (contre 60 000 dans les années 1960) – ont fait l'objet de poursuites judiciaires pour abus sexuels. Certains ont été condamnés pour des attouchements portant parfois sur des dizaines d'enfants. La plupart de ces abus sexuels ont été commis entre 1960 et le milieu des années 1980. Pour Peter Steinfels, chroniqueur religieux du *New York Times,* ils ont été commis par des prêtres élevés aussi bien dans la

« culture de répression » du sexe, culture du silence et du secret antérieure au concile Vatican II, que dans la « culture de la dissidence » au cours des années qui ont suivi [1].

Le clergé en Europe (Irlande, Pologne, France, etc.) n'a pas été épargné par ce scandale, mais dans la société « transparente » des Etats-Unis, la hiérarchie a été directement désignée comme coupable, pour le moins, de naïveté, de confiance mal placée, de goût du secret et peur du scandale. Pendant des années, les évêques ont muté des prêtres qu'ils savaient soupçonnés ou coupables de pratiques pédophiles. Au lieu de les livrer à la justice, ils les envoyait en maisons de repos et de prière. Ce scandale en dit long sur les failles de la formation des séminaristes. Les deux tiers des prêtres fautifs ont été ordonnés au début des années 1970, à une époque où le clergé subissait une grave hémorragie et où il fallait remplir en urgence, sans vigilance, les séminaires, noviciats et écoles catholiques.

En juin 2002, réunie à Dallas (Texas), la conférence des évêques américains a adopté une « Charte pour la protection des mineurs », s'engageant à indemniser généreusement les victimes, à mieux former son personnel, à faire preuve de plus de transparence et à ne plus tolérer le moindre dérapage. Au nom de la « tolérance zéro », une seule plainte suffit désormais pour renvoyer un prêtre. Une collaboration totale avec la police et la justice a été engagée. Une enquête approfondie a été menée auprès du million de religieux, prêtres, laïcs employés de l'Eglise, travaillant au contact direct des enfants.

L'Eglise catholique américaine a versé des sommes colossales aux victimes. Le record a été atteint en Califor-

---

1. Article de Peter Steinfels dans *Commonweal. Review of religion, politics and culture* intitulé « Sexual abuse and the Church », mars 2004. Entretien avec l'auteur à New York en juillet 2004.

nie : l'archevêché de Los Angeles, le plus grand du pays, s'est engagé, en juillet 2007, à verser 660 millions de dollars à plus de 500 personnes reconnues victimes d'attouchements ou de viols commis par des prêtres. Des diocèses ont déposé leur bilan, fermé des paroisses, licencié du personnel, vendu des immeubles pour indemniser les victimes. L'archevêché de Boston a vendu son siège historique.

Les évêques croyaient avoir fait le plus dur en vue de retrouver la confiance de l'opinion et de leurs propres fidèles, dont la pratique et les dons ont baissé sensiblement, mais on en est loin. Selon les sondages, la grande majorité des Américains pensent que les responsables catholiques auraient dû démissionner sur-le-champ, comme cela se serait passé dans n'importe quelle entreprise ou administration. Or, à part deux ou trois cas de démission d'évêques et le remplacement, sur ordre du Vatican, du cardinal Bernard Law, archevêque de Boston, il ne s'est rien passé. « C'est l'histoire d'un mari qui a trompé sa femme, assure qu'il est désolé et ne recommencera plus, mais ce n'est pas suffisant pour recréer la confiance du couple », explique le père Tom Reese [1]. Pour sortir les catholiques américains de cette crise, il faudra beaucoup de temps, d'humilité et d'écoute.

4 – L'Europe guettée par l'apostasie

Des assemblées de fidèles âgés réduites comme peau de chagrin, des séminaires qui se vident, des églises qu'on est obligé de désaffecter, de fermer, de démolir, de reconvertir, comme aux Pays-Bas, en Angleterre ou en Allemagne, en musées, en bureaux et en commerces... Caricature ou

1. Entretien avec l'auteur à Washington en juillet 2004.

réalité ? L'Europe n'est-elle pas devenue le continent de l'« apostasie » ? Ce terme a été entendu pour la première fois sous les voûtes du Vatican lors du deuxième synode des évêques européens en 1999. Il a été repris par Benoît XVI dans un discours à des responsables du continent en 2007 [1]. En employant ce terme d'« apostasie », le pape prenait acte de la rupture de l'Europe avec son patrimoine de foi et de valeurs chrétiennes. En se coupant de son identité première qui, pour lui, est culturelle et spirituelle, avant d'être économique et marchande, l'Europe risque d'être « mise en congé de l'histoire ».

Devant le déclin de la foi catholique sur le Vieux Continent, son prédécesseur avait déjà poussé un pareil cri d'alarme en 1982, à Saint-Jacques-de-Compostelle (Espagne), et plaidé pour une réunification du continent autour de ses racines chrétiennes (« Europe, vieille Europe, retrouve tes racines... »). Cet appel retentira maintes fois après la chute du mur de Berlin et dans les polémiques qui ont suivi, au début des années 2000, le rejet, par les pays de l'Union, à l'initiative de ceux qui, comme la France, sont de tradition laïque, de toute mention chrétienne dans le Préambule du premier projet de Traité constitutionnel européen [2].

Ainsi le christianisme serait-il menacé de disparaître dans le continent qui l'a vu grandir, s'affermir, s'étendre, régenter les lois et les mœurs. Dans la bouche des autorités catholiques, le mot d'« apostasie » exprime bien la fin d'un temps, toujours idéalisé, où la foi jalonnait

---

1. Ce discours a été prononcé lors d'un colloque de la Commission des épiscopats d'Europe (COMECE), lors du 50e anniversaire de la signature du traité de Rome (1957-2007).

2. Cette polémique a opposé, au début des années 2000, sur le Préambule du projet de Traité européen, des pays comme la France, la Belgique, les Pays-Bas et des pays de tradition catholique comme la Pologne, la Slovénie, la Slovaquie, la Lituanie qui réclamaient la mention de l'existence de Dieu et des racines chrétiennes de l'Europe. La dernière version du Préambule n'évoquait plus que les « héritages religieux, humanistes et culturels » de l'Europe.

l'existence quotidienne, était le premier « marqueur » des rapports sociaux, fournissait les repères culturels, symboliques, moraux indispensables au bon fonctionnement de toute société, inspirait les grandes œuvres littéraires, musicales, picturales, architecturales. La « sécularisation » a triomphé en Europe, fruit d'histoires nationales et d'un effritement général de la mémoire et de valeurs fondées sur le christianisme.

Les catholiques en Europe ont plusieurs héritages à liquider. Le premier est celui des guerres de religion. Au XVIe siècle, l'expansion de la Réforme et la résistance des « ligues » catholiques, sous quelque nom qu'elles apparaissent, ont été accompagnées de soulèvements, de guerres intestines, de violences inouïes qui ont labouré la France, l'Angleterre, l'Irlande, les Pays-Bas, l'Empire germanique, la Scandinavie, la Bohême, toute l'Europe centrale et fait des millions de victimes. La répression catholique a contraint à l'exil des dizaines de milliers de familles réformées, divisé les pays en blocs religieux hostiles, sécrété une civilisation protestante rivale d'une culture de Contre-Réforme d'inspiration latine et baroque. Bref, la vieille chrétienté unie du Moyen Age a explosé et fait place à des Etats confessionnels rivaux.

En 2005, l'intégration à l'Union européenne élargie de pays comme la République tchèque ou la Slovaquie a restitué la mémoire de cette ère d'intolérances, de souffrances et de violences. Et aujourd'hui, autant que le souvenir du bûcher sur lequel périt le réformateur Jan Hus (1415), celui de l'oppression catholique des Habsbourg pèse encore en Europe centrale et explique le durable anticléricalisme d'une population comme celle des Tchèques.

Deuxième héritage, celui des luttes révolutionnaires – 1789, 1830, 1848 – menées en Europe pour la conquête des libertés démocratiques contre des pouvoirs répressifs, au rang desquels l'Eglise catholique. Le conflit avec la religion dominante catholique a conduit à une autonomie des sphères publique et religieuse. Et c'est parce qu'ont émergé sur la scène européenne des droits et des nations libérés de la puissance catholique qu'ont pu se créer des Etats démocratiques, indépendants de factions confessionnelles rivales. La laïcité est ainsi devenue une sorte de « bien commun » de la nouvelle Europe [1]. Au XXIe siècle, la mécanique « laïcisatrice » de l'Europe unie s'est partout imposée. Aucun pays membre ne s'identifie plus à une force idéologique ou religieuse unique. Cette victoire de la laïcité n'exclut pas la reconnaissance de l'utilité sociale et du rôle d'animation démocratique que joue la religion.

Troisième héritage à liquider : celui du communisme de l'Est européen et d'un athéisme d'Etat qui a donné lieu, au siècle passé, à la plus brutale oppression antichrétienne de tous les temps. Des chrétiens de toute confession – majoritairement orthodoxes, catholiques de rite grec ou latin, protestants –, ont été réduits au silence dans des pays bouclés derrière le rideau de fer. Un grand nombre d'entre eux, clercs ou laïcs, paysans ou intellectuels, ont payé de leur vie la résistance à des régimes qui, par délire idéologique, ont cherché à éradiquer tout sentiment religieux. Dans les pays baltes, en Slovaquie, en Pologne, en Hongrie, en Albanie, des centaines de prêtres et de religieux ont été emprisonnés, déportés, des milliers d'églises ont été fermées, des millions de fidèles laissés à eux-mêmes, inquiétés ou surveillés, sans clergé, sans formation religieuse, sans autre vie chrétienne que clandestine.

La cause de ces « Eglises du silence » a pris un relief sans précédent, grâce à un pape polonais, dans des pays

1. *Religions et laïcité dans l'Europe des Douze,* sous la direction de Jean Baubérot, Syros, 1995 ; *Europe et religions. Les enjeux du XXIe siècle,* de Jean-Paul Willaime, Fayard, 2004.

d'Occident souvent impuissants, sinon indifférents au sort de ces croyants. Avant comme après la chute du Mur en 1989, quand Karol Wojtyla traversait la Pologne, la République tchèque, la Slovaquie, la Hongrie, la Lituanie, c'était à chaque fois pour réaffirmer les droits historiques, culturels et religieux propres à chacune de ces nations. Son discours s'adressait aux autorités civiles autant qu'aux Eglises et aux opinions occidentales. Pour lui, les frontières nées de Yalta n'ont jamais été qu'artificielles et provisoires. Il n'a jamais cessé de proclamer que les deux parties de l'Europe partageaient les mêmes « racines » chrétiennes et que le continent réunifié n'aurait d'avenir que s'il savait reconnaître cet héritage d'histoire et de patrimoine communs.

La sécularisation en Europe est le fruit de ce triple héritage de guerres de religion, de « laïcisation » de la politique et des mœurs, de l'idéologie marxiste à l'Est. Aujourd'hui, l'identité de chaque pays européen dépend encore, plus ou moins, du type de relations qu'il a entretenues dans l'histoire avec les confessions qui ont été ou sont encore présentes sur son sol. A l'Ouest, la laïcisation s'est faite en réaction à des institutions religieuses dominantes, voire oppressantes, comme la religion catholique en France, dans les pays dits du Benelux, en Espagne ou en Allemagne. A l'Est, c'est l'inverse qui s'est produit : l'athéisme a été identifié à l'oppression, et la religion à une forme de libération. D'où la sensibilité plus grande de l'Est à la question des héritages religieux de l'Europe et la crainte qu'inspire – pas seulement en Pologne – la contagion du modèle français de laïcité.

A l'Est, quelques pays membres de l'Union restent ainsi de solides bastions catholiques : la Pologne, bien sûr, où 90 % de la population se dit catholique et où la pratique dominicale reste la plus élevée du continent. La moitié de la Pologne va à la messe chaque dimanche et les séminaires sont restés pleins après la chute du communisme. En Lituanie, où la population a aussi payé le prix fort à la persécution soviétique, les catholiques sont aussi très largement majoritaires (75 %). Comme ils le sont en Slovénie, en Slovaquie, en Croatie, des pays où le sentiment national est identifié au catholicisme et où l'Eglise revendique plus de 70 % de fidèles. La Hongrie compte plusieurs millions de réformés et luthériens, mais les catholiques y sont les plus nombreux (68 %). Comme ils le sont en République tchèque, mais dans ce pays où la méfiance envers l'Eglise catholique est historique, on l'a dit, les... athées sont largement en tête de la population.

La chute du rideau de fer en 1989, l'écroulement du régime soviétique en 1991, l'élargissement de l'Union à l'Europe à l'Est en 2005 ont inauguré en Europe une ère de paix et de liberté religieuse sans précédent dans ce continent. Mais ils n'ont pas fait place à l'Europe « néo-chrétienne » rêvée par certains milieux catholiques conservateurs. La sécularisation de type occidental a été contagieuse à l'Est, favorisée par les aspirations nouvelles de pays aux frontières et aux économies enfin ouvertes. Un « néo-cléricalisme » a tenté de se manifester, mais il a suscité beaucoup de résistances lors de polémiques sur les thèmes de la libéralisation de l'avortement, de la restitution de leurs biens d'autrefois aux Eglises, de l'introduction de cours de religion à l'école, de la signature de concordats avec le Vatican.

Au total, hormis le cas de la Pologne, la « sortie » du communisme a plutôt joué à l'Est contre des Eglises déjà affaiblies par des décennies de censures et de privations. Elles peinent à refaire leurs forces et portent encore les stigmates de la clandestinité : clergé pauvre, âgé et peu formé, fidèles disséminés, ayant perdu leurs repères dans des sociétés qui s'enrichissent, se modernisent, se libéralisent à toute vitesse. Les jeunes tournent le dos aux Eglises. Les pratiques religieuses manquent de régularité ou se dispersent dans des formes de réveil charismatique ou évangélique, ou même dans des sectes qui pullulent. Comme l'écrit le politologue Patrick Michel, les pays de l'Est ont été gagnés comme les autres par l'« envahissement du relatif [1] ». Aux certitudes assénées d'hier a succédé un marché libre de valeurs, un univers de représentations et de croyances très fluides, une remise en cause permanente des identités.

Des fiefs catholiques en perdition à l'Ouest

La différence entre les pays ex-communistes et les pays de l'Ouest, de tradition démocratique et libérale, tend de plus en plus à s'effacer. Les pratiques et les signes d'appartenance religieuse s'effritent, voire s'effondrent, dans les pays de tradition anglo-saxonne, comme dans les pays latins. Même s'ils prêtent toujours à caution, les sondages et les statistiques signalent une triple dérive que nous avons souvent observée dans cet ouvrage : dans la régularité des pratiques religieuses et sacramentelles, dans la croyance aux dogmes que prêche l'Eglise catholique et dans la fidélité aux normes morales que son magistère prescrit.

La preuve en est dans une enquête comparative à grande échelle de l'Institut Louis-Harris pour le quotidien londonien *Financial Times* sur le « sentiment religieux » de la population de cinq pays européens – Grande-Bretagne, France, Italie, Espagne et Allemagne – et des Etats-Unis [2].

---

1. *Religion et démocratie. Nouveaux enjeux, nouvelles approches*, de Patrick Michel, Albin Michel, 1997.

2. Enquête auprès de 12 500 personnes, publiée dans le *Financial Times* le 18 décembre 2006.

Ses résultats montrent que, des deux côtés de l'Atlantique, le fossé ne cesse de se creuser entre ceux qui se déclarent « croyants » et les « sans-religion ». Des six pays sondés, les Etats-Unis sont de loin le plus « croyant » : moins de 20 % des Américains se disent « agnostiques » ou « athées ». Et la France est le pays le plus éloigné de la religion : un quart de sa population se déclare croyant, contre 60 % d'agnostiques et d'athées. La croyance résiste en Italie (62 %), mais elle s'effrite en Espagne (48 %), en Allemagne (40 %) et en Grande-Bretagne (moins de 40 %).

Pays par pays, les enquêtes montrent toutes une « déchristianisation » qui s'aggrave, soulignent la baisse de la croyance en Dieu, des pratiques régulières à l'église, de l'importance donnée à la foi dans la vie quotidienne [1]. Dans un pays comme la France, l'érosion de la pratique dominicale a été régulière depuis quarante ans. De 40 % après la Seconde Guerre mondiale, on est passé à des taux inférieurs à 10 %, soit des chiffres si bas et des évolutions statistiquement si difficiles à repérer que les spécialistes comptabilisent désormais ceux qui vont à la messe une fois par mois, et non plus une fois par semaine. Le nombre des baptisés dans la religion catholique a aussi chuté depuis les années 1950, passant de 90 % à 63 %, selon les chiffres de la conférence des évêques. Le nombre des personnes qui vont se confesser s'effondre, celui des mariés à l'église diminue [2].

1. Menée en 2002, l'enquête à grande échelle de l'European Values Survey sur les « valeurs des Européens » montre combien les pratiques religieuses des jeunes (18 à 29 ans) sont dissemblables de pays par pays : 40 % vont une fois par mois à l'église en Italie, 38 % au Portugal, 22 % en Allemagne, 13 % en Espagne, 6 % en France.

2. Selon une enquête publiée en 1995 par les services de l'épiscopat français, sur un total de 271 427 mariages en 1992, année de référence, 137 567 ont été célébrés dans une église. Soit un sur deux. La même année, 105 000 divorces ont été prononcés. Le nombre des divorces rejoindra, voire dépassera un jour, celui des mariages religieux.

La fréquentation des églises s'est effondrée dans un autre pays phare du catholicisme comme l'Espagne, où quelque 20 % de la population assiste à la messe, contre des taux largement supérieurs à 70 % dans les années 1960-1970. Les mariages civils sont passés de 5 % en 1981 à 33 % en 2003. Un sur deux se termine par un divorce. 85 000 IVG sont recensées chaque année et le rendement de l'impôt d'Eglise baisse d'année en année. En Grande-Bretagne, où les deux tiers de la population se déclarent chrétiens (anglicans, plus que catholiques), les églises se vident aussi de façon alarmante. Avec ses communautés originaires d'Asie du Sud, musulmane et hindoue, le pays se perçoit de plus en plus comme « multiconfessionnel ». Les hiérarchies ne s'en offusquent pas et participent aux efforts d'intégration et de dialogue *interfaith* (interreligieux), mais s'inquiètent régulièrement de la dégradation de la foi chrétienne. Plus d'un millier d'églises sont menacées de fermeture dans les dix prochaines années.

Avant la réunification de l'Allemagne, neuf habitants de l'Ouest sur dix se déclaraient membres d'une Eglise : 45 % de protestants, 45 % de catholiques. Aujourd'hui, la population allemande se divise en un tiers de catholiques (26 millions), un tiers de protestants et un tiers d'agnostiques. Souvent citée en exemple pour sa richesse, son audace théologique, ses mouvements, ses réseaux d'écoles, d'hôpitaux, de jardins d'enfants, ses associations humanitaires et ses rassemblements de masse (les *Katholikentage*), l'Eglise catholique d'Allemagne donne de sérieux signes de faiblesse. Avec son demi-million de salariés, ses ONG humanitaires (Caritas, Misereor), elle garde une belle surface sociale et reste parmi les plus gros employeurs du pays. En salariant quelque 3 000 laïcs « assistants de pastorale », l'Eglise allemande fait aussi des envieux, surtout en France, et le puissant Comité central des catholiques allemands (ZDK), composé de responsables laïcs, est un partenaire de discussion respecté par les partis, les élus et les évêques.

Mais ses responsables sont guettés par l'épuisement. En Allemagne, où chaque citoyen déclare sa religion et paie un impôt redistribué aux Eglises (le *Kirchensteuer*), 100 000 fidèles cessent chaque année de se déclarer catholiques (le double dans l'Eglise protestante). Dans un *Land* aussi traditionnellement pratiquant que la Bavière, on ne compte plus que six baptêmes par an pour dix naissances. Dans l'ensemble de l'Allemagne, sur cent mariages, seuls quarante-six ont lieu à l'église. Le nombre des prêtres – moins de 14 000 – est en chute libre. Des églises ferment et sont revendues pour soulager les finances des diocèses. Les services des paroisses se regroupent et perdent leur vertu de proximité. La fréquentation de l'enseignement religieux recule [1].

Des évolutions identiques sont notées en Autriche, aux Pays-Bas ou en Belgique. Dans ces pays, la hiérarchie des Eglises paraît souvent en porte-à-faux avec l'opinion majoritaire et la population catholique y est secouée par de fortes tensions. En Espagne, en Italie, aux Pays-Bas, en Belgique, en France, les épiscopats se heurtent aux pouvoirs publics accusés de céder aux réformes de mœurs réclamées par la société : les unions homosexuelles, l'accélération des procédures pour le divorce et l'avortement, les restrictions à l'enseignement public de la religion, l'autorisation donnée aux recherches sur les cellules souches.

Partout, en Europe, le débat sur la place de l'Eglise dans une société démocratique devient donc explosif. Les catholiques peinent à convaincre l'opinion majoritaire et se voient reprocher de vouloir imposer leurs vues à toute

1. Klaus Nientiedt, journaliste du *Herder Correspondenz*, dans son article sur l'Eglise d'Allemagne à la veille de la première visite de Benoît XVI dans son pays d'origine (*Etudes*, juin 2005).

la société, de s'opposer à des évolutions qui correspondent à des droits nouveaux. Des manifestations monstres de familles catholiques ont eu lieu dans les rues de Madrid en 2005 contre le mariage homosexuel et une nouvelle loi du gouvernement socialiste sur l'éducation restreignant l'enseignement de la religion catholique. La nervosité est aussi très grande en Italie où la puissante conférence des évêques fait barrage aux unions civiles et à d'éventuelles facilités données à des pratiques d'euthanasie.

Dans ce contexte, on comprend mieux que le Vatican où règne, selon des spécialistes, le « dernier pape européen [1] », s'alarme régulièrement du « vieillissement » démographique et spirituel de l'Europe, de son renoncement à ses « valeurs fondamentales », à sa mémoire chrétienne, de son enlisement dans les délices du matérialisme, qui sont, pour lui, source de l'affaiblissement de son rang dans le monde.

6 – Le destin tragique des catholiques d'Orient

On estime à entre dix et quinze millions le nombre de chrétiens, catholiques et autres, présents au Proche-Orient. L'exactitude du chiffre est loin d'être garantie, tant l'exode est massif depuis une ou deux décennies et grande la précarité de ces communautés de fidèles. Si leur nombre est aujourd'hui modeste, leur importance symbolique et politique est considérable sur cette Terre sainte où sont nés les trois monothéismes et que les conflits, depuis cinquante ans, ne cessent d'éprouver et de déchirer.

1. *Benoît XVI, le dernier pape européen,* de Bernard Lecomte, J.-Cl. Lattès, 2005.

De ces minorités chrétiennes d'Orient, on a souvent cru qu'elles seraient balayées par le vent de l'histoire. Que leurs divisions ancestrales, les discriminations qu'elles subissent et l'émigration finiraient par avoir raison de leur résistance puisée, depuis deux millénaires, dans une histoire prestigieuse et une foi radicale. Le chaos irakien, l'isolement de l'Iran, les fièvres qui traversent régulièrement le monde musulman, la montée de l'islamisme dans les territoires palestiniens ont aggravé la marginalisation de ces minorités.

La présence du christianisme au Proche-Orient est pourtant bien antérieure à celle de l'islam né au VIIe siècle. Dès le premier siècle de l'évangélisation, les disciples du Christ se sont répandus en Mésopotamie, dans la péninsule arabique, sur les rives du Nil et les bords de la Méditerranée. Ils se sont regroupés autour de villes comme Jérusalem, Antioche, Alexandrie, devenues les premiers centres du christianisme (les patriarcats de la « pentarchie »), avec Rome puis Constantinople. Aujourd'hui, ces chrétiens d'Orient sont divisés par leurs rites, leurs langues, leurs juridictions.

L'Orient compte d'abord des *Eglises orthodoxes dites « pré-chalcédoniennes »* : les coptes d'Egypte (8 millions), les arméniens (3 millions), les syriaques (800 000), trois grandes Eglises qui n'avaient pas approuvé les conclusions du concile de Chalcédoine (451) sur la nature à la fois divine et humaine du Christ. Pour cette raison, on les a appelées « monophysites », mais leurs divergences doctrinales avec les autres Eglises, y compris celle de Rome, se sont estompées à la faveur des rapprochements œcuméniques du XXe siècle.

Puis les *Eglises orthodoxes issues du schisme entre Rome* (Occident latin) *et Constantinople* (Orient grec ou byzantin) qui remonte à 1054, mais demeure, en dépit de la levée des anathèmes de 1964 et d'un dialogue orthodoxe-catholique en dents de scie : les Eglises orthodoxes d'Alexandrie, de Jérusalem, d'Antioche sont le flanc démographiquement le plus fragile d'une orthodoxie redevenue puissante en Russie et qui se mondialise au profit de communautés de diaspora en Amérique, en Australie et en Extrême-Orient. En dépit de cette vulnérabilité, les orthodoxes demeurent les premiers chrétiens en nombre en Israël, Palestine, Syrie et Jordanie.

A part l'Eglise maronite originaire du Liban, qui a sa propre histoire et a toujours été liée à Rome depuis le moine Maron au Ve siècle, les autres Eglises catholiques d'Orient – très minoritaires – sont le fruit de rattachements, plus ou moins pacifiques, obtenus entre les XVIe et XIXe siècles, par des missions venues de Rome.

Les *catholiques maronites* sont les héritiers des chrétiens qui ont suivi au Liban vers la fin du IVe siècle le moine ermite Maron, mort en 410. Fidèles au pape et à Rome, leur histoire est prestigieuse. Face à l'invasion musulmane, la « montagne » libanaise est devenue le symbole de leur résistance. Ils comptent dans l'histoire du pays, jusqu'aux vicissitudes les plus récentes. L'une des voix les plus fortes du Liban est celle du cardinal Nasrallah Boutros Sfeir, patriarche maronite d'Antioche et de tout l'Orient, qui réside à Bkerke près de Beyrouth. Les maronites sont environ 1 million au Liban, en Amérique du Nord et du Sud, en Europe (55 000 en France).

Les *coptes catholiques* d'Egypte sont environ 250 000. Leur primat est Antonios Naguib qui porte le titre de patriarche d'Alexandrie des coptes et réside au Caire. Leur union à Rome remonte à 1895. Ils vivent en Egypte et dans les diasporas égyptiennes d'Amérique (du Nord et du Sud), d'Europe et d'Australie.

Les *catholiques arméniens* sont 600 000, dont 200 000 en diaspora. Ils vivent à l'ombre de la vieille Eglise orthodoxe (apostolique) arménienne, dont le fondateur fut Grégoire l'Illuminateur (en 301) et leur rite s'appelle d'ailleurs « grégorien ». Ils sont unis à Rome depuis le XVIIIe siècle (1740) et leur primat, Nerses Bedros XIX Tarmouni, réside à Beyrouth, avec le titre de patriarche de Cilicie des Arméniens.

Les *syriens catholiques* sont 100 000, vivant en Syrie, au Liban, en Turquie, en Jordanie ou en diaspora. Leur langue rituelle est l'araméen, la langue du Christ. Ils sont rattachés à Rome depuis le XVIIIe siècle et leur patriarche, en cours de désignation début 2008, réside à Beyrouth.

Les *catholiques-melkites* sont 2 millions, vivant au Liban, en Syrie, à Jérusalem et surtout en diaspora en Occident. Leur patriarche, Grégoire III Laham, réside à Damas en Syrie. Leur rite est le rite grec. Les chrétiens d'Alexandrie, d'Antioche et Jérusalem, restés fidèles aux conclusions du concile de Chalcédoine sur la double nature du Christ, ont été appelés « melkites » (« fidèles » à l'empereur, qui dirigeait, de fait, les débats des premiers conciles). En très grande majorité, leurs descendants sont devenus « orthodoxes » après le schisme Rome-Constantinople de 1054, mais une minorité est restée fidèle à Rome, d'où ce nom d'Eglise melkite catholique.

Les *catholiques chaldéens* : ce nom vient de la Chaldée (Babylone, Bagdad) antique. L'Eglise chaldéenne avait fait sécession dès le concile d'Ephèse en 431 (vingt ans avant celui de Chalcédoine) qui condamna le patriarche Nestorius de Constantinople, avocat de la séparation des deux natures – divine et humaine – du Christ et niant la maternité divine de Marie. Les Eglises de l'Inde sont le fruit d'une précoce extension vers l'Asie de cette Eglise chaldéenne. Une fraction a rejoint Rome à partir du XVIe siècle : c'est l'Eglise catholique chaldéenne, encore majoritaire en Irak, où ils ne sont toutefois plus que 500 000 environ (3 % de la population irakienne), beaucoup ayant fui la guerre.

Au-delà de ces spécificités confessionnelles et rituelles – qui peuvent paraître archaïques, mais sont, pour ces minorités, autant de moyens d'affirmer leur enracinement –, la plupart des patriarches et évêques orientaux encouragent leurs fidèles à rester au pays, à militer pour la démocratie, la paix, le développement et à cohabiter avec les musulmans. Ces minorités jouent un rôle d'équilibre dans une région menacée par la montée des violences et des extrémismes religieux, dans des pays épuisés par la guerre et les désastres économiques.

Les chrétiens d'Irak, d'Egypte et de Palestine, voire de Turquie et du Liban, se trouvent dans une situation pourtant jugée catastrophique. 40 % des chrétiens du Liban (maronites, melkites, etc.) ont quitté leur pays depuis le début de la guerre civile en 1975. Présente en Mésopotamie depuis deux mille ans, la population chrétienne d'Irak a diminué d'un tiers depuis le conflit Iran-Irak et les deux guerres contre Saddam Hussein (1991 et 2003). Des églises ont été attaquées à Bagdad, Kirkouk, Mossoul. Assimilée aux « croisés » américains par les milices d'Al-Qaïda, détestés par les extrémistes chiites pour leur passivité face à Saddam Hussein, la minorité chaldéenne d'Irak subit la persécution. Elle fuit au Kurdistan irakien, en Jordanie, en Syrie, au Liban et, pour les plus aisés, en Amérique du Nord.

En Egypte, les coptes catholiques et orthodoxes se disent aussi victimes de l'extrémisme des Frères musulmans. Aux élections de novembre 2005, un seul député chrétien a été élu contre... 88 Frères. Cinq autres ont été « nommés » par le président Hosni Moubarak en vertu de son privilège constitutionnel. Aux discriminations dans l'accès aux emplois publics s'ajoute la radicalisation religieuse. La Haute-Egypte est, depuis longtemps, le théâtre d'agressions antichrétiennes. Et l'exode continue.

Il se poursuit également dans les territoires occupés de Cisjordanie, à Jérusalem-Est et dans la bande de Gaza. Les chrétiens palestiniens ne sont plus qu'entre 50 000 et 80 000. Aux élections de 2006, la majorité d'entre eux a voté pour les listes du Fatah, mais des chrétiens ont aussi voté pour le Hamas victorieux. Le maire chrétien de Bethléem a été élu grâce au soutien du mouvement islamiste. Les chrétiens jouent un rôle dans la direction de l'Autorité palestinienne de Mahmoud Abbas, mais ils s'inquiètent de l'islamisation de la société, des restrictions à la circulation (le « mur » israélien) et de la menace du terrorisme.

Enfin, dans un pays comme la Turquie qui est candidat à l'Europe et fait des efforts pour être fréquentable, les chrétiens (arméniens, chaldéens, syriaques, assyriens) constatent de « petites ouvertures » : restauration d'églises, autorisation de chanter dans les langues d'origine, etc. Mais le génocide arménien, la laïcisation et l'islamisation ont vidé le pays de sa population chrétienne réduite à... 0,1 % de la population. Des assassinats de prêtres et de pasteurs en 2006 ont manifesté la précarité de cette population.

En guise de conclusion

A l'échelle « terrestre », il faudrait être sourd et aveugle pour ne pas s'interroger sur le devenir d'une Eglise catholique que désertent nombre de ses fidèles dans ses fiefs historiques d'Europe et d'Amérique du Nord ; qui est concurrencée par la prolifération des groupes évangéliques et pentecôtistes dans les grandes métropoles d'Amérique latine, d'Asie ou d'Afrique ; qui poursuit son « exode » du Proche-Orient, à la faveur de l'instabilité politique de la région et du fondamentalisme musulman. Elle progresse en Asie, mais demeure la religion « de l'étranger », petit îlot dans l'océan des philosophies et sagesses traditionnelles. Elle décolle, mais reste fragile dans un continent comme l'Afrique qui récapitule tous les maux du passé et du présent de l'humanité et peine à s'insérer dans les cultures locales.

Au long de ses deux mille ans d'histoire, l'Eglise a traversé nombre d'épreuves, résisté aux fléaux et aux persécutions, survécu à ses propres errements et déchirements. Pour s'en tenir aux deux derniers siècles, elle a subi l'assaut des Lumières, du rationalisme et du scientisme, de l'athéisme oppresseur de type marxiste, du relativisme de la foi, des idées et des mœurs. L'a-t-on assez dit ? Depuis le concile Vatican II, elle a tourné la page sur des siècles d'ignorance et d'arrogance, mis fin à des réflexes défensifs, hérités de l'histoire. Elle s'est mise à dialoguer avec le monde moderne et avec des religions qui lui étaient étrangères. Ce tournant fut l'œuvre des grands papes du XXe siècle : Jean XXIII et Paul VI. Même copieusement rectifié, leur héritage a été maintenu et encouragé sous Jean-Paul II et Benoît XVI. Le catholicisme connaît aujourd'hui un renouveau considérable, aux plans intellectuel, moral, exégétique et spirituel, que nous avons amplement décrit et démontré.

Mais il reste confronté, en ce début de XXIe siècle, à d'autres défis également redoutables. La rupture avec Dieu et la mémoire chrétienne, l'indifférence religieuse, l'athéisme pratique, l'identification de la religion à la violence sont devenus des phénomènes massifs. Le repli sur l'individu ou la communauté remet en cause des traditions, plus ou moins anciennes, d'ouverture et de tolérance. Des doutes s'expriment sur la validité des Eglises historiques, leur enseignement, leurs institutions, leurs prescriptions. Défi aussi que le déficit des vocations, des ressources en prêtres et religieux dans nombre de pays du monde. Défi de la cohabitation entre les zones d'extrême richesse et d'extrême dénuement, de la culture populaire des masses pauvres, de la religiosité effervescente et d'un syncrétisme insaisissable. Défi encore que la stagnation du dialogue œcuménique entre les confessions chrétiennes divisées depuis tant de siècles, un scandale incompréhensible pour nos contemporains, un contre-témoignage de la part de ceux qui prêchent un Evangile de charité et d'unité. Défi enfin que la contestation, plus sourde qu'hier mais toujours présente, liée au déficit de démocratie dans l'Eglise, au statut qu'y tiennent les femmes, à l'obligation du célibat des prêtres, à une morale sexuelle à contre-courant.

Sans espoir d'une « reconquête » qui relève largement d'un fantasme, les catholiques s'interrogent aujourd'hui sur leur identité, sur leur place dans la société, sur leur responsabilité éthique, politique, sur leur mode de présence au monde, sur les nouvelles voies à explorer pour l'évangélisation, sur le maintien même de leur unité. Volontairement ou involontairement, dans la douleur ou en douceur, le catholicisme du XXIe siècle devra se transformer, mourir ou changer. Comment ? A quelles conditions ? Voici cinq pistes, pour l'avenir, que nous ne ferons ici que survoler.

Quelle réforme ? Sauf situations locales particulières (celle de la Chine ou des minorités chrétiennes en pays musulmans), les catholiques semblent aujourd'hui plus libres de contraintes politiques qu'ils ne l'ont jamais été pour réfléchir aux conditions de leur mission, de leur réforme, de leur adaptation aux cultures et aux besoins des hommes. Malgré le prestige historique de Rome, son riche patrimoine, son autorité politique et morale, le fonctionnement de l'institution catholique reste étrange, voire archaïque, pour les hommes d'aujourd'hui. L'Eglise ne peut pas être une « démocratie » comme les autres. Mais son modèle hiérarchique, son gouvernement, la « monarchie » pontificale paraissent en décalage avec la pratique des Etats modernes et de sociétés marquées par des requêtes de responsabilité, de délibération et de participation.

Jamais l'Eglise n'aura, autant qu'aujourd'hui, mérité son nom d'« universelle » (catholique). En même temps, elle n'a jamais été aussi diverse, plurielle, colorée, vivante. Mais sa structure « mondialisée » est-elle la mieux adaptée pour répondre aux défis nouveaux et aux menaces locales d'effondrement ? Que signifie l'effort, mené par Jean-Paul II et son successeur, pour maintenir un « centre » unique et normatif ? Quel est l'avenir de la papauté comme ministère de référence et d'unité ? N'est-il pas temps de sortir de certaines scléroses, de réformer jusqu'à l'exercice du ministère du pape (ne serait-ce que pour favoriser le dialogue avec les partenaires œcuméniques), de laisser plus d'espace, de liberté de manœuvre et d'expression aux Eglises locales ?

N'est-il pas temps de soutenir des évolutions qui voudraient que la foi, les dogmes restent le privilège des papes et des conciles, mais que, sur les questions de discipline, de rite et pour les interventions dans la vie économique, sociale, politique, une plus large responsabilité soit reconnue à l'échelon local, comme l'avait prévu le dernier concile ? Il ne s'agit pas de bouleverser l'édifice « universel », mais de montrer qu'avec une responsabilité accrue et davantage reconnue, les Eglises locales seraient mieux armées pour faire face aux crises et aux défis nouveaux, examinés dans cet ouvrage.

Quel œcuménisme ? L'espoir d'une réconciliation des familles chrétiennes avait surgi au milieu du siècle dernier avec la fondation à Amsterdam (1948) du Conseil œcuménique des Eglises (COE) – dont l'Eglise catholique n'est pas membre à part entière ; avec le concile Vatican II auquel des observateurs orthodoxes, protestants, anglicans avaient été associés et avec des gestes aussi spectaculaires que le baiser de paix donné par Paul VI, en janvier 1964 à Jérusalem, au patriarche Athénagoras de Constantinople, juste avant la levée des anathèmes et excommunications prononcés, neuf siècles plus tôt, entre catholiques et orthodoxes. Au même moment, en signe de réconciliation, le pape passait son anneau pastoral au doigt de Michael Ramsey, alors archevêque anglican de Canterbury. Ce rapprochement se manifestait aussi par l'ouverture de libres confrontations théologiques entre catholiques et anglicans, catholiques et luthériens, catholiques et orthodoxes, etc.

Mais le souhait de réunification « visible » des chrétiens ne s'est pas concrétisé aussi vite qu'espéré. On avait oublié, en particulier, que les séparations étaient le fruit non pas de zizanies doctrinales plus ou moins archaïques, mais plongeaient leurs racines dans les fractures de l'histoire. La chute du communisme a, par exemple, réveillé des conflits de frontières et de juridictions dont on avait oublié jusqu'à l'existence, comme celui qui oppose, en Ukraine ou en Roumanie, orthodoxes et gréco-catholiques, ces « uniates » rattachés à Rome, mais restés de rite byzantin. Au procès d'« uniatisme » – en référence aux vieilles tentatives de reconquête catholique dans les territoires orthodoxes – s'est ajouté celui du « prosélytisme », accusation russe qui a pris tout son sens quand le Vatican, sans concertation, a reconstruit une hiérarchie catholique à Moscou et en Sibérie, mesure perçue comme une trahison par des orthodoxes en pleine reconstruction de leurs forces après la persécution communiste. Cette accumulation de griefs, puis la montée des nationalismes et les guerres des Balkans (entre Croates catholiques et Serbes orthodoxes) ont rouvert des brèches, rallumé des haines fratricides, illustrées par le veto mis jusqu'ici à toute visite du pape en Russie ou à toute rencontre avec le patriarche de Moscou.

Avec les confessions protestantes, le dialogue a progressé, en particulier avec les Eglises luthériennes qui, en 1998 à Augsbourg (Allemagne), ont signé avec l'Eglise romaine un accord sur la « justification par la foi » qui gommait l'un des désaccords majeurs nés de la Réforme de Martin Luther au XVIe siècle. Le dialogue avec les anglicans, quant à lui, passe par des hauts et des bas depuis que la Communion anglicane, la plus proche en doctrine des catholiques, ordonne des femmes prêtres et même, au prix d'un schisme interne, des homosexuels. Le plus grave est que les Eglises issues de la Réforme gardent le sentiment que, forte de son poids d'histoire, de sa prétention à l'autorité universelle, de ses prises de position solitaires (sur l'éthique par exemple), de son refus des « intercommunions eucharistiques [1] », l'Eglise de Rome entretient un complexe de supériorité et des réflexes préconciliaires. Deux documents de la Congrégation pour la doctrine de la foi (septembre 2000 et juillet 2007) expliquent que « l'Eglise du Christ subsiste, historiquement et pleinement, dans la seule Eglise catholique ». Elle se dit seule à posséder la vérité intégrale du christianisme. Les Eglises issues de la Réforme – qui ne reconnaissent pas le principe de la « succession apostolique » – ne sont pas des Eglises authentiques, mais de simples « communautés ecclésiales ». On devine les tempêtes soulevées par de telles déclarations.

C'est sur le dialogue avec les orthodoxes – c'est-à-dire sur la réconciliation entre les « deux poumons » du christianisme (selon la formule de Jean-Paul II), l'Orient et l'Occident – que les catholiques fondent aujourd'hui le plus d'espoir. Les discussions sur la « primauté » de l'évêque de Rome (le pape) ont abouti, en septembre 2007, à un accord à Ravenne (Italie). Pour la première fois, les théologiens orthodoxes ont reconnu l'existence, au niveau universel de l'Eglise, d'un « primat », « ministre de la communion », qui ne peut être que l'évêque de Rome, conformément à la tradition de l'Eglise du premier millénaire (avant le schisme Orient-Occident). Mais la plus puissante des Eglises orthodoxes – celle de Moscou – n'a pas signé ce document. Celui-ci reste en outre muet sur les formes et le contenu de cette « primauté ». S'agit-il d'une simple « primauté d'honneur », d'une instance d'arbitrage qui serait située à Rome et à laquelle les orthodoxes pourraient se rallier ? On voit mal les catholiques

1. La possibilité pour un non-catholique d'aller communier dans une célebration catholique.

accepter autre chose, renoncer à la « primauté » effective du pape, à l'exercice actuel de tous ses pouvoirs de nomination et de juridiction.

Bref, la réunification des Eglises « par le haut » bute sur des impasses. Outre le travail des théologiens qui progresse à trop petits pas, la relance de l'œcuménisme passe donc « par le bas », c'est-à-dire par moins de centralisation romaine, par une autonomie plus grande à l'échelon local, par un exercice plus ferme de la « collégialité » de gouvernement qu'avait voulue Vatican II. L'unité des chrétiens progresse surtout, en pratique, dans des actions communes de solidarité, de non-violence, de formation biblique, de prière, de lutte contre les atteintes à la justice et à l'intégrité de l'homme, telles que la torture ou la peine de mort. Dans un lieu « œcuménique » comme Taizé par exemple [1] ou lors des Journées mondiales de la jeunesse, les jeunes chrétiens « oublient » leurs origines catholique ou protestante ou orthodoxe. Ils se posent des questions sur la marche du monde ou le sens à donner à leur vie, mais guère sur les différences théologiques qui les séparent.

Quel(s) dialogue(s)? Par la déclaration *Nostra aetate* du dernier concile (novembre 1965), le catholicisme cessait, pour la première fois de son histoire, de se penser comme la voie unique d'un salut universel. Cette révolution scandalisa, on l'a vu, les plus traditionalistes de ses troupes. Mais un œcuménisme renouvelé va aujourd'hui de pair avec un dialogue entre les catholiques et les traditions non chrétiennes (islam, judaïsme, hindouisme, bouddhisme, etc.), en vue de surmonter les ignorances mutuelles, de résister aux intégrismes, de constituer

1. Fondée par Frère Roger (1910-2005), pasteur d'origine protestante, cette communauté de Saône-et-Loire en France s'est donné pour vocation d'accueillir des « frères » et d'organiser des rassemblements de jeunes de toute confession.

ensemble cet ordre nouveau de « valeurs » à proposer à l'homme du XXIe siècle.

Décrit dans notre chapitre historique, le champ de la compréhension et du dialogue avec le judaïsme ne cesse de s'élargir. La « repentance » exigée des siens par l'Eglise catholique pour les fautes commises contre le peuple juif est un tournant spectaculaire. L'aspiration des milieux catholiques à revisiter leurs origines juives, notamment par la méditation de l'Ancien Testament, ne cesse de s'exprimer. Le peuple juif n'est pas « fossilisé » comme la tradition chrétienne l'a longtemps prétendu. Il fait partie de « l'Alliance avec Dieu qui n'a jamais été révoquée [1] ».

Mais des questions demeurent, liées à la mémoire blessée de la Shoah, à l'antisémitisme qui persiste, au statut d'Israël. L'Eglise a-t-elle vraiment renoncé à la « théorie de la substitution », alors que, dans quelques-uns de ses textes officiels, elle continue de se qualifier de « Nouvel Israël », sans égard pour la vocation propre et l'identité de l'Israël d'aujourd'hui ? Il reste d'autres ambiguïtés à dissiper sur le contenu de la Révélation biblique dans chacune des deux traditions, sur la doctrine de la Terre (centrale dans le judaïsme), sur le messianisme, sur le rapport entre la foi et la Loi, autant de sujets qui ne sont encore abordés que du bout des lèvres. Héritiers du récit biblique, judaïsme et christianisme ont surtout une responsabilité commune à exercer pour l'humanité aujourd'hui. Peuvent-ils se présenter autrement que sous la forme de deux légalismes, en suggérant et en éclairant de nouveaux horizons ?

L'espace du dialogue est-il plus ouvert avec l'islam ? Sur lui pèsent d'autres menaces, cette fois moins liées au passé qu'à un présent profondément dégradé par la « terreur » au nom de Dieu que font régner les islamistes radicaux.

1. Jean-Paul II, dans son célèbre discours à la communauté juive d'Allemagne prononcé à Karlsruhe en 1987.

Dans la tradition des orientalistes chrétiens (Louis Massignon, Louis Gardet), l'islam était identifié à des valeurs de tolérance et de civilisation. Mais les crimes commis en son nom en Egypte, en Iran, en Afghanistan, dans les années de la terreur algérienne, au Soudan, sur le sol américain même le 11 septembre, sont les signes d'une crise de civilisation qui rend improbable la pacifique confrontation des théologies islamique et chrétienne.

Comment croire à un dialogue entre deux visions de l'homme, du monde et du salut aussi inconciliables ? La croyance des chrétiens en un Dieu qui s'incarne, se lie à sa Création et se révèle dans une histoire est un scandale insupportable pour tout bon musulman. Mais, pour un chrétien, cette incarnation de Dieu en Jésus-Christ est l'événement majeur de sa foi, celui qui justifie l'exercice de sa propre liberté, sa participation à l'œuvre de transformation du monde. Aucun dialogue sérieux avec l'islam ne sera possible sans la prise en compte réaliste de son environnement politique, sans la connaissance rigoureuse de ce qui sépare les deux traditions.

Quelle morale ? Les catholiques n'ont jamais été aussi actifs dans les débats éthiques ou politiques. Ils ont participé hier à la déstabilisation du bloc communiste, contribuent encore aux luttes pour la dignité et les droits de l'homme là où ils sont menacés. Aux combats, conformes au meilleur de leur tradition, contre la pauvreté, pour l'éducation, l'amélioration des conditions d'existence et de santé. Aux combats, mal compris mais honorables, pour la « défense » de la vie humaine sous toutes ses formes, au refus de toute guerre et de toute violence, à la protection de la famille et de la cause des femmes, sans craindre de dénoncer un modèle occidental d'émancipation et de libération, et de déplaire.

Mais un décalage se creuse entre, d'un côté, l'effort du magistère romain pour maintenir un discours de prescription universel et, de l'autre, une opinion que les rappels à l'ordre et les discours d'autorité n'impressionnent plus. Il n'existe pas de politique chrétienne, mais une anthropologie chrétienne qui place l'homme, « créé à l'image de Dieu » selon le récit biblique, au centre de l'univers. Elle exige de nommer le Bien et le Mal, d'exposer ce qui est permis et défendu, mais doit aussi trouver les moyens de répondre à la demande d'un « sens » pour la vie, de repères, de valeurs, autrement que par la répétition d'interdits et de normes.

Dans l'environnement pluriel qui est le sien, la légitimité historique et sociale du catholicisme, la pertinence de son discours éthique, la compétence de son action sont toujours à démontrer. Sans renoncer à leurs convictions fondamentales, les catholiques doivent chercher les moyens de répondre à la triple débâcle contemporaine du sens, de la morale et de la foi, arbitrer entre leur vision éthique de la personne humaine et du monde et les demandes qui sont adressées à l'Eglise par les sociétés pluralistes d'aujourd'hui.

Quelle « inculturation » ? Pour l'Eglise, le XXIe siècle sera celui du Sud, a-t-on dit, avec toutes les contradictions que cela suppose entre une tradition et un pouvoir encore très européens et des masses de fidèles de cultures et de modes de vie et de pensée si éloignés du Vieux Continent. Des risques d'éclatement ne sont pas à exclure. Le Sud est l'espoir des catholiques, mais si l'Eglise s'affermit ici, recule là, la question de son unité, de son identité, de son adaptation à la diversité des cultures est posée de manière brûlante et permanente.

Ce n'est pas la moindre des tâches que de gérer, depuis Rome, cette diversité, de veiller à la relation entre le centre et la périphérie. Le Vatican envisage de manière positive l'effort qui consiste à enraciner la foi catholique dans les cultures locales. Jean-Paul II avait le même discours en Afrique qu'en Pologne : les nations vivent de leur culture que l'Evangile invite à renouveler. Mais entre l'intention et la réalisation, le fossé demeure. Resté de culture européenne et latine, le catholicisme peine à se penser autrement qu'en termes et schémas occidentaux, à s'adapter à la variété et à l'originalité des cultures si diverses dans lesquelles il est implanté. La reprise du débat sur la « mission » universelle et la mission locale est souhaitée par beaucoup de communautés d'Afrique, d'Asie, d'Amérique en particulier.

L'« inculturation » du message bimillénaire de l'Evangile, l'adaptation de la liturgie, des rites, des disciplines ecclésiastiques à la pluralité des cultures devient une question de survie. Car la foi chrétienne ne peut plus être pensée seulement comme un système rigide, fermé, opposé à d'autres vérités concurrentes. Le « fait catholique » est devenu, dans des pays de vieille implantation, minoritaire. L'Eglise peut donc, moins que jamais, être considérée comme l'expression d'une volonté hégémonique, mais comme le lieu de la foi accueillie, pratiquée et proposée à tous les hommes.

Bibliographie

VILLE

Le Vatican et le pape, Paul Poupard, PUF, « Que sais-je ? », 1997.
Théo, nouvelle encyclopédie catholique, dirigée par Mgr Michel Dubost, Droguet et Ardant-Fayard, 1998.
Catholicisme hier, aujourd'hui, demain, Encyclopédie publiée sous la direction de l'Institut catholique de Lille, Letouzey et Ané.
Le Vatican, Sophie de Ravinel, Plon, Petite bibliothèque des spiritualités, 2007.
Larousse des religions. On y trouvera surtout les pages de Dominique Chivot réservées au catholicisme. 2006.

MÉMOIRE

Histoire du christianisme, sous la direction de Jean-Marie Mayeur, Charles Pietri (†), André Vauchez et Marc Venard, Desclée (dernier volume en 1995), 14 vol.
Histoire du christianisme, sous la direction d'Alain Corbin, Seuil, 2007. Une soixantaine de spécialistes ont été sollicités pour parcourir les dates, les grands moments, les grandes figures du christianisme.
Dictionnaire historique de la papauté, sous la direction de Philippe Levillain, Fayard, 2003 dernière éd. ; contient de remarquables notices sur tous les papes de l'histoire.
I papi, storia e segreti, Claudio Rendina, Newton et Compton Editori, 2005.
Histoire du catholicisme, Jean-Pierre Moisset, Flammarion, 2006.
Pour lire l'histoire de l'Eglise, Jean Comby, Cerf, 1986.
Urbi et orbi. Deux mille ans de papauté, Gérard Bessière et Francesco Chiovaro, Gallimard, 1995.
Histoire des papes, de saint Pierre à Jean-Paul II, collectif sous la direction de Jean-Michel di Falco, Tallandier, 2000.
Histoire de la papauté, sous la direction d'Yves-Marie Hilaire, Tallandier, 1996.
Numéro spécial de *Notre Histoire* intitulé *Les papes qui ont fait l'histoire,* n° 226, 2004.
Les papes du XXe siècle, Giancarlo Zizola, Desclée de Brouwer, 1996.
Les papes au XXe siècle, Jean-Mathieu Rosay, Presse du Châtelet, 2002.
Vatican II, Antoine Wenger, Centurion, 1964.
Le Journal du concile, Henri Fesquet, Robert Morel, 1964.
Pie XII, Philippe Chesnaux, Cerf, 2004.
Jean XXIII, le pape du concile, Peter Hebblethwaite, Centurion, 1987.
Mon journal du concile, Yves Congar, Cerf, 2002.
Sa Sainteté, Carl Bernstein et Marco Politi, Plon, 1996.
Pope John Paul II, the biography, trad. Szulc, Scribner, New York, 1995.
Jean-Paul II, témoin de l'espérance, George Waigel, J.-Cl. Lattès, 2000.

Jean-Paul II, Bernard Lecomte, Gallimard, 2003.

POUVOIR

Le conclave. Les clés de l'élection du pape, Alberto Melloni, Salvator, 2003.
Il conclave. Storia e segreti. L'elezione papale da San Pietro a Giovanni Paolo II, Giancarlo Zizola, Newton et Compton Editori, 2001.
Les secrets du Vatican, Benny Lai, Hachette, 1986.
Benoît XVI, le pape qui ne devait pas être élu, Jean-Marie Guénois, J.-Cl. Lattès, 2005.
Le rôle des évêques. Réalités et possibilités, Desclée de Brouwer, 1995.
Vatican II, un avenir oublié, sous la direction d'Alberto Melloni et Christophe Théobald, Bayard-Concilium, 2006.
« *J'ai senti battre le cœur du monde* », du cardinal Roger Etchegaray, Entretiens avec Bernard Lecomte, Fayard, 2007.

DOCTRINE

Que sait-on de Jésus ?, dossier du *Monde de la Bible,* mars-avril 1998.
Histoire, dogme et critique dans la crise moderniste, Emile Poulat, Albin Michel, 1996.
Alfred Loisy, Charles Chauvin, Cerf, 2002.
La Bible : le Livre et l'histoire, Actes du colloque de l'Ecole biblique de Jérusalem et de l'Institut catholique de Toulouse, pour le 150e anniversaire de la naissance du père Lagrange, 2005.
Le triomphe de la raison. Pourquoi la réussite du modèle occidental est le fruit du christianisme ?, Rodney Stark, Presses de la Renaissance, 2007.
Le protestantisme et Marie, Michel Leplay, Labor et Fides, 2000.
Le péché et la peur, la culpabilisation en Occident, Jean Delumeau, Fayard, 1987.

MORALE

Le christianisme en accusation, René Rémond, Entretiens avec Marc Le Boucher, Desclée de Brouwer, 2000.
L'amour en toutes lettres. Questions à l'abbé Viollet sur la sexualité (1924-1943), Martine Sèvegrand, Albin Michel, 1996.
Eglise et la sexualité. Repères historiques et regards actuels, Guy Bédouelle, Jean-Louis Bruguès, Philippe Becquart, Cerf, 2006.
L'Eglise et la contraception : l'urgence d'un changement, Catherine Grémion et Hubert Touzard, Bayard, 2006.
Non à la société dépressive, Tony Anatrella, Flammarion, 1993.
Le nouveau désordre amoureux, Pascal Bruckner et Alain Finkielkraut, Seuil, 1977.
La tyrannie du plaisir, de Jean-Claude Guillebaud, Seuil, 1998.
Compendium de la doctrine sociale de l'Eglise, publié par le Conseil pontifical Justice et Paix, Cerf, Bayard, Fleurus-Mame, 2006.
Catholicisme social et démocratie chrétienne, Jean-Marie Mayeur, Cerf, 1986.

RITUEL

N'ayez pas peur. Regards sur l'Eglise et les ministères aujoud'hui, Bernard Sesboué, Desclée de Brouwer, 1996.
Le magistère à l'épreuve, Bernard Sesboué, Desclée de Brouwer, 2001.
Rites et fêtes du catholicisme, Aurélie Godefroy, Plon, Petite bibliothèque des spiritualités, 2007.
La prière, Isabelle Francq, Plon, 2007.
La peur en Occident, Jean Delumeau, Fayard, 1987.
Rassurer et protéger, Jean Delumeau, Fayard, 1992.

TRIBUS

Benoît XVI et les traditionalistes, Grégoire Célier et Olivier Pichon, Entrelacs, 2007.
Les charismatiques, Monique Hébrard, Cerf, 1991.
Voyage au pays des charismatiques, Christine Pina, Ed. de l'Atelier, 1996.
De l'émotion en religion, Françoise Champion et Danièle Hervieu-Léger, Centurion, 1990.
Le pèlerin et le converti, Danièle Hervieu-Léger, Flammarion, 1990.
Les naufragés de l'esprit. Des sectes dans l'Eglise catholique, Thierry Bafoy, Antoine Deleste, Jean-Paul Sauzet, Seuil, 1996.
Le désenchantement du monde, Marcel Gauchet, Gallimard, 1985.
Guide de la vie monastique, Pierre Chavot, Perrin, 2005.
L'homme-Dieu, ou le sens de la vie, Luc Ferry.
La rencontre du bouddhisme et de l'Occident et *Le Bouddhisme en France*, Frédéric Lenoir, Fayard, 1999.
Les jésuites, Jean Lacouture, 2 vol. : *Les conquérants* et *Les revenants*, Seuil, 1991.
Jésuites et compagnie, Hervé Yannou, Le Thielleux, 2007.

GÉOGRAPHIE

Lettres conciliaires, Mgr Helder Camara (1962-1965), classées et mises en forme par José de Broucker, Cerf, 2007.
Quand la pluralité religieuse change la donne politique en Amérique latine, Jean-Pierre Bastian, numéro spécial d'*Esprit* sur *Effervescences religieuses dans le monde*, mars-avril 2007.
Retour de Dieu. Voyage en pays pentecôtiste, Harvey Cox, Desclée de Brouwer, 1995.
Le pentecôtisme au Brésil, André Corten, Karhala, 1995.
Les rendez-vous de Saint-Domingue. Les enjeux d'un anniversaire (*1492-1992*), Centurion, 1991.
Joseph Zen, un homme en colère, Dorian Malovic, Bayard, 2007.
Jésus asiatique, Michael Amaladoss, Presses de la Renaissance, 2007.
Des prêtres noirs s'interrogent. Cinquante ans après..., sous la direction de Léonard Santedi Kinkupu, Gérard Bisainthe et Meinrad Hebga, présenté par le dominicain René Luneau, Karthala, coll. Mémoires d'Eglise, 2007.
Dogme et inculturation en Afrique, Perspectives d'une théologie de l'invention, Leonard Santedi Kinkupu, Karthala, 2003.
« La religion africaine réhabilitée. Regards changeants sur le fait religieux africain », dans la revue *Histoire et Missions chrétiennes*, Karthala, 2007.
Paroles et silences du synode africain (*1989-1995*), René Luneau, Karthala, 1997.
D'un synode africain à l'autre, sous la direction de Joseph Ndi-Okalla et Mgr Antoine Ntalou, Karthala, 2007.

The intrareligious dialogue, Raymond Panikkar, Paulist Presse, New York, 1978.
Thélogie et choc des cultures, Claude Geffré, Cerf, 1984.
De Babel à Pentecôte. Essai de théologie interreligieuse, Cerf, 2006.
Jésus et Bouddha : destins croisés du christianisme et du bouddhisme, Odon Vallet, Albin Michel, 1996.
Jésus-Christ à la rencontre des religions, Jacques Dupuis, Desclée, 1989.
Religions et laïcité dans l'Europe des Douze, sous la direction de Jean Baubérot, Syros, 1994.
Refaire l'Europe. Le vieux et le neuf, Henri Madelin, Ed. du Rocher, 2007.
Politique et mutation : la grande mutation, Patrick Michel, Albin Michel, 1994.
Dieu et César. Essai sur les démocraties occidentales, Henri Madelin et Sylvie Toscer Desclée de Brouwer, 1994.

REMERCIEMENTS

Avant de clore ce livre, je voudrais témoigner ma gratitude à tous ceux qui m'ont inspiré de leurs conseils, m'ont aidé par leurs écrits et accepté de relire tout ou partie de cet ouvrage. Je veux citer en particulier le Père René Luneau, le Père Henri Madelin, Jean-François Colosimo, le Père Philippe Gueudet, le Père Jean-Marie Aubert, Régis Anouil.

Je voudrais rendre hommage également à mes confrères des quotidiens *La Croix* et l'*Avvenire*, des grands quotidiens italiens (*Il Corriere della Sera, La Repubblica, la Stampa*) et des revues aussi précieuses que *La Documentation catholique, Le Monde des religions, Istina, Etudes, Esprit*, etc.

TABLE

Cet ouvrage a été composé et imprimé par la
SOCIÉTÉ NOUVELLE FIRMIN-DIDOT
Mesnil-sur-l'Estrée
en avril 2008

et relié
aux Établissements Brun
à Malesherbes

Édition exclusivement réservée au adhérents du Club
Le Grand Livre du Mois
réalisée avec l'aimable autorisation des éditions Grasset

Imprimé en France
Dépôt légal : mai 2008
N° d'impression : 90246
ISBN : 978-2-286-04314-8